Tir Neb

£3
prov.

Ink stamp
a t-p.

Y MEDDWL A'R DYCHYMYG CYMREIG

Golygydd Cyffredinol
John Rowlands

Mae teitl y gyfres hon o astudiaethau beirniadol ar lenyddiaeth yn fwriadol eang ac annelwig, oherwydd gobeithir cynnwys ynddi ymdriniaethau amrywiol iawn â lluosogedd o bynciau a themâu. Bu tuedd hyd yn hyn i ysgolheigion a beirniaid Cymraeg ganolbwyntio ar gyhoeddi testunau a'u hesbonio, neu ysgrifennu hanes llenyddiaeth, ac fe fydd sefydliadau megis y Ganolfan Uwchefrydiau Cymreig a Cheltaidd a'r Academi Gymreig yn sicrhau bod y gweithgareddau sylfaenol hynny yn parhau. Ond daeth yn bryd hefyd inni drafod a dehongli'r themâu sy'n ymwau trwy'n llenyddiaeth, ac edrych yn fanylach ar y meddwl a'r dychymyg Cymreig ar waith. Wrth gwrs fe wnaed rhywfaint o hynny'n barod gan feirniaid mor wahanol â Saunders Lewis, Bobi Jones a Hywel Teifi Edwards, ond mae yna agweddau lu ar ein dychymyg llenyddol sydd naill ai heb eu cyffwrdd neu'n aeddfed i gael eu trafod o'r newydd.

Yr astudiaeth hon o ymateb awduron rhyddiaith y ganrif hon i'r Rhyfel Byd Cyntaf yw'r ail gyfrol yn y gyfres, yn dilyn *DiFfinio Dwy Lenyddiaeth Cymru* (gol. M. Wynn Thomas, 1995). Chwaer gyfrol ydyw i *Y Rhwyg* gan yr un awdur, sef astudiaeth o ymateb beirdd ein canrif i'r Rhyfel Mawr. Ceir ynddi ddadansoddiadau arloesol o waith awduron mawr a mân, gan gynnwys dehongliadau ffres o weithiau Saunders Lewis, Kate Roberts, Gwenallt, T. Hughes Jones, Caradog Prichard, Emyr Jones ac eraill.

Bydd cyfrolau pellach yn y gyfres yn ymdrin â phynciau mor amrywiol â'r arwrgerdd Gymraeg, llenyddiaeth Gymraeg ochr yn ochr â llenyddiaeth Québec, Catalunya ac Iwerddon, y Gymraes yn llenyddiaeth y ganrif ddiwethaf, merched yn llenyddiaeth yr Oesoedd Canol, y dychymyg hoyw mewn llenyddiaeth Gymraeg, themâu yn y ddrama Gymraeg, a meddwl y Cywyddwyr.

Y MEDDWL A'R DYCHYMYG CYMREIG

Tir Neb

Rhyddiaith Gymraeg a'r Rhyfel Byd Cyntaf

Gerwyn Wiliams

GWASG PRIFYSGOL CYMRU
CAERDYDD
1996

ISBN 0-7083-1385-X

Mae cofnod catalogio'r gyfrol hon ar gael gan y Llyfrgell Brydeinig.

Cyhoeddwyd gyda chymorth ariannol Cyngor Celfyddydau Cymru.

Llun y clawr: *Merry-Go-Round* (1916) gan Mark Gertler, trwy ganiatâd Oriel Tate a Luke Gertler

Dyluniwyd y clawr gan Ruth Evans

Cysodwyd yng Ngwasg Prifysgol Cymru, Caerdydd

Argraffwyd yng Nghymru yng Ngwasg Dinefwr, Llandybïe

I Delyth

Diolchiadau

Carwn ddatgan fy niolch yn gyntaf oll i'r Athro John Rowlands, golygydd y gyfres Y Meddwl a'r Dychymyg Cymreig, am gomisiynu'r astudiaeth hon. Diolch hefyd i Mr John Emyr a Dr Dafydd Llewelyn Jones am amryw gymwynasau, ac i'm Pennaeth Adran ym Mangor, yr Athro Gwyn Thomas, am ei gefnogaeth. Bu'r unigolion a ganlyn yn dra pharod imi gynnwys eitemau yn yr atodiad a hoffwn gydnabod fy niolch iddynt am roi eu caniatâd i'w cyhoeddi: Mrs Nonn Davies, Caerdydd (T. Gwynn Jones); Mrs Mair Saunders Jones a'r Athro R. Geraint Gruffydd, Aberystwyth (Saunders Lewis); Mr Huw Elwyn Jones, Bangor (E. Tegla Davies); Plaid Cymru a Mrs Catherine Williams, Tregarth (Kate Roberts). Diolch hefyd i swyddogion Gwasg Prifysgol Cymru am ymorol mor ofalus am y gyfrol, ac i Ruth Dennis-Jones yn arbennig am ei manylrwydd a'i thrylwyredd. Ac i Mr William Howells am baratoi'r mynegai, mawr yw fy nyled. Ond i'm gwraig y mae'r diolch pennaf: am iddi fy ngalluogi i fwrw ymlaen gyda'r gwaith a'm hesgusodi rhag amryfal ddyletswyddau teuluol a hynny ar adeg allweddol yn ein hanes, iddi hi y cyflwynir y gyfrol.

GERWYN WILIAMS

Cynnwys

Rhagymadrodd

'Tir Diberchennog', ebe Dyfnallt (John Dyfnallt Owen), 'Rhandir Neb', medd Cynan (Albert Evans-Jones):[1] os cafodd ein beirdd hi'n anodd enwi Tir Neb, cafodd ein hawduron rhyddiaith hwythau drafferth i'w drafod. Afraid dweud mai'n drosiadol y defnyddir y term, a gyfeiriai at y darn o dir a safai heb ei hawlio rhwng y Cynghreiriaid a'r Pwerau Canolog, yng nghyswllt yr arolwg hwn: fe'i benthycir i gyfeirio at holl brofiad y Rhyfel Byd Cyntaf a ymladdwyd rhwng 1914 a 1918, o safbwynt sifiliaid yng Nghymru ac aelodau o'r lluoedd arfog oddi cartref. Prif ddiddordeb yr astudiaeth bresennol yw'r modd yr ymatebodd llenorion Cymraeg yn ddychmygus i'r argyfwng pedair blynedd cyrhaeddbell ei oblygiadau, a cheisio awgrymu ei effeithiau tymor hir ar ein rhyddiaith. Yn hyn o beth chwaer gyfrol yw *Tir Neb* i *Y Rhwyg* (1993), fy astudiaeth gynharach o farddoniaeth Gymraeg ynghylch y Rhyfel Byd Cyntaf. Rhyddiaith greadigol fydd dan ystyriaeth yn bennaf, a chynhwysir o dan y pennawd hwnnw ddeunydd cofiannol yn ogystal â straeon byrion, nofelau a mân ddramâu. Nid amcanwyd at drin a thrafod y rhyddiaith ffeithiol a lanwai newyddiaduron y cyfnod na chwaith fynd i'r afael â llythyrau personol, dau faes astudiaeth ynddynt eu hunain.

Aeth beirdd o galibr R. Williams Parry, W. J. Gruffydd, Hedd Wyn (Ellis Humphrey Evans), T. Gwynn Jones a T. H. Parry-Williams ati i roi ffurf ar eu syniadau ynglŷn â'r rhyfel fwy neu lai cyn tanio'r un ergyd yn Awst 1914. Roedd sydynrwydd eu hymateb i raddau helaeth yn ddealladwy o gofio am yr ystyriaethau ymarferol ynglŷn â'u cyfrwng, a heblaw am ddyrnaid o straeon byrion ac ysgrifau, ni chyhoeddwyd unrhyw ryddiaith Gymraeg o bwys ynglŷn â'r rhyfel yn ystod y brwydro. Y syndod yw na newidiodd y sefyllfa honno fawr ddim drwy gydol y dauddegau chwaith. T. Hughes Jones sy'n enghreifftio'r enigma orau, myfyriwr yn Aberystwyth a aeth yn filwr ac a gyhoeddodd gerddi am y rhyfel yn *Y Wawr* rhwng 1914 a 1916 ond na chyhoeddodd nofel yn seiliedig ar ei brofiadau tan 1944. A thra llwgai ffuglen Gymraeg roedd ffuglen llenyddiaethau eraill yn prysur dwchu. Cyfyngodd Stanley Cooperman, er enghraifft, ei astudiaeth ef o'r nofel Americanaidd a'r Rhyfel Byd Cyntaf i gyfnod y dauddegau'n unig a chyfeiria Samuel Hynes yn ei ymdriniaeth awdurdodol â diwylliant Lloegr a'r rhyfel at ganon llenyddol a ymsefydlasai erbyn dechrau'r tridegau.[2] 'Written and published when the war novel boom was at its height',[3] medd un beirniad am *Her Privates We* a gyhoeddwyd yn 1930, ac yn ôl beirniad arall, 'German fiction on the First World War grew to become one of the most popular literary genres',[4] rhwng 1915 a 1933. Waeth cyfaddef yn blwmp ac yn blaen ddim: ni pherthyn geiriau fel 'canon' a 'bŵm' a 'phoblogrwydd' i'r astudiaeth hon. Pa mor ddilys yw cymariaethau fel hyn â llenyddiaeth gwladwriaethau mawrion sy'n gwestiwn. Ac eto, hyd yn oed ped ystyriem y mater yn berthynol, cyndynrwydd llenorion Cymraeg i drafod rhyfel a brofwyd, yn uniongyrchol neu'n anuniongyrchol, gan y gymdeithas drwyddi draw – dyna'r argraff sy'n mynnu aros.

Mor fuan â 1930 roedd golygydd *Y Llenor*, aelod o'r llynges gynt a bardd rhyfel ei hun, yn codi cwestiynau ynglŷn â thawelwch awduron rhyddiaith Cymraeg ar fater y rhyfel. A fflyd o lyfrau Saesneg yn dod o'r wasg ar y pryd, ar ddwyieithrwydd y Cymry y rhoddodd W. J. Gruffydd y bai am absenoldeb cynnyrch Cymraeg tebyg:

Dyma'r anfantais fwyaf sy'n canlyn bod yn ddwy-ieithog . . . Y mae anonestrwydd, yn awr, yn gynhenid yn ein dull o edrych ar lên Cymru a llên Lloegr. Dyma fy nghyfaill parchus (a hollol onest mewn popeth arall), y Parch. A.B.C. er enghraifft. Pe bai unrhyw un yn ysgrifennu llyfr sy'n sôn am bethau bywiog a chyffrous bywyd yn yr iaith Gymraeg, buasai ei gondemniad yn llym arnynt, ac odid na fuasai yn cynnig pleidlais o brotest yn y Gymanfa flynyddol. Ond eto y mae'n darllen yn awchus y fath lyfrau yn Saesneg, ac ni buasai'n breuddwydio am awgrymu bod llên Lloegr yn llygredig. Y mae miloedd o'n cydwladwyr gorau'n debyg iddo, a thra parhao hyn o anghysondeb, ni chaiff llên Cymru gyfle i ddatblygu meddwl a beirniadaeth ar fywyd.[5]

Anghydffurfiaeth a rhagrith, y bartneriaeth fytholwyrdd honno a dargedwyd gan Daniel Owen, a ddaeth dan y lach. A doedd y ffaith fod ymdrechion llenor fel T. Gwynn Jones i ddweud ei ddweud am y rhyfel, mewn rhyddiaith mor ddiatal a graffig â barddoniaeth 'Pro Patria!' (1913), wedi eu sensro yn fawr o gymorth i awduron eraill a fynnai drafod y testun yn gyfrifol. A phwysigion fel John Williams, Brynsiencyn yn ei ben ar y pryd oherwydd pasiffistiaeth ddadleuol Y Goleuad, methodd hyd yn oed gyfaill T. Gwynn Jones, E. Morgan Humphreys, â chyhoeddi'r ysgrif 'Y Tu Draw' yn ystod y rhyfel a dim ond yn awr, mewn atodiad i'r gyfrol hon, y gwêl fersiwn print ohoni olau dydd am y tro cyntaf erioed.[6]

Wrth iddo yntau ori ar y pwnc ymhen blynyddoedd, byddai gan D. Tecwyn Lloyd resymau eraill i'w cynnig am y prinder sylw i'r rhyfel mewn rhyddiaith Gymraeg:

Mae'n anodd esbonio paham na chafwyd mwy o nofelau rhyfel yn Gymraeg yn llawer cynharach. Yn y bôn, efallai mai'r rheswm pennaf oedd nad rhyfel cenedlaethol ydoedd i'r Cymry. Dyna ydoedd i'r Saeson ac i'r Almaen a Ffrainc; ymladdent hwy fel cenhedloedd, gyda holl falchter a pholisi ac adnoddau cenhedloedd annibynnol. Ymladd dros eu hachosion eu hunain a wnaent ac felly, 'roedd y rhyfel yn cyffwrdd â rhai o'u teimladau dyfnaf. Nid felly Gymru; ymladd dros genedl arall a wnâi hi am nad oedd ganddi hi ddim dewis yn y mater. Dim ond gwlad sy'n ymladd drosti ei hunan a all gynhyrchu corff o lenyddiaeth rhyfel o bwys.[7]

Gwthiodd y rhyfel i frig yr agenda wleidyddol holl gwestiwn hunaniaeth y Cymry, dadl y daliwyd llenorion Cymraeg yn ei chanol. Nid Ifan Gruffydd fyddai'r unig Gymro i deimlo ei fod 'wedi gwneud rhyw flyndar dychrynllyd' yn ymuno â lluoedd arfog Prydain Fawr ac a gywilyddiai o'r herwydd.[8] Oni weithredwyd yn groes i'r traddodiad heddwch Ymneilltuol? Oni fradychwyd Cymru? Ond yn hytrach na thrafod ar goedd y cymhlethdod teimladau yma byddai'n haws gan y mwyafrif beidio â thynnu sylw ato a'i gadw dan gaead. Tawedogrwydd a borthai annealltwriaeth oedd peth felly, a doedd absenoldeb delweddau gweledol geirwir o'r rhyfel ddim yn helpu'r achos:

> . . . one is bound to ask why more artists away from the front did not use the facts, since surely they were available to them through photography, established as a recording medium for wars since the Crimea? The answer is that the camera lied, that it was made to lie . . . the photographs and films of 1914–18 were heavily censored, so that the results were as sweet and tame as the censor pleased, showing a very strange war where mud and blood hardly existed . . . It was not until the Thirties that the suppressed photographs appeared.[9]

Yn sgil tawedogrwydd y dychweledigion doedd gan sifiliaid ddim unrhyw gyfryngau poblogaidd i ddarlunio realaeth y rhyfel ar y cyfandir iddynt, ffaith a all esbonio'n rhannol naïfrwydd amryw ymdrechion cynnar i drafod y pwnc mewn rhyddiaith.

Wrth drin a thrafod y rhyfel roedd gan lenorion Lloegr hwythau bos i'w ddatrys ynglŷn ag erydiad yr ymerodraeth Brydeinig a hynny, yn ôl pob golwg, yn awr ei buddugoliaeth ryngwladol: 'The history of English art and thought in the Twenties is a record of attempts to reconstruct history and values, and so build a new culture out of the broken images left by the war.'[10] Hiraethu am ogoniant ddoe a wnâi'r Saeson tra breuddwydiai'r Cymry am ogoniant fory a'u traed yn rhydd o gyffion Prydeindod. Roedd y dauddegau, o'r herwydd, yn gyfnod neilltuol cynhyrchiol yng Nghymru – yn wleidyddol ac, o ganlyniad, yn ddiwylliannol – a bryd cynifer ar y dyfodol. Hawdd iawn yw gresynu gyda synnwyr trannoeth na fuasid wedi oedi i geisio egluro llanast y gorffennol diweddar yn y Rhyfel Mawr ac awgrymu'n hirben y buasai'r llwybr i'r dyfodol yn sicrach o wneud hynny. Ond efallai mai'r farn lywodraethol ar y pryd oedd nad peth cadarnhaol fyddai aros yn rhy hir uwchben y dryswch ynglŷn â chenedligrwydd a ddwysawyd gan y rhyfel. Awgryma enghraifft Saunders Lewis, na chafwyd ganddo yn ystod ei fyw ond dwy ysgrif yn adrodd ei hanes fel milwr, na ffitiai'r rhyfel i'w ddrych o genedl a'i bod yn well ganddo apelio at orffennol mwy haniaethol, delfryd haws ei fanipwleiddio o Gymru rydd yr Oesoedd Canol pan gwffiwyd brwydrau perthnasol dros genedl annibynnol yn hytrach na brwydrau amherthnasol dros genedl arall. Os oedd adfer cof y genedl yn rhan o raglen frys y dauddegau yna roedd gofyn cyflwyno atgofion dyrchafol. Go brin fod gan y rhyfel, ynghyd â'r negyddiaeth a'r eironi, y dadrith a'r besimistiaeth a gariai ar ei gefn, ran yn y project anrhydeddus o godi'r hen wlad yn ei hôl. Heblaw am y meini tramgwydd seicolegol a gwleidyddol, roedd gan y llenor a fynnai drafod y rhyfel anawsterau sylfaenol ynglŷn â thechneg a ffurf i'w goresgyn:

Peth arall: ym 1920, dyweder, ychydig o ddim traddodiad oedd gan sgrifennu rhyddiaith greadigol yn Gymraeg; ar ôl hynny y tyfodd y stori fer a'r ysgrif a'r portread. At hyn oll, dylid cofio na ddysgid nemor ddim cyfansoddi Cymraeg y pryd hwn yn yr ysgolion cynradd ac uwchradd: yn Saesneg yn unig y sgrifennid am bopeth.[11]

Gwir hynny: yn ystod y dauddegau y gwnaeth Kate Roberts ei *début* fel storïwraig a T. H. Parry-Williams ei farc fel ysgrifwr, a'r ddau rhyngddynt yn torri sylfeini solat ar gyfer eu dewis *genre*. Cymharer yn unig â hynny ffyniant y nofel Saesneg yn y blynyddoedd a fframiai'r rhyfel: *Sons and Lovers* (1913), *The Rainbow* (1915) a *Women in Love* (1921) gan D. H. Lawrence; *Ulysses* (1922) gan James Joyce; *A Passage to India* (1924) gan E. M. Forster; *Mrs Dalloway* (1925) a *To the Lighthouse* (1927) gan Virginia Woolf. Er nad nofelau rhyfel mo'r un o'r rhain, roedd y traddodiad ffuglen yn ddigon cyhyrog i gynnal pob math o gampau newydd. Yr un fath gyda llenyddiaeth Eingl-Gymreig y gosodwyd carreg sylfaen fodern mor ddadleuol ar ei chyfer yn straeon byrion Caradoc Evans pan gyhoeddwyd *My People* (1915) a *Capel Sion* (1916). Ond o ran datblygiad ffuglen Gymraeg presenoldeb gwrthgynhyrchiol fu'r dihiryn o Rydlewis: yn lle peri i lenorion Cymraeg amau cywirdeb dehongliad Crwys (William Crwys Williams) yn 'Gwerin Cymru' (1911), parwyd iddynt dynhau'r rhengoedd a thynnu darluniau mwy am-ddiffynnol byth. Yn sicr ni hwylusodd hynny dasg y sawl a fynnai fapio'n onest hynt un o feibion y werin yn y rhyfel, a dyna sy'n esbonio'n rhannol pam na chafwyd portreadau gwrthrychol a llawn o'r milwr Cymraeg tan y chwedegau. Do, fe ddarluniodd

Cynan yn 'Mab y Bwthyn', mor fuan â 1921, Gymro a lithrodd dramor, ond gofalodd hefyd ei fod wedi dod at ei goed ac wedi dychwelyd at ei wreiddiau erbyn diwedd y bryddest.

Beth bynnag oedd y rhesymau am hynny, drwy beidio ag ymateb fel oedolyn i'r rhyfel fe gollodd rhyddiaith Gymraeg gyfle. Go brin y gellir cymhwyso geiriau cyffrous Malcolm Bradbury at sefyllfa'r nofel Gymraeg:

> It seems important to say that many of the novels written about the First World War did more than report it, debunk it, or expose its horror or inhumanity; they also, often, took it as an apocalypse, a crisis moment in the history of civilisation and culture. And, because literary forms are themselves socio-cultural creations, imbued with the meanings and structures of a civilisation, its codes of morality and its modes of language, they took it as a crisis for artistic form itself – a challenge to the texture of morality, character and realism that had helped make up the substance of the traditional novel.[12]

Mewn gair, methodd rhyddiaith Gymraeg â mynd y tu hwnt i alaru goddefol yng ngŵydd y rhyfel a gwneud defnydd ymarferol o'r profiad. Petai wedi llwyddo i'w wynebu'n onest ac yn hyderus, tybed na fuasai'r goblygiadau i iechyd diwylliannol y Gymraeg yn arwyddocaol? Fel ag yr oedd, bu'n rhaid disgwyl tan y chwedegau cyn dechrau codi'r hatsys creadigol a gweld cyhoeddi'r nofel Gymraeg bwysicaf am y rhyfel. Oni bai fod llwyddiant rhyngwladol ffilm fel *Hedd Wyn* (1992) yn awgrymu fod llunyddiaeth bellach wedi goddiweddyd llenyddiaeth, pwy a ŵyr na fydd y rhyfel yn cyffroi awduron Cymraeg drachefn fel y cyffrowyd rhai Saesneg fel Pat Barker a Sebastian Faulks yn ystod y nawdegau?[13] Eisoes yn *Si Hei Lwli* (1991), fe gyfeiriodd Angharad Tomos at un o'r profedigaethau niferus a ddioddefodd Bigw, yr arwres wydn sy cyn hyned â'r ganrif, sef colli ei brawd Harri yn y rhyfel.[14] Does dim ond gobeithio hefyd mai ernes yw'r stori fer a gyhoeddodd un o awduron rhyddiaith mwyaf cynhyrfus y dwthwn hwn, Wiliam Owen Roberts, o ymdriniaeth ffuglennol fwy estynedig ac uchelgeisiol o'r hanner â'r rhyfel; yn sicr y mae ehangder y thema yn gwahodd nofel epig mor chwyldroadol ei dulliau ag *Y Pla* (1987).[15] Yn y cyfamser, arolwg o'r hyn a gafwyd sy'n dilyn. Tystia i ymdrechion un agwedd ar ein diwylliant i ymateb i un o

argyfyngau diffiniol y cyfnod modern. Er gwaetha'r holl
drafferthion ar ei ffordd, fe lwyddodd rhyddiaith Gymraeg, yn y
pen draw, i gynhyrchu corff o waith dethol ond perthnasol am y
Rhyfel Byd Cyntaf.

Nodiadau

1. Gw. Dyfnallt, 'Y Tir Diberchennog', *Myfyrion a Chaneuon Maes y Tân*
(Caerfyrddin, 1917), 72. Cyfeiria Cynan yn 'Mab y Bwthyn' at weld
'dros ben yr ochor wleb / Ysbrydion gwelwon Rhandir Neb'; gw.
Telyn y Nos (Caerdydd, 1921), 16.
2. Gw. Stanley Cooperman, *World War I and the American Novel*
(Baltimore, 1967), 273; Samuel Hynes, *A War Imagined: The First World
War and English Culture* (Llundain, 1990), 514.
3. C. N. Smith, 'The Very Plain Song of It: Frederic Manning, *Her Privates
We*', yn Holger Klein (gol.), *The First World War in Fiction* (Llundain,
1976), 181.
4. Martin Patrick Anthony Travers, 'German Novels on the First World
War and their Ideological Implications' (Traethawd Ph.D. Coleg
Gonville a Gaius Caergrawnt / Stuttgart H. D. Heinz, 1982, heb ei
gyhoeddi), 4.
5. 'Nodiadau'r Golygydd', *Y Llenor*, 9 (2, Haf 1930), 66–7.
6. Ceir yng Nghasgliad E. Morgan Humphreys, Prifysgol Cymru, Bangor
(PCB), 6 Hydref 1915, lythyr oddi wrth T. Gwynn Jones: 'A
gyhoeddwch chwi'r ystori amgauedig yn *Y Goleuad*? Hwyrach ei bod
yn rhy ddiffygiol mewn parch i Ymerodraeth a'i Gogoniant. Os felly,
gyrrwch hi yn ôl. Cyfieithaf hi i'r Saesneg, a chaiff wneud ei gwaith yn
rhywle arall.' Ceir ateb i'r llythyr hwn yng Nghasgliad T. Gwynn Jones,
Llyfrgell Genedlaethol Cymru (LlGC), 28 Rhagfyr 1915, 2226: 'Yn ol
eich cais dychwelaf y stori. Y mae'r darlun yn un digon gwir ond y
mae'n bosibl na thynaswn ond helynt yn fy mhen pe cyhoeddwn hi yn
awr, ac i ddweud y gwir, yr wyf wedi blino gormod i helynt.' Yn ôl
tystiolaeth llythyr arall o Gasgliad T. Gwynn Jones, LlGC, 8 Chwefror
1918, 601, ymddengys ei fod wedi cadw at ei fwriad i gyfieithu'r ysgrif
i'r Saesneg ac wedi ei hanfon at George M. Ll. Davies:

> The 'Labour Leader' to whom I sent your M.S.S. 'Beyond', appear to be
> too full up, as you will see from the enclosed letter. With your
> permission we will either make use of it for the 'Venturer' ['A monthly
> journal of positive Christian thought and practice'] or the 'Welsh
> Outlook'. The latter appeals to me as giving a better platform for
> preaching to the unregenerate. The 'Venturer' readers are fairly sound
> and do not need so much conversion. Have you any objection to the
> 'Outlook'?

Hyd y gwyddys, ni chyhoeddwyd yr erthygl dramgwyddus mewn

cyfieithiad na chwaith yn *Y Deyrnas*, y misolyn pasiffistaidd a lansiwyd ar lun *The Venturer* yn Hydref 1916. Dyma sy gan David Jenkins i'w ddweud yn *Thomas Gwynn Jones: Cofiant* (Dinbych, 1973): 'Bu'r adroddiadau o greulonder a glywsai gan filwyr a'u cyfeillion yn hunllef arno ac ysgrifennodd am deimladau milwr ifanc a ddaliwyd mewn cyrch bidogau. Er siom iddo gwrthodwyd yr ysgrif gan olygydd *Y Goleuad*, am na wnâi ei chyhoeddi ond dwyn gwarth a gofid arno, ac 'roedd ef yn rhy flinedig i gweryla.' (249)

7 'Gwaed Gwirion (II)', *Barn*, 80 (Mehefin 1969), 219.
8 *Gŵr o Baradwys* (Dinbych, 1963), 119.
9 Barbara Jones a Bill Howell, *Popular Art of the First World War* (Llundain, 1972), 21.
10 Samuel Hynes, 459.
11 D. Tecwyn Lloyd, 'Gwaed Gwirion (II)', 219.
12 'The Denuded Place: War and Form in *Parade's End* and *U.S.A.*', yn *The First World War in Fiction*, 193.
13 Gw. Pat Barker, *Regeneration* (Harmondsworth, 1991), *The Eye in the Door* (Harmondsworth, 1993), a *The Ghost Road* (Harmondsworth, 1995); Sebastian Faulks, *Birdsong* (Llundain, 1993). Enillodd y nofel olaf yn nhrioleg Pat Barker am y Rhyfel Byd Cyntaf wobr Booker yn 1995.
14 Gw. Angharad Tomos, *Si Hei Lwli* (Tal-y-bont, 1991), 45–51.
15 Gw. Wiliam O. Roberts, 'Powdwr', *Hunangofiant (1973–1987): Cyfrol 1: Y Blynyddoedd Glas* (Caernarfon, 1990), 137–65.

1

Digrifwyr, Dramodwyr a Phlant

Hiwmor a rhyfel: dau gywely go anghymharus, ar yr olwg
gyntaf. Ac eto, er gwaetha'r ddelwedd gyfarwydd, nid tristwch
mo'r cyfan i gyd o bell ffordd fel y tystia geiriau'r undebwr Huw
T. Edwards: 'Peidied y darllenydd â meddwl mai rhyfel a dim
arall oedd yn digwydd mewn rhyfel. Cefais lawer wythnos ddifyr
ymhell o'r *line* gyda'm hen gyfeillion Joby Culverhouse a Jim
Lewis, Merthyr, Bernard Hook o Bannockburn a llu o rai eraill a
oedd yn ymddiddori mewn bocsio.'[1] Gair i gall sy gan John
Davies yntau: 'dichon y gellir gorbwysleisio'r graddau y ffieiddid
y rhyfel . . . am hanner can mlynedd wedi 1918 ceid ym mhob cwr
o Gymru wŷr a ystyriai'r rhyfel fel eu hunig brofiad cyffrous.'[2]
Hydreiddiwyd holl fodolaeth y milwyr ag eironi – ac efallai mai'r
agwedd eironig hon fu pennaf adladd y rhyfel i'r ymwybod
modern. Fel y prawf eu caneuon poblogaidd o'r cyfnod, un o
arfau hunanamddiffynnol y gwŷr hyn oedd eu synnwyr
digrifwch, synnwyr digrifwch a gadwai wallgofrwydd draw ond
a droes yn fwyfwy sardonig wrth i'w cyfwng ddwysáu:

> . . . when the romantic conception of war proved false, out of date,
> useless, the man in the line was helped in his daily endurances if he
> could ridicule all heroics, and sing, with apparent shamelessness, *I
> Don't Want to be a Soldier* or *Far Far from Ypres I Want to Be*. These
> songs satirized more than war: they poked fun at the soldier's own
> desire for peace and rest, and so prevented it from overwhelming
> his will to go on doing his duty. They were not symptoms of
> defeatism, but strong bulwarks against it.[3]

At hyn, mae'n werth cofio mai yn ystod y rhyfel y daeth Charlie Chaplin, seren y ffilmiau di-lais, i fri rhyngwladol ar sgrinau'r pictiwrs. Onid yn y cyfuniad hwnnw o'r trasig a'r comig, a ymgorfforid yn ei bortread o'r diniweityn digri-ddwys, y mynegodd *zeitgeist* yr amseroedd? Nid awduron diweddar yn unig, fel yn achos cyfres gomedi'r BBC *Blackadder Goes Forth* (1989), a fu'n ddigon mentrus i wneud hwyl am ben y rhyfel: aeth rhywrai i'r afael â'r maes ymhell cyn i sŵn yr ymladd beidio, ac yn ei hunangofiant, *Ar Orwel Pell* (1965), cyfeiria E. Beynon Davies at gyfnod ei hyfforddiant milwrol yn Sir Amwythig: 'Pan gaem ychydig o hamdden . . . wrth gwrs roedd yn rhaid mynd i'r sinema i weld Charlie Chaplin yn *Shoulder Arms*.'[4] Er gwaethaf anfodlonrwydd yr actor ei hun â hi, cyfeddyf: '*Shoulder Arms* was a smash hit and a great favourite with the soldiers during the war.'[5] Fel y mae'n digwydd, ar 20 Hydref 1918 y cynhaliwyd *première* y ffilm ac at ganol Gorffennaf 1915, cyn iddo ef a'i gymheiriaid fynd dramor, y cyfeiria E. Beynon Davies.[6] Mae'n rhaid felly mai at un o'r ffilmiau eraill, cyfanswm anhygoel o drigain a thair ohonynt, y cyfeirir, yn eu plith glasuron fel *The Champion* (1915), *The Tramp* (1915), *Easy Street* (1917), a *The Adventurer* (1917).[7] Ac eto, mae'r anachroniaeth yn ddadlennol gan ei bod yn tystio i'r argraff a greodd y ffilm benodol honno yn anad yr un arall.

Adeg ei rhyddhau, ystyrid *Shoulder Arms* yn ffilm ddadleuol:

> To release a parody on war . . . only a few weeks before the American troops came home from the hell of the trenches in the First World War (1918) was regarded as sheer lunacy. But the parody was received with rapture. So perfectly did it hit the nail on the head that even the homecoming soldiers found it irresistible and deeply appreciated this skit on what for them had been an all-too-grim reality.[8]

Rhyw Wil Coes Bren o filwr yw Chaplin, un sy'n ei chael hi'n anodd gwahaniaethu rhwng y chwith a'r dde. Daw â thrap dal llygod gydag ef i'r Ffrynt Orllewinol ynghyd â gratiwr caws i grafu ei gefn oherwydd y chwain. Pan gaiff barsel o gartref o'r diwedd, dim ond bisgedi ci sydd ynddo a chosyn drewllyd o Gorgonzola. Teifl y caws yn llawn dirmyg fel grenâd i gyfeiriad y gelyn, a llwydda i daro swyddog yn ei wyneb! Yn y man, fe gyflawna bob math o wrhydri – achub Ffrances o ddwylo dieflig yr Almaenwyr, smalio ei fod yn swyddog Almaenaidd yng ngŵydd y Caiser ei hun – cyn deffro ynghanol realiti oer y ffosydd o'i freuddwyd arwrol.

Cymeriadau goddefol yw rhai Chaplin a brwydr ofer y dyn bach yn erbyn system fawr sy'n drech nag ef a ddarlunnir ganddo'n aml. Ond roedd yna ddefnydd mwy gweithredol i hiwmor hefyd, fel y profodd nofel bicarésg, fendigedig o ryfygus, Jaroslav Hašek, *The Good Soldier Švejk* (1921–3).[9] Egyr y nofel yn ddeifiol o arisel a sefydlu cywair gweddill y nofel ar unwaith:

> 'And so they've killed our Ferdinand,' said the charwoman to Mr Švejk, who had left military service years before, after having been finally certified by an army medical board as an imbecile, and now lived by selling dogs – ugly, mongrel monstrosities whose pedigrees he forged.
> Apart from this occupation he suffered from rheumatism and was at this very moment rubbing his knees with Elliman's embrocation.
> 'Which Ferdinand, Mrs Müller?' he asked, going on with the massaging. 'I know two Ferdinands. One is a messenger at Prüša's, the chemist's, and once by mistake he drank the bottle of hair oil there. And the other is Ferdinand Kokoška who collects dog manure. Neither of them is any loss.'
> 'Oh no sir, it's His Imperial Highness, the Archduke Ferdinand, from Konopiště, the fat churchy one.'[10]

Ac felly ymlaen, yn ddigri o ddi-hid o bwysigrwydd digwyddiadau a chymeriadau y cefndir mawr hanesyddol a'r awdur yn cael ei lygad-dynnu gan fanylion dibwys am fân lwch y llawr. Yng nghyfieithiad cyflawn 1973 o'r clasur blêr, crwydrol ond athrylithgar, cymer o leiaf ddau gan tudalen – mae dros saith gan tudalen yn yr argraffiad – i Švejk gyrraedd y ffrynt![11] Cyn hynny bu'n brwydro'n ddyfal drwy fath o jyngl fiwrocrataidd sy'n atgoffa dyn o waith un o lenorion eraill Prâg a chyfoeswr Hašek, Franz Kafka.

O lenyddiaeth a gynhyrchodd *Gweledigaetheu y Bardd Cwsc* (1703), nid esgorwyd yn Gymraeg ar unrhyw ddychanwaith cyfoes yn darlunio cwrs y byd, 1914–18, er gwaethaf angau ac uffern real iawn y byd oedd ohoni. Wedi dweud hynny, efallai fod amgylchiadau gwleidyddol i gyfri'n rhannol am hyder llachar y naill lenyddiaeth o gymaharu ag ansicrwydd pŵl y llall:

'Most Czech First World War literature concerns the establishment of a Czechoslovak state. For all its horrors the war was in the end positive.'[12] Bwriwyd ymaith iau Awstria–Hwngari a sefydlu gwladwriaeth newydd Tsiecoslofacia. Nid rhyfel cadarnhaol, ymryddhaol mo'r rhyfel i Gymru o gymharu. Digwyddiad i alaru yn ei ŵydd yn hytrach na chwerthin am ei ben yw'r Rhyfel Mawr mewn llenyddiaeth Gymraeg gan amlaf, ond fe geir eithriadau sy'n gwahaniaethu oddi wrth y norm. Ystyrir y defnydd o hiwmor mewn gweithiau megis *Gŵr o Baradwys* (1965) ac *Y Pabi Coch* (1983) mewn pennod ddiweddarach, ond oedwn am y tro gyda chyfres Glynfab (William Glynfab Williams) o dair nofel ysgafn a gyhoeddwyd rhwng 1918 a 1920. Un o Nant-y-glo oedd yr awdur yn ôl y cofnod amdano yn *Who's Who in Wales 1937*, rheithor Dinas Cross yn Sir Benfro oddi ar 1905 ac, yn fwy diddorol, 'Author of the only Welsh War Novel, written in Mid-Rhondda dialect'.[13]

Creu digrifluniau o'r rhyfel a wneir yn *Ni'n Doi* (1918), *Y Partin Dwpwl* (1919) ac *Y Twll Clo* (1920), tair nofel y cyfranna'r dafodiaith yn fawr at eu doniolwch.[14] Cymeriad cartŵn yw'r Caiser, fel yr awgryma'r llysenwau Billy'r Kaisar a Will o Berlin, bwli ysgol yn hytrach na dihiryn byd a pherthynas agos i wawdluniau prydyddion tabloid y cyfnod. Ddwy flynedd ar ôl ei chyhoeddi gyntaf, roedd *Ni'n Doi* eisoes mewn trydydd argraffiad, ffaith sy'n awgrymu fod cryn dipyn o fynd ar y gyfres. Dyma'i theitl yn ei grynswth: ' "Ni'n Doi": sef hanes ysmala Dai a Shoni yn y Rhyfel gan Glynfab. Diccyn o anas Dai a Finna a'r Ryfal: "I gatw'r ên dafottiaith yn fyw." ' Ond dyw poblogrwydd ddim o reidrwydd yn gyfysytyr â sylwedd a theg pwysleisio nad campweithiau coll o'r gorffennol mo'r rhain, er mor ddiddorol ydynt o safbwynt hanesyddol, cymdeithasegol ac, o ran hynny, ieithyddol.

Dau ddigrifwr a chymêr yw Dai a Shoni sy'n dilyn eu greddfau diniwed i'r rhyfel. Yn y gyntaf o'r tair nofel, drych o'u twpdra yw eu Saesneg rhacs: ' "If I nevar to move", mynta Dai wrth y fenyw fach, "that crwt will be chokin." "Ma gen ti Sysnag fel Member o Parlamant. Wy ti weti ticclo'r fenyw fach, ar fencos i." ' (17) Yn y gwersyll hyfforddi ceir rhagor o ddryswch rhwng Cymraeg a Saesneg: ' "Jest the short of men," mynta'r chief officar, " 'ealthy an strong, both over 6 feet." "Ay, ay", mynta Dai, "the doctor in Dinas said our institutions was all right." "I can see your 'constitutions' *are* all right" mynta'r officar.' (21) Yn *Goodbye to All That* (1929), mae Robert Graves, swyddog o Sais ar gwmni o Gymry, yn cyflwyno ochr arall y geiniog:[15]

Humour was mainly supplied by the very Welsh Welshmen from the hills, who had an imperfect command of English. One of them, charged with being absent off ceremonial parade and using obscene language to the sergeant, became very indignant in Orderly Room and cried out to the colonel: 'Colonel, sir, sergeant tole me wass I for guard; I axed him no, and now the bloody bastard says wass I.' (70)

Cymro Cymraeg yn yr un gwersyll hyfforddi â Graves yn Wrecsam oedd Ifan Gruffydd: 'Ni allwn ddechrau sgwrs â neb am nad oedd gennyf ddigon o Saesneg',[16] ac o ganlyniad bu'n llusgo'i draed o gwmpas y gwersyll am dair wythnos heb iddo sylweddoli mai ef oedd yr 'Evan Griffiths of Anglesey' (121) y bu'r swyddog yn galw ei enw cyhyd. Echel tair nofel Glynfab yw hiwmor anfwriadol o'r fath, a cheir digonedd ohono wrth i'r ddau sowldiwr ciami faglu o gamgymeriad a chamddeall-twriaeth i drybini. Er mai yn yr un flwyddyn â *Shoulder Arms* y cyhoeddwyd nofel gyntaf y drioleg, fe ddaliwn i fod y cymeriadau print wedi'u cynysgaeddu â thipyn go lew o anian Chaplin. Dau aelod ffyddlon os di-glem, felly, o fyddin Fred Karno − fel y glasenwyd y fyddin Brydeinig a godwyd rhwng 1914 a 1918 − yw Dai a Shoni, ond maen nhw'n llwyddo'n rhyfeddol, er gwaethaf pawb a phopeth. Fel y gwelir yn y man, dyma batrwm cyfarwydd − llwyddo yn nannedd pob anghymhwyster − a ailddefnyddir droeon wrth bortreadu'r milwr Cymraeg.

Er bod dau filwr Glynfab yn cyflwyno delwedd o'r Cymry fel milwyr amhrofiadol ac anymarferol, eto i gyd fe'u dyrchefir yn gorporaliaid ymhen tair wythnos wedi iddynt gyrraedd Ffrainc. Maen nhw'n llawn brafado: o glywed fod 'Ted Williams y bobby' wedi'i ddyrchafu'n llifftenant, brolir 'ryngo ni'n tri odd dim gopath i'r Kaiser gal byw yn 'ir'. (34) Dro arall, gofynnir fel hyn: ' "On pwy ddechrws y ryfal ma?" "Will o Berlin," mynta Dai. "Pwy benniff i?" myntwn i. "Ni'n Doi," mynta Dai.' (61−2) Ac yn wir, nhw yw arwyr mawr y rhyfel erbyn diwedd yr hanes a hynny er gwaethaf cyfres o droeon trwstan, rhwystrau sy'n ychwanegu at faint eu camp. Fel y sylwodd Hywel Teifi

Edwards, 'Os nad yw Dai a Shoni yn medru iaith "King and Country" yn rhy dda y mae eu greddfau Prydeingar yn ddifeth'.[17] Nid glowyr bradwrus mo'r rhain a feiddiai ddal gwn wrth ben y wladwriaeth a hithau'n argyfwng cenedlaethol arni drwy fynnu mwy o gyflog am ragor o lo, ond enghreifftiau teyrngar o'u bath, epil Mabon (William Abraham) resymol yn hytrach na Marx beryglus. Yn rhinwedd eu gwaith beunyddiol, ymgorfforai Dai a Shoni ddaioni a dewrder.[18] Roedd y neges yn glir: pan ddeuai'n argyfwng ar yr ymerodraeth, roedd digon o ruddin ac egwyddor yn perthyn i'r glöwr o Gymro, heddychlon fel arfer, i godi arfau er mwyn sicrhau na châi'r un estron wneud cam â hi.

Cwyd hyn ystyriaeth ddiddorol ynglŷn ag ufudd-dod y Cymry i awdurdod swyddogion, sef Saeson gan amlaf. Yn sicr, mae Dai a Shoni yn wirfoddolwyr nodweddiadol Gymreig gan mai o blith glowyr a chwarelwyr y deuai'r canran uchaf o recriwtiaid i'r fyddin.[19] Nid ar chwarae bach, serch hynny, yr anghofiai dynion felly eu hetifeddiaeth radicalaidd ac Anghydffurfiol: 'in the 1914–18 war the radical impulse was still present and marked Welsh soldiers out . . . there does seem to have been a persistent questioning of authority and demonstrations of independence of thought which drew comment from officers of Welsh battalions.'[20] Mae sylwadau Graves eto'n werthfawr yn hyn o beth:

> 'These Welshmen are peculiar. They won't stand being shouted at. They'll do anything if you explain the reason for it – do and die, but they have to know their reason why. The best way to make them behave is not to give them too much time to think. Work them off their feet. They are good workmen, too. But officers must work with them, not only direct the work.' (86)

Fel swyddog o Gymro ar griw o Gymry, roedd gan Saunders Lewis well amgyffrediad o'r sefyllfa hon. Priodolai ef y tyndra hwn rhwng milwyr cyffredin a swyddogion, rhwng dynion o wahanol hil a dosbarth, i'r ffaith mai aberth i'r rhan fwyaf ohonynt fu ymrestru yn y fyddin newydd: 'ac aberthu nid yn unig rhyddid personol, namyn hefyd yr hawl i ddyn ddangos yn ei agwedd nad oedd arno feistr yn y byd. Yr oedd y balchder sy'n elfen yn hunan-barch y werin yn rhwystr i addefiad a derbyniad siriol o'r sefyllfa, a'r swyddog gyda'i wisg amlwg oedd arwyddlun y caethiwed.'[21] Cadarnheir hyn gan brofiad Ifan Gruffydd: mewn un episod, ar ôl gwneud smonach lwyr ohoni fel Sarjant y Dydd, fe'i rhyddheir o'r swydd:

Bellach yr oeddwn yn breifat unwaith eto yn sefyll yn y rhengau gyda Sailor Jôs a Tom Reed. Ond yr oeddwn yn berffaith hapus, a fy mara beunyddiol yn sicr, a minnau yn fwy o arwr fyth ymysg fy hen gydnabod am ddyfod ohonof yn un ohonynt hwy drachefn, oherwydd yr oedd yno elyniaeth wedi'r cwbl rhwng y swyddogion a'r rhai oedd yn gorfod milwrio yn erbyn y graen megis . . . Onid rhywbeth cwislingaidd wedi'r cwbl oedd cymryd swydd ym myddin y Sais? (137)

Er gwaetha'r holl Gymry a oedd ynddi, byddin y Sais oedd hi o hyd. Yn sicr fe berthynai elfen gref o falchder cenedlaethol Cymreig i'r ymagwedd hon, awydd ymhlith y Cymry i warchod eu hunaniaeth, eu hannibyniaeth a'u hanrhydedd. Efallai'n wir eu bod yn filwyr anghonfensiynol ac anuniongred, rhai ecsentrig at hynny, ond doedd dwywaith ynglŷn â'u teyrngarwch cyn belled â'u bod yn cael gwireddu eu hawydd i gyflawni pethau yn eu ffordd eu hunain. A dyna mewn gair yw Dai a Shoni – dau idiosyncratig sy'n cyflawni pethau yn eu ffordd ddihafal eu hunain.

Pâr ymwybodol iawn o'u Cymreictod yw Dai a Shoni a'u clustiau radar wedi eu moeli, yn sensitif i unrhyw awgrym o anfri. Ar un adeg, fe â'n sgarmes rhwng Dai a rhyw Sais a'i geilw'n 'conundrum', ond daw Shoni i'r adwy:

'Dai bach, gwisg di got; talu compliments i ni y Cymry ma'r bachan. I ni shwd ddynon od a out-of-the-common ma'r byd yn ffeelu'n deg a'n diall ni. Ffeelu diall shwd i ni'n gallu canu a sportan, a galavântân pan ma'r shells yn fflyan fel cessar o bothdi'n penna ni. Ddim yn diall y bachan o ti Dai . . .' (76)

Bryd arall, datgelir Cymreigrwydd cynhenid y gwaith drwy gyfrwng cyffelybiaethau penodol fel y rhain a ddeilliai o gefndir diwydiannol y ddau arwr: 'Tents fel mush-rooms, mwg fel gwaith tin Llanelly, a phob un ar i ora yn ceesho ffindo mas ble odd i fod' (73); 'Off a ni fel trucks o lo cnappan yn rwshian lawr drw'r screens ar ben Pwll y Winsor'. (94) Serch hynny, mae'n anodd gan yr awdur ymddifrifoli oherwydd afiaith bwrlésg y sgrifennu. Dyw ei oslef ffwrdd-â-hi, er enghraifft, pan yw'n canfod fod milwr nesaf at ei ddau arwr wedi ei saethu trwy ei ben ddim yn taro deuddeg: 'Allwch gesso teemlata Dai a fi, sdim dishgrifio i fod. On, na beth yw ryfal!' (90) I'r gwrthwyneb: awgryma'r sylw gwamal mai osgoi ymhelaethu am nad yw'n gwybod 'beth yw ryfal' a wna. Dwyn ar y traddodiad llafar a wneir yn y nofelau a *raconteur* sy wedi gwirioni ar glywed ei lais ei hun yw'r adroddwr. Yn dechnegol, golyga hyn ei fod yn crwydro'r priffyrdd a'r caeau yn aml yng nghwrs ei stori a bod ei naratif ar wasgar. Fel y profa enghraifft Hašek, yn llaw'r meistr gellir ecsbloetio'r dechneg bicarésg hon yn orchestol, ond arwain at rwystredigaeth a wna fan hyn: drwodd a thro gadewir stori ar ei hanner i adrodd rhyw hanesyn a ddaw i feddwl yr awdur wrth fynd heibio, ac erbyn *Y Partin Dwpwl*, ail nofel y gyfres, try'r arfer yn syrffedlyd ac ymddengys fel dyfais i lenwi gofod yn unig. Nid cymorth chwaith mo'r holl gerddi talcen slip sy'n britho'r nofelau.

Ffarwelir â Dai a Shoni yn *Y Twll Clo* ar ddiwedd taith mewn awyren ac yna mewn sybmarîn a hwythau newydd gyrraedd Berlin ar ôl pum mlynedd o drafeilio. Anodd peidio ag edmygu dyfeisgarwch dihysbydd eu hawdur a dyfalbarhad diarhebol ei gymeriadau. Anodd hefyd peidio â chymryd at y ddau arwr anghymwys sy'n baglu eu ffordd yn gartwnaidd o'r naill anturiaeth i'r llall. Ond anodd iawn eu cymryd o ddifri fel arwyr comig: yn wahanol i Chaplin a Švejk, does dim hanner digon o'r pathos sy'n rhaid wrtho i ddwysáu ac ystyrloni'r digrifwch. Yn sicr, byddai rhyddiaith Gymraeg y rhyfel yn dlotach ac yn fwy unffurf heb bresenoldeb y ddau ddigrifwr o'r Rhondda. Ar y llaw arall, ni ellir osgoi'r casgliad mai cynnig cefnlen cyfoes ac iddo ddigonedd o bosibiliadau cyffrous a wnâi'r rhyfel i Glynfab yn y bôn, neuadd hapchwarae ac ynddi gemau newydd am a fynnai. A phobl yn gwybod am y gweithiau cyfansawdd mor hwyr â 1937 fel 'the only Welsh War Novel', go brin y gwnâi ryw les mawr i achos ffuglen Gymraeg ynghylch y Rhyfel Byd Cyntaf. Serch hynny, yn gyffredinol yr hyn sy'n taro dyn yng nghyswllt rhyddiaith Gymraeg am y rhyfel yw hwyrfryd-igrwydd llenorion i sgrifennu â'u tafod mewn boch amdano. Hiwmor hunanddifrïol sy gan Ifan Gruffydd a dychan du sy gan T. Wilson Evans, ond does dim sy'n cyfateb, dyweder, i *'R Wyf Innau'n Filwr Bychan* (1943) Caradog Prichard neu *Adolf Hitler:*

My Part in His Downfall (1971) Spike Milligan am yr Ail Ryfel Byd. Tybed na fu'n rhaid wrth sioc yr ail ryfel hwnnw i sefydlu'n barhaol y ddelwedd wrtharwrol o ryfel modern? Fel y gwelir ym mhennod olaf yr arolwg hwn, mae'r ffaith mai dim ond wrth ailgloriannu'r rhyfel dros hanner canrif ar ôl iddo ddarfod y daeth ymdriniaeth eironig ohono'n arferedig fel petai'n cadarnhau'r ddamcaniaeth. At hynny, mae'n amlwg fod Caradog Prichard wrth ei fodd yn y fyddin a dyw cyfaddef hynny'n poeni'r un dim arno; o gymharu, mae ar Ifan Gruffydd ormod o gywilydd cyfaddef ei fwynhad.

O ddilyn yr ymresymiad sy'n ymhlyg yng ngwaith sawl awdur poblogaidd, dargyfeiriad dros dro a'u harweiniodd oddi wrth lôn bost y drefn fu'r rhyfel a buan y dychwelid at y briffordd atgyweiriedig ar ei ddiwedd. Daw hyn yn eglur mewn un o'r dramâu a rydd sylw i'r rhyfel ac un o weithiau eraill Glynfab, *Gloewach Nen* (1925).[22] Fel dramodydd, cyfetyb ei feddylfryd i eiddo'r beirdd Sioraidd a fynnai gynnal myth y gorffennol er gwaethaf ymyrraeth y rhyfel. Crefft a oedd eto'n cropian oedd y ddrama Gymraeg ar y pryd – go brin y cafwyd, er enghraifft, ddrama mor arhosol am y rhyfel â *Journey's End* (1928) R. C. Sherriff yn Saesneg. Plwyfoldeb a dinodedd y cynnyrch sy'n taro dyn: er bod Cymro wrth y llyw yn Llundain, go brin y cafwyd, chwaith, ddrama mor uchelgeisiol â *Brad* (1958) Saunders Lewis, am yr Ail Ryfel Byd, drama a roddodd y Gymraeg yng ngenau rhai o wladweinwyr pennaf Ewrop a'i gwneud hi'n iaith trafod tynged y byd. Gan mor brin yr enghreifftiau perthnasol o'r *genre* hwn, mentraf dynnu'r puryddion yn fy mhen a chynnwys trafodaeth arno o fewn yr astudiaeth hon o ryddiaith y rhyfel.

Mowldiwyd delfrydau Glynfab gan y Gymru Fictoraidd, fel y profir yn eglur gan deitl ei ddrama ac ynddo awgrym o feddylfryd cynyddgar y cyfnod hwnnw. Rhwng 1915 a diwedd 1918 y daw'r storm sy'n bygwth difetha'r nefoedd am byth pan gyhoedda Will Powell y gwas wrth feistr y fferm, Tomos Parry, ei fod am ufuddhau i'r alwad a mynd i gwffio i'r rhyfel. Dyma awgrym o ansawdd y ddeialog a naws ddatganiadol y sgript: 'Rwyf yn mynd i uno â'r fyddin, gan lwyr gredu mai dyna yw fy nyledswydd. 'Rwy'n mynd i ymladd dros fy ngwlad, – dros ryddid, – dros hawl i fyw. Dyna lwybr dyledswydd heddyw, – y llwybr sydd yn arwain i faes y gâd, – ac – efallai – i fedd.' (16)

Hen begor, gwladaidd a diniwed ei ffordd, yw Tomos: ei gonsýrn mwyaf yw dyfodol ei fferm, ond fe'i hatgoffir bod Master Bob, ei fab, yn ddigon tebol i edrych ar ei hôl. Beth bynnag, yn ôl Will, mae Master Bob yn fachgen athrylithgar a chanddo obaith mynd i brifysgol, a'i le ef yw ymrestru o'r herwydd. Dyw Marged, dyweddi Will, ddim yn cymryd at y syniad o gwbl a phrotestia yn erbyn ei thynged: 'Fe anwylir Will gan rywrai fel yr anwylir Master Bob gennych chi.' (18) Anghytuna Madlen Parry â hi a'i goleuo ynghylch y drefn gymdeithasol: 'Mae yna wahaniaeth, Marged fach, rhwng Will a Master Bob. Dowch chwi, caled yw dioddef, ond fe ddaw "GLOEWACH NEN" cyn hir' (19), a phwyso arni i blygu i'r drefn a wna Tomos Parry yntau: 'Waeth dadleu neu peidio, – nid amser i ymresymu yw hi nawr.' (19) Erbyn noswyl ei phriodas a phawb wedi bod yn ei phen, dyw hi'n ddim syndod clywed Marged druan yn dweud yn orchfygedig wrth Sarjant Jones: 'ofer gwingo yn erbyn y symbylau. Er na fyddaf ond gwraig-diwrnod-oed pan yr ymedy Will yfory, credaf fod i mi fy nyledswydd, fel pob gwraig arall ym Mhrydain – sef, "Cadw'r tanau yn gyneuedig gartref".' (35) Buan y darbwyllwyd ac y dofwyd y greadures fach yn gyfan gwbl, ac yn ystod yr ail act gwelir Master Bob yntau'n ei throi hi am y swyddfa recriwtio agosaf gan aberthu ei yrfa academaidd am y tro.

Erbyn cyrraedd y drydedd act, ymddengys fod y loywach nen eisoes wedi gwawrio yn ôl y graen sydd ar barlwr *nouveau riche* Trewern. Dyma ganolbwynt y ddrama bellach yn hytrach na chegin yr act gyntaf, yr hen gegin werinol a fu'n ganolbwynt i'r aelwyd am flynyddoedd cyn hynny. Y mae cyfarwyddiadau llwyfan y dramodydd yn siarad cyfrolau am y tro ar fyd a welwyd:

Arwyddion o lwyddiant bydol: Drws – yn arwain i'r gegin oreu . . . yn arwain i'r neuadd (hall): Ffenestr yn y pared ar gyfer yr edrychwyr gyda 'churtains' a 'hangings': Bwrdd tua chanol yr ystafell a 'desk' arno, ynghyd ag ink-stand, llyfrau cyfrifon. Ambell ddarlun da ar y mur . . . Pan gyfyd y llen gwelir Madlen mewn gwisg drwsiadus, yn eistedd mewn cadair-siglo ger y tan, yn brysur wau 'embroidery'. Y mae Tomos Parry (nawr wedi eillio ei farf, a chanddo wefus-flew yn unig), wedi ei wisgo yn gyfatebol i'w lwyddiant masnachol, yn archwilio ei gyfrifon, ac yn ysmocio cigar. (37)

Cyn ymddangosiad Will cofnodir sgwrs rhwng Tomos a Madlen ynglŷn â natur bresennol eu byw, y wraig yn hiraethu am 'y dyddiau gynt, y bywyd di-rodres a syml . . . Mil gwell gennyf fi deulu bach y gegin na theulu gwych y parlwr' (37), a'i gŵr yn wfftio ati:

> Twt twt. Rhaid mynd ymlaen gyda'r oes, Madlen fach. Oes a mynd rhyfeddol yw'r oes hon. Os na ddeffrown, ac os na fydd ein llygaid yn agored led y pen, cawn ein gadael ar ol . . .
>
> MADLEN: Na, roedd mwy o swyn, – mwy o fiwsig, – yn swn clocs Nellie, pan y deuai i mewn i'r gegin o odro, nag sydd yn swn ei cherddediad ar y carpet drudfawr, sydd ar lawr yr ystafell hon. Tomos, dyw'r bywyd presennol yn ddim ond 'sham'. (38)

Collwyd golwg ar yr hen amaethwr rhadlon gynt: troes yn ŵr mawr sy'n siarad Saesneg â'i forwyn ac yn mynnu ganddi ei bod yn ei alw'n 'syr'.

Daw Will y gwas yn ôl o'r rhyfel ac adrodd iddynt, ymhen hir a hwyr, hanes milwr o Gymro a orweddai ar y pryd ar wely ysbyty yn Ffrainc ond a deilyngai'r VC am ei wrhydri ar faes y gad. Nid bod hynny'n ennyn fawr ar ddiddordeb Tomos: yr unig beth sy'n mynd â'i fryd yw brolio am ei gynnydd bydol ei hun. Oportiwnydd sy wedi budrelwa yn ystod y rhyfel yw Tomos, Capten Trefor o gymeriad a amddifadwyd o gyfrwystra'r rôg hwnnw: 'Llwyddiant tymhorol, ac nid llwyddiant ysprydol a'm bedyddiodd i yn MR. PARRY, ac a agorodd ddrws y sêt fawr, a drysau cymdeithas.' (43) Cynyddodd ei diriogaeth yn arw i gynnwys ffermydd Pantgwyn a'r Fron yn ychwanegol at Drewern, ond yn ei dwpdra, a Will ar adael, llefara'r heresi hon: 'Ond i'r Rhyfel ma barhau am ddwy neu dair blynedd eto – y fi fydd perchen holl ystad Trewern.' (46) A dyna pryd y cynhyrfir y gwas i droi ar ei feistr gyda'r geiriau rhethregol hyn: 'Ymladdsom er mwyn sicrhau gwell byd. Ymladdsom er mwyn gwneud Prydain Fawr yn Brydain Fwy. Ymladdsom dros Ryddid – buom feirw – Ond – ah – nid er mwyn creu MILLIONAIRES ymhlith masnachwyr ac amaethwyr Prydain.' (46) Ond *coup de grâce* Will yw dweud wrtho mai ei fab ef, Master Bob, oedd y truan gorweiddiog mewn gwlad estron a haeddai fedal am ei gampau.

Nid yn ofer y pregethodd Will oherwydd rhoddodd fatsien go

iawn dan goelcerth y felodrama hon: y mae clywed am ei fab yn arwydd i Tomos daflu – yn llythrennol – ei lyfr cownt heibio a syrthio ar ei fai. Yn halen ar y briw, myn Madlen ddweud ei phwt: 'Dyma ei "Feibl" er ys amser bellach. Gwir y dywedodd y Gair – "Gwreiddyn pob drwg yw ariangarwch".' (49) Ond, ac yntau wedi gweld y goleuni, cwyd Tomos ar ei draed yn lle gorwedd mewn ystum pathetig o edifeirwch ar lawr y parlwr, carthu ei gydwybod, a chydnabod ei bechodau:

> Pechais yn erbyn y nef. Anghofiais fy Mheibl . . . fy ngwlad . . . fy mab . . . do a fy Nuw. Tra yr oedd ynof y fflam angerddol, – yr awydd i bentyru golud, – roedd y Cristion oedd ynof yn mynd yn llai, – llai, – bob dydd, a'r bydolddyn yn cynyddu. (Dystawrwydd ennyd). Yr oedd clorian yr Ariandy yn cyhoeddi Tomos Parry yn wr cyfoethog, ond, – yr oedd clorian y Duw Anfeidrol yn cyhoeddi fy mod yn dlawd. (49)

Daw Tomos at ei goed a diwedd y ddrama, yn faddeuant gweledol am ei feiau, yw fod ei fab yn dod adref yn saff o'r fyddin. Gofyn yntau i Madlen estyn ei hen wisg, 'gwisg a ddysg i ddyn "o ba radd y bo'i wreiddyn"' (51) a'r un yr arferai ei gwisgo 'cyn i Mammon lyffetheirio fy enaid'. (51) Ymddengys fod ailfeddiannu ei hen gymeriad yn broses mor rhwydd ag ailwisgo dilledyn coll.

Ar binsh, gellir cymhwyso disgrifiad Dafydd Glyn Jones o draddodiad y ddrama Gymraeg cyn dyfodiad Saunders Lewis at *Gloewach Nen*:

> . . . brwydr gŵr ifanc galluog, deallus, gonest ('proffwyd' ifanc, fel y dywedai W. J. Gruffydd), un ai dros gyfiawnder cymdeithasol neu ynteu dros y gwirionedd mewn cymdeithas gul, phariseaidd sy'n ofni'r gwirionedd . . . Yn gefndir i frwydr y gŵr ifanc dros onestrwydd a thegwch, y mae yna newid cymdeithasol a newid mewn gwerthoedd. Cwbl ganolog eto yw'r gwahaniaeth agwedd rhwng y tadau a'r plant, a methiant y ddwy genhedlaeth i ddeall ei gilydd.[23]

Cynnwys a byrdwn dadl y proffwyd ifanc sy'n wahanol: nid radical mohono ond ceidwadwr, a hyn efallai am mai Anglican yw'r awdur rhagor Anghydffurfiwr. Ei ateb i benrhyddid diegwyddor y farchnad a amlygid yn ystod y rhyfel yw ailsefydlu'r drefn baternalistaidd a brofasai gynt, er ei fod wedi datgelu'n arwrol dwyll a thwpdra'r sawl a'i cynhaliai. Cynheiliad yr hen drefn gymdeithasol yw Will: dadlenna ragrith ei feistr a phrofi goruchafiaeth foesol drosto, ond nid yw hynny'n ddigon i chwalu ei barch tuag ato na'i awydd i fyw dan ei awdurdod o'r newydd. Peidia hygoeledd Will, ond deil ei oddefgarwch yn ddihareb.

Does dim rhaid wrth athrylith i sylweddoli mai breuddwyd ofer, mater o godi pais, yw'r awydd hwn i ddychwelyd i'r gorffennol: roedd yr oes a fu eisoes yn anadferadwy. Os oes yna unrhyw *rationale* y tu cefn i safiad Will, tybed nad hwn ydyw: yn wahanol i'w feistr, nid yw am fanteisio ar amgylchiadau'r rhyfel a dewis, dyweder, lwybr gwrthdaro dosbarth; perthyn gormod o ruddin iddo ef i ecsbloetio'r sefyllfa dymhorol yn ddianrhydedd drwy droi'r dŵr i'w felin ei hun. Er iddo ragori fel milwr, cymeriad egwyddorol yw Will: os yw ei feistr wedi gwneud ffŵl ohono'i hun, y mae ef o leiaf yn dal i wybod ei le: 'Gelwch fi yn Will, Mishtir.' Gwerinwr a gymerir fwy o ddifri gan ei awdur na Dai a Shoni, ufudd a diniwed, yw Will, ond gwerinwr sy'n gwybod o'r gorau nad tanseilio'r drefn mo'i swyddogaeth. Fel gŵr mawr, embaras o'r mwyaf yw Tomos Parry, *poseur* tryloyw a'i ymarweddiad pantomeimaidd yn profi'n ddi-amheuol anaddasrwydd ei swydd newydd. Awgrymir mai rhywbeth anweddus, bron na ddywedwn anghymreig, yw i ddyn ddringo'n uwch na'i stad, a lle Will, mewn mwy nag un ystyr, yw cadw trefn. Mursendod a rhodres Tomos Morgan sy'n dod o dani, ffaeleddau cyfarwydd y defaid du ym myd Kate Roberts a T. Rowland Hughes hwythau, dim ond fod eu pechaduriaid hwy gan amlaf y tu hwnt i bob achubiaeth.

Budrelwr yw Tomos Parry, dyn sy'n cynrychioli llawer o'r masnachwyr a'i gwnaeth hi'n iawn ar draul aberth y milwyr. Codi cap i'r arwriaeth a ddeillia o ryfela a gwneud apêl yr un pryd i adfer ac ailgofleidio'r hen werthoedd a fodolai cyn dyddiau'r drin – dyna'n fras resymeg y ddrama. Ond roedd angen mwy na choesau cangarŵ i ailgyrraedd 1914, a hyd yn oed pe meddai dyn ar rai felly a ddylid rhagdybio fod 1914 o reidrwydd yn well byd? Onid oedd y symudoledd cymdeithasol a brysurwyd gan y rhyfel yn rhywbeth i'w chwennych yn hytrach na'r hierarchiaeth gymdeithasol a guddiai dan ymagwedd baternalistaidd Tomos Parry tuag at Will y gwas? A hithau'n cael ei chyhoeddi ar ganol degawd pan oedd

Rhyddfrydiaeth gymodlon ar drai a Llafuriaeth wrthryfelgar ar gynnydd, doedd hon ddim yn ddrama wleidyddol niwtral er mor simplistig ei byrdwn ac amrwd ei gwead. Sylweddoliad cymeriadau'r ddrama yw mai yn y gwerthoedd safadwy o'u cwmpas y mae'r loywach nen, ond byddai'n ddrama wahanol iawn petai Will wedi dychwelyd o'r fyddin wedi ei boliticeiddio ac yn barod i herio seiliau'r byd oedd ohoni yn 1914. Dyma'r union gyfnod pan oedd y werin yn dod i'w theyrnas ac agenda radicalaidd Cymru'r ganrif ddiwethaf yn cael ei chwblhau: roeddid eisoes wedi cael gwared o ormes Anglicaniaeth, ar ffurf taliad y degwm a âi mor groes i'w Hanghydffurfiaeth, ddiwedd y ganrif ddiwethaf ac yn awr dyma gael gwared hefyd o ormes landlordiaeth. Er bod grym y Chwyldro Gwyrdd, wrth i o leiaf chwarter tir Cymru newid dwylo rhwng 1918 a 1922 a dod yn eiddo i denantiaid, yn ffyrnicach yng Nghymru nag odid unlle yn Ewrop, dim ond yn rhannol yr oedd Glynfab yn fodlon dathlu'r digwyddiad.[24] Caniateir i'r patriarch Tomos Parry – ar yr amod ei fod yn derbyn ei gyfrifoldeb ac yn arddel ei ddynoliaeth – weld ei gyfle ac ymgyfoethogi, ond nid felly Will y gwas. Ai'r rheithor yn Glynfab a oedd yn gomedd i Will gymryd y ddrama drosodd, drwy droi'r drol gymdeithasol a hawlio'i gyfran yntau o ryddid, oblegid fod yn ei wythi o hyd beth o geidwadaeth gynhenid yr hen Eglwys Sefydledig?

Er na wyddom am ymateb cynulleidfaoedd i ddrama adweithiol fel *Gloewach Nen* gwyddom farn awdur y felodrama boblogaidd *Rhamant a Rhyfel* a gyhoeddwyd yn 1922 am ei greadigaeth ei hun.[25] Ymhen blynyddoedd, byddai gan John Ellis Williams, brodor o Benmachno, gywilydd ohoni: 'ei hunig ddiddordeb imi'n awr yw ei bod yn gynnyrch nodweddiadol o'i chyfnod, a'i bod bellach – fel carreg filltir – yn dangos mor bell y cerddodd y ddrama Gymraeg ers y cyfnod hwnnw.'[26] Gyda synnwyr trannoeth, efallai mai fel awdur nofelau ditectif y gadawodd yr awdur cynhyrchiol ac amryddawn hwn ei farc arhosol ar y diwylliant Cymraeg, ond cyfrannodd yn helaeth i fyd y ddrama yn ystod hanner cyntaf y ganrif hon. Yn ôl ei gyfaddefiad ei hun, dibynnai *Rhamant a Rhyfel* ar fformiwla boblogaidd, sef drama dair act gyda dwy neu dair golygfa ym mhob un 'a gofalu bod ym mhob act byliau o chwerthin, darnau o gyffro, digon o daeru, a mesur helaeth o ddagrau'.[27] Bu mynd mawr arni ar y pryd, yn enwedig ymysg cwmnïau capel a oedd am godi arian at ryw achos da neu'i gilydd, ffaith sy'n cadarnhau sylw Tom Richards parthed safle'r ddrama Gymraeg: 'ar ddiwedd y Rhyfel Byd Cyntaf, yr oedd y ddrama Gymraeg yn dal yn forwyn fach i gronfa'r organ.'[28] Yn wir, fe'i perfformiwyd mor ddiweddar â 1947 yn Llanffestiniog a'r gynulleidfa'n grediniol mai drama newydd sbon am yr Ail Ryfel Byd oedd hi, digwyddiad a barodd i'w hawdur fynd ati i losgi hynny o gopïau o'r ddrama a oedd yn weddill rhag ofn i gwmni arall feddwl am ei llwyfannu!

Does dim dwywaith mai darn o *juvenilia* yw *Rhamant a Rhyfel* yn y bôn: oddeutu un ar hugain oed oedd ei hawdur pan welodd olau dydd gyntaf, fesul golygfa, yn *Y Darian* rhwng 1921 a 1922. Yn wythnosolyn J. Tywi Jones, a arddelodd safbwynt heddychol yn ystod y rhyfel ac a gyhoeddid yn Aberdâr, y gwelwyd rhai o ymdrechion newyddiadurol cynharaf John Ellis Williams yn 1917.[29] Ond er holl wendidau'r prentiswaith hwn, mae deunydd syniadol *Rhamant a Rhyfel* fymryn aeddfetach na *Gloewach Nen* a'i hagwedd tuag at y rhyfel yn llai stoicaidd a mwy cwestiyngar. Dyma dalp o sgwrs rhwng y milwr Twm Pirs a'r teiliwr oed-rannus Tomos Jones:

TWM: 'Rydach chi byth a hefyd yn lladd ar y Llywodraeth, Tomos Jones. 'Roedd yn rhaid inni gadw at ein gair i amddiffyn hawlia'r cenhedloedd bychain.

TOMOS: Hawlia'r cenhedloedd bychain, wir! Pa genhedloedd bychain mae Lloegar wedi amddiffyn! Beth wnaeth hi â South Africa? Neu tyrd yn nês adre, os mynni di. Beth ydi ymddygiad Lloegar at Gymru wedi bod? Ein gwlad annwyl ni! (Yn ysgwyd ei ben yn brudd, ac yn synfyfyrio'n ddwys tros ennyd.) Wst ti be', Twm, mae meddwl am ormas y Sais yng Nghymru yn fy nhemtio i i weddïo weithia' y caiff Lloegar y gweir fwya' a gafodd hi 'rioed yn y rhyfal 'ma. (8)

O gymharu â dehongliad digwestiwn Glynfab o'r rhyfel, fe'i trafodir yn feirniadol fan hyn: does ond eisiau crybwyll gorthrwm Cymru er mwyn datgelu'r rhagrith a oedd wrth galon yr holl sôn am ryfel i ryddhau cenhedloedd bychain. Pan glywir bod gorfodaeth filwrol yn ddeddf gwlad, mae Tomos eto'n ei dweud hi'n hallt: 'Y Gweithiwr a raid diodde'! Mi wyddoch faint o ryddid oedd gan y gwerinwr tlawd. 'Roedd o cyn hyn fel ci wedi ei rwymo wrth drol – fedra fo ddim ond dewis pa ochor i'r ffordd i gerdded. 'Roedd o'n rhoi'i *amsar* i'r Llywodra'th o'r blaen. Rŵan, rhaid iddo fo roi'i *waed* hefyd.' (10) Brodyr o'r un anian yw Tomos Jones a T. E. Nicholas, ond er bod y dramodydd wedi cyffroi digon o wreichion i gynnau drama danllyd go brin y gwireddir potensial y cyfan ac ni lwyddir i ddatblygu fawr ddim ar y dadleuon hyn ynghylch cenedlaetholdeb a hawliau'r dosbarth gweithiol o fewn y ddrama. Sylwebydd sinicaidd ar y byd a'r betws, un sy'n ychwanegu rhywfaint o flas y cyfnod at y ddrama ond na chaiff fawr o effaith ar ddatblygiad ei phlot, yw Tomos Jones yn ei hanfod.

Creisis cychwynnol y ddrama yw fod Bob, mab Mary Williams weddw ac anghenus, yn gorfod mynd yn filwr. Y mae enwau priod y ddau gymeriad hyn yn profi'n eglur blaen ddamcaniaeth Dafydd Glyn Jones, ar gorn ymchwil D. Tecwyn Lloyd, ynglŷn â dylanwad allweddol *Rhys Lewis* (1885) ar y ddrama Gymraeg.[30] Llwyfannwyd dramateiddiad J. M. Edwards, Treffynnon – brawd O. M. Edwards – o'r nofel, ar gyfartaledd, ddeugain a phedair o weithiau bob blwyddyn rhwng 1910 a 1914; o 1909 hyd 1937 gwelwyd 442 perfformiad o'r gwaith ar lwyfannau yng Nghymru, Lloegr a'r Unol Daleithiau.[31] Dadlennol yw sylwi ar y gwahaniaeth pwyslais a amlygir drwy yrru'r protestiwr cyfiawn yn y ddrama hon, yn wahanol i'w ragflaenydd yn y nofel, ar hyd llwybr cydymffurfiol. Blodwen yw cariad Bob, merch y blaenor ariangar Huw Jenkyns, a dyw ei thylwyth crachaidd ddim yn ffafrio'r garwriaeth o gwbl; ar yr un pryd, maen nhw am arbed eu mab, Harri, rhag mynd i'r fyddin. Yn nhyb ei rhieni, ieuad mwy cymharus o lawer fyddai hwnnw rhwng Samuel Richards, mab y gweinidog, a Blodwen, ac er mwyn drysu pethau i'r ddau gariad ânt ati i ffugio llythyrau rhyngddynt. Mynega Jac y postmon farn llawer un pan yw'n beirniadu *humbug* y gweinidog: 'Rydw i'n *dead* yn erbyn i weinidogion fynd i ddenu hogia' diniwad i'r fyddin yn enwedig pan fo nhw fel Gabriel [Richards] yma yn cadw eu plant hwy eu hunain adra.' (12) Arogla Blodwen ryw ddrwg yn y caws pan yw'n derbyn llythyr twyllodrus ac ni rydd unrhyw goel arno. Yn hytrach, fe â pethau o ddrwg i waeth rhyngddi hi a'i rhieni: fe'i gwylltir yn gacwn o gael ar ddeall fod ei thad wedi mynd â chwpwrdd cornel Mary Williams oddi arni ar ôl i honno fethu â thalu'r rhent oherwydd iddo ddyblu ei faint. A dyma fwgan cybyddus landlordiaeth yn codi ei ben drachefn! Am y tro cyntaf yn ei hanes, fe wêl Blodwen ei thad yn ei wir liwiau: 'Mae'r wybodaeth yma i benderfynu'r dyfodol i minna.' (46) A Harri freintiedig yn cael ei ddarlunio fel llwfrgi o gymharu â Bob dlawd y milwr parod, llwydda ei dwrne ystrywgar i gael lle iddo'n hyfforddi am flwyddyn fel swyddog, yn y gobaith y byddai'r rhyfel yn fuan ar ben. Daw'r cyfan i'r berw yn y man rhwng Blodwen a'i theulu: oni bai ei fod yn dychwelyd eiddo Mary Williams, rhybuddia hi ei thad yr â ag ef i gyfraith; oni bai ei bod hithau'n priodi Samuel, fe'i rhybuddir gan ei rhieni y teflir hi o'r cartref. Etyb Blodwen nad yw hynny'n poeni dim arni gan ei bod eisoes wedi penderfynu mynd yn nyrs i Ffrainc.

Hen hogan iawn yw Blodwen, nyrs dan gamp o'r un gwehelyth â Florence Nightingale neu, a dewis Cymreiciach cynsail, Beti Cadwaladr (Elizabeth Davies). Trwy ryfedd wyrth a chyd-ddigwyddiad rhyfeddach, fe'i darlunnir yn nyrsio Twm Pirs yn Ffrainc, dyn a newidiodd ei feddwl yn sylfaenol ynglŷn â'r rhyfel yn sgil ei brofiad fel milwr:

> Mae meddwl am yr hen *ideas* gwirion oedd gen i am ryfal dwy flynadd yn ôl yn gneud mwy o les na ffisig i mi, Miss. Blodwen. Rhyw brosesions, a fflagia', a *fireworks* oedd rhyfal i mi'r adeg honno, wyddoch. Ond heddyw, gwallgofiaid yn lladd 'i gilydd ynghanol y meirw, ac yn su'r bwledi a griddfanau'r clwyfedig – dyna be 'di rhyfal i mi. (52)

Ac yntau wedi gorfod mynd dros y môr i filwra, achubir Harri gan Bob ac achubir yntau yn ei dro gan Twm. Yn glwyfedig yn yr ysbyty, syrth Harri ar ei fai a chyfaddef wrth ei chwaer mai rhai wedi'u ffugio oedd y llythyrau; yn hufen ar y gacen, daw Bob i'r ysbyty ac ailunir y ddau gariad. Gartref yn ddiweddarach, cyhoeddir y newydd da o lawenydd mawr: anrhydeddwyd Bob â'r VC am iddo achub bywyd Harri. Do, gadawodd y rhyfel greithiau – collodd Bob ei olwg a Harri ei fraich – ond daeth manteision yn ei sgil: daw'r ddau ohonynt yn bartneriaid yng nghwmni Harri a rhoddir sêl bendith ar benderfyniad Blodwen a Bob i briodi. Wedi'r cyfan, fel yn achos y straeon serch a ymddangosodd yn ystod y rhyfel ar dudalennau'r *Gymraes*, os oedd unrhyw beth wedi profi cywirdeb eu cariad at ei gilydd yna trampio drwy ddŵr a thân y rhyfel oedd hwnnw.

Fel yn *Gloewach Nen,* felly, ceir cymod a dathliad a threfn ar ddiwedd *Rhamant a Rhyfel* hefyd. Tybiai awduron y ddwy ddrama, mae'n rhaid, eu bod yn perthyn o hyd i fyd lle roedd atebion ymarferol o fewn cyrraedd. Yn nrama John Ellis Williams, rhoddir taw ar yr ymgecru cymdeithasol a fodolai cyn y rhyfel a daw'r fyddin â'r dosbarth gweithiol a'r dosbarth canol at ei gilydd. Dioddefaint a doethineb y meibion sy'n dod â'r tadau at eu coed, ac erbyn diwedd y ddrama y mae hyd yn oed deulu rhwysgfawr y Jenkyns yn troi ar y gweinidog: 'Hawdd iawn i *chi* sôn am anrhydadd, gwasanaeth y brenin a mab adra'n groeniach' (68), ebe Huw Jenkyns wrth Gabriel Richards. Er gwaethaf ambell lais yn yr anialwch fel Tomos Jones, consenws y ddrama yw fod rhyw ddaioni wedi deillio o'r rhyfel, fod yr aberth wedi bod yn werth chweil. Onid yw'r briodas ar ddiwedd y ddrama, a Bob wedi ymddyrchafu'n gymdeithasol, yn ddigon i awgrymu hynny? Fel yn achos 'Mab y Bwthyn' Cynan oddeutu'r un pryd – gwaith mwy celfyddydol sylweddol, fe addefir – moddion i roi eli ar friwiau'r amseroedd oedd *Rhamant a Rhyfel:* dramateiddir y mân gwerylon a fodolai gynt a'r tensiynau a gwyd yn sgil y rhyfel, ond teflir golau newydd ar y cyfan gan dreialon y dydd. Newidir holl gyd-destun byw'r cymeriadau, ond pwysleisir yn y pen draw fod bywyd yn mynd rhagddo er gwaetha'r rhyfel a bod modd ailafael yn yr awenau.

Cyn ffarwelio â John Ellis Williams, fe ddylid oedi, wrth fynd heibio, gyda gwaith theatrig cynharach na *Rhamant a Rhyfel* hyd yn oed, sef *Deg o Ddramodau Byrion* (1919) a gyhoeddwyd pan oedd yr awdur yn ei arddegau.[32] Cynnwys y casgliad amryw sgetsys – byddai eu galw'n ddramodigau yn codi gormod ar obeithion dyn – sy'n cadarnhau ethos lywodraethol y ddrama hir, sef yn fras: peth drwg yw rhyfel, ond os daw â rhywfaint o fendithion yn ei bac, wel, boed felly. Yn 'Ar Leave' y gwnaeth Mari a Bob Williams a Jac y postmon eu *début* fel cymeriadau. Y mae ymateb pathetig Mari, pan glyw fod Bob am gael dod adref am egwyl o'r fyddin ac yntau wedi'i godi'n swyddog, yn siarad cyfrolau: 'Beth! Bob yn offisar? . . . Roedd o'n deyd o hyd nad oedd o'n hoffi rhyfel, ond os buasai'n rhaid iddo fynd, y gwna fo'i oreu. Ac yn offisar 'mhen ychydig fisoedd, ai e? Siawns na wnaiff Lloyd George a'r Senedd 'na wrando arno fo bellach, y peth bach.' (47) Er mor dlawd ydynt, estynnir croeso tywysogaidd i Bob a phenderfynir lladd y llo pasgedig. Prynir cig yn unswydd ar gyfer ei ymweliad, a phan ddealla Twm Harris y cigydd am ddyrchafiad Bob y mae'n beichio crio o lawenydd. Y mae'r fath arwydd o ddynoliaeth yn ddigon i beri i Mari ailgloriannu'r bwtsiar: '[dyw] Twm ddim cymaint o'i le ag oeddwn i'n meddwl.' (50) Y mae hadau *Rhamant a Rhyfel* – gwerin Gymraeg yn codi'n ufudd i alwad y famwlad, gwrthdaro'n arwain i gymod, a thlodi'n esgor ar arwriaeth – eisoes wedi'u plannu.

Obediah Simon o gymeriad, brawd i Gabriel Richards y ddrama hir, yw'r gweinidog yn 'Dyfodol Plentyn' hefyd, ond dwy sgets orau'r casgliàd yw 'Y Milwyr ar Brawf' a 'Trwbwl yn Wrecsam'. Mewn modd comig, mae'r ddwy sgets rhyngddynt yn dangos aneffeithiolrwydd ac anaddasrwydd criw o filwyr gwledig gogyfer â'r peiriant militaraidd. Yn 'Y Milwyr ar Brawf', metha Sarjant William â chael trefn ar ei recriwtiaid di-lun yn eu dril cyntaf, golygfa sy'n dwyn i gof *Dad's Army* (1968–77), cyfres gomedi'r BBC am droeon trwstan cwmni o ddynion y Gwarchodlu Cartref yn ystod yr Ail Ryfel Byd. Dyma'r canlyniad pan orchmynnir iddynt sefyll: 'Rhai yn troi i'r chwith, ereill i'r dde, a phawb yn swingio eu coesau trwy'r awyr nes cicio ei gymydog. Canlyniad – griddfan a gwaeddi uchel.' (96) Cynnwys gweddill y sgets yw'r modd y datblyga'r sarjant gôd cyfathrebu arloesol gyda'r dynion dan ei awdurdod yn seiliedig ar y gorchmynion a rydd John Jones, dyn gwerthu penwaig, i'w ful! Ymddengys John Jones drachefn yn 'Trwbwl yn Wrecsam', sgets am ymdrechion ofer tri diniweityn i osgoi gwasanaeth milwrol gerbron bwrdd archwilio meddygol. Y tro hwn, mae'r creadur – John Jones o'r Gamdda Gaws, Rhyd y Rhedyn, a rhoi iddo'i enw a'i gyfeiriad yn llawn – yn fwy o gartŵn nag yn y sgets flaenorol hyd yn oed: 'John Jones yn sefyll ar drothwy'r ystafell, yn enghraifft – ie, yn batrwm – o was ffarm, hynod o wledig, yn ei swildod, ei arddyll, a'i wisg. Yn gwasgu ei gap yn ei ddwylo, gan sefyll ar un droed, yr hon a newidia am y llall bob hyn a hyn.' (23) Gan mor ansoffistigedig ydynt, metha castiau'r tri chyfaill yn y pen draw ag argyhoeddi'r meddyg a'r uwchgapten fod eu clyw neu eu golwg yn ddiffygiol: 'Tri physgodyn braf i'r fyddin, ond 'roedd dipyn o waith dal arnyn nhw.' (31)

Yn rhifyn calan Ebrill 1916 o'r *Rhedegydd*, wythnosolyn a gyhoeddid ym Mlaenau Ffestiniog y deuai John Ellis Williams yn olygydd arno ddechrau'r pumdegau, ceir cofnod am lys apêl Meirionnydd lle ceisiodd amryw ddynion ryddhad o'r fyddin. Amrywiai'r rhesymau yn arw: roedd rhai yn feibion hynaf ac am edrych ar ôl eu mam a'u teulu tra smaliai eraill eu bod yn drwm eu clyw; mynnai ambell un ei fod am ofalu am fferm neu am aros gartref tan y cynhaeaf gwair tra gwrthwynebai un arall gonsgripsiwn ar dir cydwybod, er y gallesid ei esgusodi ar sail ei gloffni. Hynny yw, chwerthin yn nannedd difodiant sydd yn y sgetsys mewn gwirionedd; dyma'r bathos y tu cefn i'r pathos yn englynion coffa R. Williams Parry. Fel y prawf *Gŵr o Baradwys* ymhellach, fe wreiddiwyd llawer o'r deunydd creadigol hwn mewn profiadau real. Cyfeiria Robert Graves yntau at filwr o Fôn, Preifat Probert, na fynnai fynd gyda gweddill ei fataliwn dramor: ' "I'm not afraid, colonel, sir. But I don't want to be shot at. I have a wife and pigs at home." ' (67) Diwedd y gân oedd ei ryddhau ar dir meddygol, ' "Of underdeveloped intelligence, unlikely to be of service in His Majesty's Forces".' (68) Ŵyn i'r lladdfa go iawn, felly, creaduriaid na hidiai'r awdurdodau am eu diniweidrwydd nac amgyffred eu diffyg deall.

Brawd bach i *Cymru* O. M. Edwards oedd *Cymru'r Plant*, ac aethpwyd i'r afael â'r rhyfel yn eofn ar ei dudalennau. Yn rhifyn Tachwedd 1915, er enghraifft, argraffwyd y gerdd 'Awn i Ryfel', i'w chanu ar yr alaw 'Dacw'r Bwthyn Gwyn':

> Awn yn lluoedd, blant Llywelyn,
> Pwy o'n bath mewn gwyll a gwawr?
> Ein gwaed gollwn bob dyferyn
> Cyn rhown ein cleddyfau i lawr!

Nid chwarae plant mo ryfel yn bendant, ac o Awst 1916 hyd ddiwedd y gyflafan cyhoeddwyd colofn fisol, 'Arwyr Cymru', a ganolbwyntiai ar filwr ifanc o Gymro a syrthiodd dros ei wlad. Ceir enghraifft nodweddiadol yn rhifyn Medi 1916, sef hanes Hugh Parry, mab i brifathro ysgol gynradd Aberffraw ym Môn. Islaw ei lun, rhoddwyd yr 'wybodaeth' a ganlyn:

> Fel pan yn efrydydd, bu ei yrfa fel milwr yn gref a gloew. A chafodd farw milwr a bedd milwr. Cwympodd yn Ffrainc, yn ystod gwrthsafiad arwrol ein milwyr yn erbyn rhengoedd gormes, Chwefror 5, 1916. Rhoddwyd ef i huno mewn mynwent brydferth ar ochr bryn, gyda llu o rai roddasant eu bywyd i lawr fel yntau.

Doedd dim yn naïf yn hyn: roedd O. M. Edwards ei hun yn un o hoelion wyth yr ymgyrch recriwtio ym Meirionnydd ac roedd ei fab, Ifan ab Owen Edwards, yntau'n filwr. Normaleiddio'r profiad milwrol yng ngolwg y darllenwyr Cymraeg oedd y nod, cynnig enghreifftiau iddynt o wŷr ifainc deallus ac addysgedig – un o gefndir parchus, gwledig ond *petit bourgeois*, sef mab yr ysgolfeistr lleol yn yr achos yma – y gallent o leiaf eu hedmygu os nad uniaethu â nhw, a chael eu hysbrydoli gan eu haberth.

Un o'r rhai a gyfrannodd i gyhoeddiadau O. M. Edwards ac a ysbrydolwyd gan ei enghraifft ef ei hun oedd Moelona (Elizabeth Mary Jones), yr awdures brysur o Rydlewis, Ceredigion a gydoesai â Caradoc Evans ac a aeth i'r un ysgol ag ef. Erbyn iddi gyhoeddi *Cwrs y Lli* (1927) yn ystod y dauddegau roedd wedi ymsefydlu ym mhentre'r Glais yng Nghwm Tawe lle roedd ei phriod, J. Tywi Jones *Y Darian*, yn weinidog gyda'r Bedyddwyr.[33] Rhennir y nofel hon i ieuenctid yn ddwy, ac yn ystod yr adran gyntaf cludir pedwar o ffrindiau – Llwyd a Gras Owen, plant y mans, Iolo, eu cefnder o'r Wladfa, a Gwener, unig ferch y Faenol – o ganol eu magwraeth dosbarth canol yn Llandeifi i'r Cyfandir i dreulio pythefnos o wyliau'r haf. Luzern yn y Swistir yw pen draw'r daith iddynt, dewis arwyddocaol o gyrchfan pan gofir am niwtraliaeth y wlad honno yn ystod y Rhyfel Byd Cyntaf ac mai yn Genefa y sefydlwyd pencadlys Cynghrair y Cenhedloedd ddechrau'r dauddegau. Profiad sy'n lledu gorwelion yr ifainc yw'r tro yn y Cyfandir: ' "Bydd y bythefnos cystal â blwyddyn o ysgol iddynt" ' (33) – geiriau'r addysgwraig Moelona a roddir yng ngenau Mr Owen. Cynrychiola'r gwyliau batrwm o gyd-ddealltwriaeth rhwng cenhedloedd, delfryd o gyd-dynnu ac eangfrydedd; y mae'n drosiad pwerus sy'n cyferbynnu gyda'r hunllef o wrthdaro rhwng gwledydd y byd, y trafesti o senoffobia ac anoddefgarwch a ddaw yn sgil y rhyfel rhyngwladol yn ail ran y nofel. Ar gorn eu cwrs carlam mewn cysylltiadau cydwladol, nid yn unig y gall Gwener a Gras gydymdeimlo â'r ffoaduriaid o Wlad Belg a ddaw i lochesu i'w pentref ond gallant gyfathrebu â hwy yn Ffrangeg. Mewn gair, Ewropeaid o flaen eu hoes yw'r plant hyn a'r tebygrwydd yw na fyddai rhyfel o fath yn y byd petai pawb mor oleuedig â nhw.

Yn unol â'r patrwm yn hanes amryw gymeriadau eraill a drafodwyd eisoes yn y bennod hon, nid recriwtiaid gwirfoddol mo Llwyd ac Iolo i'r fyddin ond milwyr gorfodedig, dau sy'n gwneud eu gorau glas yn eu hamgylchfyd estron er gwaethaf eu diffyg brwdfrydedd a'u hanian heddychol. Gwahanol iawn yw haf 1916, a hwythau ill dau yn y fyddin, i'r haf paradwysaidd a dreuliwyd ar y Cyfandir. Dygwyd eu dynoliaeth a'u hurddas oddi arnynt: 'Casaent iaith arw'r swyddog wrth daflu ei orchmynion atynt. Nid dynion oeddynt mwyach. Aed â'u hewyllys a'u hamcanion oddi wrthynt. Nid oeddynt mwyach namyn peiriannau – peiriannau lladd.' (78) Cynydda gwrthwynebiad Llwyd i'r bywyd milwrol yn ôl tystiolaeth llythyr at ei rieni:

> Yr wyf yn cashau rhyfel gymaint ag erioed, lawn gymaint â chwi, nhad. Ond credaf hyn, hefyd, os nad oedd yn iawn i ni ymuno â'r fyddin, nid ni a ddelir yn gyfrifol. Bernwch chwi pwy sydd yn gyfrifol. Rhyw un o bob cant o'r bechgyn yma sydd yn hoffi rhyfel er ei fwyn ei hun. Cael ein gyrru fel defaid i'r lladdfa a wnaethom. (81)

Nid aeth holl addysg Llwyd yn ofer: er gwaethaf hysteria'r dydd, cadwodd ei egwyddorion a'i annibyniaeth barn, fel y tystia ei agwedd wrthrychol at y brwydro. Gweision sy'n cyflawni gwaith budr meistri pell – dyna'n unig yw'r milwyr. Ac er bod dyrchafiad Iolo yn gapten yn awgrymu ei fod yn ymgodymu'n llwyddiannus â'i newyddfyd, yr un yw ei atgasedd at y rhyfel. Er gwaethaf pob anhawster, ymddwyn y plant yn hollol driw i egwyddorion yr araith genedlaetholaidd ysbrydoledig ynglŷn â blaengarwch ac eangfrydedd y Cymro a draddodwyd yn *Teulu Bach Nantoer* (1913) dros ddeng mlynedd ynghynt.[34] Ni all Gwener a Gras chwaith ddal eu dwylo a gwylio'r brwydro o bell, a phenderfyna'r ddwy gynnig eu gwasanaeth fel nyrsys.

Y mae gwaith gwaraidd Gwener a Gras, eu dyletswyddau dyngarol ac adeiladol, yn gwrthbwyso rywfaint ar y gwaith dinistriol y gorfodir Llwyd ac Iolo i'w gyflawni. Ar lefel bersonol, y mae profiadau Gwener gyda'r Groes Goch yn rhai enillgar:

> O! Yr wyf yn falch fy mod wedi cael dod. Gallaf ddysgu mwy yma nag a wnawn mewn blynyddoedd o goleg. Nid ydym ond rhyw ugain milltir o faes y gâd. Daw sŵn y gynnau mawr atom yn

fynych. Yr wyf yn meddwl llawer am Llwyd a Iolo, yn gorfod gwneud gwaith sydd mor gas ganddynt. Y mae'n dda gennyf nad helpu lladd wyf i, ond helpu iachau a chysuro. (79)

Cwys newydd a dorrir gan Moelona fan hyn: tra cyflwynir y bechgyn fel dioddefwyr dan iau gwrywaidd, cyflwynir y merched fel rhai'n cyfranogi o resymeg fenywaidd amgenach. Mentrir cyn bo hir ymhellach ar hyd yr un llwybr: fel yn achos y milwr yn nofel Rebecca West, *The Return of the Soldier* (1918), ar ôl gofal a thendans merch y daw cof Llwyd yn ôl. Wrth i Gras, ei chwaer, ei annog i gydio mewn ffon gerdded y cerfiodd ei enw arni y daw'r byd yn ôl i'w le; y ferch hon sy'n torri'r seiliau y gall ailgodi ei fyd arnynt a chychwyn gwneud synnwyr ohono o'r newydd. Wrth ystyried eu dyfodol drannoeth y rhyfel, penderfyna Gwener a Gras eu bod am fynd ill dwy i ddysgu Saesneg a Chymraeg i deuluoedd yn ninas Rennes yn Llydaw am chwe mis a gohirio eu mynediad i'r brifysgol yn Aberystwyth: '"Dyna ddwy annibynnol ac uchelgeisiol ydych chi!" ebe Llwyd . . . "Mae hawl gan ferched i fod yn annibynnol ac uchelgeisiol erbyn hyn, weli di," ebe Gras.' (110) Fel y gwelir mewn pennod ddiweddarach, darlunio merched ufudd a oedd yn fodlon chwarae eu rhan yn ystod y rhyfel – ac yna'i hel hi'n ôl am y gegin cyn gynted ag y dychwelai eu gwŷr ohono a wnâi Awen Mona, Grace Thomas a Grace Wynne Griffith. Am Kate Roberts, ni ddarlunnir Ann Owen yn *Tegwch y Bore* (1967) ganddi hithau fel un sy'n elwa'n barhaol ar y rhyddid a ddaw i'w rhan fel merch yn sgil y rhyfel. Moelona yn unig sy'n bwrw ei choelbren yn gwbl ddiamwys gyda'r ferch newydd.

'Daw dydd y bydd mawr y rhai bychain', meddai Waldo, ac yn gyferbyniad i wleidyddiaeth ymerodraethol y gwledydd mawrion y llusgid cenhedloedd llai i'w chanol, cynigir gweledigaeth yn seiliedig ar gydweithio rhwng gwledydd bach y byd. Yn fwy penodol, sonnir am y cwlwm Celtaidd a gydiai Lydaw a Chymru ynghyd. Ar ei ffordd adref o Ffrainc cysurir Gwener gan Lydawr o'r enw Maurice Michel pan ymesyd Zeppelin ar eu trên. O sgwrsio fe sylweddola'r ddau fod merch fach ei chwaer, un bedair blwydd oed a fu ar goll, yn ddiogel yng nghynefin Gwener yng nghefn gwlad Ceredigion. Er bod y digwyddiad hwn wedi ei stumio braidd o fewn y nofel, rhydd gyfle i'r awdures ymgyrchu o blaid Celtigrwydd fel grym heriol: 'Y mae rhywbeth yn dywedyd wrthyf y daw'r teulu'n un eto, os nad i fyw yn yr un wlad, i gydgofio'n draddodiadau, a chyd-weithio dros yr un delfrydau. Caiff y Celt eto ei le yn hanes y byd.' (67) Cam er gwireddu'r un nod yw penderfyniad Llwyd i ymryddhau oddi wrth y traddodiad militaraidd Seisnig trwy wrthod cynnig Cyrnol Howe o swydd fel ysgrifennydd: ei gred yw fod ganddo '"waith pwysicach fel athro ysgol yng Nghymru."' (110) Athrawon, meddir – a Moelona yn rhoi ei ffydd yn ei phroffesiwn ei hun – fydd yn adfer y Gymraeg: '"Ie, a gyda'r iaith, delfrydau'r Celt ar hyd yr oesoedd, – y pethau hynny y soniai Maurice Michel amdanynt, – rhyddid a heddwch a brawdgarwch."' (111) Fel yn hanes yr awdures ei hun, ymrwyma'r pedwar wrth raglen o genedlaetholdeb diwyllianol a thyngu llw i drin a thrafod hanes Cymru mewn cyfrolau Cymraeg yn lle'r hen rai Saesneg. Trwy ymgyrch addysg wirfoddol, felly, y deuai heddwch a chyd-ddealltwriaeth ryngwladol: '"Pe bai pob un – pobl ieuainc ddysgedig y gwledydd Celtaidd i gyd, fel y dywedai Mr. Herbert, yn cydweithio, gellid gwneud rhyfel yn amhosibl, a newid wyneb y ddaear."' (114) Y cenhedloedd bychain pum troedfedd a phum modfedd bondigrybwyll yn cydio mewn awenau grym ac arwain y ffordd, felly, yn hytrach na chael eu rheoli gan wladwriaethau mawr.

Hawdd iawn, o bellter cyfforddus y dwthwn hwn, fyddai pigo beiau yn *Cwrs y Lli*: paragonau o rinwedd yw'r prif gymeriadau, un ac oll, heb unrhyw gymhlethdod yn aflonyddu eu heneidiau ac mae naws y gwerslyfr weithiau'n ormesol. Yn wir, adeg ei chyhoeddi gyntaf disgynnodd Gwenan Jones i'r trap o adolygu'r nofel yn ôl safonau llenyddiaeth aruchel yn hytrach na chydnabod yr angen am ddeunydd darllen cyfoes: 'Nid yw'r cyfansoddiad yn ddigon gofalus i'r stori gael lle yn y dosbarth llên . . . Nid oes ddigon o fywyd yn y cymeriadau na'r ymgomiau, na digon o ias teimlad a digrifwch, ini ei chyfrif yn wir lenyddiaeth.'[35] Ni ddylai beirniadaeth felly ein rhwystro rhag cydnabod ei blaengarwch fel nofel o ran ei hagwedd ryngwladol iach, ei safbwynt heddychol, ei golwg oleuedig ar swyddogaeth addysg, a'i hymdriniaeth eangfrydig â chyfartaledd a *rôle* y ferch. Ddwy flynedd yn unig ar ôl sefydlu plaid genedlaetholaidd Gymreig, dyma ffrwyth cynharaf cenedlaetholdeb newydd y dauddegau, gwaith sy'n ymateb yn optimistaidd i her y genhadaeth arloesol. At hynny, roedd cael pedwar mor ifanc a galluog i actio drama'r nofel gyfystyr â phleidlais o ffydd yn nyfodol Cymru. Does dim dwywaith bod dylanwad athronyddol a chreadigol O. M. Edwards yn drwm ar y gwaith – ystyrier pwysigrwydd Llydaw, er enghraifft, gwlad a anfarwolwyd yn *Tro yn Llydaw* (1890)[36] – ond amgylchiadau'r dauddegau sy'n rhoi perthnasedd arbennig iddo.

Nofel ddewr, felly, sy'n mentro taclo agenda ffres ar ei phen – dathla, er enghraifft, ryddid y ferch a ryddfreiniwyd yn 1918. Fodd bynnag, yn ei hanfod nofel unig yw hon. Hi yw'r eithriad sy'n profi'r rheol gan fod awduron ffuglen i oedolion fel petaent wedi llyncu'r rhagdybiaeth na ellid trafod gwleidyddiaeth o waed coch cyfan mewn gwaith celfyddydol difrifol. Ac eithrio *Plasau'r Brenin* (1934) efallai, ni feddai'r un awdur ar ddigon o hyder i lunio rhyw *I'r Gad* (1975) neu *Yma o Hyd* (1985) yn ddrych i'r amseroedd. Y nofel hon i blant – mor gynhyrfus ei deunydd a'i syniadaeth – sy'n profi pa mor isel oedd statws mater ideolegol gyfoes mewn rhyddiaith ddychmygus i bobl mewn oed. Does ond angen troi at stori fer o eiddo Moelona ei hun a sgrifennwyd ar gyfer cynulleidfa hŷn i gadarnhau'r sylw. Stori am weinidog yn y felan adeg Nadolig 1917 yw 'Yr Had a Heuwyd', ond cwyd ei galon cyn ei diwedd o gael ar ddeall gan ddau filwr mai ef a'u rhoddodd ar ben y ffordd:

> Wedi mynd i'r Cyfandir y gwelodd llawer ohonom ni werth Cymru a gwerth yr Iaith Gymraeg. Chi a heuodd yr had Mr. Bifan; mae e'n dwyn ffrwyth da erbyn hyn. 'Rwy wedi cwrdd â lot o fechgyn a fu'n blant dan eich gofal chi. Mae Cymdeithas Cymraeg gref gyda ni yn X— . . . Mewn rhyw bentref bach yn Mesopotamia mae'r bechgyn yn cynnal Dosbarth Beiblaidd yn rheolaidd.[37]

Calondid i'r Parchedig Ifan Bifan yw na syrthiodd ei eiriau ar dir diffaith wedi'r cyfan. Yr un yw'r ysbryd gwladgarol yn y stori hon ag yn y nofel, ond ymdrinia'r awdures â'i deunydd yn llawer mwy ymatalgar y tro hwn ac nid yw'n cwestiynu dim ar gefndir gwleidyddol y rhyfel. Cymhariaeth annheg, efallai, gyda *genre* y mae cynildeb yn un o'i nodau amgen, ond does dim dwywaith mai yn y nofel i blant y clywir Moelona ar ei mwyaf politicaidd herfeiddiol.

Profa dwy nofel arall i blant sy'n ymateb i thema'r rhyfel nofel mor eithriadol oedd *Cwrs y Lli*. Dwy nofel fwy diweddar yw *Ogof yr Ysbïwyr* (1933)[38] gan R. Lloyd Jones a *Helynt Ynys Gain* (1939)[39] gan G. Wynne Griffith. Erbyn cyhoeddi'r ail o'r ddwy roedd y Rhyfel Byd Cyntaf wedi hen gilio a'r Ail Ryfel Byd ar gychwyn. Gan hynny, er ei bod hi bellach yn weddus i drin y rhyfel fel deunydd adloniant ysgafn, roedd gwersi'r cyfnod yn berthnasol o hyd. Dwy nofel antur i fechgyn a'r ddwy wedi eu sgrifennu gan ddynion – dyma sydd yma, ac nid mater o rywiaeth mo ddweud fod hynny'n cyfri'n helaeth am y gwahaniaeth rhyngddynt a nofel Moelona. Yn ei hachos hi, fe synhwyrir nad y rhyfel yn gymaint â'r byd a oedd wedi deillio ohono a'r gwersi a ddysgwyd yn ei sgil a'i diddorai fel awdures; yn achos y dynion, gwrhydri'r milwyr bychain yng nghyffro'r rhyfel sy'n mynd â'u bryd.

Fel argyfwng cenedlaethol sy'n tynnu'r elfennau ynysig yn nes at y galon Brydeinig y darlunnir y rhyfel yn y ddwy nofel. Yn nhraddodiad anturiaethau'r *Secret Seven* neu *Famous Five* Enid Blyton, gweithiau diamheuol imperialaidd eu gogwydd, daw criw o arwyr ifainc o hyd i ddihirod ac, yn dilyn cyfres gyffrous o broblemau, gwaredant y byd rhag drwg. Nid anhawster lleol sy'n eu hwynebu: mae buddiannau cenedlaethol yn y fantol a'r hogiau hyn yw ceidwaid y gwareiddiad Prydeinig rhag anrhaith yr Almaen. Y mae cywirdeb moesol y bechgyn yma'n absoliwt a'u daioni'n cymharu'n ffafriol iawn gyda drygioni gelyn yn ei oed a'i amser: heb oedi dim, yn reddfol a digwestiwn, rhoddant heibio bethau bachgennaidd a phrifio dros nos yn ddynion â'u bryd ar warchod rhyddid eu gwlad a'i phobl. Yr un yw eu hanrhydedd nhw ag anrhydedd y milwr gwirfoddol. A'r neges glir yw hon: pa mor bell, pa mor ddiarffordd bynnag oddi wrth bencadlys grym, roedd hwn yn rhyfel i bawb ac roedd gan ddinasyddion ym mhobman – y mawr, y bach, a'r llai byth, boed Ynys Gain neu Fryngwyn – ddyletswydd i'w chyflawni. Plwyfoldeb Prydeinig a bregethir y tro hwn, nid eangfrydedd Ewropeaidd Moelona.

Gan mor debyg eu nodweddion, digon fydd manylu ar un o'r ddwy nofel. Ar ddechrau *Helynt Ynys Gain* mae hi'n Fehefin 1914 a'r ddau frawd hynaws, Mathew a Morus Meredydd, yn gwneud yn fawr o'r haf hirfelyn tesog. Cyn bo hir iawn fe ddaw'r naturiaethwr dinesig, Charles Miller, i dreulio'i wyliau ar Ynys Gain, llecyn y mae'r disgrifadau ohono yn y nofel a'r map ohono ar ei dechrau yn atgoffa dyn am Ynys Llanddwyn; ac G. Wynne Griffith yn weinidog gyda'r Methodistiaid Calfinaidd, ar dir Môn y lleolwyd *Creigiau Milgwyn* hefyd, nofel ei wraig, Grace Wynne Griffith, bedair blynedd ynghynt.[40] Holir y brodyr diniwed yn dwll gan y dyn diarth ac atebant ei gwestiynau'n gwrtais yn ogystal â'i dywys o gwmpas yr ynys: 'Yr oedd y dyn yma fel pe byddai am fynnu gwybod popeth a chwilio i mewn i bob dirgelwch. Nid ymddangosai fod terfyn ar ei syched anniwall am wybodaeth.' (44) Er magu rhai amheuon yn ei gylch – ynglŷn â'i ddiflaniad anesboniadwy, dyweder, i rywle neu'i gilydd am ddiwrnod bob wythnos – daw'r bechgyn a'r ymwelydd yn ffrindiau garw. Fe ddaw hyd yn oed o hyd i'w hogof gyfrinachol lle'r â ati, gyda manylder gwyddonol, i brofi dyfnder y dŵr, er, trwy drugaredd, na ddaw i wybod am y twnel cudd a redai drwy'r graig chwaith.

Ac yna fe ddaw'r rhyfel a newid byd: 'Anfonid hefyd gyfarwyddyd i gyrion pellaf y deyrnas pa fodd i weithredu, ac mewn undydd unnos bu cyfnewid rhyfedd ar fywyd ac arferion mewn gwlad a thref.' (68) Cyfnod o ymddifrifoli yw hwn a darlunnir gwladwriaeth gyfan yn cyd-dynnu ac yn uno i wrthsefyll y gelyn; arwydd o'r amseroedd yw fod pobl y pentref yn amau fod dyn diniwed ac anabl yn eu plith yn ysbïwr. Arwydda'r rhyfel derfyn plentyndod Mathew a Morus, ond does dim dwywaith yn eu meddyliau ynglŷn â'u dyletswydd genedlaethol:

> I'r bechgyn golygodd fod cyfnod ysgol a chwarae drosodd. Trefnwyd iddynt oriau gwaith a gwyliadwriaeth yn y goleudy a chyda'r cychod, ac o angenrheidrwydd, gan fod y dynion i gyd ond eu tad wedi gorfod ymadael i ymuno â'r llynges, yr oedd eu horiau'n faith a'u gwaith yn bwysig a chyfrifol. (68)

Pwysleisiwyd ar ddechrau'r nofel mai rhai cymedrol eu cyraeddiadau academaidd oedd y ddau frawd – 'Tua chanol y dosbarth y byddent hwy fel rheol, ac yn hytrach yn nes i'r gwaelod nag i'r pen uchaf!' (13) – ond nid disgleirdeb addysgol mo'r alffa a'r omega a dyma gyfle iddynt brofi yn ymarferol eu gwerth a'u defnyddioldeb ym myd dynion.

Pan achubir y llong hwyliau fechan, y *Bridgett*, a oedd ar ei ffordd o Iwerddon i Lanelli, gan y bechgyn, awgrymir eu bod yn fwy egwyddorol o'r hanner na'r Almaenwyr a'i hysbeiliodd: yn wahanol i forwyr y gelyn, ni feddyliodd yr un ohonynt am ddwyn ohoni, dim ond dyheu – yn unol â dirwestiaeth eu tad – am gael tywallt y rỳm a'r Guinness yn ei howld i'r môr. Y dasg bwysicaf sy'n eu hwynebu yw trechu ymgyrch sybmarinau'r gelyn: 'Teimlai'r Cynghreiriaid fod yn rhaid cael y llaw uchaf ar y llongau dychrynllyd hyn a hynny'n fuan, neu byddai'r gelynion yn sicr o ennill y rhyfel.' (87) Ydi, mae'n fater brys a dyfodol gwareiddiad yn nwylo'r bechgyn a phan ddargan-fyddant ill dau fod eu hogof ddirgel yn cael ei defnyddio fel gorsaf danwydd ar gyfer llongau tanfor, amheuant Miller yn syth bin a rhoi gwybod i'r awdurdodau. O ganlyniad, gosodir trap i geisio rhwydo'r Almaenwyr. Serch hynny, yr hyn sy'n rhoi rhuddin a thân yn eu gwladgarwch yw'r modd y lleddir Padrig, y ci amddifad a fabwysiadwyd ganddynt ar ôl ei ganfod ar fwrdd y *Bridgett*. Mewn episod sy'n profi'r fath giamstar yw'r awdur ar fanipiwleiddio teimladau ei ddarllenwyr, llofruddiaeth Padrig druan sy'n eu hargyhoeddi ynghylch gwir ddrygioni'r Almaenwyr:

Efallai na wnaethai dim, hyd yn oed yr ymosodiad arnynt yn y cwch, gymaint i'w ffyrnigo â saethu Padrig. Daethai hyn â'r rhyfel adref at eu drws ac at eu calon. Teimlent fod cyfaill annwyl wedi ei ladd gan y gelyn mewn ffordd greulon, a hynny yn eu hymyl. Penderfynasant geisio dial gwaed Padrig a drysu amcanion y gelyn. (98)

Ond nid digon gan y gelynion waed Padrig yn unig: ceisiant foddi'r brodyr eu hunain yn eu cwch pysgota gyda grym eu sybmarîn dan frolio mai'r Almaenwyr fyddai'n fuddugoliaethus yn y rhyfel. Daw cwch torpedo Prydeinig i'r adwy i'w hachub rhag un o bwerau'r fall; wedi'r cyfan, oni ddihangwyd o 'safn siarc, siarc mwy ofnadwy na'r bwystfil bysgodyn'? (107)

Gyda meicrocosm o'r rhyfel ar lannau creigiog Môn y daw'r nofel i ben: suddir y *Bridgett* yng ngheg yr ogof er mwyn rhwystro'r Almaenwyr rhag dianc o'r fan. Gorfodir y gelyn i ildio, a dringa'r capten o'i sybmarîn, sef yr hen gyfaill Miller. Awgryma teitl y bennod olaf, ' "Maddau i Ni ein Dyledion" ', fyrdwn y diweddglo, er nad yw'r cyd-destun yn annisgwyl a'r awdur yn ŵr y goler gron. Unwaith eto, merch, sef mam yr hogiau, sy'n dangos llwybr cymod a maddeuant drwy baratoi gwely i'r capten clwyfedig ar ei haelwyd: 'Pan ddeallodd fod y gŵr bonheddig wedi ei anafu'n dost, anghofiodd hi'r cwbl mai gelyn ydoedd. Bellach, nid oedd ef iddi hi onid cyd-ddyn mewn angen ymgeledd. A llifai ei chalon fawr tuag ato mewn cydymdeimlad.' (130) Cristion gweithredol yw Mrs Meredydd, ac fe ddengys ei gofal am y gelyn ei bod yn gallu codi uwchlaw dialedd a dig. Er gwaethaf eu chwerwedd hwythau, cytuna'r bechgyn i ysgwyd llaw â Miller ar ei wely angau, gweithred ddynol ac aeddfed sy'n cadarnhau eu goruchafiaeth foesol drosto.

Porthir senoffobia gwrth-Almaenaidd ymhellach gan *Ogof yr Ysbïwyr*, nofel a gyhoeddwyd ddeng mlynedd o flaen *Helynt Ynys Gain*. Anodd osgoi'r tebygrwydd rhwng y nofelau – lleolir hon hefyd ar lan y môr ac enw'r dihiryn y tro hwn yw Muhler. Tybed na ddylanwadodd nofel R. Lloyd Jones ar un G. Wynne Griffith? Fel yr esbonia T. Gwynn Jones, 'ef yn anad neb arall yn ei gyfnod a arbenigodd mewn storïau â chefndir morwrol iddynt'.[41] Nodir mewn rhagair mai stori ddychmygol sy ganddo, ond ei bod wedi ei seilio ar ddigwyddiadau go iawn:

> Trwy ystod y rhyfel, bu gwylio o dan Arolygiaeth y Morlys, ar aml i glogwyn ar lannau Llŷn. Cafwyd profion lawer o bresenoldeb llongau'r gelyn o amgylch Môn a Llŷn, a chryn ddyfalu sut y cyflenwid y llongau hynny ag angenrheidiau. Hefyd, bu si fwy nag unwaith am suddo llongau tan fôr heb fod ymhell o lannau'r pentir. (5)

Dyma bwysleisio difrifoldeb a gwirionedd y stori, a dichon fod yr awdur yn gwybod ei bethau: er ei eni a'i fagu ym Mhorthmadog, yn fab i gapten llong, rhwng 1913 a 1928 bu'n ysgolfeistr yn Nhrefor, Sir Gaernarfon. Y drefn yn y nofel hon eto yw fod dau fachgen, Wil a Bob, yn dod i oed yn sydyn reit pan gyhoeddir y rhyfel. Erbyn dyddiau'r drin a hwythau'n gyfamserol wedi ymadael â'r ysgol, mae arwyddocâd pwysig i hen faes chwarae eu plentyndod, sef ogof guddiedig ynghyd â llwybr sy'n rhedeg o'r cwt cychod dan y plas. Diwedd y gân yw fod Wil yn canfod mai ysbïwr yw Muhler a bod cwmni ohonynt yn taflu arwyddion â fflachiadau camarweiniol o oleuni gefn nos o ffenestri'r plas i'r Almaenwyr. O ganlyniad fe arbedir rhagor o longau rhag cael eu suddo ar lannau Llŷn. Yma drachefn, cynhalia'r cilcyn anghysbell o ddaear feichiau'r wladwriaeth ganolog bell wrth i arena'r rhyfel symud dros dro i barthau eithaf gogledd Cymru. Anodd credu y sgrifennid dwy nofel mor ideolegol anghymhleth am yr Ail Ryfel Byd a hygrededd cenedlatholdeb Cymreig erbyn hynny gymaint cryfach. Yn hynny o beth, mae *Helynt Ynys Gain*, a gyhoeddwyd yn 1939, yn dipyn o ddirgelwch. Wedi'r cyfan, oni olygai'r tân a gynheuwyd yn 1936 mewn man penodol ym Mhen Llŷn na fyddai unrhyw gydweithredu rhwng y llywodraeth ganol a'i deiliaid pellennig fyth eto mor ddigwestiwn ac na fyddai ymddiriedaeth y naill yn y llall fyth eto mor bur?

Efallai nad dyma'r union le i drafod stori fer D. J. Williams, 'Colbo Jones yn Ymuno â'r Fyddin' (1941),[42] ond anodd peidio â gwneud hynny gan fod ynddi'r fath gyferbyniad â'r ddwy nofel i blant sy newydd eu trafod. Achos o chwarae'n troi'n chwerw a geir yn y stori, a'r traethydd – gŵr busnes a chynghorydd llwyddiannus – yn cofio ynghanol yr Ail Ryfel Byd am yr athro a'i dysgodd am rai misoedd yn ystod y Rhyfel Byd Cyntaf.

Aderyn heb gâr oedd yr athro a ddaeth i gyflenwi yn lle'r athro hanes – hwnnw wedi mynd yn filwr – ganol 1917: ffigur Waldoaidd, tangnefeddwr, gwrthwynebydd cydwybodol, cenedlatholwr Cymreig, gŵr diarth y bwriodd y gymdogaeth ei llach arno oherwydd ei fod yn sefyll allan ymhlith ei haelodau. Am na feddai'r athro ar fawr o ddisgyblaeth na charisma, câi'r plant fodd i fyw yn gwneud hwyl am ei ben. Ac eto, y methiant hwn o athro a lwyddai i'w hysbrydoli a'u cyfareddu o bryd i'w gilydd:

> Y tro nesa, wedyn, gallem gael gwers ganddo ar ryw bwynt yn hanes Cymru nes peri i'r ddafad fwya dof a phendew yn yn plith ni deimlo'n falch mai Cymro oedd e. Anghofia i byth mo rai o'r gwersi hyn. Gafaelai rhywbeth ynom nad oes gen i'r un enw arno. 'R oedd yr amser yn mynd heibio fel dim . . . Yr adegau prinion hynny fe deimlem ni fod yna rywbeth yn yr athro hwn nad oedd yn neb arall yn yr Ysgol; rhywbeth nad oeddem ni yn 'i ddeall . . . *cenhadwr* oedd Colbo yn y munudau mawr hynny. (129–30)

Ond nid ei enigma a'i rin a dynnai sylw yn gymaint â'i arwahanrwydd bygythiol, a phan glyw perchennog ei dŷ lojin – 'rhyfelwraig fawr fel llawer gwraig dda o'i bath' (133) –

amdano'n osgoi canu'r anthem genedlaethol yn y sinema fe â ati i'w groesholi ar unwaith: ' "Wel, 'd oes gen i, fel Cymro, ond *un* Anthem Genedlaethol," meddai Colbo, yn 'i ddull boneddigaidd arferol, gyda phwyslais arbennig ar y rhif "un". "A chyn y bydd y cyhuddiad yna'n wir mae'n rhaid, gallwn feddwl, brofi mai Sais ydw i." ' (134) Modryb i'r traethydd oedd yr holwraig dwp ac fe garia'r bachgen y stori yn ôl i'r ysgol lle trefnir iddo ef a gweddill y disgyblion gydganu'r enw 'Colbo' ar alaw 'God Save the King' pan ddaw'r athro i mewn i'r stafell. A hithau'n draed moch ar lawr y dosbarth, cyll Colbo ei limpyn yn lân â'r plant a daw'r bennod yma â'i gyfnod yn yr ysgol i ben.

Ond nid dyna ddiwedd y stori. Wrth gloi'r hanes, daw'r traethydd yn ôl i'r presennol unwaith eto:

> Fues i ddim yn ôl yn yr Hen Ysgol, unwaith, heb sefyll o flaen y 'Roll of Honour' ar y wal, ac arni enwau'r bechgyn druain o'n Hysgol ni a gollwyd yn y Rhyfel Cynta. Fe fues i'n edrych yn hir arni, y dydd o'r blaen pan own i'n dosbarthu'r gwobrwyon yno, a'r stori hon yn rhedeg yn fyw drwy 'nghof i. Yr enw cynta ar y rhôl yw: 'D. J. Jones, B.A., Private: South Wales Borderers: March 17, 1918', – Colbo druan, yr unig aelod o staff a syrthiodd yn y Rhyfel hwnnw.
>
> A dyma ni yn awr eto, ynghanol rhyfel arall. (137)

Stori drist hyd at ddagrau yw 'Colbo Jones yn Ymuno â'r Fyddin', dameg am erlid a lladd gweledydd am na ddeallai'r mwyafrif ei freuddwyd. Nid plant bach ufudd a chywir *Helynt Ynys Gain* nac *Ogof yr Ysbïwyr* mo'r rhain, ond plant a ysgogwyd gan hysteria a rhagfarn y gymdeithas i wneud ei gwaith budr drosti. Er na ddywedir hynny'n blaen, awgrym y traethydd yw mai'r un a anfonwyd ganddo ef a'i gymheiriaid i'w fedd oedd y proffwyd a oedd wedi ei gweld hi flynyddoedd ynghynt. Fel Saunders Lewis, Lewis Valentine a D. J. Williams ei hun ychydig flynyddoedd cyn iddo lunio'r stori hon, un o'r gwrthodedig, un o ferthyron cynnar cenedlaetholdeb Cymreig, oedd Colbo yntau. Yn achos D. J. Williams, fe brofa'r stori hon gywirdeb dyfarniad Bobi Jones:

> Dichon fod yr ail ryfel byd a'i baratoadau adnabyddus . . . wedi adnewyddu, egluro a llymhau profiad y rhyfel byd cyntaf i D.J. Wedi'r cwbl, mae llawer o D.J. yn Colbo Jones (D. J. Jones, gyda

llaw); ac mae'r blodeuo llenyddol i gyfeiriad rhwymedig yn yr ail ryfel, sy'n cyfateb i'r blodeuo syniadol yn y rhyfel byd cyntaf, yn fwy na damwain.[43]

Wele stori sy'n cadarnhau ymhellach ddamcaniaeth yr un beirniad ynghylch llenyddiaeth Gymraeg y ganrif hon, sef 'fod rhaid ystyried 1936 a llosgi'r Ysgol Fomio yn drobwynt newydd'.[44] Tanlinella'r un ddamcaniaeth unwaith eto unigrywiaeth Moelona gan mai'r norm, fel y gwelwyd yn achos G. Wynne Griffith ac R. Lloyd Jones, oedd peidio ag anesmwytho dim o fewn gefynnau Prydeindod.

'Colbo Jones yn Ymuno â'r Fyddin' yw'r testun sy'n pontio'r bwlch rhwng ffuglen am y rhyfel *i* blant a ffuglen am y rhyfel *am* blant. Dyma gyrraedd tir ffuglen i oedolion. Ac os oes un nofel yn anad unrhyw un arall yn y Gymraeg sydd am blant ond serch hynny'n anaddas i blant, *Un Nos Ola Leuad* (1961) yw honno.[45] Rhag imi gael fy nghyhuddo o fod yn hafing, yn trafod y *tour de force* hwn o nofel yng nghyswllt rhyddiaith Gymraeg ynghylch y Rhyfel Byd Cyntaf, fe ddylwn grybwyll geiriau Caradog Prichard ei hun am gyfnod lleoli'r nofel: 'Yn y cyfnod hwn y daeth y Chwalfa fawr gyhoeddus arall, y Rhyfel Byd Cyntaf, a'r chwalfa fach breifat arall yn fy mywyd innau.'[46] Ef ei hun sy'n cyfosod y chwalfa a yrrodd y byd yn ffigurol o'i gof gyda'r chwalfa yn ei hanes ei hun pan aeth ei fam yn llythrennol o'i chof, ac yn y nofel ar ei hyd llwydda i elwa'n greadigol bwerus ar y cyfosodiad hwn. Yng nghyd-destun yr astudiaeth hon, dyma hefyd y gwaith mwyaf digyfaddawd fodernaidd: atgoffir dyn gan ei strwythur naratif chwâl am y modd y peidiodd melodedd mewn cerddoriaeth – cyfansoddiadau Stravinsky, dyweder – a ffurfiau cynrychioliadol mewn arluniaeth – ystyrier darluniau Picasso – yn sgil y foderniaeth a ryddhawyd ac a ddilyswyd gan y rhyfel. Dyma felly'r nofel gyntaf yn y Gymraeg i chwilio am dechnegau, cyweiriau ac arddulliau chwyldroadol i geisio cyfleu'r gwyrdroadau allanol a oedd ar waith; dyma'r sialens fwyaf i *status quo* y nofel naturiolaidd Gymraeg. Heblaw am un adran yn *Plasau'r Brenin* ac ambell gyffyrddiad yn *Amser i Ryfel* (1944), bu ffuglen Gymraeg yn dechnegol geidwadol yn sgil her greadigol y rhyfel. Nid mater o drafod yn eofn thema'r rhyfel mo hyn, ond mater o ystyried hefyd oblygiadau athronyddol y rhyfel i ffuglen yn gyffredinol.

Un agwedd berthnasol yn hyn o beth yw defnydd diedifar Caradog Prichard o dafodiaith, a dyw hi'n ddim syndod yn y byd fod Saunders Lewis wedi cyfeirio at ddylanwad tebygol *Un Nos Ola Leuad* yn y cyswllt hwn ar un o'r unig ddwy nofel Gymraeg i ganolbwyntio ar y rhyfel gorff ac enaid, sef *Gwaed Gwirion* (1965).[47] Fel y dadleuwyd mewn man arall, *Un Nos Ola Leuad* yw'r *My People* a'r *Capel Sion* gohiriedig Cymraeg, gweithiau delwddrylliol *bête noire* y Cymry Cymraeg, Caradoc Evans, a gyhoeddwyd, yn arwyddocaol iawn, yn ystod y rhyfel ei hun.[48]

Llythyr sy fel petai'n cadarnhau'r thesis hwn yw hwnnw a anfonodd Cassie Davies at ei chyfeilles, Kate Roberts, ar ôl i'r awdures gyflwyno *Tywyll Heno* (1962) iddi hi. Amlwg ddigon fod y nofel hon am un yn dioddef o anhwylderau'r meddwl wedi taro tant ym mhrofiad Cassie Davies – 'y mae'r llyfr wedi gadael argraff anghyffredin iawn arnaf – mwy nag odid un llyfr a ddarllenais erioed'[49] – ac mae'n werth dyfynnu'n helaeth o'r llythyr ingol hwn i egluro ymhellach:

> Dwyf i byth bythoedd yn sôn am y peth mwyaf enbyd a ddigwyddodd i ni fel teulu – nac erioed wedi cyfeirio ato hyd yn oed wrth fy chwaer, Neli – ar ôl i'r peth fynd heibio. Fe laddwyd brawd i ni yn y Rhyfel Cynta'. Cafodd fy mam strôc pan glywodd y newydd ac ni fu byth yr un peth. Ar ben hyn, daeth brawd arall yn ôl o'r fyddin a'i nerfau'n yfflon. A'r dyddiau hynny, 'doedd pobl ddim mor gall ynglŷn ag afiechyd nerfau ag ydynt bellach. Fe ddylai fod wedi cael mynd i ysbyty'r meddwl ond oherwydd rhyw syniad o sarhad mewn mynd i 'seilam' fel y'i gelwid y dyddiau hynny, fe'i cadwyd gartre am rai blynyddoedd a 'does neb a ŵyr beth a ddioddefodd pawb ohonom yn ystod yr amser hwnnw. O'r diwedd aeth mor ddrwg nes y bu raid ei gymryd i Gaerfyrddin . . . Mae'r cyfan fel hunllef erch, a dyma'r tro cyntaf i mi sôn amdano wrth neb. O'r diwedd, mi fu farw yng Nghaerfyrddin ac yn union ar ôl hynny, bu farw fy mam yn 68 oed.

Tuedd gyffredinol rhyddiaith Gymraeg ynglŷn â'r rhyfel, tuedd sy'n symptomatig o dawedogrwydd y diwylliant Cymraeg yn gyffredinol, fu cadw ei brofiadau mwyaf styrbiol dan glo. Y cyfuniad Cymreig hwn o atalnwyd a pharchusrwydd a barodd fod un fel Cassie Davies wedi ei rhwystro ar hyd yr holl flynyddoedd rhag agor ei chalon wrth ffrind mynwesol hyd yn oed a dweud ei chŵyn wrthi hyd nes iddi ddarllen portread o salwch y gallai uniaethu ag ef, portread a normaleiddiodd ryw gymaint ar yr annormaleiddiwch a ddaeth i'w rhan hi a'i theulu.

Ac yntau wedi ei eni yn Nyffryn Ogwen yn 1904, gwreiddiwyd *Un Nos Ola Leuad* ym mhrofiad Caradog Prichard yn ei arddegau rhwng 1915 a 1920.[50] Dewin du sydd wastad yng nghefndir y nofel ac sy'n pennu ei chywair ansad yw'r rhyfel yn y nofel. Er gwaethaf ymdrechion amaturaidd rhai o ddramodwyr y bennod hon, go brin y dramateiddiwyd effeithiau'r Rhyfel Mawr ar fywyd gartref â'r fath uniongyrchedd direthreg â hyn o'r blaen:

> Wrthi'n deud wrtha ni am y Jyrmans yn torri brestia merchaid efo cledda a hollti babis bach rhwng eu coesa oedd o [Preis Sgŵl] pan ddaeth Canon heibio ffenast y Fynwant ac i mewn trwy'r drws . . .
> Wedyn dyma fo'n stopio siarad am y Jyrmans efo ni a cherddad yn slo bach at y gadair lle roedd y Canon yn eistadd. Roedd Canon ddwywaith cyn dalad â Preis Sgŵl pan ddaru o godi o'r gadar, a'r ddau'n siarad efo'i gilydd yn ddistaw bach am yn hir iawn, a Canon yn gafael yn ei law o efo'i law dde a rhoid ei law chwith ar ei ysgwydd o. A ninna'n methu dallt beth oedd yn bod nes i Canon eistadd i lawr a sychu chwys oddiar ei dalcan unwaith eto, a Preis yn cerddad yn ôl yn slo bach atom ni a deud bod Bob Bach Sgŵl wedi cael ei ladd gan y Jyrmans. (26–7)

Profiad o lygad y ffynnon yw peth fel hyn, o enau plant bychain, heb ei lastwreiddio gan unrhyw foesoli nac ymresymu. Wedi'r cyfan, ar lefel hollol oddrychol yr effeithia'r rhyfel ar ymwybyddiaeth yr adroddwr.

Yn wahanol i arwyr ifainc G. Wynne Griffith ac R. Lloyd Jones na chânt drafferth yn y byd ymaflyd â chysyniadau mawrion fel cyfiawnder a dialedd, dim ond y personol agos a wna synnwyr i'r bychan yn *Un Nos Ola Leuad*. Hola ei fam, er enghraifft, pam nad enwyd Elwyn Pen Rhes yng ngweddïau Huws Person: 'Wedi cael ei ladd ddoe, medda Mam yn ddistaw bach. A finna â mhen i lawr yn fanno yn cofio Elwyn Pen Rhes yn dwad adra o Ffrainc fis cyn hynny a Huw a finna'n rhedag i'w gwarfod o'n dwad i fyny Lôn Newydd.' (99) Bu Elwyn yn arwr gan yr adroddwr er pan achubodd Ifor Bach o'r afon, ond fel amryw gydnabod a cheraint diflannu o'i fywyd yw ei hanes; cyfranna'r gyfres hon o ddiflaniadau a'r ansefydlogrwydd a ddeuai yn eu sgil at ddiwedd trasig yr adroddwr ei hun. Drannoeth y rhyfel, cyplysir y cyhoeddus a'r answyddogol drachefn pan ddaw diwrnod dadorchuddio cofgolofn y pentref i goffáu'r hanner cant o hogiau a gollwyd yr un pryd â diwedd mabolaeth y bechgyn bach: 'Oedd Huw a finna wedi cael siwt newydd erbyn y dadorchuddio, a wedi cael trywsus llaes bob un am y tro cyntaf ... Oeddan ni ddim yn y côr am fod ein lleisia ni'n dechra torri.' (122) I'r prif gymeriad henaidd bu ei fywyd byr yn broses galonrwygol a grotésg o golli diniweidrwydd: cafodd olwg ar drais, gwallgofrwydd, fflachio, llofruddiaethau, marwolaethau, hunanladdiadau, ac yn goron ddrain ar y cyfan bu'n rhaid iddo hebrwng ei fam ei hun i'r seilam. Y mae'n union fel petai'r seremoni hon yn dynodi'n swyddogol derfyn ei blentyndod yntau.

Yn ei hunangofiant *Rhodd Enbyd* (1983), sonia Gwilym R. Jones – a aned flwyddyn yn unig o flaen Caradog Prichard, yn 1903 – am ei gastiau ef a'i ffrindiau yn Nyffryn Nantlle ei blentyndod yn ystod y rhyfel:

Mi allwn i godi syrffed, a gwaeth na hynny, ar y darllenwyr wrth ddisgrifio rhai o'n campau bachgennaidd ni. Ond 'roedd un rheswm cryf dros ein direidi dinistriol – onid oedd rhai hŷn na ni'n cyflawni pethau gwaeth yn Passchendale [*sic*], ar lannau Somme, ac yn nhrin y Dardanelles? Ac onid enillwyr medalau ac arwyr oedd lleiddiaid dynion?[51]

Cenedlaetholwr a heddychwr o argyhoeddiad oedd y llenor a'r newyddiadurwr o Dal-y-sarn, ac yn ei nofel fywgraffyddol, *Seirff yn Eden* (1963), rhydd yntau gip drwy lygaid plentyn ar gyfnod ei brifiant yn ystod y rhyfel.[52] Efallai mai ei hanffawd fel nofel oedd iddi chwarae'r gêm yn ufudd yn ôl y rheolau realaidd. Ac eto, go brin y byddid wedi dehongli hynny'n wendid – pe na bai *Un Nos Ola Leuad* wedi ei chyhoeddi ddwy flynedd ynghynt, nofel arall am blentyndod yn ystod yr un cyfnod mewn dyffryn diwydiannol yn y gogledd, nofel a feiddiodd godi dau fys ar gydymffurfiaeth. Ac amrywio'r ddelweddaeth, ym mhresenol-deb haul llachar Caradog Prichard doedd dim syndod fod nofel Gwilym R. Jones wedi ei bwrw i'r cysgodion.

Fel *Lord of the Flies* (1954), nofel sinistr a thywyll William Golding naw mlynedd ynghynt, alegori yw'r chwarae plant ynysig yn *Seirff yn Eden* o densiynau'r tir mawr; fwyfwy yn ystod y nofel mae'r chwarae'n troi'n chwerw. Actio sowldiwrs a wna'r hogiau ar y cychwyn cyntaf:

'Charge!' llefodd y 'Brigadydd' Dafydd Morris nes bod ei wyneb yn crib-gochi a chyfeiriodd flaen ei gleddau pren at gaer 'y gelynion'.
Ni chafodd swyddog byddin ufudd-dod llawer chwimach erioed. Rhuthrodd dwsin o fechgyn rhwng deg a deuddeng mlwydd oed – rhuthro fel llinell o filwyr go-iawn – tua thomen rwbel hen Chwarel y Taldrwst. Yno roedd baner a oedd wedi ei gwneud o ddarn o hen grys Tomi Cefn-Siop wedi ei hoelio ar bolyn yn arwydd bod yno le i'w oresgyn.
Roedd sŵn y clocsiau a'r esgidiau hoelion-mawr fel sŵn pystylad meirch ar dyweirch y tir gwastad wrth odre'r domen. Onid oedd y faner ddigywilydd yn her i lewder? Ac onid oedd gelynion yn llechu yn rhywle y tu ôl iddi hi? Pan ddaeth yr ymosodwyr at droed y domen gellid clywed y crawenni llechfaen yn crensian a chlecian dan eu pedolau. (5)

I gwblhau'r senario, y prifathro a'r plismon ac Owen Robyns, y tirberchennog cas, sef ymgorfforiadau o awdurdod ill tri, sy'n cynrychioli'r gelyn. Mae'r milwyr bychain hyn yn smocio'n ddibrofiad ar yn ail â chanu ymdeithganeuon Saesneg na ddeallant mo'u geiriau; trefnant ffug frwydrau a'u cwffio â gynnau dŵr.
Ond nid rhamant mo'r rhyfela hwn i gyd i'r hogiau: brwydr fwy real yw un faterol eu rhieni i gadw'r blaidd o'r drws, er eu bod yn ceisio'u gorau glas i guddio'r caswir rhag eu plant. Doniol-ddwys yw'r darlun o Guto Bach y Meinar yn llythrennol chwythu papur swyddogol y bwmbeili yn ôl o dan ei ddrws. A phan ddaw'r ffliw angheuol tua diwedd y rhyfel – epidemig a laddodd saith miliwn ar hugain o bobl, deng mil o Gymry yn eu plith, sef dros deirgwaith yn fwy na swm y rhai a laddwyd o ganlyniad i'r rhyfel – nid gelyn ond achubwr yw'r plismon a fentra i mewn i dŷ teulu'r Gadlas i gynnig help: 'Fe welsant eu harcherlidwr mewn golau newydd.' (89) Hynny yw, mae'r bechgyn yn aeddfedu'n emosiynol yn sgil eu profiad o'r rhyfel. Ar ôl dinoethi'r rhyfel o'i holl ramant, nid diniweitiaid mohonynt mwyach ar ddiwedd y nofel. Ym mryd trigolion Dyffryn Pebin y rhyfel ei hun a oedd i'w gyfri am y ffliw felltigedig: 'rhyw bla o'r Rhyfel a oedd wedi dod gyda'r gwynt o'r Cyfandir oedd y salwch tost hwn. "Codi oddi ar y cyrff yn y

ffosydd yn Ffrainc y mae-o, hogia." ' (87) Yng nghyd-destun y nofel does mo'r ots a yw'r syniad hwnnw'n wyddonol gywir ai peidio: y goel boblogaidd sy'n cyfri. Ac yn sgil y salwch hwn, ffrwyth gwenwynig y rhyfel, y daw'r bechgyn i sylweddoli am y tro cyntaf gymhlethdod bywyd pan â Wil Dani, eu cyfaill deuddeg oed, yn ysglyfaeth i'r clefyd. Dyma ollwng y seirff yn rhydd yn Eden eu bachgendod:

> Ni allai Cledwyn a Huw, Ned y Fedw a Glyn Bwtsiar amgyffred yn iawn pa beth a olygai marw un o'u cyfeillion agos er eu bod ynghanol sôn am rai yn marw'n sydyn. Ofn oedd y teimlad agosaf i'r hyn a brofid gan gyd-chwaraewyr Wil Dani – ofn y gelyn hwn a oedd yn myned a thadau a mamau, brodyr a chwiorydd, gwŷr a gwragedd a phartneriaid i rywle o'r golwg. Sylweddolent nad oedd neb yn ddiogel rhag crafangau marwolaeth a daeth arswyd rhag rhywbeth nad oeddynt yn ei ddeall i'w blino. (102)

Ac efallai mai'r frawddeg olaf honno sy'n crisialu gliriaf y gwahaniaeth sylfaenol rhwng *Seirff yn Eden* ac *Un Nos Ola Leuad*: taith eglur sy'n arwain i gaddug sydd yn y naill ond taith aneglur o gaddug i dywyllwch yw'r llall. Er gwaethaf eu tebygrwydd cefndirol, gwahanol iawn yn y bôn yw man cychwyn y ddau lenor: er bod Gwilym R. Jones fel petai'n cydnabod fan hyn mai drwy gyfrwng y rhyfel y sylweddola'r hogiau bos diddatrys y bod dynol, penbleth anesgor yw bywyd yn ei grynswth, o gri ein geni hyd ein holaf gŵyn, i Caradog Prichard. Yn *Un Nos Ola Leuad* onid yw'r seirff yn hisian wrth droed y crud? Ac os derbynnir mai dadrith a dryswch yw amodau byw yn *Seirff yn Eden*, o leiaf amodau byw yn y dyfodol yw'r rheini: profiad gwareiddiol o hyd yw plentyndod ac ynddo falm i fyd. Nid cwbl ddiobaith mo olygwedd Gwilym R. Jones.

Ar ôl *Te yn y Grug* (1959) ac *Un Nos Ola Leuad*, *Seirff yn Eden* yw'r drydedd gyfrol ffuglennol mewn cyfres o dair ar y pryd gan awduron a aned ar ddiwedd y ganrif ddiwethaf neu ar ddechrau hon yn trin a thrafod cyfnod eu plentyndod. Ar drothwy'r rhyfel, yn 1913, y ganed y gweinidog Methodist a'r diwinydd Harri Williams, a chafodd ei fagu yng nghefn gwlad Môn; gwelodd *Mam a Fi* (1983) olau dydd ym mlwyddyn ei farwolaeth.[53] Nofel arall fywgraffyddol yw hon a thrwy lygaid plentyn chwilfrydig y ffilmir y digwyddiadau. Argraffiadol iawn yw'r darlun o'r rhyfel, cyfres o olygfeydd sy'n crynhoi ei effaith ar y math o wladwyr a bortreadwyd mor gofiadwy gan Ifan Gruffydd. Un digwyddiad sy'n gadael argraff ddofn ar feddwl prif gymeriad a thraethydd y nofel yw pan draddoda gweinidog o Fangor, yn groes i'r arfer, bregeth o'r pulpud yn erbyn y rhyfel. Aflonyddwyd y praidd yn arw:

> Ew! mi roedd na siarad y tu allan i'r capal. 'Rhag cwilydd iddo fo!' 'Mi ddyla'r gethwrs ma' i gyd orfod mynd i'r ffrynt!' 'Beth am y mama druan sy'n poeni am i bechgyn?' Roedd rhai'n rhuthro at ddrws cefn y capal, ond roedd Wiliam Huws yno'n rhwystro neb rhag mynd i mewn.
> 'Tyrd, Ben,' meddai Nain wrtha i. 'Tydi hwn ddim yn lle i ti fod yno fo.' Ac adra â ni, Nain a Mam a finna, a gadal sŵn y ffraeo a'r dadla. Roedd yna rai'n cytuno efo'r gethwr.
> 'Be dach *chi*'n feddwl, Nain?' meddwn i ar ôl pasio Coed y Gell.
> 'Mae isio rhoi stop ar bob rhyfal.' Dyna'r cwbwl ddeudodd hi. (41)

Cyffro mawr arall yn yr ardal, ac, o ran hynny, digwyddiad sy'n cadarnhau nad mewn tir ffantasi y gwreiddiwyd rhai o brofiadau *Ogof yr Ysbïwyr* a *Helynt Ynys Gain*, yw'r canfyddiad fod Mr Bifan a fu'n helpu gyda'r Gobeithlu yn ysbïwr i'r Almaen: 'Diawl o ddyn drwg, yn helpu'r Jyrmans i ennill y rhyfal, medda Nhad.' (56) Ond o leiaf yn ymateb y fam i ymholiadau ei mab ceir peth cydbwysedd: ' "Ydi'r Jyrmans i gyd yn bobol ddrwg?" "Dydyn nhw fawr gwaeth na ninna, mae'n siŵr." ' (58)

Dyddiadur Nant y Wrach (1987), sef dyddiadur 1915, yw'r olaf o destunau'r bennod hon ac fe'i sgrifennwyd, yn ddigon addas, gan yr awdures ieuengaf o'r criw.[54] Eglura Hilma Lloyd Edwards, a aned yn 1959, gefndir ei dyddiadur ar ddechrau'r gyfrol:

> Rhannol ddychmygol yw'r dyddiadur hwn, gan i ddarnau ohono gael ei [*sic*] seilio ar blentyndod fy nhaid, George Evans, a fy nain, Margaret Parry.
> Ganwyd a magwyd Taid yn Bontnewydd, ac fel llawer eraill, dywedodd gelwydd am ei oed er mwyn cael mynd i'r rhyfel. Derbyniodd ei deulu lythyr swyddogol yn dweud iddo gael ei ladd, ond ymhen amser wedyn, er syndod mawr i bawb, cyrhaeddodd adref ar ôl treulio wythnosau mewn ysbyty yn Ffrainc. (5)

Er bod yr ymdriniaeth yn ddychmygol, felly, seiliwyd y gwaith ar ddeunydd hanesyddol. Margaret Anne Parry, geneth fach ddeuddeg oed, yw'r traethydd, a phentre'r Bontnewydd yng Ngwynedd gyfarwydd yw'r lleoliad. Dywed Ifan ei brawd wrthi'n ddistaw bach ei fod am ddianc gefn nos i'r fyddin ar ôl listio yn y ffair; caiff ei dad y gwyllt pan yw'n clywed yr hanes gan ei fod mor daer yn erbyn rhyfela, ond antur fawr yw'r cyfan i'r fechan. Fodd bynnag, buan y sura'r antur: a'r teulu heb glywed gair gan Ifan am fisoedd, daw llythyr un dydd yn dweud ei fod ar goll neu, fwyaf tebygol, yn farw. Gydag iddi dderbyn y newydd llym, swnia Margaret Parry henaidd yn debycach i Kate Roberts a'i chyfeiriad enwog at 'sgrifennu rhag mygu': 'Dydw i ddim yn meddwl y medra i sgwennu dim byd i lawr heddiw o gwbl, ond mi fydd yn rhaid i mi 'neud, neu fydda'i ddim yn medru cysgu drwy'r nos.' (54) Ar adegau felly, fe anghofia'r awdures mai deuddeng mlwydd oed yw ei thraethydd ac fe dry'r sgrifennu'n rhy hunanymwybodol. Er taro'r cywair lleddf, daw'r cyfan i fwcl ar ddiwedd y nofel: a'i dylwyth wedi ei hen gladdu, cyrhaedda'r mab afradlon adref bedwar diwrnod yn hwyr ar gyfer dathliadau'r Nadolig ar ôl treulio misoedd mewn ysbyty oherwydd iddo golli ei fraich wrth fynd dros yr ymyl.

Bagatelle ysgafn yw *Dyddiadur Nant y Wrach*, gwaith melodaidd a deniadol sy'n tewi ar nodyn swynol. Cafwyd ambell gip ar gymuned yn cael ei bwrw oddi ar ei hechel yn *Mam a Fi*, ond daw'r byd yn ôl i'w le yn daclus cyn diwedd y dyddlyfr hwn. Ond efallai na ddylem ddehongli hynny'n feirniadaeth arno ond yn hytrach yn nodwedd. Wedi'r cwbl, fel y'n hatgoffir gan eiriau D. Tecwyn Lloyd a oedd wrthi'n sgrifennu am y rhyfel yn 1969:

> Mae'r cyfan, mwyach, mor bell yn ôl fel y gallwn ddarllen amdano fel y darllenwn am y Groegiaid gynt yng Nghaerdroea neu am y brwydro yng Nghatraeth. Er mai hanes ydyw i gyd, y mae erbyn hyn ar fin troi yn rhywbeth mwy a dyfnach na hynny, sef trawsnewid yn fyth, yn rhan o chwedloniaeth hanfodol bywyd dyn ar y ddaear.[55]

Tybed nad yw naïfrwydd Hilma Lloyd Edwards yn anorfod, yr unig un o blith awduron y bennod hon na welodd 'ddyddiau y ddau Ryfel Byd', chwedl Nesta Wyn Jones, un o 'etifeddion yr

oes feddal' a'i byd yn 'weddol wyn'.[56] I'w chenhedlaeth hi,
ciliodd ofnadwyaeth y rhyfel, peidiodd ei ddychryn. Does fawr
ddim argyfyngus, fawr ddim gwirioneddol fygythiol yn perthyn
i'w byd: yn y diwedd cleddir ei holl fwganod a charthu'r drwg
ohono. Byd wedi ymdawelu o'i ddolur yw byd *Dyddiadur Nant y
Wrach*, darlun *sepia*, hiraethus sy'n talu gwrogaeth annwyl i ryw
stalwm dydd y tybid – er mor eironig yw'r dybiaeth – o bellter
diwedd y ganrif ei fod yn symlach, yn burach, ac yn well. Tybed
a fyddai'r fath gyfeiliorniad mor hawdd ei wneud petai statws a
phresenoldeb ffuglen Gymraeg am y rhyfel yn amlycach? Neu ai
D. Tecwyn Lloyd sy'n gywir wrth sôn am yr anocheledd hwn
gyda golwg ar y rhyfel: '[p]a mor bechadurus bynnag yw hynny
y mae rhyw gyfaredd yn dechrau casglu o'i gwmpas ym meddwl
dyn'?[57]

Nodiadau

[1] *Tros y Tresi* (Dinbych, 1956), 50.
[2] *Hanes Cymru* (Llundain, 1990), 493.
[3] John Brophy, 'After Fifty Years', yn John Brophy ac Eric Partridge
(gol.), *The Long Trail: What the British Soldier Sang and Said in 1914–18*
(Llundain, 1965), 18.
[4] E. Beynon Davies, *Ar Orwel Pell* (Llandysul, 1965), 33.
[5] Charles Chaplin, *My Autobiography* (Llundain, 1964), 236.
[6] Yng nghyfieithiad Paul Britten Austin o astudiaeth Uno Asplund,
Chaplin's Films (Newton Abbot, 1973), 20 *Tachwedd* a roddir fel noson
gyntaf y ffilm, ond cesglir mai 20 *Hydref* a olygir gan y dywedir
ymhen tri thudalen, 'The film had its first night only three weeks
before the Armistice' (117), sef 11 Tachwedd 1918.
[7] Cynhwysir manylion cynhyrchu a gwybodaeth am blot holl ffilmiau
Chaplin yng nghyfieithiad Paul Britten Austin o Uno Asplund,
Chaplin's Films.
[8] Uno Asplund, 13.
[9] Am drafodaeth ar waith Hašek, gw. Robert Pynsent, 'The Last Days of
Austria: Hašek and Kraus', yn Holger Klein (gol.), *The First World War
in Fiction* (Llundain, 1976), 136–48.
[10] Cyfieithiad Cecil Parrott (Harmondsworth, 1973; ail arg. 1981), 3–4.
[11] Paul Selver oedd y cyntaf i gyfieithu'r nofel i Saesneg ar gyfer Llyfrau
Penguin yn 1930, sef *The Good Soldier Schweik*, ond talfyrrodd y nofel
a'i sensro'n arw. Ymddangosodd cyfieithiad Cecil Parrott ar gyfer yr
un cwmni, *The Good Soldier Švejk and his Fortunes in the World War*, yn
1973.
[12] Robert Pynsent, 136.
[13] *Who's Who in Wales 1937* (3ydd arg., Llundain, 1937), 253.

[14] Glynfab, *Ni'n Doi* (Caerfyrddin, 1918); *Y Partin Dwpwl* (Caerfyrddin, 1919); *Y Twll Clo* (Caerfyrddin, 1920).

[15] Robert Graves, *Goodbye to All That* (1929; golygiad diwygiedig 1957, arg. Harmondsworth, 1960).

[16] Ifan Gruffydd, *Gŵr o Baradwys* (Dinbych, 1965), 119.

[17] *Arwr Glew Erwau'r Glo* (Llandysul, 1994), 183.

[18] Ar y pen yma, gw. Hywel Teifi Edwards, 'Gwaedoliaeth Lenyddol Dai a Shoni', yn Geraint H. Jenkins (gol.), *Cof Cenedl X* (Llandysul, 1995), 91–119.

[19] Gw. Gervase Phillips, 'Dai Bach y Soldiwr: Welsh Soldiers in the British Army 1914–1918', *Llafur*, 6 (2, 1993), 94–105: nodir bod 32.7 y cant o'r milwyr yn ei sampl yn gweithio mewn glofeydd a chwareli.

[20] Gervase Phillips, 102–3.

[21] Saunders Lewis, 'Profiad Cymro yn y Fyddin', *Y Cymro* (23 Gorffennaf 1919).

[22] Glynfab, *Gloewach Nen* (Caerfyrddin, 1925).

[23] 'Saunders Lewis a Thraddodiad y Ddrama Gymraeg', *Llwyfan*, 9 (Gaeaf 1973), 3–4.

[24] Gw. John Davies, 'The End of the Great Estates and the Rise of Freehold Farming in Wales', *Welsh History Review*, 7 (2, Rhagfyr 1974), 194: 'the Green Revolution in Wales was rather more extensive than it was in Czechoslovakia and Poland and only slightly less so than it was in Romania, Finland and Greece'. Gw. hefyd John Davies, *Hanes Cymru*, 518–19.

[25] John Ellis Williams, *Rhamant a Rhyfel* (Aberdâr, 1922).

[26] *Inc yn Fy Ngwaed* (Llandybïe, 1963), 19.

[27] *Inc yn Fy Ngwaed*, 17–18.

[28] 'Byd y Ddrama', yn Meredydd Evans (gol.), *Gŵr wrth Grefft* (Llandysul, 1974), 42.

[29] Gw. John Roberts Williams, 'Y Dyn Papur Newydd', yn *Gŵr wrth Grefft*, 81. Am hanes *Y Darian* yn ystod y rhyfel, gw. Dewi Eirug Davies, *Byddin y Brenin* (Abertawe, 1988), 123–6.

[30] Gw. Dafydd Glyn Jones, 'Saunders Lewis a Thraddodiad y Ddrama Gymraeg', 1–12.

[31] Gw. D. Tecwyn Lloyd, 'Gwir Gychwyn y Busnes Drama 'ma', *Llwyfan*, 8 (Gwanwyn–Haf 1973), 5–8. Gw. ymhellach erthygl yr un awdur, 'Daniel Owen ar y Llwyfan, 1909–1937', *Llên Cymru*, 10 (1–2, Ionor–Gorffennaf 1968), 59–69.

[32] John Ellis Williams, *Deg o Ddramodau Byrion* (Caerdydd, 1919).

[33] Moelona, *Cwrs y Lli* (Wrecsam, 1927).

[34] Gw. Moelona, *Teulu Bach Nantoer* (Wrecsam, 1913), 24–8.

[35] *Yr Efrydydd*, 3 (12, Medi 1927), 304. Dylid ychwanegu fod W. J. Gruffydd wedi gweld mwy o rinwedd na hynny ynddi: 'Gan mai teithio ar y cyfandir ydyw'r testun, y mae'n werthfawr neilltuol fel moddion i ehangu bryd plant Cymru a dysgu iddynt ddeall dulliau meddwl pobl eraill.' Gw. *Y Llenor*, 6 (2, Haf 1927), 127.

[36] Yn ôl Roger Jones Williams, 'teg yw tybio i O. M. Edwards fod yn gryn ddylanwad ar ei hysgrifennu' (39) a dywed iddo ymweld â hi,

yn rhinwedd ei swydd fel arolygydd ysgolion, a'i hannog i ddal ati i sgrifennu pan oedd yn athrawes yng Nghaerdydd. Gw. 'Elizabeth Mary Jones (Moelona)', yn Mairwen a Gwynn Jones (gol.), *Dewiniaid Difyr: Llenorion Plant Cymru hyd tua 1950* (Llandysul, 1983), 38–42.

37 *Storïau Moelona* (Llandybïe, 1950), 48.

38 R. Lloyd Jones, *Ogof yr Ysbïwyr* (Llandysul, 1933).

39 G. Wynne Griffith, *Helynt Ynys Gain* (Wrecsam, 1939).

40 Ceir crynhoad cyfleus o gynnwys y nofel yn adolygiad Morris Thomas, *Y Traethodydd*, 95 (414, Ionawr 1940), 58–9.

41 'Robert Lloyd Jones', yn *Dewiniaid Difyr*, 107.

42 D. J. Williams, 'Colbo Jones yn Ymuno â'r Fyddin', *Storïau'r Tir* (Llandysul, 1966; arg. 1980), 126–37.

43 *Llenyddiaeth Gymraeg 1936–1972* (Llandybïe, 1975; ail arg. 1977), 224.

44 *Llenyddiaeth Gymraeg 1936–1972*, 224.

45 Caradog Prichard, *Un Nos Ola Leuad* (Dinbych, 1961).

46 *Afal Drwg Adda: Hunangofiant Methiant* (Dinbych, 1973), 16.

47 Gw. adolygiad Saunders Lewis ar *Gwaed Gwirion* yn y *Western Mail* (29 Ionawr 1966): 'mae'n anodd gennyf gredu na bu *Un Nos Ola Leuad* yn batrwm iddo [Emyr Jones] o'r modd y gellir nofel gref mewn tafodiaith, ac i'r nofel feistraidd honno ddysgu llawer iddo.'

48 Gw. Gerwyn Wiliams, 'Gwerin Dau Garadog', yn M. Wynn Thomas (gol.), *DiFfinio Dwy Lenyddiaeth Cymru* (Caerdydd, 1995), 42–79.

49 18 Rhagfyr 1962, Papurau Kate Roberts, Llyfrgell Genedlaethol Cymru, 1396. Gw. hefyd Cassie Davies, 'Cenedlaetholreg', yn Bobi Jones (gol.), *Kate Roberts*, 199–205.

50 Am arolwg hanesyddol o effaith y rhyfel ar Ddyffryn Ogwen, gw. Dafydd Roberts, 'Dros Ryddid ac Ymerodraeth: Ymatebion yn Nyffryn Ogwen 1914–1918', *Cymdeithas Hanes Sir Gaernarfon*, 45 (1984), 107–26.

51 Gwilym R. Jones, *Rhodd Enbyd* (Y Bala, 1983), 22.

52 Gwilym R. Jones, *Seirff yn Eden* (Dinbych, 1963).

53 Harri Williams, *Mam a Fi* (Llandysul, 1983). Gw. sylwadau Rhiannon Davies Jones, Branwen Jarvis a D. Tecwyn Lloyd ar 'Cynddylan' yng nghystadleuaeth y Fedal Ryddiaith, yn W. Rhys Nicholas (gol.), *Cyfansoddiadau a Beirniadaethau Eisteddfod Genedlaethol Abertawe a'r Cylch 1982* (Llandysul, 1982), 82–98.

54 Hilma Lloyd Edwards, *Dyddiadur Nant y Wrach* (Pen-y-groes, 1987). Anfonwyd y nofel i gystadleuaeth y Fedal Ryddiaith yn 1985: gw. sylwadau D. Tecwyn Lloyd, Gruffudd Parry ac Eigra Lewis Roberts ar 'Nant y Wrach', yn J. Elwyn Hughes (gol.), *Cyfansoddiadau a Beirniadaethau Eisteddfod Genedlaethol y Rhyl a'r Cyffiniau 1985* (Llandysul, 1985), 90–105.

55 'Gwaed Gwirion (II)', *Barn* 80 (Mehefin 1969), 221. Cyhoeddwyd rhan gynta'r ymdriniaeth hon yn *Barn* 79 (Mai 1969), 190–1; gw. hefyd adolygiad D. Tecwyn Lloyd ar *Gwaed Gwirion*, 'Yr Arswyd Mawr . . .', *Taliesin*, 12 (Gorffennaf 1966), 74–8.

56 'Cysgodion', *Cannwyll yn Olau* (Llandysul, 1969), 22.

57 'Llenyddiaeth Cyni a Rhyfel: 1914–1939', *Llên Cyni a Rhyfel a Thrafodion Eraill* (Llandysul, 1987), 42.

2

Heddychwyr a Gwrthwynebwyr

Mynegi syndod a wnaeth bardd 'Madog', mewn llythyr at ei gyfaill E. Morgan Humphreys yn 1918, fod John Morris-Jones wedi cytuno i gyhoeddi'r gerdd yn *Y Beirniad*, 'un o'r cyhoeddiadau rhyfelgar', chwedl yntau.[1] Gallasai Tegla (Edward Tegla Davies), y llenor-bregethwr a ddaeth yn llawiau â T. Gwynn Jones yn ystod y rhyfel – fel y tystia'r ohebiaeth a fu rhyngddynt sydd ar gadw yn y Llyfrgell Genedlaethol – fod wedi mynegi syndod tebyg fod y golygydd wedi cytuno i gyhoeddi dwy o'r tair stori fer a luniodd o safbwynt pasiffistaidd yn ei chwarterolyn llenyddol yn ystod y gyflafan ryngwladol; rhwng cloriau mwy rhagweladwy *Y Deyrnas* Thomas Rees y gwelodd y drydedd stori olau dydd. Efallai fod y ffaith fach hon ynddi ei hun yn arwyddo peth o'r dryswch a nodweddai'r ymateb cyhoeddus i'r rhyfel yng Nghymru: cyhoeddwyd rhwng cloriau'r un cylchgrawn hysbysebion recriwtio a droswyd i'r Gymraeg gan Athro Cymraeg Bangor ei hun. Yn sicr, y mae'n cymhlethu rhywfaint ar y darlun a feddwn o Morris-Jones.

Gweinidog Wesle a symudodd o Dregarth i Lanrhaeadr-ym-Mochnant yn ystod blwyddyn gyntaf y rhyfel oedd Tegla.[2] Yn rhifyn Hydref 1915 o'r *Beirniad* y cyhoeddwyd 'Cenhadwr Bethlehem'. Dyfynnir ar ei chychwyn bwt o'r *Guardian* a ymddangosodd ddiwedd Medi'r un flwyddyn; cyfeiriai at y milwyr o Dwrci a oedd wrthi'n ymarfer ger Golgotha a Mynydd yr Olewydd ac at y mynachdai a'r ysbytai Rwsiaidd, Ffrengig a Phrydeinig yn Jerwsalem a drowyd yn faracs. 'It is a queer sight', meddai'r gohebydd; 'these numerous detachments of troops in Jerusalem, on the Jaffa road, and on the road to Bethlehem', er na ddaw perthnasedd y dyfyniad hwn yn amlwg tan ail hanner y stori.

Pedair ar ddeg oed yw prif gymeriad yr hanes ar y cychwyn cyntaf ac y mae'n cuddio'n llwfr oddi wrth y plismon plant. Daw'n amlwg yn y man mai mater o *cherchez la femme* yw hi yn yr achos hwn: bu'n cwffio ar fuarth yr ysgol – '[m]aes rhyfel y plant' – gyda Fred yr Hendre ar gownt Dilys y Felin. A'i lwyddiant yn y ffeit wedi mynd i'w ben, gwrthyd roi esboniad i'r ysgolfeistr na derbyn ei gosb. Rhydd hwnnw glustan iddo, ac er mwyn talu'r pwyth yn ôl teifl yntau botel inc ato cyn dianc am byth o'r ysgol. Caiff le yn y man fel gwas ffarm, a thyf yn fwy o ben bach bob gafael:

> Aeth yn ddigon o ddyn i eistedd yn nhop y capel, a llithro allan o'r Seiat, ac i beidio â mynd i'r Ysgol Sul, a medru dywedyd y geiriau cryfaf yn ddiymdrech, – y geiriau na allai gweiniaid feiddio'u hwynebu, – ac ysmygu'r tybaco duaf heb welwi, a wincio ar ferched ieuainc heb wrido; a dechreuwyd sôn amdano gan yr arwyr nos Sadyrnau fel un gobeithiol . . . cododd yntau ymysg y duwiau un nos Sadwrn i ofyn a honnai un ohonynt nad ef oedd meistr pawb oll.

Buan y daw'r marciau du ar fur y stafell ddosbarth lle tasgodd yr inc gynt yn destament i'w wrhydri yng ngolwg disgyblion yr ysgol. Yr unig beth sy'n fwrn ar ei enaid yw'r cof amdano'n llechu rhag y dyn hel plant i'r ysgol a phan ddaw cyfle un nos Sadwrn i roi cweir i'r 'hynafgwr parchus' fe wna hynny, digwyddiad cachgiaidd sy'n dwyn gwarth arno yn ei gynefin.

Pan gynhelir cyfarfod recriwtio yn yr ysgol leol gwêl y prif gymeriad gyfle i adfer ei enw da drwy ddilyn esiampl Fred yr Hendre ac ymrestru. Lleolir y ddau filwr cyn bo hir ar dir yr Aifft. Deil ein harwr yn hunanganolog o hyd: crybwyllir ei 'benderfyniad distaw ei hun i ddangos y gwnai well milwr na'r un siopwr yn y wlad' ac ar drothwy cyrch dywedir mai ef, o blith ei holl gyd-filwyr, oedd 'yn ei feddiannu'i hun yn llwyr'. Ond ar hynny fe'i clwyfir a deffry mewn ysbyty ym Methlehem a Fred yntau'n gorwedd yn y gwely nesaf ato. Nid yw'r enw'n canu cloch ar unwaith yn ei feddwl, ond breuddwydia a sieryd yn ei gwsg amdano flynyddoedd ynghynt yn dweud ei adnod yn y capel: 'Gogoniant yn y goruchaf i Dduw, ac ar y ddaear tangnefedd i ddynion ewyllys da.' Ar ôl i'r arwr farw, myn y claf Almaenaidd sy'n rhannu ward â'r ddau Gymro gael gwybod gan Fred yr hyn a ddywedodd ei gyd-filwr, ac edrydd yntau'r adnod wrtho: 'Syllodd yr Allman arno'n syn ac yn hir, estynnodd ei law allan a gafaelodd yn ei law ef. Gwyddai yntau hefyd am yr adnod, o'i dysgu gynt. Gwasgodd ei law'n dyn, edrychodd y naill ym myw llygad y llall, – ac wylodd y ddau.' Gyda'r arwydd hwn o gymod a chyd-ddealltwriaeth, sy'n ddirgelwch i'r Eifftiwr a'r Twrc yn y stori, daw'r hanes i ben.

Taro wyth yn hytrach na deuddeg a wna'r stori fer hon mewn gwirionedd. Y mae'n gwestiwn, er enghraifft, a yw'r ail hanner ynglŷn â chyfnod y Rhyfel Byd Cyntaf a'r lleoliad newydd dramor wedi ei impio'n llwyddiannus ar yr hanner cyntaf. Er mor amhenodol yw lleoliad gwledig man cychwyn y stori – sonnir am 'ei ardal' yn ogystal ag 'yr ardal' a chyfeirir at 'arferiad plant y wlad fach ar Orllewin Lloegr' – teimlir bod Tegla, awdur *Hunangofiant Tomi* (1912) a *Nedw* (1922), yn fwy cyfforddus yn trin y deunydd crai plentynnus hwn. Rhydd y Cenhedloedd Unedig o ysbyty i'r Cynghreiriaid a'r Pwerau Canolog gryn straen ar hygrededd y cyfan, ac mae'r ffaith nad yw'r ddau Fwslim ar ddiwedd y stori yn deall achos 'y gwasgu llaw a'r dwylo' rhwng y Cymro a'r Almaenwr yn rhoi awgrym anffodus o oruchafiaeth – anfwriadol o bosib – i Gristnogaeth. Er gwaetha'r gwendidau hyn, mae yna ddeunydd dameg amserol yn 'Cenhadwr Bethlehem', ac efallai mai ar lefel gyffredinol rhagor penodol y gweithia'r stori orau. Y mae'r modd y llwydd-a'r prif gymeriad i daflu llwch i lygaid cynifer o bobl drwy beri iddynt gamgymryd ei lwfrdra am ddewrder yn ogystal â'r elfen gref o hap a damwain sy'n perthyn i'w hanes yn llefaru cyfrolau am yr argyfwng rhyngwladol a oedd ohoni adeg cyhoeddi'r stori. Y mae diwedd angheuol y prif gymeriad brolgar a hunangar hefyd yn ei dweud hi'n arw am yr athroniaeth trechaf treisied, gwannaf gwaedded a oedd ar waith ar y pryd; o gymharu, mae'r ffaith fod ei ddysgeidiaeth Feiblaidd fore yn dal i bwyso ar ei feddwl ar ddiwedd ei oes yn dwyn canlyniadau adeiladol yn ei sgil.

Roedd hi'n 1915 ar Tegla yn cyhoeddi 'Cenhadwr Bethlehem' a'r rhyfel ar y pryd yn flwydd oed. Yn y stori gynnar hon gall gyferbynnu cymhellion anrhydeddus Fred yr Hendre dros listio gyda rhai pwdr y prif gymeriad: 'Dysgasai ef yn fore garu 'i wlad ei hun', dywedir am y naill; 'meddyliodd, os medrai Fred wneuthur milwr y medrai yntau', dywedir am y llall. Erbyn i 'Jac fy Mrawd yn Mynd i'r Fyddin' ymddangos yn rhifyn y Gwanwyn o'r *Beirniad* yn 1917, ddwy flynedd yn ddiweddarach, synhwyrir fod agwedd Tegla at y rhyfel wedi caledu, profiad cyffredin i amryw yn enwedig ar ôl trobwynt Brwydr y Somme flwyddyn ynghynt a ychwanegodd ddimensiwn newydd at ei enbydrwydd. Tystia ei gyfaill, y sosialydd a'r gwrthwynebydd cydwybodol David Thomas, fod Tegla yn simsanu braidd parthed y rhyfel:

> Gorffwysai ei argyhoeddiad ar sylfeini di-sigl, ond fe'i poenid er hynny, yn y dechrau, gan y dadleuon fod y rhyfel yn rhyfel dros Gristionogaeth a gwareiddiad, ac i amddiffyn gwledydd bychain, ac mai rhyfel i roddi terfyn ar ryfel ydoedd. 'Rwy'n cofio un diwrnod yn ei stydi inni ein dau ddarllen *Gweithiau S.R.*, a gweld yno fod yr un dadleuon yn union wedi eu defnyddio i gyfiawnhau Rhyfel y Crimea. Collodd y dadleuon hyn eu grym inni ar ôl hynny, ac ysgrifennodd Tegla ysgrif ar y mater i'r *Deyrnas*.[3]

Esgorodd y dadrithiad hwn ar y stori aeddfetaf o blith y drindod hon, yr un sicraf ei ffocws, sy'n werth ei hailgyhoeddi mewn atodiad i'r gyfrol bresennol. Ceir allwedd arall i lwyddiant y stori yn y nodyn o dan ei theitl, 'Gan Tomi Sarah Jones': dyma Tegla'n atgyfodi prif gymeriad ei nofel gyntaf, bum mlynedd ynghynt, cyfaill hoff a anwylwyd gan genedlaethau o ddarllenwyr ifainc, ac yn mentro llefaru drwy enau plant bychain mewn cylchgrawn i bobl mewn oed.

Fel prif gymeriad 'Cenhadwr Bethlehem', digon simsan yw'r cymhellion anghywir sy'n gyrru Jac i'r fyddin: ' "Mae gen i ofn wyddost mai leicio Shon Ty Draw y mae hi, am i fod o'n sowldiwr, mae gen inne flys yn fy nghalon mynd yn sowldiwr weithie." ' Serch hynny, y tro hwn rydym yng nghwmni cymeriad llai ystrywgar a mwy agosatom o'r hanner, ac fe rydd y Bowyseg a siaredir gan gymeriadau'r stori flas mwy penodol arni na'r un a'i rhagflaenodd a'r argraff ei bod wedi gwreiddio'n fwy cadarn mewn profiad real. Tra oedd y stori flaenorol yn rhychwantu cyfnod o ychydig flynyddoedd mewn oddeutu deg tudalen, fe â hon i'r afael â chyfnod llai o'r hanner ac mae ei gwead yn dynnach o'r herwydd.

Er mor ddigri yw ymateb y fam i Mistar Williams y Siop a Pirs y Steward pan ddaw'r ddau o gwmpas i geisio cael Jac i'r fyddin – '"Mae ene donsls yn i drwyn o, ac asgwrn o'i le yn ei ffêr o, er pan oedd o'n blentyn"' – enynnir ein cydymdeimlad â'i hawydd i amddiffyn ei mab a'i arbed rhag listio. Llwyddir hefyd i awgrymu gwahaniaeth cefndir a dosbarth y stiward dim ond drwy ddyfynnu ychydig frawddegau o'i eiddo: '"Wyddoch chi be John," medde fo, "chi gneud soldiyr campus . . . Does dim wrong ar cerdded chi, beth bynnag . . . Daru Belgium dim deffro rhwbeth ynoch chi? A cewch dillad crand a martshio ar ol y band, a hynny gwell na marshio ar ol catel a lloue."' Y mae ei Gymraeg mor anghyfiaith a gwallus â llediaith Mr Brown y person yn *Rhys Lewis*! Er mor wrthwynebus yw ei rieni, dianc gefn nos i ymuno â'r fyddin a wna Jac yn y diwedd ac un o agweddau mwyaf diddorol y stori yw'r modd y darlunnir y newidiadau a ddaw yn sgil y weithred hon. Dyna'r olwg a feddai'r rhieni ar swydd y milwr i gychwyn: ' 'Doedd ene neb yn y llan, tan yn ddiweddar, wedi bod yn sowldiwr, ers cyn cô, ond Wil y Saer, a 'doedd yr un gwaeth na fo'n cerdded y ddaear.' Fel y mynnodd tad Jack Jones o Ferthyr yn *Unfinished Journey* (1937), dim ond y rheini a oedd ar ffo rhag yr heddlu neu'n rhy ddiog i weithio a âi'n filwyr, a chondemnio ei fwriad i ymrestru a wnaeth nain J. W. Jones o Lanllechid, Sir Gaernarfon hithau gan mai'r 'peth olaf i neb ei wneud yr adeg honno, oedd ymuno â'r sowldiwrs. Os digwyddai i rywun wneud drwg, 'doedd dim amdani ond ymuno â hwy – neu fynd i'r Sowth'.[4] Ond buan yr â teimlad mam yn drech na'i gwrthwynebiad traddodiadol i'r fyddin: '"Wyddoch chi be, Tomos," medde hi, "weles i rioed mo William Tomo sy [*sic*] Saer gynt, yn edrych mor barchus a heddyw, mae o wedi altro trwyddo." Dene'r tro cynta yn i oes, mae'n debyg, i Wil gael ei alw'n William Tomos.' Fel prif gymeriad 'Cenhadwr Bethlehem' yntau, daw'r rhyfel â chyfle i un di-raen fel Wil y Saer ymddyrchafu ar ddim yng ngolwg y gymdeithas. Wrth iddo gadw'r ddyletswydd deuluaidd fin nos, wedyn, darllena'r tad hanes Dafydd a Goliath a holi ei wraig: '"ydech chi'n cofio inni unweth feddwl galw Jac yn 'Dafydd'?"'

Dagrau pethau yw'r modd y tanseilir gwerthoedd y diniweidiaid hyn mor ddiymdrech gyda dyfodiad y rhyfel:

Drannoeth roedd mam yn paratoi at ddyfodiad Jac, fel tase fo wedi bod i ffwrdd ddwy flynedd yn lle dau ddiwrnod. Wedi cael i dê mi dynnodd nhad lun ryw hen bregethwr o hen ffrâm, a rhoi llun Kitchener, oedd mewn almanac, er mwyn rhoi croeso i Jac, a pharchu i deimlade mae'n debyg. Chlywsoch chi rotsiwn holi arno am y Germans a phopeth pan ddaeth o, fel tase fo wedi byw efo nhw 'rioed.

Hynny bach o asgwrn cefn a berthynai i'w Hanghydffurfiaeth. Pathetig yw'r modd y cymer y rhieni at ddaearyddiaeth er mwyn ceisio mapio hynt eu mab: 'Dydi'r geography yma ddim yn help iddyn nhw wybod bedi'r "ffrynt," a'r llall ydi mae nhw methu dallt bedi'r "trenshis." ' Ond yn y modd cynnil yr awgrymir dirywiad meddwl y fam y datgelir celfyddyd yr awdur gliriaf:

Mae'r blac bîtls wedi cynhyddu'n fawr acw. Mae mam wedi bod yn neidio i fyny ganol nos bob nos, ac wedi goleuo'r gannwyll, yn gweld cannoedd ohonyn nhw hyd wal y siambr, ond er iddi neud i gore 'dydi hi byth yn lladd yr un, ac weithie mae hi'n cymryd i redeg ar i hole liw dydd gole glân. Welodd nhad yr un eto, medde fo, ond mae'n rhaid fod golwg mam yn well na'i olwg o.

Cyfrwys iawn yw'r modd y manteisia Tegla ar anwyldeb y llefarydd, hynny yw, cymeriad Tomi – 'un o'r bechgyn mwyaf hoffus a grewyd erioed', yng ngeiriau Dyddgu Owen – a sefydlwyd flynyddoedd ynghynt, mewn stori sy mor llawn pathos â hon.[5] Rhyfel yw'r profiad a ddaw i ddamsang ar ei ddiniweidrwydd cynharach, sy'n peri i chwarae'r plant droi'n chwerw. Rhagflaena'r cipolwg sensitif hwn ar wallgofrwydd mam drwy lygaid ei phlentyn ddarlun gorchestol Caradog Prichard o'r un cyflwr yn *Un Nos Ola Leuad*.

A phersbectif y stori hon yn gyson, cyflwynir darlun cytbwys a chrwn o fyd yn chwalu dan bwysau'r rhyfel. Y mae'r ymdriniaeth ddelicet â chyfwng y fam, yn enwedig, yn profi'r union beth a oedd gan Hedd Wyn mewn golwg oddeutu'r un pryd pan gyfeiriodd at 'sŵn yr ymladd' ar glyw'r milwyr 'a'i gysgod ar fythynnod tlawd'. Gan fod gafael yr awdur ar ei ddeunydd mor sicr, ni fentra, fel yn 'Cenhadwr Bethlehem', y tu hwnt i ffiniau ei brofiad drwy ddarlunio'r brwydro dramor ac mae'r stori – fel *Traed Mewn Cyffion* (1936), sy'n dilyn patrwm tebyg ond ar wastad ehangach – yn fwy argyhoeddiadol o ganlyniad. Stori arall sy'n werth ei chrybwyll wrth fynd heibio, gan ei bod ar thema debyg, yw 'Mynd Adref' gan Dic Tryfan

(Richard Hughes Williams), stori a ymddangosodd gyntaf yn ystod y rhyfel yng nghylchgrawn *Y Wawr*. Ofnau rhieni am eu mab, sydd, heb yn wybod iddynt, wedi marw yn Fflandrys, a drafodir ganddo yntau, ac fel yn stori gelfydd Tegla, llwyddir i gyfleu carchar gofidiau'r rhieni'n effeithiol.[6]

Unwaith yn rhagor yn 'Breuddwyd Wil Ty [*sic*] Pen', portreedir aelod cyfforddus o'r dosbarth canol yn arwain y werin ar gyfeiliorn. Mr Jones y Shop yw'r pwysigyn y tro hwn, a phwdryn o'r enw William Tŷ Pen – brawd maeth i Wil Tomos y Saer yn y stori flaenorol, fe gesglir, yn ôl ei ymarweddiad – yw'r recriwt posib. Stori yn nhraddodiad 'O Boptu'r Gwrych' yw hon, y bennod feistraidd honno yn *Enoc Huws* (1891) lle mae Enoc Huws yn camgymryd sgwrs Capten Trefor yn llwyr: a Mr Jones ar ei ffordd adref o bwyllgor y *Role of Honour*, bagla ar draws corff Wil feddw a chofnodir y sgwrs loerig a thrymlwythog o eironi a fu rhyngddynt. Er enghraifft, fe awgryma Mr Jones 'fod ene ddiwygiad crefyddol' ymysg y milwyr, ac etyb Wil yn gadarnhaol drwy gyfeirio at Bob y Nant, llwyrymwrthodwr cadarn cyn y rhyfel: ' "Doedd Bob fawr o beth cyn listio, efo'i hen ddirwest a phethe felly, ond mae o'n well bachgen o'r hanner rwan. Roedd o'n yfed am y gore â fi a Twm y Bryn, y clenia peth welsoch chi rioed, nos Sadwrn." ' Yr un yw hanes Leisa Elin y Foel a gododd ei phac a mynd i fyw yn ymyl gwersyll milwrol: ' "Mae hithe wedi cael diwygiad, yn reit siwr i chi" '. Fel yr awgryma'r esiamplau hyn, sy'n ei dweud hi'n arw am y dirywiad moesol a brysurwyd gan y rhyfel, mae Tegla'n drwm ei lach yn y polemig blin hwn.

A'r stori wedi ei chyhoeddi yn *Y Deyrnas*, cylchgrawn ym-gyrchol Cymdeithas y Cymod, efallai nad yw'n syndod mai hi yw'r fwyaf amrwd bropagandaidd o'r tair. Y mae ei sgôp wleidyddol, er enghraifft, yn eang:

'. . . mor wahanol mae hi yn yr hen wlad – y bechgyn yn rhoddi eu bywydau i lawr a chymryd eu lladd, a hyd yn oed y llywodraeth o blaid chwarae teg i bawb, ac i'r gelyn yn y fargen. Dyna Lloyd George yn y Cabinet i sicrhau fod Cymru'n cael chware teg; ac Arglwydd Curson, yn Wyddel, i ofalu am gyfiawnder i'r Werddon; a Bonar Law, yn Sgotyn, er mwyn amddiffyn iawnderau Sgotland; a Henderson, yn Sais, er mwyn rhoi ei lle ei hun i Loeger; ac Arglwydd Milner, yn German, er mwyn i hyd yn oed y gelyn gael chware teg, William bach. Ardderchog yw'r hen wlad, William!'

Yr hyn a ddatgelir gan ddatganiad mor naïf â hwn yw fod Mr Jones y Shop mor hygoelus bob tamaid yn boliticaidd â Wil. Sôn am y dall yn arwain y cibddall! Ac yntau wedi ffrwyno ei deimladau yn 'Jac fy Mrawd' ymataliol, Tegla'r dychanwr blin a diamynedd sy'n bwrw ei lid yn y stori hon. Os stori hefyd: a dim ond dau gymeriad ynddi, y mae'n debycach i ddarn o ddeialog. Rhwng themâu fel dirwest, gwleidyddiaeth a moesoldeb, brasgemir dros erwau o dir mewn dim ond tair ochr o brint. Sgets neu ddrafft o stori sydd yma mewn gwirionedd a dau gymeriad cartŵn yw'r Siopwr a'r Meddwyn ynddi. Crefa'r cyfan a gorddir ganddi am ymdriniaeth lawnach mewn *genre* llenyddol mwy estynedig, ond bu'n rhaid disgwyl tan ddechrau'r tridegau i hynny ddigwydd mewn dwy nofel a sgrifennwyd o safbwynt heddychwyr.

Drwy gydol y dauddegau deuai'r rhai a wrthwynebodd y rhyfel i fri cyhoeddus, ac efallai mai'r arwydd cliriaf o'r hinsawdd newydd oedd ethol Ramsay MacDonald, a safodd yn erbyn y rhyfel, yn brif weinidog ar y llywodraeth Lafur gyntaf yn 1924. Ffurfiwyd oddi ar 1920 Gynghrair y Cenhedloedd ac fe ddenodd y Bleidlais Heddwch ar ddiarfogi a drefnwyd gan Undeb Cynghrair y Cenhedloedd fwy o frwdfrydedd yng Nghymru nag yn unman arall ym Mhrydain: 'Pleidleisiodd 34 y cant yn yr Alban, 37 y cant yn Lloegr, ac yng Nghymru 62 y cant. Cyfartaledd Sir Gaernarfon, lle y penderfynwyd creu'r Ysgol Fomio flwyddyn yn ddiweddarach, oedd 80 y cant, a naw o bob deg o'r rheiny am ddiddymu awyrennau bomio.[7] Yn 1934 sefydlwyd yr Undeb Llw Heddwch (*Peace Pledge Union*: PPU): erbyn 1937 yr oedd 130,000 o Brydeinwyr wedi tyngu llw i beidio â chefnogi na chymryd rhan mewn rhyfel fyth eto. A 10,500 yn perthyn i rengoedd y PPU yng Nghymru, ffurfiwyd adain led annibynnol ohono, Heddychwyr Cymru, yn 1938, y mudiad a fu'n gyfrifol am y gyfres o gyhoeddiadau 'Pamffledi Heddychwyr Cymru' o ddiwedd y tridegau hyd derfyn yr Ail Ryfel Byd.[8] Awgryma'r ffaith mai Gwynfor Evans, y gŵr a ddeuai'n llywydd ar Blaid Cymru yn 1945, a ddaeth yn ysgrifennydd y mudiad yn 1939 yr ieuo rhwng cenedlaetholdeb a heddychiaeth. Pa bynnag gymylau a oedd yn crynhoi ar y gorwel, felly, erbyn y tridegau roedd heddychiaeth yn ennill tir ar lefel boblogaidd, ac fe drawodd gweithiau llenyddol fel *Y Llwybr Unig* (1933), *Plasau'r Brenin* (1934) a 'Cynddilig' (1935) dant cyfoes iawn ar y pryd.

Fe roddai copi o *Y Llwybr Unig* Gwilym Peris (William John Davies) fodd i fyw i unrhyw olygydd: o nofel naturiolaidd gonfensiynol, mae hi'n oriog iawn wrth enwi cymeriadau neu leoedd ac yn ailadrodd rhai manylion yn ddiangen droeon.[9] Mi fyddai'r feiro goch chwedlonol yn ysu hefyd am gael ymosod ar enghreifftiau fel hyn o ymyrraeth anghynnil ar ran yr awdur: 'Dyma'r cwmwl cyntaf ar fywyd priodasol Gaenor, Ty'n Llan. Beth fydd y diwedd tybed?' (17) neu 'Rhaid llamu tros gyfnod o amser tawel a distwr ym mywyd y Nant. Ni ddigwyddodd unpeth gwerth ei groniclo yma yn hanes ein cymeriadau'. (28) Y mae hi mor ansoffistigedig ei thechnegau ffuglennol â'r rhan fwyaf o'r nofelau cyfres – tymhorol iawn eu testunau ar y pryd ond cwbl anghofiedig bellach – a gyhoeddwyd yn rhesi yn ystod y bedwaredd ganrif ar bymtheg.

Yn sicr ddigon, nid clasur coll mo *Y Llwybr Unig*. Petai hi wedi ei sgrifennu yn Saesneg mae'n siwr y byddai sôn amdani yn *Merchants of Hope* (1993), astudiaeth Rosa Maria Bracco o waith awduron canol-ael o Brydain a sgrifennodd yn Saesneg, rhwng 1919 a 1939, am y Rhyfel Byd Cyntaf. Gyda golwg ar ffuglen Gymraeg, go brin y gallem fforddio dosbarthu'n deunydd i gategorïau mor fanwl ac mae astudiaeth fel yr un bresennol o reidrwydd yn fwy democrataidd ei natur. Er mai cyfateb o ran ei chyraeddiadau llenyddol i lawer o'r brydyddiaeth boblogaidd a gyhoeddwyd yng ngholofnau'r *Deyrnas* yn ystod y rhyfel a wna'r nofel hon felly, ni ellir gwadu ei bod hi, yn thematig, yn arloesol a dewr.[10] Fe weddai'r nofel yn iawn i astudiaeth Bracco yn ogystal am ei bod hi, fel beirniad, yn mynd ati i herio'n sylfaenol ddamcaniaeth ddylanwadol Paul Fussell a amlinellir ganddo yn *The Great War and Modern Memory* (1975), sef: 'I am saying that there seems to be one dominating form of modern understanding; that it is essentially ironic; and that it originates largely in the application of mind and memory to the events of the Great War.'[11] A'r wrth-ddadl?

> Middlebrow war novels depict the period which represented for many the watershed between the reliable past and the confusing present, the tragic break between old and new. They attempt not to camouflage the horror of war but to soften the impact of the break it represented by reasserting links with the past; even when lamenting the disruptive consequences of the war they still imply

the possibility of readjusting the various parts and making them whole and functional again.[12]

Sgwarnog arall nad oedir i'w chanlyn ar hyn o bryd yw i ba raddau y gellir cymhwyso thesis Fussell ynglŷn â'r 'amgyffrediad modern' at lenyddiaeth Gymraeg *en bloc* ar ôl y rhyfel. Beth bynnag am hynny, mae'n debyg y câi Bracco, mewn sylwadau nodweddiadol fel y rhain sy'n gwbl amddifad o siniciaeth, danwydd pellach i'w dadl: ' "Er i mi grwydro llawer ar y byd yma, ni ddeuthum ar draws geneth mor ddymunol yn unman â Gaenor Tomos" ' (14); 'enillodd ei [Gwen Llwyn Bedw] hedmygedd llwyr, a Michael O'Hara ydyw ei harwr mawr heddiw.' (68) Ar hyd y nofel, y mae golwg yr awdur ar bethau yr un mor ddaionus ac adeiladol ag a awgrymir gan y ddau ddyfyniad yma.

Yn 1888 y ganed Gwilym Peris a hynny, fel y cesglir oddi wrth ei enw barddol, yn Llanberis. Fel yr esbonia Anthropos (Robert David Rowland), gwerinwr diwylliedig ydoedd: 'Nid ydyw awdur y stori a geir yn y llyfr hwn wedi cael nemawr fanteision boreol. Ni fu mewn coleg na phrifysgol. Un o blant y werin ydyw – "gwerin y graith." Ni chafodd athrawon profedig i'w addysgu i ysgrifennu Cymraeg clasurol.'[13] Gweithiai fel giard ar y lein yng Nghaernarfon adeg y rhyfel, bu'n gynghorydd tref yn ddiweddarach yn ei oes, a bu farw yn 1957. Yn wir, honnir iddo werthu pedair mil ar ddeg o gopïau o *Y Llwybr Unig* tra'n teithio ar drenau, yn rhinwedd ei swydd, yn siroedd Arfon a Meirion! Yn ôl ei deulu, ei gyd-sosialydd Percy Ogwen Jones oedd yr ysbrydoliaeth ar gyfer cymeriad Michael O'Hara yn y nofel:[14] ac yntau'n wrthwynebydd cydwybodol, fe'i carcharwyd yn Wormwood Scrubs yn ystod y rhyfel ac arddelai ei dras Gwyddelig.[15] Meddai Harri Pritchard Jones:

> Dyn wedi'i addysgu ei hun, i raddau helaeth, oedd Percy Ogwen Jones. Dyn a brofodd gïeidd-dra'r wladwriaeth ym Mhlasau'r Brenin yn ystod y Rhyfel Mawr, a honnai mai dim ond oherwydd i garcharorion Gwyddelig – de Valera yn eu plith – fedru smyglo papurau newydd iddo yn ei gell unigol ac unig yng Ngharchar Lincoln y llwyddodd i gadw'i bwyll.[16]

Nid syndod fod Gwilym Peris wedi ymuniaethu â'r enaid hoff cytûn hwn ac wedi gweld deunydd rhamant yn ei brofiadau.

Er nad yw Gwilym Peris yn hael iawn gyda'i ddyddiadau, maentumir fod *Y Llwybr Unig* wedi ei lleoli mewn cyfnod hanesyddol sy'n bras gyfateb i *Traed Mewn Cyffion*, hynny yw, ail hanner y ganrif ddiwethaf hyd drannoeth y rhyfel. Yn y paragraff agoriadol tynnir darlun delfrytgar o dafarn Ty'n Llan a saif ynghanol pentref chwarelyddol yn Arfon – yn ardal Llanberis, fe ddyfelir yn ôl cefndir yr awdur ei hun ac ambell gyfeiriad at Ddyffryn Padarn:

> Arferiad teulu Ty'n Llan, Nant Uchaf, er cyn cof, oedd rhoddi pibell glai, wns o faco a pheint o gwrw yn anrheg Nadolig i bob un o'u cwsmeriaid. Mawr fyddai'r hwyl wrth dân cegin y dafarn pan rennid y moethau hyn noson cyn y Nadolig. Yr un rhai a welid yn y cylch etholedig hwn o flwyddyn i flwyddyn, nid am eu bod yn feddwon ac oferwyr, ond am mai yma a ddewisant fel man cyfarfod o ddechreu Ionawr hyd ddiwedd Rhagfyr – dyma eu 'seiat brofiad,' ac yma y byddent yn trafod materion byd ac eglwys, ac yn setlo llawer o gwerylon bugeiliol y Nant. (3)

Hen enw ar Lanberis yw 'Nant Uchaf' a thafarn Ty'n Llan yn ganolfan gynt i'r pentref; y Faenol Arms a saif ar yr un safle heddiw.[17] Fel y mae'r paragraff uchod yn cadarnhau, neilltuir lle pwysig i'r dafarn yn y nofel ar ei hyd. Yn wir, fe ellir mynd gam ymhellach na'r hyn a ddywed yr awdur ei hun ac awgrymu ei fod yn priodoli rhinweddau i'r dafarn a gysylltir fel arfer ag eglwys neu gapel: gweithreda fel calon i'r gymuned, cynigia wasanaeth cymdeithasol ymarferol, cynhalia draddodiad a pharhad, a rhydd loches rhag stormydd bywyd.

Rhydd enwau rhai o'r cymeriadau awgrym o'r math o gymdeithas organig, wreiddiedig, solat a ddarlunnir yn y nofel: Robin y Bens, Dic y Garreg Wen, Huw Pirs, y clochydd, Humphre'r Llys. At hynny, cymdeithas gaeedig, blwyfol sy'n amau pob newydd: 'yr oedd cryn farnu ar Gaenor, am ei bod yn hwylio priodi Gwyddel dieithr fel yna. Anfynych y byddai yr un o enethod y Nant yn priodi â neb o'r tu allan i gylch ei bywyd beunyddiol, a chreodd y stori hon lawer o siarad yn y Dyffryn.' (7) Eden fore, felly, sy'n darged hawdd i'r rhyfel gan mor ddiymgeledd ydyw:

> Prin fu eu gwybodaeth am sefyllfa economaidd a pholiticaidd eu gwlad. Ni wyddent ddim am berthynas gwledydd Ewrop a'i

gilydd, dim ond yr hyn a glywsant yn ail-law gan rhyw estron, a ddigwyddai ddod heibio ar ei daith, gan alw yn Nhy'n Llan. Nid oedd ganddynt syniad am drai a llanw masnach, ac nid oeddynt yn poeni dim yn ei gylch, os y byddai pris y gwlân yn isel ni byddent yn edrych ymhellach na Phentrefoelas am reswm tros hynny, neu os byddai angenrheidiau byw yn uchel, yr unig gwestiwn a ofynnent fyddai 'Oes 'na ryfel yn mynd ymlaen yn rhywle?' (28)

Yn ddiymdroi pan ddaw'r rhyfel, er bod eu bechgyn yn marw 'dros rhyw ddelfryd uchel – rhywbeth na allent ei egluro' (39), cydymffurfia trigolion Nant Uchaf â'r ymgyrch filwrol:

> Meithrinodd yr arwyddair 'Tros Frenin a Gwlad' ysbryd milwrol yn eu mynwesau, a hwythau wedi cefnu ar lwybrau'r defaid, ac aroglau'r grug a'r rhedyn, ac yn trampio'r ffordd fawr yn swn caneuon ysgeifn imperialaidd. Y cwestiwn a ofynnid i bob bachgen ifanc oedd – 'Sut na fuaset yn y fyddin?' (39)

Un yn unig o blith holl fechgyn yr ardal sy'n mentro tynnu'n groes, am fod peth annibyniaeth ac ysbryd protest ynddo. A yw'r darlun hwn yn dal dŵr yn hanesyddol sy'n gwestiwn arall: yn ystod y rhyfel, cyferbynnid arafwch chwarelwyr Gwynedd yn ymrestru – rhai Llanberis yn eu plith – gyda pharodrwydd ei weithwyr amaethyddol.[18]

Nofel fer ac ynddi ychydig dros gant o dudalennau a saith ar hugain o benodau yw *Y Llwybr Unig*. Yn yr unfed bennod ar ddeg y daw'r rhyfel i'r llwyfan gyntaf a'r hyn a geir yn nhraean cyntaf y nofel yw rhyw fath o ragymadrodd estynedig i'r cyfnod hwnnw, ymdrech i sefydlu tras a chrynhoi hanes teulu Ty'n Llan. Fel y symudir y ffocws yn ystod *Traed Mewn Cyffion* oddi wrth genhedlaeth y fatriarch Jane Gruffydd at Owen ei mab, felly hefyd y symudir y ffocws fan hyn oddi wrth y weddw Gaenor Tomos at Michael O'Hara, ei mab. Ac yntau â'i fryd ar fynd yn weinidog Methodistaidd, dwg berswâd ar ei fam i roi'r gorau i'r dafarn, a gadwodd 'yn hollol barchus ar hyd y blynyddoedd' (39), am na chredai fod hynny'n gydnaws â'i broffesiwn arfaethedig. Serch hynny, terfir ar ei gwrs addysgol yng Nghlynnog Fawr gan y rhyfel: ef oedd un o'r unig ddau fyfyriwr a bleidleisiodd o blaid cadw'r ysgol yn agored tra parhâi'r brwydro. Dechrau gofidiau yw hyn: ymhen dwy flynedd, yn 1916, daw'r Ddeddf Gorfodaeth Filwrol i rym.

Tangnefeddwr yw Michael, ond fe'i teflir ar gyfyng-gyngor: 'methai a gweled fod ganddo ronyn o atgasedd at unrhyw ddyn ar wyneb y ddaear, ac eto methai a deall pam yr oedd rhai o genhadon hedd Cymru – arweinwyr huotlaf ei phulpud yn apelio yn enw cyfiawnder am fechgyn wedi eu magu ar aelwydydd crefyddol i ymuno â'r fyddin.' (41) Yn wrthwynebydd cydwybodol ar dir Cristnogol, fe'i dygir i'r carchar milwrol ym Mharc Cinmel, Llanelwy dros dro cyn ei drosglwyddo i Wormwood Scrubs lle'i dedfrydir i 'dair blynedd o benyd wasanaeth am y trosedd o Wrthwynebiad Goddefol' (64) ac yna, at saith gant o gyd-garcharorion i Dartmoor. O gychwyn cyntaf ei garchariad, daw amheuaeth i feddwl Michael ynglŷn â seiliau ei ffydd, fe herir ei syniadau'n ddidrugaredd gan wrthwynebwyr eraill mwy deallusol, a phrofa byliau o ansicrwydd mawr:

'A dyma fi,' meddai wrtho ei hun, 'wedi cerdded cyn belled a hyn gan berswadio fy hun i mi gael gafael ar y bywyd. Yn wyneb gosodiadau meistrolgar y dysgedigion hyn, gwelaf nad ydynt ond hên ddraddodiadau disail i gyd – gwell a fuasai i mi fod wedi wynebu ffeithiau celyd bywyd heb i ddylanwadau sentimentalaidd un o hen grefyddau y byd roddi eu hargraff arnaf.' (60)

Yn wyneb dadleuon economaidd, gwyddonol a gwleidyddol y carcharorion eraill â ati'n ddidostur i feirniadu ei Anghydffurfiaeth ei hun: 'a oedd yna fannau gwan yn ei hathrawiaeth yn caniatáu i'w harweinwyr ŵyrdroi ei *dogmas* i gyfiawnhau rhyfel?' (58) Gwêl fai arno ef ei hun am iddo berswadio'i fam, dan '[d]dylanwadau hen fywyd Piwritanaidd – neu rhywbeth o dan yr enw' (61), i gefnu ar y dafarn: 'Anghofiodd y gallasai ei fam a'i ewythr Jim trwy ddylanwad eu bywyd glân, tlws, wneud mwy tros foes a buchedd – (yr unig ddwy egwyddor fawr a oedd yn werth eu cydnabod bellach) yn Nhy'n Llan, nac wrth fyw bywyd meudwyol yn unigedd y mynyddoedd . . .' (61) O ganlyniad, rhydd heibio'r syniad o fynd i'r weinidogaeth a phenderfyna '[d]dilyn cwrs gwyddonol ymarferol wedi ei ryddhau' (61) yn lle hynny.

R. Gerallt Jones sy wedi tynnu sylw at yr anghydweddiad yn englynion coffa Bardd yr Haf i fechgyn Gwynedd adeg y Rhyfel Byd Cyntaf, y ffaith 'bod marwnadau cymdeithasol ardal mor

Gristionogol ei llais yn gwbl anghristionogol eu naws'.[19] Mae absenoldeb unrhyw gyfeiriad at y cyd-destun crefyddol yn amlwg yn yr adran sy'n ymdrin â'r rhyfel yn *Traed Mewn Cyffion* hefyd. Efallai'n wir fod tawedogrwydd Williams Parry a Kate Roberts gyda golwg ar Anghydffurfiaeth yn gondemniad ynddo ei hun. Nid bod yr erydiad ysbrydol a brofodd Gwynedd yn ystod y rhyfel yn syndod o gofio am ei dioddefaint economaidd a ddwysawyd yn arw yn y cyfnod hwn: 'yn ystod blynyddoedd y rhyfel, bu lleihad yn rhif y chwareli oedd yn gweithio o 53 i 34, yn rhif y chwarelwyr o wyth i dair mil, ac yn y cynnyrch blynyddol o 256,417 i 101,315 tunnell o lechi.'[20] Dau ddewis a wynebai'r chwarelwr di-waith os am gael deupen llinyn ynghyd: ymfudo neu ymrestru. Amcangyfrifir gan Cyril Parry fod tua 17,750 o ddynion Gwynedd wedi ymuno â'r fyddin yn ystod y rhyfel, a bod 3,549 o'u plith wedi colli eu bywydau. Ac yntau hefyd yn llenor o fro'r chwareli, dyw Gwilym Peris yn celu dim o'i feirniadaeth grefyddol, beirniadaeth od o ddigyfaddawd o wybod mai yn swyddfa'r *Goleuad* yng Nghaernarfon yr argraffwyd y nofel. Y mae ymwrthodiad Michael ag Anghyd-ffurfiaeth gonfensiynol, yn rhannol yn sgil ei ddadrithiad â hi, yn sylfaenol ac yn radicalaidd. '"Lol i gyd"' (82), meddyliai wrth daflu'r copi o'r Testament Newydd, a dderbyniodd oddi wrth gaplan diddychymyg y carchar, ar fwrdd yn ei gell. Dengys Anghydffurfiaeth ei hun ei diffyg asgwrn cefn mewn un man: does neb o aelodau'r praidd yn fodlon eilio cynnig Dafydd Llwyn Bedw y dylid trin Michael yr un fath â milwyr alltud y fro ac anfon parsel a chyfarchion y Nadolig ato yntau yn y carchar hefyd.

Ond nid rhwyfo'n ddiamcan mewn môr o negyddiaeth a nihiliaeth a wna prif gymeriad *Y Llwybr Unig* chwaith, er mor drwm yw ei lach ar yr hen werthoedd a goleddai. Dyma ei weledigaeth Iwtopaidd, gweledigaeth sy'n dwyn ar gof y math o gymdeithas gydweithredol a sefydlodd Robert Owen o Faldwyn yn Lanark Newydd yn yr Alban dros ganrif ynghynt:

> Cynlluniodd fel y buasai yn cychwyn cymdeithas iach ddelfrydol, yn annibynnol ar bob enwad crefyddol yn Nyffryn Padarn, pan ddeuai o'r carchar. Cymdeithas wedi ei sylfaenu ar egwyddorion hunan-aberth. Credai y gallai gymhwyso yr egwyddorion hyn i bob agwedd ar fywyd, mewn masnach, gwaith ac addysg.

Ffurfio math ar 'Co-operative' eang, heb ronyn o hunan yn ei lywodraethu. Dysgu'r plant o'r cychwyn beth yw amcan uchaf eu bodolaeth, dysgu iddynt eu dyletswyddau i gymdeithas er lles cymdeithas, ac nid er eu lles eu hunain – mewn gair, gogoneddu Duw.

Dyna'r unig Dduw y credai ef ynddo bellach oedd cymdeithas ddelfrydol. (83)

Yr un sêl genhadol a ddeffrowyd yn George M. Ll. Davies, heddychwr arall a garcharwyd yn Wormwood Scrubs ac yn Dartmoor yn ystod y rhyfel ac a ymddiswyddodd fel aelod o eglwys y Methodistiaid Calfinaidd yn 1919:

Ni welaf mwyach na Groegwr nac Iddew, Sais na Chymro, German na Ffrancwr, Methodist nac Eglwyswr, Cyfoethog na Thlawd, ond dynoliaeth mewn llyffetheiriau a ffwrn tanllyd profiad, ac yn ei mysg un yn debyg i Fab Duw Iesu Mab y Saer. Beth sydd a wnelo hyn ac aelodaeth o Gorph Eglwysig? Llawer: Y mae aelodaeth o sect (grefyddol neu wleidyddol), yn glawdd terfyn sy'n cadw eneidiau yn ddieithr neu yn elynion i'w gilydd.[21]

Ac yntau'n sefyll fel Heddychwr Cristnogol, fe'i hetholwyd yn aelod seneddol dros Brifysgol Cymru rhwng 1923 a 1924 a chafodd gyfle i wireddu ei uchelgeisiau mewn cynulliad cenedlaethol. Ond digalondid a ddaw i ran Michael y nofel: cymedrolir ei weledigaeth wreiddiol yn arw a phenderfyna weithredu, gyda'i fam a'i 'ewythr' Jim, ar wastad lleol drwy ailagor drysau tafarn Ty'n Llan: ' "Helpu'r teithwyr blin, sychedig, ar y brif-ffordd, cyn cychwyn dros y mynyddoedd ansicr eu llwybrau." ' (100)

Un o'r themâu sy'n ychwanegu at ddiddordeb Y Llwybr Unig yw cysylltiad Michael O'Hara ag Iwerddon. Er nad yw'r elfen hon o'r nofel yn cael ei threulio'n foddhaol, drwy gyplysu hynt y gwrthwynebydd cydwybodol o Gymro gydag achos y gweriniaethwr Gwyddelig torrir cwys newydd eto. Yng ngeiriau John Davies, 'ambiguity has characterized the relationship between Wales and Ireland from the earliest times'[22] a cheir awgrym o'r berthynas oriog rhwng y ddwy wlad yn niffiniad Geiriadur Prifysgol Cymru o'r enw 'Gwyddel': 'Brodor o Iwerddon, un o'r genedl Wyddelig (weithiau mewn ystyr ddifrïol).' Does ond angen cyfeirio at y portread o'r Gwyddel meddw ac ofer yn *Rhys Lewis* neu grybwyll ymadrodd dirmygus fel 'yr hen Wyddeles' i gadarnhau cymhlethdod y cysylltiad. Ac eithrio gŵr fel T. Gwynn Jones, yn dilyn Gwrthryfel y Pasg 1916 roedd y Cymry, yng ngeiriau D. Tecwyn Lloyd, 'nid yn unig yn ddiwedwst ynghylch y chwyldro Gwyddelig ond – o ran ei harweinwyr – yn gwbl elyniaethus iddo'.[23] Barn *Y Goleuad* (12 Mai 1916), er enghraifft, oedd mai ffrwyth 'rhyw fath o wladgarwch gwallgof' oedd y gwrthryfel, ond arall oedd barn Gwili (John Jenkins) a olygai *Seren Cymru* (5 Mai 1916):

> Rhyfel yw'r Rhyfel hwn, fe'n sicrheir, dros fuddiannau'r cenhedloedd bychain . . . Os felly, gweddus fydd i Senedd Prydain ganiatau, fel cêd gyfreithlon, hawl i Iwerddon i'w chais am fyw ei bywyd arbennig ei hun, ac i Gymru a'r Ysgotland yr unrhyw hawlfraint.

Edmygu'r Gwyddel a gweld yn ei safiad enghraifft y dylai Cymru ei hefelychu – dyna brofiad y genhedlaeth ifanc o ddarpar genedlaetholwyr Cymreig yn ystod y rhyfel. 'Y mae'r Gwyddyl bob amser yn ceisio troi cyfyngder Lloegr yn erfyn i hybu eu rhyddid, a ninnau'n dilyn yn gibddall pan chwibiano Lloegr arnom', meddai Lewis Valentine yn ei ddyddiadur milwr yn 1917.[24] Ganol Mai 1918 mewn llythyr at Margaret Gilcriest, nododd Saunders Lewis: 'Your own country seems moving to another Dublin rebellion. I wish my own land would prove its vitality as strongly . . . '[25] A phan ddaeth hi'n bryd i'r blaid genedlaethol newyddanedig frwydro ei hymgyrch etholiadol gyntaf yn 1929, polisi digyfaddawd Sinn Fein o beidio ag anfon yr aelod seneddol i Lundain pe'i hetholid a fabwysiadwyd.[26] Gyda golwg ar gymeriad y Gwyddel yn *Y Llwybr Unig*, dyma ei ymddangosiad cyntaf mewn nofel Gymraeg ynghylch y rhyfel ac fe'i cyflwynir yn gadarnhaol fel merthyr yn hytrach nag fel bradwr.

Fe gesglir bod Michael wedi ymweld â chynefin ei dad yn Swydd Wexford am y tro cyntaf yng nghyfnod Rhyfel y Tir yn ystod wythdegau'r ganrif ddiwethaf. Ac yntau ar y pryd yn bedair ar ddeg oed, deffrowyd ymwybod gwrthfilwrol ynddo: ' "I beth y mae eisio cadw sowldiwrs yn Iwerddon i greu dicter rhwng y trigolion a'i gilydd?" ' (31) Caiff ar ddeall yn ddiweddarach fod ewythr ei dad wedi ei ladd dros hanner canrif ynghynt ac yn un o ferthyron y frwydr dros hunanreolaeth: ' "cofiwch, *rebel* a fuaswn innau yn y Werddon hefyd. Y mae llawer o waed Sean O'Hara, ynof, teimlaf i'r byw tros y Gwyddelod yn cael eu camdrin gan filitariaeth Seisnig." ' (34) Ond er nad yw Michael yn cael trafferth yn y byd i ymuniaethu gydag achos y Gwyddyl, ni ddaw i'w feddwl am funud gymharu sefyllfa Cymru ac Iwerddon ac ni chrybwyllir gair yn y nofel am gyflwr gwleidyddol ei famwlad. O fachgen effro ei feddwl, mae'r bwlch hwn yn taro dyn yn chwithig ac nid yw'r ffaith fod Michael ym Mharc Cinmel yn rhannu cell gyda Gwyddel yn deffro'r cysylltiad yn ei feddwl chwaith:

'Fy rhesymau tros beidio mynd ydyw, nad ydwyf yn gweled yn iawn i genedl orthrymedig fel y ni ufuddhau i orchmynion Saeson imperialaidd. Fel athro, teimlwn ei bod yn ddyletswydd arnaf bregethu efengyl rhyddid i'm cydwladwyr ddioddefodd ddigon bellach o dan iau militariaeth y Saeson.' (55)

Tynnir darlun arwrol o'r Gwyddel hwn, yr un mwyaf penstiff o blith y carcharorion gwleidyddol y daw Michael ar eu traws. Absoliwtydd ydyw sy'n gwrthod ildio'r un gronyn i'r awdurdodau: ni fyn wisgo lifrai carchar na bwyta prydau bwyd. O ganlyniad i'w streic newyn, y mae'n marw yn y diwedd.

Er gwaetha'r darlun anrhydeddus hwn o'r protestiwr eithaf, y mae agwedd Michael yn gymysglyd. Cenfigenna wrth benderfyniad y Gwyddel ar y naill law: 'Gresyn na allai ddatblygu y syniad o drawsffurfiad yr enaid i'r graddau y gwnaeth y Gwyddel yma oedd ar fin mynd – mynd mor hapus – "mynd i fyw," meddai ef. "Marw i fyw." Gwell oedd ganddo fynd y tu allan i furiau trwchus carchar Dartmoor. Ni allai'r Sais ei gaethiwo yn hwy.' (78) Ar y llaw arall, gall wadu yn ei feddwl ddylanwad unrhyw ddiferyn o waed Gwyddelig ar ei wrthwynebiad cydwybodol:

Ai tybed a wyddai'r Barnwr rhywbeth am Sean O'Hara, y bachgen a lofruddiwyd am sefyll tros ryddid i'r Gwyddel? Ai tybed y credai fod ei ddylanwad arno ef – fod y gwaed Gwyddelig yn amlwg yn ei wythiennau? Nid oedd hynny yn wir, collodd ei dad pan oedd yn rhy ifanc iddo ddylanwadu arno o gwbl. (64)

Torrir cysylltiad Michael ag Iwerddon yn 1919 pan ddaw ei daid a'i fodryb oddi yno i Sir Gaer i fyw, wedi laru ar 'gysgodau beunydd y "Black and Tans" ar eu byd'. (102)

Os ceisir chwilio am gysondeb yn agwedd Michael, mae'n debyg y gellir casglu ei fod yn edmygu'r natur gwrthryfel sydd yng nghenedl ei dad ac yn casáu'r ymyrraeth filwrol o du Prydain ond na all yr heddychwr ynddo gefnogi polisi o wrthdaro arfog. Yr hyn sy'n awgrymu ei anaeddfedrwydd gwleidyddol yw'r ffaith nad yw protest Gandhiaidd y Gwyddel yn sbarduno'r sylweddoliad yn ei feddwl yntau nad drwy drais yn unig y gormesid cenhedloedd ac yn esgor ar fyfyrdod ar gyfwng Cymru. Nid yw'r gormes landlordiaeth a brofa'r Gwyddel chwaith yn ymgysylltu ym meddwl Michael â'r Rhyfel Degwm yng Nghymru. Mae llawer i'w ganmol yn Y Llwybr Unig. Yn driw i deitl y nofel, profa Michael unigrwydd enbyd yn sgil ei safiad egwyddorol rhwng ei dair blynedd yng ngharchar a'r ffaith fod y rhan fwyaf o'i gyfeillion, ei chwaer a'i gariad, oll yn cefnu arno yn eu tro. Fel yn hanes trasig y Gwyddel, nid yw Gwilym Peris yn cuddio canlyniadau gwirioneddol y bywyd carchar rhag ei ddarllenwyr a cheir ganddo, wrth fynd heibio, ambell ddarlun cryno fel hwn o garcharor yr aeth crefydd i bwyso ar ei feddwl i'r fath raddau nes iddo wneud amdano'i hun:

> Chwarddai pawb am ei ben, ond un bore taflodd ei hun oddi ar *landing* uwchaf y carchar i'r llawr islaw.
> Er pob ymdrech o eiddo'r meddyg, methwyd a gwella ei glwyfau. Er iddo fyw rai dyddiau yn yr ysbyty, cyflawnodd ei benderfyniad – aeth i chwilio am yr Oen. (81)

Mae cameo moel a ffeithiol fel yna weithiau'n ysgytiol. Ar ddiwedd y nofel hefyd mae'r cylch yn gyflawn oherwydd ei hagor a'i chloi gyda delwedd y dafarn: drwy ddychwelyd at y man cychwyn hwnnw arwyddir ymdrech i ailddechrau byw ar sylfeini o'r gorffennol ar ôl chwalfa'r rhyfel. Y mae'r modd y darlunnir yr her i Anghydffurfiaeth a'r seciwlareiddio a ddaeth ar ôl y rhyfel yn rhagredeg thema yr ymdriniwyd yn feistraidd â hi gan Emyr Humphreys yn *Outside the House of Baal* (1965). Ond dyw dweud hyn oll ddim yn ddigon i ddiddymu'r casgliad fod llawer o flerwch ac anghysonder yn y nofel o hyd, a'r argraff derfynol yw honno o ffilm y bu cynifer o gyfarwyddwyr ynglŷn â hi nes colli golwg ar weledigaeth unigol, ganolog a chyson. Rydym yn dringo'n syth bin i dir llenyddol uwch yn *Plasau'r Brenin* Gwenallt (David James Jones) a gyhoeddwyd yn 1934, flwyddyn ar ôl i *Y Llwybr Unig* weld golau dydd.[27] Fe'i henwir fel un o'r nofelau a gyhoeddwyd yn un o'r cyfnodau 'mwyaf cyffrous' yn hanes y *genre* yn Gymraeg, 'yn y blynyddoedd rhwng y ddau Ryfel Byd',[28] yn ôl y *Cydymaith*, a neilltuir cofnod unigol iddi yn yr un cyfeirlyfr.[29] Geilw Pennar Davies *Plasau'r Brenin* yn '[g]ampwaith o nofel fer'[30] yn ei amlinelliad o'i chynnwys, ac yn ei arolwg ef o hanes y nofel yn y ganrif hon fe'i disgrifir gan Glyn Ashton fel 'astudiaeth nodedig',[31] 'nofel fer, sobr',[32] a rhagflaenydd rhyddiaith 'arbrofol'[33] fel *Y Purdan* (1942), *Y Dewis* (1942) ac *Y Goeden Eirin* (1946). Gwybodaeth bellach sy'n codi archwaeth ar ddyn yw cyfaddefiad ei hawdur ei fod wedi ei chyhoeddi ar ei gost ei hun ar ôl i ddarllenydd Gwasg Aberystwyth gynghori Prosser Rhys i beidio â'i chyhoeddi.[34] Eto i gyd, testun syndod yw'r diffyg sylw beirniadol a ddenodd y nofel: heblaw am adolygiad estynedig T. J. Morgan yn *Y Llenor* pan gyhoeddwyd hi gyntaf ac erthygl Saunders Lewis amdani yn rhifyn coffa Gwenallt o'r *Traethodydd* bymtheng mlynedd ar hugain yn ddiweddarach, cymharol brin yw'r ymdriniaethau. Paragraff yn unig o sylw a rydd Dyfnallt Morgan iddi yn y gyfrol am Gwenallt yn y gyfres 'Writers of Wales',[35] wrth fynd heibio yr awgryma John Rowlands nad oes ganddo fawr o feddwl ohoni drwy holi 'pam y mae cynifer o'n beirdd yn cloffi pan geisiant lunio nofel',[36] ac nid yw Bobi Jones yn yngan odid air amdani yn *Llenyddiaeth Gymraeg 1902–1936* (1987). Amlwg ddigon nad oes unfrydedd barn ynghylch statws *Plasau'r Brenin*.

O fewn categori ffuglen Gymraeg ynghylch y Rhyfel Byd Cyntaf, fentrem ni ddim bod mor fisi. Onid y gyfrol ddarbodus hon o dair pennod a chant a deg ar hugain o dudalennau yw'r nofel sylweddol gyntaf i oedolion sy'n trin a thrafod, ar ei hyd, y rhyfel? Ac ar unwaith mae *Plasau'r Brenin* yn tynnu'n groes ac yn difetha'r patrwm. 'Nid oes neb wedi ysgrifennu dim byd o'r fath yn y Gymraeg, ac nid yw'n debyg y gwna neb chwaith' – cwyn W. J. Gruffydd yn 1930 wrth iddo sylwi ar y llif o fywgraffiadau a nofelau am y Rhyfel Mawr a gyrhaeddodd y farchnad lyfrau ryngwladol oddeutu'r un pryd.[37] Ar ryw olwg yr oedd yn llygad ei le. Yn fuan ar ôl cynhaeaf diwedd y dauddegau o nofelau fel

All Quiet on the Western Front (1929) gan yr Almaenwr Erich Maria Remarque, *A Farewell to Arms* (1929) gan yr Americanwr Ernest Hemingway, *Her Privates We* (1930) gan yr Awstraliad Frederic Manning – nofelau a luniwyd gan ddynion a brofodd y rhyfel drostynt eu hunain, nofelau a ddarluniodd oferedd y rhyfel ac a brotestiodd yn ei erbyn – dyma fynegi profiad Cymro yr oedd ei wrthwynebiad yn absoliwt. O ddarllen geiriau K. O. Morgan, gellir dychmygu'r anawsterau diwylliannol a oedd yn wynebu'r llenor o Gymro a ddymunai drafod y rhyfel yn greadigol yn y degawd a'i dilynodd:

> Welsh scholars and writers increasingly viewed the war with disgust as a symbol of uncivilized mass brutality. Indeed, it is notable that the war was largely ignored in literature of the postwar period, almost as if there was a collective national shame at their aberrant support for barbarism.[38]

Yn yr hinsawdd yma roedd *Plasau'r Brenin* yn dderbyniol oherwydd iddi lwyddo i gadarnhau'r ymdeimlad o gywilydd cenedlaethol ynglŷn â'r rhyfel a hynny heb lusgo ffuglen Gymraeg i ganol mwd y ffosydd; fe gysurodd y gydwybod Ymneilltuol trwy ddweud wrthi na chefnodd Anghydffurfwyr *en masse* ar y traddodiad heddwch yn ystod y rhyfel a bod o leiaf un wedi meddu ar ddigon o ddewrder moesol i wrthsefyll llif militariaeth. Mae nofel Gwenallt yn ein gorfodi i ystyried llenyddiaeth Gymraeg ar ei thelerau ei hun ac yn mynnu ein bod yn ymestyn ein diffiniad arferol o nofel ryfel er mwyn cynnwys gwaith na fyddai fyth wedi ei sgrifennu pe na bai'r rhyfel wedi digwydd.

Gyda golwg ar agweddau eraill, byddai'n ddigon hawdd cyferbynnu *Plasau'r Brenin* gyda nofelau rhyfel sy'n cyd-fynd â diffiniad mwy confensiynol, hynny yw, nofelau sy wedi eu lleoli reit ynghanol y brwydro ar y Ffrynt Ddwyreiniol neu Orllewinol. George Parfitt yn ei astudiaeth o ffuglen Saesneg y rhyfel sy'n tynnu sylw at 'The blurring between fiction and memoir', amwysedd sy'n nodweddu llawer o sgrifennu'r *genre* hwn, ffuglen a bywgraffiad Siegfried Sassoon yn enwedig.[39] Er bod Gwenallt yn nodi ar ddechrau ei gyfrol mai 'Nofel fechan yw hon, a dychmygol yw'r cymeriadau' (4), nid felly'n union y gwelodd T. J. Morgan bethau: 'Gwir nad hunangofiant yw'r hanes o ran ei ffurf, ond hynny yw yn ei hanfod'.[40] Mwy pendant fyth oedd geiriau Saunders Lewis:

> Y mae arni rywfaint o lun nofel; nid llawer. Gwastraff amser fyddai ei dadansoddi a'i beirniadu o safbwynt crefft ac arddull nofel, neu drafod ei hanghysondebau. Darn o brofiad, darn dwys o hunan-gofiant bardd sydd yma, ac yntau'n fwy rhydd i ddweud amdano drwy ei drosglwyddo i fab ffarm o ardal Llansadwrn a'i alw yn Myrddin Tomos.[41]

Testun y gellir ei ganibaleiddio'n hawdd yw *Plasau'r Brenin* a phob tudalen yn cynnwys rhywbeth sy'n rhwym o ddeffro adlais yng nghof y sawl a ymdrwythodd yng ngherddi'r bardd. Ond tybed nad yw'r nofel yn haeddu gwell na chael ei thrafod fel carreg lam i'w farddoniaeth? Ac er mor nodweddiadol ddiamwys yw barn Saunders Lewis uchod, tybed nad yw'n gorsymleiddio'r achos drwy beidio â chydnabod y berthynas anorfod gymhleth sydd yn y nofel rhwng ffuglen a ffaith?

Y ffeithiau diymwâd i gychwyn, er nad ar chwarae bach y mae eu sefydlu. Yn 1917 gŵr 'bychan iawn ei daldra, yswil, â thrwch o wallt o dduwch y frân'[42] oedd Gwenallt, 'Y bardd bach uwch beirdd y byd',[43] chwedl Thomas Parry, a aned ac a faged ym mhentrefi diwydiannol Pontardawe a'r Allt-wen yng Nghwm Tawe, Sir Forgannwg. Yn anrheg ar ei ben blwydd yn ddeunaw ar 18 Mai y flwyddyn honno galwyd arno, fel gwryw holliach rhwng deunaw a deugain ac un mlwydd oed, i ymrestru yn y lluoedd arfog dan amodau Deddf Gorfodaeth Filwrol 1916. Ac yna – er nad yw'r achos na'r cyfnod yn gwbl eglur – fe'i carcharwyd.

Am ddwy flynedd, rhwng Mai 1917 a Mai 1919, y bu Gwenallt dan glo – dyna'r consenws ymhlith Saunders Lewis, Dyfnallt Morgan, Gwyn Thomas a Lynn Owen-Rees;[44] rhywbryd rhwng 1917 a 1919 yw awgrym Dafydd Rowlands;[45] a chyfeiriad amhenodol ato'n cael ei garcharu am gyfnod yn ystod y rhyfel sy gan Pennar Davies a'r *Cydymaith*.[46] Yn achos y tystion cyntaf yn enwedig, ymddengys eu bod yn euog o drosi ffuglen yn ffaith, o ddarllen *Plasau'r Brenin* yn rhy lythrennol. Heblaw ei bod hi'n bur annhebygol y troai'r olwynion biwrocrataidd yn ddigon chwim i alw'r cyhuddedig gerbron tribiwnlys milwrol a'i ddedfrydu i gyfnod o garchar dri diwrnod ar ddeg yn unig ar ôl ei ben blwydd yn ddeunaw, mae tystiolaeth arall ar gael sy'n awgrymu na charcharwyd Gwenallt am beth amser wedyn. Y llythyr cydymdeimlo a anfonodd y cyn-ddisgybl at Kate Roberts, er enghraifft, ar golli ei brawd yn y rhyfel, a'r dyddiad 20 Awst 1917 a chyfeiriad Pontardawe arno.[47] Sylwadau D. J. Williams wedyn:

> ... [yr] adeg honno y bu ef [Gwenallt] yn llanc ysgol deunaw oed yn llochesu gyda'i berthynasau 'yn y Gelli, yn Tir-bach, ac yn Esgerceir' fel ffoadur, 'On the run', wrth geisio dianc rhag i'r gyfraith gael gafael arno, a'i roi yn un o 'Blasau'r Brenin' fel gwrthwynebwr cydwybodol, yn nyddiau creulon y Rhyfel Byd Cyntaf.[48]

Am gyfarfod 'llencyn tua phedair ar bymtheg oed'[49] yn Dartmoor y sonia cyd-garcharor Gwenallt, J. Beddoe Jones, er mai crintach ydyw gyda'i ddyddiadau, a chyfeiria Dewi Eirug Davies at Gwenallt yn ymddangos 'gerbron y Tribiwnlys fel gwrthwynebydd cydwybodol, ym Mawrth 1918'.[50]

Y farn gyffredin yw i Gwenallt gael ei garcharu gyntaf yn Wormwood Scrubs cyn cael ei drosglwyddo i Dartmoor: Rosemary Non Mathias yw'r unig un sy'n cyfeirio at y cyfnod a dreuliodd, rhwng y ddau le arall, yng ngharchar agored Ely, yn Swydd Caergrawnt.[51] Yng ngeiriau Saunders Lewis, 'ar dir egwyddor' oherwydd iddo 'wrthod mynd yn gonsgript i'r rhyfel' y'i carcharwyd, ond nid yw'n hawdd penderfynu chwaith ar dir pa egwyddor yn union.[52] Yn ôl Dewi Eirug Davies, seiliodd ei wrthwynebiad i'r rhyfel 'nid fel aelod o'r Eglwys, ond yn enw'r Gymdeithas a oedd yn gwrthwynebu consgripsiwn [No-Conscription Fellowship: NCF], y Blaid Lafur Annibynnol, ac egwyddorion y Bregeth ar y Mynydd a anogai i bawb garu eu gelynion'.[53]

Ac yntau'n aelod selog yn Soar, capel y Methodistiaid Calfinaidd ym Mhontardawe lle roedd ei dad yn flaenor ac yn athro ysgol Sul, mynychai Gwenallt hefyd ddosbarthiadau Marcsaidd Nun Nicholas, gwrthwynebydd cydwybodol y daeth Ithel Davies ar ei draws yng ngharchar Amwythig.[54] Yng ngeiriau Gwenallt, 'Gwelais mai gan y Comiwnyddion yr oedd y disgrifiad cywiraf o hanes ... ac yr oeddynt yn anffyddwyr'.[55] Er iddo wirioni yn llanc ar waith Tolstoy, taflodd beirniadaeth

Lenin gwmwl o amheuaeth yn ei feddwl dros heddychiaeth y Rwsiad:

> Codai ei basiffistiaeth Gristionogol o'r pridd gwrth-Farcsaidd. Nid rhyfel yn unig tan y gyfundrefn oedd yn gyfalafol, ond yr oedd heddwch hefyd yn heddwch cyfalafol. Nid pasiffistiaeth a allai chwyldroi cymdeithas, nid y Bregeth ar y Mynydd, ond materol-iaeth ddilechdidol. Ymatebem yn rhwydd i bob dylanwad a damcaniaeth, gan fod ein hangerdd a'n teimlad yn llawer llymach na'n rheswm a'n deall. Yr oedd chwyldro gwaedlyd y Comiwnyddion i ni yn wrthwyneblyd, ac eto a allai pasiffistiaeth chwyldroi cymdeithas?[56]

Yn ddwy ar bymtheg oed yr oedd wedi ymuno â changen Pontardawe o'r Blaid Lafur Annibynnol (*Independent Labour Party*: ILP) ar ôl profi gweledigaeth apocalyptaidd: 'y byd perffaith, yr Utopia: byd heb garchar, byd heddychlon, cyfiawn, rhydd a pherffaith.'[57] Ymddengys fod hon yn gangen gref ei phenderfyniad gan fod pump o blith ei deuddeg aelod wedi gwrthod mynd i'r rhyfel.[58] Apeliai ymrwymiad Keir Hardie wrth hunanlywodraeth i'r Alban, Iwerddon a Chymru hefyd at Gwenallt a chyfeiriodd at ILP y Sgotyn fel 'Plaid wleidyddol, gyfansoddiadol, Gristionogol'.[59]

Fodd bynnag, fel y profa'r dyfyniadau uchod o'i eiddo, roedd eisoes densiwn yn hanes Gwenallt rhwng sosialaeth gyfansodd-iadol a heddychol Hardie ar y naill law a Chomiwnyddiaeth anghyfansoddiadol a gwaedlyd Lenin. Symboleiddia marwol-aeth drasig Hardie yn 1915 yr argyfwng a barodd achos heddychiaeth i'r mudiad sosialaidd: 'so bitter was the clash between those who agreed with the official Labour Party leader-ship in supporting the war, and the supporters of the I.L.P., that the Socialist movement was in a state of disarray during the war.'[60] Yn ôl tystiolaeth J. E. Meredith, roedd Gwenallt, fel ei dad, yn heddychwr ac yn aelod o ddwy gymdeithas a ffurfiwyd ddiwedd 1914 i eiriol dros y safbwynt pasiffistaidd, sef Cymdeithas y Cymod (*Fellowship of Reconciliation*: FOR), y carcharwyd chwe chant o'i haelodau yn ystod y rhyfel,[61] a'r NCF, cymdeithas ac iddi chwech ar hugain o ganghennau yn ne Cymru ym Mai 1917.[62] Yn ôl tystiolaeth *Conscription and Conscience* (1922) – cyfrol John W. Graham, sy'n croniclo hanes y gwrthwynebydd cydwybodol yn ystod y rhyfel, cyfrol a fu hefyd yn gaffaeliad mawr i Gwenallt wrth iddo ymchwilio ar gyfer *Plasau'r Brenin* – bu 16,100 o wrthwynebwyr cydwybodol gerbron tribiwnlysoedd ym Mhrydain: restiwyd 6,261 ohonynt ac ymlith y 1,543 o absoliwtyddion – y carcharorion a'i cafodd hi galetaf am na wnaent gyflawni unrhyw waith gorfodol – y cynhwyswyd Gwenallt.[63] Erbyn gweld, llun sy'n cuddio myrdd o densiynau yw hwnnw a dynnwyd yn Eisteddfod Genedlaethol Abertawe yn 1926: Gwenallt yn cael ei gadeirio'n frenin ar yr ŵyl i gyd a'r union ddyn a fynnodd wneud llwybr yr absoliwtyddion mor anodd â phosib, David Lloyd George, yn llywyddu gerllaw![64]

Fel y gwelir, roedd amryw ganghennau i wrthwynebiad cydwybodol Gwenallt a'r hyn y mae ei enghraifft bersonol ef yn ei gadarnhau'n ddiamheuaeth yw sylw Aled Eirug, sef ei bod hi'n gryn gamp 'ysgaru y gwrthwynebiad i'r Rhyfel Byd Cyntaf ar dir crefyddol, oddi wrth y gwrthwynebiad ar dir moesol a gwleidyddol' a 'bod y cysylltiad mor glos rhwng y Blaid Lafur Annibynnol a'r *No Conscription Fellowship*, fel mai'r un oedd y ddau gorff i bob pwrpas yn y rhan fwyaf o ardaloedd'.[65]

Gwahaniaetha rhai manylion ffeithiol a ffuglennol oddi wrth ei gilydd: ar ôl cyfnod byr yn y ddalfa a ddisgrifir ym mhennod gyntaf *Plasau'r Brenin*, dedfrydir Myrddin Tomos gan lys milwrol rhanbarthol i ddwy flynedd o garchar gyda llafur caled, o 20 Mai 1917 hyd 20 Mai 1919; fel yr awgrymwyd gynnau, anodd sefydlu pa bryd yn union y dedfrydwyd Gwenallt ei hun i dymor o garchar, er y gellir cynnig rhywbryd rhwng Awst 1917 a Mawrth 1918. Hefyd, o ran pryd a gwedd, disgrifir y carcharor fel 'Paladr o ddyn tal, main' a chanddo 'gnwd o wallt modrwyog, o liw gwellt'. (11) Ond yr enghraifft fwyaf trawiadol o geisio codi mur rhwng Gwenallt ei hun a'i brif gymeriad yw'r ffeithiau ynglŷn â magwraeth Myrddin Tomos: fel yr awgryma'i enw cyntaf yn gryf, 'Codwyd ef ar fferm o'r enw Pant-y-pistyll, yn ymyl pentref Llansadwrn, yn Sir Gaerfyrddin'. (11) Hyd yn oed fan hyn, mae yna beth cymysgu rhwng ffuglen a ffaith: 'Roeddwn i'n arfer mynd yn ystod gwyliau'r Pasg a gwyliau'r haf i Sir Gaerfyrddin at fy mherthnasau. Fe fues yn gweithio ar dair ffarm yn ymyl Rhydcymerau – Esgeir-ceir, y Gelli Uchaf, a Thir-bach a gweithio ar fferm Pant-y-pistyll ger Llansadwrn.'[66] Er yn ddim o beth, bu Sir Gaerfyrddin ei rieni yn ddelfryd ym meddwl Gwenallt, yn ddihangfa o gymoedd diwydiannol Sir

Forgannwg lle'i halltudiwyd yn ei dyb ef, yn fan y perthynai iddi yn reddfol. Mae'r ddwy soned gynnar, 'Sir Gaerfyrddin' (83) a 'Sir Forgannwg' (100), a gyhoeddwyd yn *Ysgubau'r Awen* (1939), yn crynhoi'r gwrthgyferbyniad cyfoethog rhwng y ddwy sir yn nychymyg Gwenallt.

Hanes cyfnod undonog a lleddf o ddwy flynedd yn 'un o garcharau Llundain' (46) – fe'i gadewir yn amhenodol felly – sydd yn ail bennod *Plasau'r Brenin*, ond '[c]yfnod byr' a dreuliodd Gwenallt yno mewn gwirionedd cyn ei drosglwyddo i Dartmoor.[67] Fel y tystia J. Beddoe Jones, un o'i gyd-garcharorion:

> Math ar 'garchar agored' oedd Dartmoor ar y pryd, ac yn wahanol iawn (o drugaredd) i Scrubs . . . Fe gaem ein hanfon i Dartmoor os oeddem wedi byhafio'n iawn yn Scrubs. Yn Dartmoor, nid oedd drysau ein celloedd yn cael eu bolltio. Yr oedd gennym yno bob rhyddid i siarad a chymdeithasu â'n gilydd, ac fe allem fynd allan 'i'r byd' ar brynhawn Sadwrn ac ar y Sul.[68]

Does dim dwywaith bod amodau byw y gwrthwynebydd cydwybodol yn Wormwood Scrubs yn llym – 'the most terrible place I had ever been in'[69] yw disgrifiad absoliwtydd arall, Emrys Hughes, o'r lle – ac mae amlinelliad ffeithiol John Rae yn cadarnhau'r darlun sy gan Gwenallt: cedwid pob carcharor ar wahân am yr wyth diwrnod ar hugain cyntaf; ar ôl hynny câi gydweithio â charcharorion eraill ond ni châi dorri gair â nhw; treuliai rhwng chwech a deg awr bob dydd yn pwytho bagiau post; y tâl am dorri rheolau llethol y carchar oedd cyfnod yn y gell gosb.[70] Ac eto, dyw Gwenallt ddim yn sôn gair am gael ei drosglwyddo i Dartmoor nac am y drefn fwy dynol ac ymlaciedig yno. Tosturiwn wrth Myrddin Tomos sy'n cael cryn drafferth cael copi o Feibl Cymraeg; yn Dartmoor roedd amrediad o lyfrau ar gael i Gwenallt a fwydai ei ddaliadau sosialaidd a phasiffist-aidd.[71] Ai 'gwastraff ar amser fyddai ei dadansoddi a'i beirniadu o safbwynt crefft ac arddull nofel', yng ngeiriau Saunders Lewis, a hithau'n amlwg fod Gwenallt wedi manteisio ar drwydded y nofelydd wrth gyfansoddi *Plasau'r Brenin*?

Gwnaeth Gwenallt yn fawr o ryddid *genre* y nofel er mwyn dramateiddio'n eglur y gwahaniaeth rhwng caethiwed ac anghyfiawnder y carchar yn Llundain a rhyddid a thegwch cynefin Myrddin Tomos yn Sir Gaerfyrddin, man y seiliodd ei ddelfryd o Gymru arni. Ac yn hyn o beth mae *Plasau'r Brenin* yn nofel boliticaidd iawn a'i hergyd yn amlwg ddigon o'i theitl eironig yn unig: o nofel am y rhyfel, nid effaith ei theitl yw peri i'r darllenydd ei chysylltu ar ei hunion gyda'r Rhyfel Byd Cyntaf, ond yn hytrach ysgogi ymateb beirniadol i'r cyfansoddiad gwleidyddol. Drwy beidio ag enwi'r carchar tyf ei arwyddocâd symbolaidd yn ystod y nofel a gorfodir y darllenydd i'w uniaethu yn ei feddwl â dinas Llundain, prifddinas Lloegr a mangre'r Senedd. Is-destun y nofel yw caethiwed Cymru wrth drefn wleidyddol Lloegr. Erbyn i Gwenallt fynd ati i lunio ei nofel ffurfiwyd plaid wleidyddol newydd a roes fynegiant i genedligrwydd cynyddol Myrddin Tomos yng ngharchar Llundain; fel y sylwodd Dafydd Johnston, yng nghysgod athroniaeth y blaid honno y lluniwyd cerddi a nofel y 1930au:

> . . . mae'n rhaid ystyried bod agwedd yr awdur at ei brofiad wedi'i lliwio'n ddiweddarach gan bwyslais Plaid Cymru ar y cefn gwlad fel hanfod bywyd y genedl. Hynny, mi dybiwn, a barodd iddo ddileu'r mudo gresynus o'r wlad i'r cwm diwydiannol yn hanes ei deulu wrth greu persona ar gyfer ei nofel.[72]

Onid effaith ymarferol *Deg Pwynt Polisi* (1933) Plaid Cymru oedd rhoi sêl bendith ar Sir Gaerfyrddin – 'Amaethyddiaeth a ddylai fod yn brif ddiwydiant Cymru ac yn sylfaen ei gwareiddiad' – a bwrw amheuaeth ar Sir Forgannwg – 'Er mwyn iechyd moesol Cymru ac er lles moesol a chorfforol ei phoblogaeth, rhaid yw dad-ddiwydiannu Deheudir Cymru'?[73]

Ffactor arall gyfleus a ychwanegodd at berthnasedd gwleidyddol y nofel ar y pryd oedd y *cause célèbre* a ddilynodd y Tân yn Llŷn ac a gyplysodd yr achos cenedlaetholaidd gyda'r achos pasiffistaidd:

> Plaid's opposition to rearmament projects in Wales stemmed not only from its political and cultural nationalism, but also from the absolute pacifist convictions of many of its members . . . The incident at Penrhos aerodrome in 1936 enhanced its appeal among traditional pacifist, nonconformist elements.[74]

Yn y man byddai Saunders Lewis, Lewis Valentine a D. J. Williams, y gŵr o Rydcymerau a berthynai drwy briodas i Gwenallt, yn bwrw tymor yn un o'r union garchardai lle bu awdur *Plasau'r Brenin* oddeutu ugain mlynedd ynghynt.[75] Yn union fel y daliodd *Catch-22* (1961), nofel Joseph Heller am yr Ail Ryfel Byd, fŵd Rhyfel Fiet-nam adeg ei chyhoeddi yn y chwedegau, ymddangosai *Plasau'r Brenin* fel testun o flaen ei oes a'r cyfraniad cyntaf at gorff o lenyddiaeth uchel ei barch a gyfansoddwyd gan Gymry a brofodd gyfnodau o garchar dan faner cenedlaetholdeb modern. Roedd goblygiadau personol a chenedlaethol i safiad Gwenallt. Yng ngeiriau Julian Bell: 'What the conscientious objector did was essentially to justify the position of the individualist and intellectual, to deny as emphatically as is humanly possible the beliefs of the military "totalitarian" state.'[76] Ar adeg pan oedd gafael y wladwriaeth ar ei dinasyddion wedi cryfhau'n ddigynsail, dyma un a fynnodd amddiffyn ei annibyniaeth.[77]

Yn ôl y gwrthwynebydd cydwybodol Clifford Allen, 'I feel that if we speak of prison we ought not to omit any of its aspects',[78] ac yn sicr nid yw *Plasau'r Brenin* yn ymatal rhag disgrifio bywyd diraen y ddalfa. Un o'i chryfderau – yn wir, arwydd o'i dewrder – yw'r disgrifiadau corfforol o fywyd carchar:

Rhywbryd, yn nhywyllwch y nos, agorwyd drws y gardrwm, a gwthiwyd dau filwr i mewn. Syrthiasant yn eu hyd ar y llawr, a chlywodd Myrddin Tomos hwy yn chwydu allan gynnwys eu coluddion meddw. Bu'r ddau filwr yn siarad â'i gilydd am oriau, gan sôn am eu campau yfed a'u hymgyfathrach â phuteiniaid y dociau. (8)

Dihunwyd Myrddin Tomos am hanner awr wedi pump yn y bore gan sŵn taranau. Nid cân corn y gwersyll ydoedd, ond taranau gong y carchar . . .
'Arllwyswch eich slopiau.'
Âi pob carcharor â'i bot at y drws a thywallt y trwnc a'r dom i bair olwynog a lusgid gan garcharor o ddrws i ddrws. Yr aroglau cyntaf a glywai pob carcharor bob bore oedd aroglau ei fudreddi ei hun, a llygrid awyr pob cell pan âi'r slopmon â'i bair heibio. (54)

Ildiai'r carcharorion i bob trythyllwch ac ymhalogi, hunangariad, Onaniaeth a phechodau annaturiol y cnawd. Ysgrifennent lythyrau at ei gilydd; edrychai rhai carcharorion yn gariadus ar y bechgyn Borstal a gwyddai meddyg y carchar am y poenydio ar gnawd a'r dirdynnu ar gyrff. (75)

Cadwai rhai carcharorion lygod yn eu celloedd, ac yr oedd gan eraill bryfed copyn. Gwelid mewn rhai celloedd lygoden lwyd ac mewn ambell gell·lygoden wen â llygaid pinc. Rhôi'r carcharor i'r llygoden friwsion ei fwyd prin, ymgomiai â hi am oriau a phân âi allan o'i gell âi â hi gydag ef yn ei boced. Wylai'r dagrau yn hidl pan fyddai farw'r llygoden lywaeth. (87)

Yr hyn sy'n pwyso'n barhaus ar feddwl Myrddin Tomos yw'r ofn y bydd yntau, fel ei gyd-garcharor, Bili Mainwaring yr Apostolydd naïf o Landybïe, yn cracio ac yn mynd o'i gof; diwedd y gân i rai gwallgofiaid fyddai gwneud amdanynt eu hunain: 'Carcharwyd y gwrthwynebwyr cydwybodol am wrthod lladd dynion, a diwedd rhai ohonynt oedd eu lladd eu hunain; yr eironi olaf.' (119) Dyma enghraifft eto fan hyn o fanteisio ar ryddid y nofel: yn ystadegol, cymharol ychydig o garcharorion a gyflawnodd hunanladdiad a llai byth a aeth o'u coeau'n lân.[79]

Mae'r darlun o unigrwydd llethol y gell a dynnir gan un gwrthwynebydd cydwybodol yn awgrymu dilysrwydd darlun ffuglennol Gwenallt:

> No one, I repeat, who has not had solitary confinement can imagine what it is like, except perhaps those people who have a fear of being buried alive. I do not know, but I suppose it must be worse for those who have very active minds and have no means of using that mental activity. When one gets to the stage of noticing a knot of wood on the floor and seeing that knot grow bigger and bigger one naturally begins to wonder whether one can hold on to one's sanity.[80]

Profa Myrddin Tomos, effro ei feddwl, ymdeimlad o glawstroffobia:

> Yr oedd ei freuddwydion yn llawn o eirch, angladdau a beddau . . . Bryd arall, yr oedd muriau'r gell yn nesu ato, yn cau amdano ac yn bygwth ei wasgu i farwolaeth. Neidiai ar ei draed a cheisiai wthio'r muriau yn eu hôl i'w lle, ond nis gallai. Cerddai gydag ymyl y muriau drwy'r nos. Yr oedd arno ofn gorwedd i lawr ar y gwely rhag i'r muriau gloi amdano. (79)

Bendith a bwrn ar yn ail yw ei feddwl ei hun, sef ei gwmni pennaf. Crybwyllwyd eisoes ddisgrifiad Glyn Ashton ohoni fel nofel arbrofol, ond tybed nad y gwir amdani yw fod yr hunanymwybodolrwydd y gorfodwyd Gwenallt i'w brofi yn sgil ei garchariad yn mynnu ganddo nofel ac iddi beth dyfnder seicolegol? Fe'i lluniwyd, wedi'r cyfan, mewn cyfnod pan oedd y fath fynd ar ddamcaniaethau Freud. Er bod drws i mewn i ddirgelion ei *id* ei hun yn agor i Gwenallt wrth i ddrws ei gell gau ar ei ôl, nid yw *Plasau'r Brenin* yn dal ar ei chyfle i grwydro ymhell iawn ar hyd sugndraeth yr isymwybod heb sôn am yr afreswm. Er bod Myrddin Tomos yn cydnabod gerbron y tribiwnlys milwrol y tyndra rhwng Rhesymoliaeth a Darwiniaeth, ei gasgliad terfynol yw fod 'gan ddyn nwydau, ond y mae ganddo hefyd ewyllys i'w disgyblu. Gall dyn roi'r ffrwyn ar y ffrwd.' (42) Erys naws y nofel yn ufudd i'w chynllun cronolegol, a hynny am fod bryd ei hawdur ar ddod o hyd i ddrws allan o'i gell i dir sad ac ystyrlon.

Syniadol ac nid seicolegol yw prif bwyslais *Plasau'r Brenin*, felly, a'r tir sad ac ystyrlon sy'n ymffurfio fan draw yw Sir Gaerfyrddin. Atgof hiraethus yw ei gynefin i Myrddin Tomos yn y dafarn ar gychwyn cyntaf y nofel: 'Edrychai Myrddin Tomos ar y poteli gwin a'r poteli gwirod ar y silffoedd y tu ôl i'r cownter, a'r barilau cwrw oddi tanynt, ac yr oedd arno hiraeth am y cartref a adawsai yn Sir Gaerfyrddin, ac ofn y dyfodol.' (7) Ond eisoes mae Sir Gaerfyrddin yn cael ei chynnwys ar wastad moesol uwch. Perthyn diniweidrwydd a phurdeb i'r llanc: dywedir am iaith y milwyr, er enghraifft, 'Codai eu hiaith reglyd y gwrid i ruddiau llanc o'r wlad'. (11) Droeon yn ystod y nofel daw'r atgofion am ei fagwraeth wledig yn fflyd i'w feddwl: 'Hwynt-hwy a'i clymai ef wrth y byd pell y tu allan i'r carchar; hwynt-hwy a'i cadwai rhag syllu ar foelni a hacrwch ei gell, rhag ei ofnau a'i unigrwydd. Y gorffennol oedd ei ddihangfa.' (59–60) Wrth i'r gwaith fynd rhagddo, mae grym barddonol y molawdau hyn yn cynyddu: 'Pobl unplyg, gweddïgar, duwiol, yn mwmian emynau wrth ladd y gwair a chywain y cynhaeaf, yn cynnal y weddi deuluaidd bob bore wrth ford yr allor, gan dynnu Duw i lawr i'r ceginau rhwng y potiau a'r pedyll.' (74) Nid yw'n anaddas mai yn 1934 y cyhoeddwyd hefyd *Hen Wynebau*: gyda'r un math o barch a chariad y delfrydir ac y maldodir Sir Gaerfyrddin gan D. J. Williams yntau. Fel yr hiraethodd Cynan yn Salonica am Ben Llŷn a chefn gwlad Môn, felly yr hiraethai Gwenallt o'r carchar am Sir Gaerfyrddin amaethyddol.

Ond yn wahanol i Cynan, mae hiraeth Gwenallt yn magu dannedd gwleidyddol. Yn ei berthynas â'i orffennol y mae'n ei ddiffinio'i hun a byddai dileu'r cof am hwnnw'n gyfystyr â dileu ei hunaniaeth: 'Pe collai ei atgofion byddai fel coeden ddi-sugn ar drugaredd pob gwynt gwallgof.' (88) Ei bennaf brwydr yw rhwystro'r carchar rhag ei drechu a'i lefelu'n ddiwylliannol a phersonoliaethol: 'the central effect of prison life . . . is to destroy individuality.'[81] Yn ystod ei garchariad cadarnheir rhai o'i argyhoeddiadau, ond colli tir yw hanes rhai eraill. Yn fuan iawn yn y nofel telir teyrnged i'r aelod seneddol Rhyddfrydol, W. Llewelyn Williams, 'arwr' (12) Myrddin Tomos a brodor o'r un ardal ag ef: 'Meddyliai'r byd ohono fel Cymro, hanesydd a gwleidyddwr, ac yn enwedig am iddo fwrw ei bleidlais yn y Senedd yn erbyn Gorfodaeth Filwrol.' (12) Parodd gwrth-wynebiad yr aelod seneddol dros Fwrdeistrefi Caerfyrddin i orfodaeth filwrol rwyg parhaol rhyngddo a'i hen gyfaill, Lloyd George. Ar yr un tudalen yn union, dywedir fod Myrddin Tomos, ar ôl graddio mewn Cymraeg a Lladin o Aberystwyth, wedi cael swydd ddysgu yn Sir Forgannwg, 'ac yno y daeth tan ddylanwad y Blaid Lafur'. (12) Ymaelododd â'r ILP ac, 'fel holl aelodau ieuainc y Blaid honno' (12), â'r NCF. Ymlyniad personol wrth Llewelyn Williams a nodweddai Myrddin Tomos, ond synhwyrir peth naïfrwydd gwleidyddol ar ei ran am ei fod yn gallu cysoni Rhyddfrydiaeth y naill gyda'i sosialaeth ei hun. Cynrychiolir Comiwnyddiaeth yn y nofel gan y glöwr Jac Niclas, a'i gyfenw yn atgoffa dyn o Nun Nicholas ym Mhontardawe: 'anffyddiwr, materolydd a Chomiwnydd.' (16) Fel y lladdwyd tad Gwenallt mewn damwain yn y gwaith dur, felly y lladdwyd tad Jac Niclas 'mewn "tanad" yn y gwaith glo'. (16) Wrth ddadlau gyda'r ymgorfforiad hwn o Gomiwnyddiaeth, daw'r tyllau yn naliadau gwleidyddol Myrddin Tomos yn eglur iawn: y dosbarth canol ddylai lywodraethu, dadleua, am ei fod 'yn deg ac yn amhartïol' (20), sef dadl 'hynod o anaeddfed', yng ngeiriau Pennar Davies, 'sy'n awgrymu Rhyddfrydiaeth wleidyddol hen-ffasiwn yn hytrach na Sosialaeth'.[82]

Nid yw ymresymu gwleidyddol Myrddin Tomos yn dal dŵr, felly, a digon cymysglyd yw ei safbwynt crefyddol. Yn wyneb ymholiadau Bili Mainwaring yn y ddalfa, dywed ei fod yn credu mewn Crist ' "fel dyn" ' (14) ond nid ' "bod Crist yn Dduw" ' (14); gerbron y tribiwnlys milwrol cyfeiria ato'i hun fel ' "Amheuwr" '

(40); ac yn unigrwydd ei gell cawn ar ddeall 'Fel holl aelodau'r Blaid Annibynnol Lafur yr oedd yn amheuwr, onid oedd yn anffyddiwr'. (65) Ni phery'r safbwynt hwn yn hir iawn: 'cyn dyfod i'r carchar dechreuasai amau ei amheuon. Ymosodai'r anffyddwyr ar ffydd ddiniwed y Cristionogion, ond ni osodent yr un ffydd yn ei lle, onid eu mympwyon eu hunain. Yr oedd anffyddiaeth yn hollol negyddol, yn ddinistriol ac yn anghymdeithasol.' (65) Trysora'r Beibl Cymraeg 'â nod ac enw carchar Caerfyrddin arno . . . Daethai'r Beibl ato o sir ac o wlad a aethai'n ddieithr a phell iddo ef; y tir a oedd yn araf ymlithro o'i gof' (82); llwydda i'w ddarllen bum gwaith yn ystod ei garchariad. Peth arall sy'n gymorth i'w gadw yn ei iawn bwyll yw'r cyfarfodydd crefyddol gogyfer â'r Cymry bob bore Llun, trefniant y gofynnodd Myrddin Tomos i feistr y carchar amdano. 'Nid oedd yr un carcharor yn hoff o'r Caplan hwnnw' (80) dywedir am yr ymwelydd â chell Myrddin Tomos, ond mae'r gweinidog o Gymro yn ailadfer ei ffydd:

> Gŵr mwyn, duwiolfrydig oedd efe, efengylaidd ei ysbryd, a glân ei rodiad. Yr oedd yn Gristion pur, sant perffaith ac yn addurn ar enwad y Methodistiaid Calfinaidd. Ymwelai ef â thlodion y slymdai, meddwon y tafarnau a throseddwyr y carcharau, gan ddyfod, fel angel o'r nef, i blith gwehilion cymdeithas a gwasgar yn eu mysg ddaioni, geiriau o gysur a chymwynasau. (116)

Cyfleir yn drosiadol yn y nofel limbo gwleidyddol ac ysbrydol Myrddin Tomos: yn y gell yn union uwch ei ben mae Bili Mainwaring a'r drws nesaf ond tri mae Jac Mainwaring. Hynny yw, daliwyd Myrddin Tomos yn llythrennol yn y canol rhwng dau begwn eithaf.

Nid oes cymaint o ganghennau i wrthwynebiad cydwybodol Myrddin Tomos, felly, ag yn hanes Gwenallt ei hun; seiliau sosialaidd yn unig sydd i'w garchariad ef, sef 'Gwrthwynebiad o fewn fframwaith Prydeinig', fel y noda A. O. H. Jarman.[83] O safbwynt nofelyddol, mae hyn yn hwyluso'r ymbellhau graddol oddi wrth bersbectif Prydeinig a'r closio at bersbectif Cymreig sy'n digwydd o fewn y gyfrol. Bwydir ei bersbectif newydd gan achos Iwerddon sy'n peri i Myrddin Tomos ymwadu â phasiffistiaeth:

> 'Mae yna adegau pan fydd yn rhaid ymladd dros gyfiawnder. Cymerwch Iwerddon, er enghraifft. Y gwrthryfel yn 1916. 'R oedd

holl drais a gormes y Saeson y tu ôl i'r gwrthryfel hwnnw . . . 'D oedd dim amdani ond gwrthryfela yn erbyn y Saeson pan oedd Lloeger mewn cyfyngder. Pe bawn i yn Wyddel, mi fyddwn yn ymladd gyda Padrig Pearse a Jim Conolly. Neu, pe bawn yn Gymro yn byw adeg Owain Glyn Dŵr, mi fyddwn yn ymladd yn i fyddin e''. (19)

Eir gam ymhellach nag yn *Y Llwybr Unig* drwy gysylltu brwydr genedlaethol Iwerddon gyda brwydr genedlaethol Cymru. Pan symudir ef i gell y bu Gwyddelod yn garcharorion ynddi o'i flaen ef, uniaetha Myrddin Tomos yn gryfach byth â'r 'dewrion hynny' a fu'n 'ymladd yn erbyn gormes yr un Ymerodraeth'. (89) Ac erbyn diwedd ei garchariad fe'i symbylir gan ysbryd eu merthyrdod: 'Cyfnod hunan-aberth ydoedd; canrif y merthyr-dod mawr . . . beirdd a llenorion Iwerddon a roes eu bywyd dros eu gwlad i'w gwaredu oddi wrth orthrwm y Saeson.' (123)

Unwaith yn rhagor, dylanwadau diweddarach yn hanes Gwenallt sydd i gyfri am wrthbasiffistiaeth Myrddin Tomos, sy'n driw i safbwynt Saunders Lewis – llywydd Plaid Cymru rhwng 1926 a 1945 – ac ysbrydoliaeth Iwerddon. Tua 1929 bu mewn ysgol haf yn ymyl Galway yn dysgu Gwyddeleg:

Athrawon ac athrawesau dysgedig yn dysgu siarad yr iaith gan wladwyr diwylliedig. Gwelais werth iaith, a diwylliant a thraddodiadau'r bywyd gwledig. Âi fy meddwl o hyd yn Connemara yn ôl i Sir Gaerfyrddin, a gwelais mai yno yr oedd fy ngwreiddiau . . . Yr oedd dull y tadau gwledig o feddwl, eu diddordeb mewn llenyddiaeth, diwinyddiaeth, a thraddodiadau, eu balchder mewn teulu a thylwyth a chymdogaeth dda, yn hollol wahanol i'n dull ni, y meibion Marcsaidd . . . Nid oedd y gorffennol yn cyfrif dim i Farcsydd; dim ond y presennol, ac yn enwedig y dyfodol.[84]

I goffadwriaeth ei dad y cyflwynodd Gwenallt *Plasau'r Brenin*, dyn a losgwyd i farwolaeth yn 1927 pan dasgwyd ef â metel tawdd yn y gwaith dur. Fel y datgelodd yn 'Credaf' (1943), dichon fod hyn wedi cryfhau dicter y mab tuag at amodau byw yn y de diwydiannol:

Yn y bregeth angladdol, pan ddywedodd y gweinidog mai hyn oedd ewyllys Duw, tywelltais oddi mewn i mi holl regfeydd yr 'haliers' ar ei bregeth ac ar ei Dduw, a phan ganasant ar lan y bedd 'Bydd myrdd o ryfeddodau' cenais yn fy nghalon 'The Red Flag'.

Pe gallwn godi'r arch o'r bedd fe chwilfriwiwn â hi y gyfundrefn gyfalafol felltigedig, a roddai fwy o bwys ar gynnyrch nag ar fywyd, ar elw nag ar ddyn. (60–1)

Yn ôl tystiolaeth *Plasau'r Brenin* saith mlynedd yn ddiweddarach, cawsai hi'n haws maddau i Fethodistiaeth nag i ddiwydiannaeth, a hynny, mae'n siŵr, oherwydd perthynas emynwyr fel 'Tomos Lewis o Dalyllychau' a 'Williams o Bantycelyn' â hi.[85]

Ym mhridd Sir Gaerfyrddin y gwreiddiwyd delfryd Gwenallt o Gymru, ac mae'r rhan ymylol sy gan Sir Forgannwg i'w chwarae yn *Plasau'r Brenin* yn cadarnhau hynny. Wrth i'w sosialaeth a'i anffyddiaeth wegian yn y carchar, bron nad awgrymir mai'r sir yr aeth iddi i weithio a'i harweiniodd ar gyfeiliorn ac a roes ddechrau i'w ofidiau. Gellir cyfri ar un llaw sawl gwaith y cyfeirir at Sir Forgannwg yn y nofel ac mae prinder y cyfeiriadau hynny'n awgrymu pa mor llwyr oedd ymwadiad Gwenallt â hi adeg sgrifennu'r nofel, pa mor gryf oedd ei awydd i ddial arni drwy ei hanwybyddu'n rhannol. Dim ond mewn un man strategol, ar ddiwedd yr ail bennod pan yw ymwybod Myrddin Tomos ag anghyfiawnder yn finiog ac yn benodol, y cyfeirir yn wironeddol edmygus at ddioddefaint pobl Sir Forgannwg. Nid yn annisgwyl, hanes Sir Gaerfyrddin a ddaw gyntaf ac ystyrir profiadau tymhorol Myrddin Tomos a'i gyfeillion yn ystod y rhyfel o fewn cyd-destun hanesyddol ehangach:

> Yn nyfnderoedd ei enaid· yr oedd y cof am hanes ei sir a dioddefaint ei bobl. Cofiai sut yr erlidiwyd y tenantiaid gan y tirfeddianwyr . . . Yn yr arwerthiannau degwm bwrid ei bobl i lawr â phastynffyn yr heddgeidwaid . . . Gorfu iddynt ffoi dros y cefnfor i wledydd tramor lle y caent lonydd i drin y tir, addoli Duw, a marw . . . gwelodd gam-drin ei bobl uniaith gan swyddogion Seisnig y Llywodraeth. Tynnwyd ei gyfeillion a'i gyd-ddisgyblion oddi wrth yr aradr a'r oged, a'u gyrru, fel ŵyn mudion, o'r meysydd i'r Rhyfel Mawr . . . Byddai'n fwy rhesymol a chyfiawn iddynt ladd y Saeson na lladd yr Almaenwyr, fel y gwnâi'r Gwyddelod. (124–5)

Gwelodd galedi mewn pentref yn Sir Forgannwg hefyd:

Gorfu i un teulu, nad oedd nepell o'i lety, goginio'r ci yn fwyd i'r plant newynog. Braint i lygaid Myrddin Tomos oedd cael gweled dewrder distaw'r Undebau Llafur dros gyflog byw ac oriau hamdden. Galwyd ar y gweithwyr hynny a'u meibion i ymladd, yn y Rhyfel, dros Frenin a Gwlad, y gwŷr na chawsent, yn eu newyn, hyd yn oed y briwsion oddi ar Ei fwrdd brenhinol ac na welsent yn eu gwlad eu hunain ond ei thywyllwch a'i fflamau. (125–6)

Ar ddiwedd y nofel y mae'r chwyldro yn Rwsia a ragwelwyd gan yr Iddew Isador Kleinski wedi digwydd, digwyddiad sy'n cadarnhau Comiwnyddiaeth Jac Niclas, tra ciliodd ffwndamental- iaeth grefyddol Bili Mainwaring yn llwyr ac yntau wedi mynd o'i gof. Am Myrddin Tomos, sylwedd yn chwilio am ffurf yw ei ymwybod gwleidyddol newydd. Mewn mwy nag un ystyr, ar fynd adref y mae ei fryd.

Ni pharodd cyffro cyntaf Myrddin Tomos pan welodd ei gell yn Llundain yn hir iawn:

Cofiodd am enwau proffwydi, merthyron a diwygwyr yr oesoedd a fuasai mewn carchar am eu hargyhoeddiadau, ac yr oedd yn falch o gael braint mwyaf ei fywyd o fod yn un o'r dioddefwyr distadl, anhysbys. Yr oedd bod mewn carchar iddo ef yn anturiaeth heb ei bath, yn arwriaeth ramantus. (48)

Ar siaced lwch adargraffiad 1968 o *Plasau'r Brenin* mae Gwenallt yn awgrymu rhai o'r dylanwadau llenyddol a fu arno: 'Y tri nofelydd yr wyf yn hoff o'u gweithiau yw Tolstoi, Dostoiefsgi a James Joyce. Nofel yr ail, *The House of the Dead*, cyfieithiad Saesneg o'r nofel yn disgrifio ei brofiad fel caracharor yn Siberia, a'm symbylodd fwyaf.' Cyfeiria Gwenallt at syniadau Tolstoy yn ei nofel ac yn 'Credaf' ac mae eu dylanwad ar ei amgyffrediad o Sir Forgannwg: 'I Tolstoi, caethion economaidd oedd y gweithwyr, wedi eu hysbeilio o'u treftadaeth gyfiawn. Prif achos tlodi oedd symud cyfoeth o'r wlad i'r dref.'[86] Dichon hefyd fod llwmdra nofel Dostoevsky – fe'i cyhoeddwyd yn 1860–1 ar ôl i'w hawdur, rhwng 1849 a 1856, brofi dedfryd o bedair blynedd mewn carchar a phedair blynedd yn y fyddin – wedi taflu ei chysgod dros *Plasau'r Brenin*.[87] Ac yntau wedi cefnu ar ei famwlad a rhwyd driphlyg iaith, crefydd a chenedligrwydd, efallai mai enw Joyce yw'r un mwyaf annisgwyl yn y dyfyniad uchod.[88] Ac eto, yn hyn o beth leiaf roedd Saunders Lewis yn llygad ei le: hunangofiant bardd, rhyw fath o bortread o'r bardd fel carcharor yw *Plasau'r Brenin* – ond *Portrait of the Artist as a Young Man* (1914–15) o chwith. Ar ddechrau'r ail bennod, o bellter Llundain, yr ymdeimla Myrddin Tomos â'i 'anturiaeth'; ei sylweddoliad erbyn diwedd y nofel yw fod yn rhaid iddo ddychwelyd at ei wreiddiau. Fel Joyce ei hun a aeth yn fyfyriwr i Baris yn 1902, cenfydd Stephen Dedalus ei ryddid ar ddiwedd y nofel – er mai Iwerddon fyddai ei gloddfa greadigol weddill ei oes: 'Welcome, O life! I go to encounter for the millionth time the reality of experience and to forge in the smithy of my soul the uncreated conscience of my race.' (266) Ffurfiodd Gwenallt yntau yn efail ei enaid ymwybod ei hil, ond mynnodd lwybr llai celfyddydol hunangar a sylweddolodd mai o fewn i'r rhwyd driphlyg yn hytrach na'r tu allan iddi y gallai fyw a chreu yn ystyrlon.

'Peth gwych yw cymdeithas. 'D oes dim yn debyg i gwmni. Cwmni dynion. Anifail cymdeithsol yw dyn. 'D yw dyn ddim yn gyflawn ar ei ben ei hun' (109): er mai nofel bersonol sy'n cyflwyno gwaredigaeth gymdeithasol yn y pen draw yw *Plasau'r Brenin*, mae Gwenallt yn caniatáu peth rhyddid artistig iddo ef ei hun.[89] Heblaw am ei phwysigrwydd fel nofel Gymraeg lac ei gwead nad yw'n dibynnu ar blot troellog i'w chynnal, gwelir ei hawdur yn arloesi'n betrus gydag ymson fewnol, techneg y profodd Joyce yn feistr corn arni yn *Ulysses*. Ceir mewn un man baragraff di-dor yn ymestyn dros wyth tudalen (102–9) sy'n cyfleu dryswch meddwl Myrddin Tomos, sgrifennu gwirioneddol greadigol ac arloesol na cheir mo'i fath tan i Islwyn Ffowc Elis – ymhen un mlynedd ar hugain – fynd ati ar ddiwedd *Ffenestri Tua'r Gwyll* (1955) i gyfleu meddyliau chwâl Ceridwen Morgan. Dug ei enw priod hefyd arwyddocâd symbolaidd, yr un fath ag enw prif gymeriad nofel gyntaf hunangofiannol Joyce: fel Myrddin, y bardd dychmygol, caiff Myrddin Tomos gyfres o weledigaethau, ond er gwaethaf ei ofnau ni wallgofodd ac fe lwyddodd i ddychwelyd yn y diwedd i ganol cymdeithas dynion.

Fel y prawf ei simsanu rhwng Methodistiaeth ac Eglwysyddiaeth, Catholigiaeth a Chrynwriaeth yn unig, creadur aflonydd ac anesmwyth fu Gwenallt ar hyd ei oes. Ceir awgrym cryf o gymhlethdod ei syniadau dim ond drwy gymharu amgylchiadau ei garchariad real a'i ddehongliad nofelyddol ohono. O'i sgrifennu ddeng mlynedd ynghynt neu ddeng mlynedd yn ddiweddarach, gallasai *Plasau'r Brenin* fod yn nofel wahanol iawn ei syniadaeth. Brodor o bentre'r Glais yng Nghwm Tawe a chyfoeswr i Gwenallt, T. J. Morgan, sy'n mynegi anfodlonrwydd gyda'r 'duedd honno i briodoli ysbrydiaeth farddol Gwenallt i'w gysylltiadau gwledig ag ardal Llansadwrn a Rhydcymerau' a hynny ar draul ei fagwraeth yn Sir Forgannwg:[90]

Am fod y Gwenallt 'cyhoeddus' neu 'allanol' fel petai, wedi peidio â bod yn farcsaidd ac yn llafur-eithafol ac wedi arddel cenedlaetholdeb Cymreig ac eglwysyddiaeth sagrafennaidd, mae'n naturiol efallai i anghofio a bychanu'r cyfnod marcsaidd, ac i orbrisio daliadau'r ail gyfnod. Y mae *Plasau'r Brenin* ei hun yn esiampl o wneud hyn, drwy briodoli'r gwrthwynebiad cydwybodol i ddaliadau'r ail gyfnod, ac nid i ddaliadau'r cyfnod cyntaf.[91]

Er awgrymu yn y drafodaeth uchod nad ar chwarae bach y mae priodoli gwrthwynebiad cydwybodol i brofiadau Sir Gaerfyrddin neu Sir Forgannwg, mae'r pwynt ynglŷn â'r modd y dibrisir arwyddocâd Sir Forgannwg yn hanes Myrddin Tomos yn dra pherthnasol. Yn wir, gellir ystyried erthygl T. J. Morgan ei hun, 'Cefndir Gwenallt', fel ymgais gryno i gywiro ychydig ar y prinder sylw i Gwm Tawe mewn nofel y mae'n demtasiwn i'w darllen fel hunangofiant. Dros ddeuddeng mlynedd ar ôl marwolaeth Gwenallt cyhoeddwyd *Ffwrneisiau* (1982),[92] y dywedodd un beirniad amdani '[na] chafwyd mewn unrhyw waith unigol Cymraeg y fath fynegiant trylwyr o'r bywyd diwydiannol'.[93] Nofel anorffenedig yw hi a leolwyd yn ddiamwys ynghanol Sir Forgannwg ddiwydiannol, 'Cronicl Blynyddoedd Mebyd', yng ngeiriau'i his-deitl, sy'n gwneud iawn am yr esgeuluso bwriadol ar wir amgylchiadau ei fagwraeth a ddigwyddodd yn *Plasau'r Brenin* a hynny drwy dynnu llun mwy amrywiol o'r 'bobl a'r cynefin a foldiodd ei fywyd e''.

Er bod Gwenallt yn cymysgu ffaith a ffuglen yn ddigywilydd yn y nofel hon, priodas densiynus sy rhyngddynt gan fod y ffeithiol yn cael y llaw uchaf yn aml ar y ffuglennol. Bryd hynny mae'r technegau nofelyddol yn peidio a cheir talpiau mawr o adroddiadau papurau newydd, pregethau ac anerchiadau yn ogystal â thudalennau niferus yn rhestru gwahanol blanhigion neu'n disgrifio dulliau prosesu yn y gwaith dur ac alcan. Gan mor ddiawen y rhannau hyn, haws cytuno gyda Derec Llwyd Morgan – 'Mewn mannau, y mae'n gronicl sy'n dirywio'n gatalog'[94] – na chyda Bobi Jones sy'n dwyn cyffelybiaeth rhwng *Ffwrneisiau* a'r Nofel Newydd.[95] Cysylltiad cosmetig a welaf i â'r *genre* hwnnw, a gellir dychmygu Gwenallt yn tocio ac yn tynhau cryn dipyn ar y nofel hon – nofel anhylaw ac ailadroddus mewn mannau – petai wedi cael byw i'w chwblhau. Fel ag yr oedd, mae'n amlwg fod y nofel wedi peri problemau iddo. Flwyddyn union cyn ei farwolaeth, cyfeiriodd yn ei lythyr olaf at Kate Roberts, ei hen athrawes Gymraeg yn Ysgol y Sir, Ystalyfera at nofel a oedd ganddo ar y gweill: 'Y mae afiechydon a rhwystrau eraill wedi fy nghadw rhag gorffen fy nofel; ond 'r wyf wedi cychwyn ei sgrifennu am y trydydd tro.'[96] Bu'r nofel ar fynd oddi ar ddechrau'r chwedegau o leiaf a gadawyd fersiwn teipysgrif o'i saith pennod cyntaf a drafftiau a drefnodd J. E. Caerwyn Williams yn ddwy bennod glo.[97]

Nofel gŵr mewn oed sy wedi cymodi â'i orffennol yw *Ffwrneisiau*, nofel sy'n pontio'r blynyddoedd rhwng diwedd y ganrif ddiwethaf a thridegau'r ganrif hon yn hanes pentref ffatrïol Gwaun-coed (= Allt-wen) yng Nghwm Tawe. Cefnu ar y cynefin hwn a wnaethai Gwenallt yn nofel y tridegau i bob pwrpas: edrych ymlaen at gael dychwelyd at Sir Gaerfyrddin ei dadau ac nid Sir Forgannwg fabwysiedig a wnâi Myrddin Tomos ar ddiwedd *Plasau'r Brenin*. Yn hynny o beth fe gadarnhaodd y ddelwedd ddiobaith o encilio a threngi a dafluniwyd gan yr enwocaf o'r holl nofelau diwydiannol a gyhoeddwyd yn ystod y tridegau, degawd a arwyddai ddiwedd cyfnod i rannau helaeth o'r de yn sgil holl ddiweithdra ac allfudo'r cyfnod. Meddai Dai Smith am *How Green Was My Valley* (1939): 'It presents, quite simply, the best-known image of Wales in the world. It is a Wales its hero leaves in the first sentence.'[98] Nofel gan frodor a ddychwelodd yn destunol ar ddiwedd ei oes at ei hen gynefin i'w foli a'i farwnadu'r un pryd yw *Ffwrneisiau* – moli ei rinweddau, marwnadu ei ddarfod – ac er nad siwgr Richard Llewellyn sydd yma, ni ellir osgoi'r hiraeth am yr hyn a fu sy'n hydreiddio'r nofel. Nofel ddiwydiannol, felly, a sgrifennwyd mewn cyfnod ôl-ddiwydiannol pan oedd bygythiad 'y llewpart diwydiannol'[99] wedi hen gilio.

Medda Gwenallt yn *Ffwrneisiau* hefyd ar letach ymwybyddiaeth hanesyddol na Lewis Jones, dyweder, yn *Cwmardy* (1937) a *We Live* (1939), dwy nofel ddogfen a sgrifennwyd gan Farcsydd a oedd ynghanol berw'r digwyddiadau yng Nghwm Rhondda o droad y ganrif hyd drothwy'r Ail Ryfel Byd. A phellter amser rhyngddo a'i ddeunydd crai, ffeiriodd Gwenallt yr uniongrededd a'r ymrwymedigrwydd gwleidyddol a welir yn nofelau Lewis Jones – ac a welir, rhaid cofio, yn amryw o'i gerddi ei hun – am wrthrychedd: 'Gwrthrychedd ydyw'i hanfod', chwedl Bobi Jones.[100] Fe gaiff pobl o bob lliw a llun – sosialwyr, Rhyddfrydwyr, cenedlaetholwyr, Comiwnyddion, brenhinwyr, imperialwyr, Annibynwyr, Eglwyswyr, Methodistiaid – mewn gair, trigolion cymysg oll i gyd sy'n anadlu dan haul Cwm Tawe, gyfle i ddweud eu dweud yn ddilyffethair yn y tapestri cyfoethog hwn o nofel. Darlun gwrthrychol, felly, o oddrychedd cymeriadau: tybir mai un rheswm na chaniateir i faner yr un blaid gyhwfan yn uwch na'r llall a chynnig ateb i broblemau yw fod Gwenallt, yn ei oed a'i amser, wedi sylweddoli fod elfen gref o fympwy personol tymhorol, yn deillio o ffraeo a phwdu, yn pennu ymlyniad gwleidyddol ei gymeriadau. Er enghraifft, ar sail ei deimlad y cefna Gomer Powel ar y capel ac y cofleidia sosialaeth; balchder briw sy'n gyrru Henry Harper o sêt fawr Seion i gorau'r eglwys. Mae'r haniaethau y bu Myrddin Tomos yn ceisio ymgodymu â nhw yn *Plasau'r Brenin* yn cael eu llusgo drwy ddrain profiadau diriaethol pobl fan hyn. Er nad oes dwywaith fod argyhoeddiadau sylfaenol yr awdur yn dal, mae profiad yr awdur o fyw yn aeddfetach. Dyma'r geiriau sy'n cloi'r nofel:

> 'Pam ŷch chi yn poeni gyda'r hen bolitics 'na. Fe ddwedes wrth Gomer 'y ngŵr lawer gwaith am bido poeni 'i ben gyda'r *politics*; a wnaethon nhw ddim lles iddo. 'Rŷch chi yn meddwl trefnu'r byd a bywyd. Duw a'ch helpo chi. Fe fydd plant yn câl 'u geni i'r byd, bydd merched a bechgyn yn priodi, ac yn câl plant; ac fe fydd pawb yn marw. Dyna yw bywyd, a gallwch chi ddim newid y pethe yma.' (332)

Sylwadau doeth, os ofer, Hanna Powel wrth Taliesin Niclas, Cynddylan Hopcin ac Ianto Powel – tri chymeriad yn eu hugeiniau a phob un yn cynrychioli agweddau gwahanol ar Gwenallt ei hun[101] – sy'n lleoli mân ddigwyddiadau'r nofel o fewn treigl amser maith.

Cyfarwydd profiadol, cartrefol a glywir ar ddechrau'r nofel, un sy'n agor y drws i hanes ei fro ac yn ein tywys o'i chwmpas wrth ei bwysau:

> Nid yw tymhorau'r flwyddyn yn cerdded yn union yr un fath drwy bentref diwydiannol ag y maent yn cerdded drwy'r wlad. Cyn codi'r Gwaith Dur ac Alcan yn 1891, a Gweithiau o flaen hwn, yng Ngwaun-coed yng Nghwm Tawe, gwlad oedd yno: darn plwy ac ynddo ffermydd, rhai bythynnod melyn a thyddynnod gwyngalch, to-cawn; a'r ochor chwith i'r Cwm yr oedd coedwig. Ar y tir y codid gwenith, barlish a cheirch . . . (11)

Cyfetyb un o gymeriadau mwyaf unplyg a chywir y nofel, Tomos Hopcin, yn agos i Thomas Jones, tad Gwenallt ei hun: ac yntau'n un o wyth o blant, gadawodd ei gynefin yn y Gelli Uchaf, Rhydcymerau a dod gyda'i wraig i weithio, yn gyntaf fel garddwr ac yn ddiweddarach fel ffwrneisiwr, i berchennog y gwaith dur ac alcan; fe'i codwyd yn flaenor yn Seion (= Soar, Pontardawe), capel y Methodistiaid Calfinaidd, ac roedd yn byw yn *Railway Terrace*. Ond dyw'r ymwybod ag alltudiaeth a diwreiddio a oedd mor ganolog i *Plasau'r Brenin* ddim yn themâu mor nerthol y tro hwn a does fawr ddim dianc i gôl rhyw Sir Gaerfyrddin ddi-fai a mythologol. Dwy agwedd ar yr un profiad yw'r gwledig a'r diwydiannol yn y nofel hon, nid dwy elfen wrthwynebus: 'Bywyd diwydiannol wedi ei osod ar sail yr hen fywyd gwledig oedd bywyd diwydiannol Gwaun-coed.' (12)

Ar un adeg rhydd y Taliesin Niclas ifanc lais i'r math o anniddigrwydd a brofodd Gwenallt ddiwedd y dauddegau a dechrau'r tridegau, y cenedlaetholwr Cymreig a gafodd weledigaeth yn Iwerddon. Edrych ar ei gynefin â chymysgedd o edifeirwch a dirmyg a chywilydd:

> Yn y wlad o amgylch y pentre ac ar y bryniau yr oedd hen hanes a hen draddodiadau'r Cymry; cromlechi, olion hen frwydrau yn erbyn y Saeson, hen eglwysi yn mynd yn ôl i'r Canol Oesoedd ac i'r hen gyfnod, a phlastai: ac wrth edrych o ben y bryniau ar y pentre yn y pant fe welai Taliesin Niclas fod bywyd diwydiannol yn ddihanes, didraddodiad ac anfonheddig. (226–7)

Ond mae'r ffaith fod gan ei dad, Telynfab Niclas, y bardd ffraeth ei dafod sy'n teyrnasu 'fel brenin' (89) yn nhafarn y Ceiliog Coch bob nos Sadwrn, ran mor allweddol yn y nofel yn gwrthbwyso'r feirniadaeth hon. Un â'i wreiddiau'n ddwfn yn nhir y cwm yw Telynfab, amddiffynnydd glew o'i dras: ' "Ma'n traddodiade ni ym Morgannwg yn mynd yn ôl at y Derwyddon. Traddodiade Tir Iarll yw yn traddodiade ni. Iolo a Myfyr Morganwg yw sylfaenwyr yn Cerdd Dafod ni." ' (92) A'r ddau yn cael blas ar ddweud pethau mawr a'u sylwadau yn aml yn adleisio'i gilydd, amlwg ddigon mai John Joseph, un o'r 'cylch . . . dethol a gyfarfyddai yn "Yr Ystafell Las" yn Nhafarn y Groesffordd',[102] yw'r ysbrydoliaeth ar gyfer Telynfab Niclas: 'yr oedd ei wreiddiau ef yn hen fywyd Cymreig y Cwm, a medrai adrodd ei dribannau a'i lên gwerin.'[103] Ac yn angladd Tomos Hopcin mae'r ddau draddodiad a fwydodd y weledigaeth hollt sy'n nodweddu cymaint o waith creadigol Gwenallt, yn cydio dwylo: 'Angladd anghyffredin oedd ei angladd ef. Yn yr angladd fe gerddai perthnasau o Lansadwrn a Llandeilo yn eu dillad gwledig: ac am y tro cyntaf fe adawodd gweithwyr y Gwaith a cherdded yn eu dillad gwaith.' (297) A Myfanwy Hopcin wedi uno mewn priodas â'r sosialydd Ianto Powel erbyn diwedd y nofel ac wedi geni ei blentyn, sicrheir parhad i'r cymod creadigol hwn.

Oddeutu hanner ffordd drwy'r nofel y digwydd y chweched bennod ac ynddi hi y crybwyllir gyntaf y Rhyfel Byd Cyntaf. Neilltuir cyfran sylweddol ohoni i gyflwyno a thrafod prifiant cenhedlaeth Gwenallt, y to o blant a aned tua throad y ganrif. Wrth i'r awdur oedi i fanylu'n gariadus ynglŷn â'r ysgol a'r capel, y ffair a'r syrcas, bron na theimlir ei fod yn consurio Gwynfa goll y gwyddom y bydd yn dod i ben yn fuan iawn. Os yw *Plasau'r Brenin* yn awgrymu sut brofiad oedd bod yn wrthwynebydd cydwybodol yng ngharchar, yna mae *Ffwrneisiau* yn awgrymu sut brofiad oedd bod yn aelod o gymdeithas a ddryswyd gan dwymyn rhyfel: cefnogir y rhyfel gan ficer yr Eglwys a chan weinidog y Presbyteriaid, ond fe'i gwrthwynebir yr un mor huawdl gan weinidog yr Annibynwyr. Fodd bynnag, mae'r ymraniadau rhwng tri chyfaill ifanc yn ddrych o'r rhwygiadau a felltithiodd y gymdeithas gyfan:

'Lle fuest ti, Taliesin?' gofynnodd Cynddylan Hopcin.
'Yn y pentre yn edrych ar y sowldiwrs yn martsho, ac yn canu'r band; ac fe âth y miwsig drwy 'nghorff i yn iasau . . . Ble fuoch chi?'
'Yn codi cangen o Gymdeithas y Cymod,' meddai Cynddylan Hopcin . . .

'Beth? Cymdeithas basiffist? 'Rŷch chi yn ddou basiffist! Dou gachgi. Dou fradwr. Cerwch i ddiawl â chi.'

Fe aeth ymaith yn ei ddicter. A dwedodd Ianto Powel wrth ei gyfaill:

'Meddwl am y mwlsyn twp yn mynd i ymladd *for God, King and Country*. Pam na fydde'r "*God*" hwn yn stopo'r Rhyfel, ne'r eglwysi? Wyt ti'n gweld, Cynddylan, ma'r Parch. Morris Parri yn credu fod Duw o blaid y Rhyfel am 'i fod *e* o blaid: ac ma'r Parch. Llechryd Morgan yn credu fod Duw yn erbyn y Rhyfel am 'i fod *e* yn erbyn. Beth yw Duw? *Bloody illusion*!'

'Wyddost ti, Ianto, pan fo rhai fel ti yn gwadu Duw, 'rŷch chi yn troi ych hunen yn dduwiau. 'Rwyt ti yn siarad fel duw hollalluog a hollwybodol. Chi'r Sosialwyr yw'r dynion mwya hunanol a weles i eriôd.'

'Cer i uffarn â ti, y cranc twp,' ebe Ianto. (250–1)

Er bod y tri chyfaill yn dod yn gyfeillion o'r newydd drannoeth y rhyfel, mae'r sgwrs yma'n arwyddo'r chwalfa a grewyd ar y pryd. Serch hynny, yn llygad y gymdeithas gyfan, y ddau y daw eu hathroniaeth benben â'i gilydd yw'r gweinidog Methodist, Morris Parri a'r gweinidog Annibynnol, Llechryd Morgan.

O ran ei wleidyddiaeth, Rhyddfrydwr oedd Morris Parri, 'er nad oedd ganddo fawr o ddiddordeb mewn gwleidyddiaeth'. (61) Serch hynny, nid yw hynny'n ei rwystro rhag lladd ar sosialaeth yr ILP a Rhyddfrydiaeth radicalaidd o'r pulpud yn ogystal â'r ddiwinyddiaeth ryddfrydig a bwysleisiai agweddau dyneiddiol Cristnogaeth: 'nid yw hi yn iawn i glymu Cristionogaeth wrth unrhyw blaid wleidyddol na chyfundrefn economaidd. Ni ddylid troi Cristionogaeth yn Sosialaeth. Y mae'r Efengyl yn Efengyl sydd yn y byd hwn, ond y mae hi uwchlaw'r byd hefyd.' (65) Flynyddoedd cyn y Rhyfel Byd Cyntaf, mynega ar goedd ei safbwynt ynglŷn â rhyfel:

Y mae rhai pobol hefyd yn ymosod ar ryfel. Y mae rhyfeloedd yn anghyfiawn, ond fe all rhyfel fod yn gyfiawn hefyd. Pe byddai gwlad anffyddol, er enghraifft, yn ymosod ar wlad Gristionogol er mwyn dinistrio ei Christionogaeth hi, yna dyletswydd pob Cristion gwerth ei halen fyddai amddiffyn Cristionogaeth a bod yn barod i farw drosti. (66)

Amlwg ddigon ei fod yn ystyried mater rhyfel yn un digon difrifol i beryglu niwtraliaeth wleidyddol ei enwad o'i herwydd. Nid yw Morris Parri ar ôl o annog bechgyn ei braidd yn ei bregethau i ymrestru, a beirniada hefyd Gymdeithas y Cymod, cymdeithas y gwrthyd ei gapel roi'r festri iddi er mwyn cynnal cyfarfod cyhoeddus. Ymgysylltodd y gweinidog yn fwy cyhoeddus byth gyda'r ymgyrch ryfel drwy gadeirio cyfarfod recriwtio a anerchwyd gan Syr Henry Jones a William Jones, yr aelod seneddol Rhyddfrydol dros etholaeth Arfon.

Cyn y rhyfel ac yn rhan gynta'r nofel, anrhydeddir Morris Parri ar aelwyd Tomos a Mari Hopcin: 'Teulu yn parchu Gweinidog oedd teulu Tomos Hopcin; nid parchu'r person yn unig, ond parchu'r swydd hefyd.' (40) Ond cwyd dilema ym meddwl Tomos Hopcin hunanddiwylliedig pan orfodir y gwaith dur i brosesu ar y Sul:

> Nid oedd Tomos Hopcin yn fodlon gweithio ar fore Sul, torri'r Sabath; ond ar y llaw arall yr oedd eisiau arfau ar y milwyr i ennill y Rhyfel. Problem anodd oedd hon, un o'r rhai mwyaf anodd . . . Fe ofynnodd i'w Weinidog . . . am ei gyngor . . . yn ôl ei farn ef, nid oedd gweithio ar y Sul i helpu'r Fyddin i ennill y Rhyfel cyfiawn yn dorri'r Sabath . . . Am fod y Gweinidog yn gwybod yn well nag ef, gweithio ar fore Sul a wnaeth Tomos Hopcin. (234–5)

Awgryma'r ymddiriedaeth hon ym marn y gweinidog faint ei gyfrifoldeb, ond ni phery parch Tomos Hopcin gymedrol yn ddiamod:

> 'Rŷch chi, Mr. Parri, ddim yn gwybod beth ma pobol yn weud tu ôl i'ch cefen yn y tai ac yn y Gwaith. Dyn shengel ŷch chi, 'dôs gyda chi ddim meibion i'w gyrru i'r Rhyfel. 'Rôch chi y Sul o'r blân yn sôn am Abram ac Isaac: ond 'dôs gyda chi yr un Isaac.'
> 'Wel pe byddwn yn briod a meibion gennyf fe fyddwn i yn eu hannog hwythe i ymuno â'r Fyddin.'
> 'Peth rhwydd iawn, Mr. Parri, yw annog meibion nad ydyn nhw ddim yn bod. Ond fy mhwynt i yw hwn. Ma ishe bwrw'r Rhyfel o'r Eglws er mwyn 'i chadw yn gyfan. 'Dôs dim ishe pregethu o blaid y Rhyfel nac yn 'i erbyn; dim ond gweddïo dros y milwyr a'r gwrthwynebwyr cydwybodol.' (261)

Gwelir hyd yn oed yr hen do ceidwadol, na fyddai gynt wedi cwestiynu awdurdod y weinidogaeth, yn codi llais yn erbyn ei safiad ynglŷn â'r rhyfel ac yn amau ei bod yn cyfeiliorni.

Yn ymhlyg yn y portread o'r gweinidog Methodist yn ystod y rhyfel, mae'r un math o feirniadaeth ar grefydd gyfundrefnol â honno a leisiwyd yn achos y caplan didostur yn *Plasau'r Brenin* a bwysleisiai ddysgeidiaeth yr Hen Destament.[104] Os mynd gyda'r llif jingoaidd yw hanes Morris Parri, sefyll yn erbyn y llanw torfol a wna Llechryd Morgan. Fe'i cyflwynir yn rhan gyntaf y nofel fel gweinidog Bethel, capel yr Annibynwyr, sef yr enwad cryfaf yn y pentref. Pan ddaw Evan Roberts i gynnal cyfarfod yn Seion yn ystod Diwygiad 1904–5, bwria Llechryd Morgan gryn amheuaeth ar fwlgareiddiwch yr holl sioe: 'Y bobol y bydda i yn hoffi yw'r cyfrinwyr a'r Crynwyr. 'Rwy'n cytuno â'r Crynwyr yn eu gwrthwynebiad i ryfel ac yn hoffi'r distawrwydd yn eu cyfarfodydd. Mor wych yw'r distawrwydd hwn o'i gymharu â sŵn a mwstwr cyfarfodydd y Diwygiad.' (86) Amlwg ddigon ei fod yn sefyll ar y pegwn arall i Morris Parri yn ddiwinyddol, a phan ddaeth y rhyfel fe fwriodd ei goelbren gyda heddychiaeth Gristnogol:

> Ildio i'r tywyllwch y tu mewn iddo a wnaeth dyn; ufuddhau i ewyllys yr hunan, gan droi'r cariad ynddo yn gasineb. Dyna oedd y Rhyfel. Yn awr fe welai ei bwrpas fel Gweinidog Duw, sef dilyn y goleuni yn y tywyllwch; dilyn y golomen yn y diffeithwch; canlyn Baner yr Oen; addoli Tywysog Tangnefedd. (243)

Ond yn y darlun hwn o arwriaeth Anghydffurfiwr mewn dyddiau dreng, bron na chanoneiddir Llechryd Morgan gan Gwenallt: fe'i portreedir fel llysieuwr egwyddorol y mae ei wraig – un o'r un gwehelyth â chymar William Jones yn nofel T. Rowland Hughes – yn ei adael yn ystod y rhyfel ac y cwtogir ei gyflog gan ei flaenoriaid mewn ymgais i gael gwared ohono. Er mwyn cael deupen llinyn ynghyd, fe â ar ofyn Telynfab Niclas am waith ac fe'i difenwir am ei drafferth: ' "Pe bydde gen i waith 'roddwn i ddim i ryw gachgi a bradwr fel chi" ' (256), ond cytuna Gomer Powel i estyn cymorth iddo: ' "Am mai chi yw'r dyn tebyca i Iesu Grist a weles i. Ŷch chi yn sant, Syr." ' (257) Gwêl Cynddylan Hopcin ef yn sefyll yn yr ardd:

> . . . gwelodd y Gweinidog yn sefyll rhwng dwy goeden, ac adar y to yn sefyll ar ei ysgwyddau, robin goch yn un llaw a bronfreithen yn y llall; ac ar ei ben yr oedd colomen. Dyna lle'r oedd yn sefyll fel dewin adar, fel angel Natur ac fel un o gyfrinwyr y greadigaeth. (251)

Onid Sant Ffransis o Assisi yw hwn?

Yn ystod y rhyfel daw ditectif y llywodraeth i gadw nodiadau ym mhregeth Llechryd Morgan: dywedyd bod enw'r gweinidog ar restr y Swyddfa Gartref yn sgil Deddf Gwarchod y Deyrnas 1914 (*Defence of the Realm Act*: DORA). Ymdebyga'r hanesyn i'r hyn a ddigwyddodd i T. E. Nicholas, gweinidog arall gyda'r Annibynwyr ond un a ddaeth i'r Glais yn 1904 y tro hwn, Comiwnydd a goleddwyd gan Gwenallt yn 'arwr':[105] trefnodd Prif Gwnstabl Morgannwg, Capten Lionel Lindsay, fod heddlu cudd yn mynychu ei bregethau yn ystod y rhyfel.[106] Pregethwr pasiffistaidd arall y rhoddwyd ditectif i'w wylio oedd John Morgan Jones, gweinidog gyda'r Methodistiaid ym Merthyr, tref a ysbrydolodd y bathiad 'Merthyr-ism' gan mor gryf y mudiad heddwch yno.[107] Cyfeiria Dewi Eirug Davies at ddau weinidog a fu'n gefn i Gwenallt gerbron y tribiwnlys pan ymddangosodd fel gwrthwynebydd cydwybodol, sef W. J. Rees, yr Allt-wen a Llewelyn Boyer, Dan-y-graig; crybwylla hefyd y Parchedig William Rees, Llechryd, 'un o'r heddychwyr pybyraf'[108] ac ewythr i W. J. Rees.[109] Yn ôl Gwenallt ei hun, 'fe gafodd y ddau weinidog gyda'r Annibynwyr eu gwawdio; fe ostyngwyd cyflog un gweinidog er mwyn cael gwared arno am ei fod yn heddychwr'.[110]

Ar ôl y rhyfel, derbynia Morris Parri alwad eglwys arall yng nghyffiniau Bangor, ond perswadir Llechryd Morgan gan aelodau o'i braidd i aros yn fugail arnynt. Yr hyn sy'n eironig am y digwyddiad hwn yw mai dau filwr, o bawb, sy'n cynnig ac yn eilio y dylai'r eglwys ofyn i'w gweinidog aros a chodi ei gyflog yr un pryd:

'Pan own i yn filwr ym Mharis fe glywes i sut y triniwyd yn Gweinidog: 'i erlid, 'i gam-drin a gostwng 'i gyflog. 'Dwy ddim yn basiffist, ond fe ymladdson ni dros ddemocratiaeth a rhyddid, a dyna chi yn cosbi dyn am ddweud ei farn. 'Doedd fy rhieni i ddim yn gallu sgrifennu, ond fe sgrifennws y Gweinidog lythyr bob wsnos drostyn nhw. Ac fe gefes i lythyr ganddo bob mis, a phob aelod yn y Capel hwn.' (300)

' 'Dwy inne ddim yn basiffist, er 'y mod yn ame yn fawr a awn i ymladd eto wrth weled y *politicians* yn llunio'r Heddwch yn Versailles. Ond y mae gan yn Henwad ni draddodiad heddychol: rhai fel S.R., Henry Richard a Gwilym Hiraethog: hen Radicalied a hen heddychwyr. Ma'r Parch. Llechryd Morgan yn y traddodiad hwn, ac y mae trefn y traddodiad yn adeg Rhyfel yn golygu aberth, a gwawd a dirmyg. Wel, mae'n Gweinidog ni wedi cadw'r traddodiad yn yn dyddie ni.' (301)

Yr union fath o ddynion y bu'r ffasiwn ymrafael o fewn y capel a'r cwm ynglŷn â'u ffawd sy'n gweithredu fel cydwybod i'r gymdeithas ac yn dadlennu ei rhagrith drannoeth y rhyfel. Mae'r thema hon – milwyr yn cynghreirio gyda gwrthwynebwyr yn wyneb dihidrwydd y militariaid ac anwybodaeth y cyhoedd – yn un bur gyffredin. Yn nofel Gwilym Peris, y cyn-filwr Huw Llwyn Bedw sy'n achub cam Michael O'Hara pan gyhuddir ef ar drên gan ffermwr cefnog o osgoi ei ' "ddyletswydd" ': (89) ' "Y fo sy'n iawn heddiw. Yn y carchar y buaswn innau hefyd pe cawn ail-gynnig." ' (89) Calonogwyd Ithel Davies yn fawr tra oedd yn y carchar o dderbyn neges 'oddi wrth y bechgyn yn y ffosydd. Y neges honno oedd am i mi ddal yn gadarn, fod eu dulliau hwy yn fethiant a gobeithio y llwyddai fy nulliau i'.[111] Cyfeiria Myrddin Tomos yntau at garedigrwydd y milwyr yn y gwersyll, 'yn enwedig y rhai a fuasai ar faes y frwydr yn Ffrainc . . . Pan wnâi milwr dro da â gwrthwynebwr cydwybodol, gellid bod yn sicr y buasai hwnnw ar faes y gad' (27), a chyfeirir yn barchus iawn at Sarjant Evans pan yw'n marw. (27–8) Awgryma'r cydymdeimlad a'r gyd-ddealltwriaeth yma mai cyd-ddioddefwyr dan yr un iau oedd y milwr a'r gwrthwynebydd yn y bôn.

Ni all y sifiliaid gartref osgoi ergydion y rhyfel. Lleddir Gomer Powel mewn damwain ddiwydiannol, damwain sy'n atgoffa dyn o'r modd y bu tad Gwenallt ei hun farw. Prysurdeb, oherwydd gofynion y rhyfel, a achosodd y blerwch a arweiniodd at y ddamwain: 'My father has been killed because of this bloody War.' (278) Am y cyn-filwr Stanley Harper, fe wnaeth amdano'i hun drwy neidio i ganol y metel tawdd yn y ladl. Yn ogystal â'r awgrym ei fod wedi dwyn arian o'r swyddfa i'w roi ar geffylau, cynigiwyd y ddau esboniad hyn:

Esboniad eraill oedd bod y Rhyfel wedi andwyo'r dyn ifanc – ei fod wedi cael *shell shock*; ac yr oedd pobol Y Ceiliog Coch wedi clywed ei chwerwder a'i gableddau. Fe soniai Taliesin Niclas ei fod wedi cwrdd â Lifftenant Stanley Harper yn Ffrainc, a'i farn ef oedd mai Cymro ydoedd wedi ei ddiwreiddio o'r bywyd Cymreig gan snobeiddiwch ei dad a'i fam. (289)

Gweld y rhyfel yn nhermau'r argyfwng hunaniaeth lletach y dioddefai'r Cymro ohono a wnâi Llechryd Morgan yntau: 'Pe byddai gan Gymru ei llywodraeth ei hun fe allai fod yn siampl i bawb. Gwlad heb Fyddin a heb Lynges a heb arfau. Beth 'se'r gelynion yn ymosod arni? Fe fyddai'n well i ni farw yn genedl o ferthyron nag yn genedl o filwyr.' (255) Ymhen rhyw ddeng mlynedd, dyma fyddai'r delfryd aruchel a phuraidd a roddai T. Gwynn Jones gerbron yn 'Argoed' (1927–30). Ond nid eiddo'r gwrthwynebwyr mo'r olwg ar ddyfodol Cymru yn gyfan gwbl: Taliesin Niclas sy'n pwysleisio wrth ei fugail fod 'rhaid i ni edrych ar Gymru, Mr. Parri, yn genedlaethol' (304), ac ef ar ddiwedd y nofel, yn wahanol i'r heddychwr Cynddylan Hopcin sy'n priodi Saesnes ac yn mynd i Birmingham i fyw, a erys fwyaf triw i'w famwlad. Er gwaethaf ymrwymiad gwleidyddol Gwenallt ei hun yn ystod y rhyfel, y mae *Ffwrneisiau* yn nofel ry wrthrychol i'w hawdur gyplysu'n simplistig o'i mewn heddychiaeth gyda chenedlaetholdeb. Oni fyddai profiadau Saunders Lewis a Lewis Valentine o'r rhyfel yn ddigon i omedd hynny iddo?

Ac eto, er gwaetha'r arwyddion cymod a maddeuant sydd yn *Ffwrneisiau*, synhwyrir mai Sir Gaerfyrddin sy'n ennill y dydd yn y pen draw – neu o leiaf, mai Sir Forgannwg sy'n colli. Ar ddiwedd y nofel, ymwêl Cynddylan Hopcin, Taliesin Niclas ac Ianto Powel â beddau eu tadau yn y fro ddiwydiannol, gweithred sydd fel petai'n gwneud iawn am yr un pennill a roesai Gwenallt i'r beddau yn yr Allt-wen o gymharu â'r saith i Lansawel yn y gerdd 'Beddau' yn *Ysgubau'r Awen* (1939).[112] Serch yr wrogaeth hon, prysur droi'n fynwent a wnâi Gwaun-coed gyfan: y lleiaf dysgedig o blith y tri yw'r unig un sy'n aros ar ôl yn ei gynefin. Etifedda Ianto Powel holl wrth-Gymreigrwydd mympwyol y sosialwyr, agwedd ar yr ILP a feirniedir yn ddiarbed yn *Ffwrneisiau* a hynny gan Telynfab Niclas yn anad neb. Ac eto, os derbynnir mai Jack Joseph yw'r ffynhonnell ar gyfer y cymeriad ffraeth hwnnw, yna roedd ef, yn wahanol iawn i Telynfab Niclas, yn gwrthwynebu'r rhyfel fel aelod o'r ILP. Canmolwyd egwyddorion yr ILP i'r entrychion drannoeth y rhyfel:

> Of actual political parties the only one officially with us, and heartily supporting the fight against conscription, was the

Independent Labour Party. As the idealist wing of Labour its members naturally saw more clearly into political tendencies and the long consequences of a temporarily popular tyranny than those parties whose outlook was not illuminated by an inward faith . . . Most of the Socialist objectors were of this party, and one may be sure that its brave fidelity to its principles in difficult times has accumulated for it a store of energy, some day to be turned to practical account.[113]

Ond pan wawriodd y dydd a broffwydwyd gan John W. Graham yn 1922, ni wireddwyd mo'r apocalyps a siomwyd Gwenallt ym mharodrwydd y Blaid Lafur i gyfaddawdu gydag iddi gael blas ar bŵer gwleidyddol: 'Yr oedd swydd yn diffodd y tân, a gallu yn troi gwrthryfelwr yn geidwadwr.'[114] Ac erbyn i'r Ail Ryfel Byd gychwyn, sylweddolodd fod mwy o ruddin mewn Cristnogaeth na sosialaeth: ''Roedd llawer math o wrthwyneb-wyr cydwybodol yn ystod y rhyfel cyntaf, rhai ar dir Cristnogol, rhai ar dir moesol, a rhai ar dir Sosialaidd. Nid yw'r gwrth-wynebwyr Sosialaidd a adwaenwn i yn wrthwynebwyr yn ystod y rhyfel hwn. Y gwrthwynebwyr Cristnogol, yn bennaf, a arhosodd yn heddychwyr.'[115] Y gwerthoedd a gysylltid â Sir Gaerfyrddin a ddaliodd eu tir orau.

Yn nwy gerdd gyntaf *Y Coed* (1969), y gyfrol a gyhoeddwyd ar ôl ei farwolaeth, mynegir dwy wedd ar brofiad Gwenallt drachefn: cyfeiria'r naill yn ddig at y ddamwain ddiwydiannol a ddigwyddodd yn Aber-fan yn Sir Forgannwg a'r llall yn fuddugoliaethus at lwyddiant etholiadol Plaid Cymru yn Sir Gaerfyrddin.[116] Gwêl Gwynfor Evans yn nhras Llewelyn Williams: '[yn c]erdded yn ôl traed diwyro Gymru Fyddaidd yr hen Lew' (12) yn 'Shir Gâr, a gododd y genedlaethol wawr.' (12) Mor fuan â 1923, roedd y cyn-wrthwynebydd cydwybodol George M. Ll. Davies wedi ei ethol yn aelod seneddol dros Brifysgol Cymru fel Heddychwr Cristnogol:

It was a public rejection of war and military values by the graduate electors of Wales . . . It showed how the Welsh intelligentsia was moving away from the unthinking commitment to official Liberalism and to Lloyd George's leadership, and was turning to a new, post-war radicalism of a more committed kind.[117]

O gymharu, bu'n rhaid i'r cyn-wrthwynebydd cydwybodol

D. Gwenallt Jones aros yn hir am ei fath ef o radicaliaeth ymrwymedig – bron hanner can mlynedd a dweud y gwir – ar ffurf dyfodiad y rhyddid arbennig hwn yn isetholiad enwog 1966.

Nodiadau

1 Dyfynnwyd yn David Jenkins, *Thomas Gwynn Jones: Cofiant* (Dinbych, 1973), 261.

2 Rhydd W. Eifion Powell sylw i heddychiaeth Tegla yn 'Edward Tegla Davies (1880–1967)', yn D. Ben Rees (gol.), *Dal Ati i Herio'r Byd* (Lerpwl a Llanddewi Brefi, 1988), 45–50. Y tair stori gan Tegla a drafodir yn y bennod hon yw: 'Cenhadwr Bethlehem', *Y Beirniad*, 5 (3, Hydref 1915), 151–61; 'Jac Fy Mrawd yn Mynd i'r Fyddin', *Y Beirniad*, 7 (1, Gwanwyn 1917), 45–54; 'Breuddwyd Wil Ty Pen', *Y Deyrnas*, 1 (10, Gorffennaf 1917), 7–9.

3 'Atgofion Cyfaill', yn Islwyn Ffowc Elis (gol.), *Edward Tegla Davies: Llenor a Phroffwyd* (Lerpwl, 1956), 47. Cyhoeddwyd ' "S.R." a Rhyfel y Crimea' yn *Y Deyrnas*, 1 (2, Tachwedd 1916), 9–11. Amlinellir hanes David Thomas fel gwrthwynebydd cydwybodol yn Dewi Eirug Davies, *Byddin y Brenin: Cymru a'i Chrefydd yn y Rhyfel Mawr* (Abertawe, 1988), 157–8.

4 J. W. Jones, *Crefft, Cledd, Cennad* (Llandysul, 1971), 27. Gw. hefyd Ifan Gruffydd, *Gŵr o Baradwys* (Dinbych, 1963), 115: 'ni pherchid y milwr y pryd hynny fel y perchir ef heddiw. Erychid arno fel un wedi dewis y bywyd i osgoi'r cyfrifoldeb o fyw'n barchus.' Sylw tebyg sy gan Kate Roberts yn *Traed Mewn Cyffion* (Aberystwyth, 1936), 158: 'Yr oedd ambell un yma a thraw yn perthyn i'r milisia, ond nid un i ymfalchïo ynddo a fyddai.'

5 'Llenor y Plant', *Edward Tegla Davies: Llenor a Phroffwyd*, 62.

6 Richard Hughes Williams, 'Mynd Adref', *Storïau Richard Hughes Williams* (Wrecsam. 1932), 167–73; ymddangosodd gyntaf yn *Y Wawr*, 2 (Haf 1915, 3), 102–6.

7 Gwynfor Evans, *Heddychiaeth Gristnogol yng Nghymru* (Llandysul, 1991), 25.

8 Gw. Dewi Eirug Davies, *Protest a Thystiolaeth: Agweddau ar y Dystiolaeth Gristionogol yn yr Ail Ryfel Byd* (Llandysul, 1993), 105–15, lle trafodir y gyfres 'Pamffledi Heddychwyr Cymru'.

9 Gwilym Peris, *Y Llwybr Unig* (Caernarfon, 1933). A'r ddau yn meddu ar yr un enw bedydd, digon hawdd cymysgu rhwng William John Davies, Llanberis a Chaernarfon a William John Davies, Tal-y-sarn ac fe ymddengys mai dyna'n union a wnaeth J. I. Davies a Bryn Jones yn y llyfryddiaeth ddyblygedig *Nofelau Cymraeg 1900–1962* (Llyfrgelloedd Cyhoeddus Dinas Caerdydd, 1963) lle cyfeirir yn y cofnod ar 'William John Davies (Gwilym Peris)' at erthygl Gwilym R. Jones, 'Rhown fawl i'r hen nofelydd' yn *Yr Herald Cymraeg* (4 Hydref

1954); neilltuir pennod ar gyfer yr un nofelydd cyfres a dramodydd yn hunangofiant Gwilym R. Jones, *Rhodd Enbyd* (Y Bala, 1983), 96–8.

Er i'r ddau ymhel â'r wasg yn ardal Caernarfon yn ystod hanner cyntaf y ganrif hon, nid yr un mohonynt.

[10] Gw. Gerwyn Wiliams, *Y Rhwyg* (Llandysul, 1993), 180–1.

[11] Paul Fussell, *The Great War and Modern Memory* (Rhydychen, 1975), 35.

[12] Rosa Maria Bracco, *Merchants of Hope* (Providence a Rhydychen, 1993), 12–13.

[13] Rhagair i W. J. Davies, *Rhamant Eryri* (Wrecsam, 1923), v.

[14] Sgwrs rhwng yr awdur a Mrs Elinor Parry a Mr Wil Parry, Caernarfon, merch a mab-yng-nghyfraith Gwilym Peris (6 Mawrth 1994).

[15] Gw. E. H. Griffiths, *Heddychwr Mawr Cymru* (Caernarfon, 1967), lle cyfeirir at George M. Ll. Davies yn 'taro ar ei hen gyfaill, Percy Ogwen Jones o Fôn' (88) yn Wormwood Scrubs, a thrachefn, yn Hydref 1918, yng ngharchar Winston Green, Smethwick, Birmingham (100).

[16] 'Bedwyr', *Taliesin*, 78/79 (Hydref 1992), 24.

[17] Gwybodaeth mewn sgwrs oddi wrth Mr Arwel Jones, Llanberis a Phenisarwaun (2 Mawrth 1994).

[18] Gw. *The North Wales Observer and Express* (28 Awst 1914): 'While a surprising number of agricultural workers have come forward, there is but a poor response from the quarrymen of Llanberis, Nantlle and the sets men of Trevor.' Dyfynnwyd yn Cyril Parry, 'Gwynedd and the Great War, 1914–1918', *Welsh History Review*, 14 (1, Mehefin 1988), 88.

[19] 'Yn Frawd i'r Eos Druan', yn Alan Llwyd (gol.), *R. Williams Parry* (Abertawe, 1979), 236.

[20] Cyril Parry, 'Gwynedd yn ystod y Rhyfel Mawr', yn Geraint H. Jenkins (gol.), *Cof Cenedl II* (Llandysul, 1987), 172.

[21] Dyfynnwyd yn E. H. Griffiths, *Heddychwr Mawr Cymru*, 105.

[22] 'Wales, Ireland and Lloyd George', *Planet*, 67 (Chwefror/Mawrth 1988), 21.

[23] 'Llenyddiaeth Cyni a Rhyfel: 1914–1939', *Llên Cyni a Rhyfel a Thrafodion Eraill* (Llandysul, 1987), 23.

[24] Lewis Valentine, yn John Emyr (gol.), *Lewis Valentine: Dyddiadur Milwr a Gweithiau Eraill* (Llandysul, 1988), 43.

[25] Dyfynnwyd yn Mair Saunders Jones, Ned Thomas a Harri Pritchard Jones (gol.), *Letters to Margaret Gilcriest* (Caerdydd, 1993), 285.

[26] Buan y sylweddolodd y cenedlaetholwyr Cymreig na weddai dulliau absoliwt y Gwyddel yng Nghymru. Un o ymgyrchwyr cynnar Plaid Cymru, O. M. Roberts, sy'n cyfeirio at etholiad seneddol 1931 yn ei hunangofiant, *Oddeutu'r Tân* (Caernarfon, 1994): 'Yr oeddem bellach wedi newid un o'r polisïau a achosodd broblemau inni yn 1929, sef na fyddem, ped etholid Valentine, yn ei anfon i'r senedd. Dilyn y Gwyddelod oedd y nod.' (53) Dywed fel hyn mewn man arall: 'Flynyddoedd yn ddiweddarach bu Saunders a minnau'n trafod y peth gan ddweud mor ffôl yr oeddem yn credu y gellid ennill

hunanlywodraeth i Gymru trwy rym arfau. Sylw Saunders oedd, "Nid Gwyddel ydi'r Cymro." ' (36) Gw. hefyd Robin Gwyn, 'Cysgod 1916: Gwrthryfel y Pasg a'r Cysylltiad Cymreig', *Golwg*, 3 (28, 28 Mawrth 1991), 15–17.

[27] D. Gwenallt Jones, *Plasau'r Brenin* (Aberystwyth, 1934).

[28] Cofnod am 'Y Nofel yn Gymraeg', yn Meic Stephens (gol.), *Cydymaith i Lenyddiaeth Cymru* (Caerdydd, 1986), 430.

[29] 'Plasau'r Brenin', *Cydymaith i Lenyddiaeth Cymru*, 473.

[30] Davies Aberpennar [Pennar Davies], 'D. Gwenallt Jones', yn Aneirin Talfan Davies (gol.), *Gwŷr Llên* (Llundain, 1948), 46.

[31] 'Y Nofel', yn Geraint Bowen (gol.), *Y Traddodiad Rhyddiaith yn yr Ugeinfed Ganrif* (Llandysul, 1976), 114.

[32] 'Y Nofel', 118.

[33] 'Y Nofel', 127.

[34] Gw. 'Gwobr yr Academi i Nofel gan Athro', *Y Faner* (4 Awst 1966).

[35] D. Gwenallt Jones (Caerdydd, 1972), 10.

[36] 'Pennar Davies', *Ysgrifau ar y Nofel* (Caerdydd, 1992), 222.

[37] W. J. Gruffydd, 'Nodiadau Golygyddol', *Y Llenor*, 9 (2, Haf 1930), 66.

[38] *Rebirth of a Nation: Wales 1880–1980* (Rhydychen, 1982), 182.

[39] *Fiction of the First World War: A Study* (Llundain, 1988), 142.

[40] 'Plasau'r Brenin', *Y Llenor*, 13 (3, Hydref 1934), 177.

[41] 'Plasau'r Brenin', *Y Traethodydd*, 124 (531, Ebrill 1969), 54. Ailarg. yn Gwynn ap Gwilym (gol.), *Meistri a'u Crefft* (Caerdydd, 1981), 49.

[42] J. Beddoe Jones, 'Gwenallt yn Dartmoor', *Barddas*, 15 (Ionawr 1978), 1.

[43] Thomas Parry, 'Gwenallt', *Y Traethodydd*, 124 (531, Ebrill 1969), 90.

[44] Gw. Saunders Lewis, 'Plasau'r Brenin', *Y Traethodydd*, 54; Dyfnallt Morgan, *D. Gwenallt Jones*, 9; Gwyn Thomas, '"Y Meirwon" (D. Gwenallt Jones)', *Dadansoddi 14* (Llandysul, 1984), 39; Lyn Owen-Rees, *Cofio Gwenallt* (Llandysul, 1978), 52.

[45] Gw. Dafydd Rowlands (gol.), *Bro a Bywyd Gwenallt (David James Jones) 1899–1968* (Caerdydd, 1982), 56.

[46] Gw. Davies Aberpennar, 'D. Gwenallt Jones', 70; *Cydymaith i Lenyddiaeth Cymru*, 'David James Jones', 307.

[47] Ceir copi o'r llythyr yn Derec Llwyd Morgan (gol.), *Bro a Bywyd Kate Roberts* (Caerdydd 1981); sgrifennodd Kate Roberts y sylw hwn arno: 'Llythyr oddi wrth Gwenallt pan oedd yn blentyn ysgol'. Gw. hefyd erthygl goffa ganddi, 'Gwenallt y Gwrthwynebwr', yn *Y Faner* (2 Ionawr 1969), 1:

Ymadewais i ag Ystalyfera yn 1917 ac ni allaf ddweud a gymerodd ef yr Arholiad Uchaf wedyn. Digon posibl na wnaeth, oblegid yr oedd yn wrthwynebwr cydwybodol ac aeth i'r carchar. Ac eto, mae gennyf lythyr oddi wrtho, wedi ei ddyddio Awst 20, 1917, sy'n dangos ei fod yn gweithio ar Gymraeg Canol. Llythyr cydymdeimlad ydyw. Mewn ôl-ysgrif ceir hyn ganddo: 'O.Y. Byddwch cyn garediced ag ysgrifennu yr hen Amser Gorberffaith (Pluperfect) o myned. Gwelaf nad yw yn "Llyfr y Gramadeg".' Mae'n amlwg ei fod yn gweithio at yr arholiad, pa un bynnag a gymerodd ef ai peidio.

[48] 'Gair o Goffa am Gwenallt a'i Gefndir', *Barn*, 75 (Ionawr 1969), 60. Gw. hefyd eiriau Rosemary Non Mathias, 'Bywyd a Gwaith Cynnar Gwenallt' (Traethawd MA Prifysgol Cymru, Aberystwyth, 1983, heb ei gyhoeddi), 14:

> . . . wrth dorri cyfraith gwlad, roedd yn rhaid wynebu canlyniadau ehangach na gwrthwynebiad cymdogion. Roedd Gwenallt yn awr yn droseddwr fel yr heriwyd ef gan y gyfraith. I osgoi'r canlyniadau am ychydig aeth i weithio ar ffermydd ei deulu yn sir Gaerfyrddin, ond daliwyd ef a'i restio yn y diwedd yn yr Allt-wen. Oddi yma dygwyd ef i garchar Abertawe am dymor byr, cyn ei gludo i'r llys filwrol yng Nghaerdydd, lle dedfrydwyd ef i ddwy flynedd o garchariad yn Wormwood Scrubs a Dartmoor.

[49] 'Gwenallt yn Dartmoor', 1.

[50] *Byddin y Brenin* (Abertawe, 1988), 151.

[51] Gw. Rosemary Non Mathias, 17.

[52] 'Plasau'r Brenin', *Y Traethodydd*, 55.

[53] *Byddin y Brenin*, 151.

[54] Gw. Ithel Davies, *Bwrlwm Byw* (Llandysul, 1984), 73.

[55] Gwenallt, 'Credaf' (1943); adarg. yn J. E. Meredith, *Gwenallt: Bardd Crefyddol* (Llandysul, 1974), 59.

[56] 'Credaf', 60.

[57] Dyfynnwyd yn J. E. Meredith, *Gwenallt: Bardd Crefyddol*, 19.

[58] Gw. Gwenallt, 'Y Bardd a'i Fro', *Y Gwrandawr*, yn *Barn*, 68 (Mehefin 1968), vi.

[59] D. Gwenallt Jones, 'Rhagymadrodd', yn T. E. Nicholas, *Llygad y Drws* (Dinbych, 1940), 9.

[60] Goronwy J. Jones, *Wales and the Quest for Peace* (Caerdydd, 1969), 90. Gan mor llethol y pwysau cyhoeddus, fe simsanodd hyd yn oed Keir Hardie ar fater heddychiaeth. Gw. Anthony Mòr-O'Brien, 'Keir Hardie, C. B. Stanton, and the First World War', *Llafur*, 4 (3, 1986), 31–42.

[61] Gw. Goronwy J. Jones, 92.

[62] Gw. J. E. Meredith, 21; cyfeirir at y 'Non-Conscription League', ond dichon mai'r NCF sy ganddo mewn golwg. Aled Eirug, yn 'Agweddau ar y Gwrthwynebiad i'r Rhyfel Byd Cyntaf yng Nghymru', *Llafur*, 4 (4, 1987), 64, sy'n crybwyll y ffigur o chwech ar hugain. Yn ôl Anthony Mòr-O'Brien, ' "Conchie": Emrys Hughes and the First World War', *Welsh History Review*, 13 (3, Mehefin 1987), 340, roedd gan yr NCF 198 o ganghennau ledled Prydain yn Ebrill 1916.

[63] Gan mor fylchog y cofnodion, mae'r data yn annibynadwy. Mewn llythyr at E. P. Jones (2 Mehefin 1932) a atgynhyrchwyd yn Dafydd Rowlands (gol.), *Bro a Bywyd Gwenallt*, diolcha Gwenallt am gael benthyg copi o 'lyfr Graham ar "Conscription and Conscience" '. (39) 1,543 yw nifer yr absoliwtyddion yn ôl Graham, ac fe ymddengys mai dyma'r sail i 1,500 John Davies yn *Hanes Cymru* (495); ar y llaw arall, 985 yw'r ffigur sy gan John Rae yn *Conscience and Politics* (Rhydychen, 1970), 201.

[64] Atgynhyrchwyd y llun yn Dafydd Rowlands, 30; gw. hefyd y llun ar dudalen 32 a'r copi ar dudalen 33 o gerdd Gwenallt, 'Iarll Dwyfor', a gyhoeddwyd yn *Eples* ac sy'n cloi â'r cwpled: 'Diolched Dwyfor iti am bob dim a wnest erddi / A cherydded di hefyd am nas gwnaethost.' Dyfynnir y geiriau a lefarodd Lloyd George fel Gweinidog Rhyfel gerbron Tŷ'r Cyffredin (26 Gorffennaf 1916) ar ddechrau astudiaeth John W. Graham, *Conscription and Conscience: A History 1916–1919* (Llundain, 1922): '"I shall only consider the best means of making the path of that class a very hard one."' Yn groes i'w addewid, y gwir amdani yw fod ei weinyddiaeth wedi gweithredu newidiadau a sicrhaodd well amodau byw i'r absoliwtyddion: gw. John Rae, 201–33.

[65] 'Agweddau ar y Gwrthwynebiad i'r Rhyfel Byd Cyntaf yng Nghymru', 67.

[66] *Sir Gaerfyrddin a Sir Forgannwg*: record yn 'Cyfres yr Ysgol a'r Aelwyd' (1969); dyfynnwyd hefyd yn y ddrama ddogfen *Ar Waelod y Cof . . .* (Cinéclair Films, 1984) a ddarlledwyd ar S4C. Ceir llun yn Dafydd Rowlands (gol.), *Bro a Bywyd Gwenallt* o '[F]odryb Lisa – chwaer ei dad – a'i gŵr Dafydd a oedd yn ffermio Pant y Pistyll'. (26)

[67] J. Beddoe Jones, 'Gwenallt yn Dartmoor', *Barddas*, 15 (Ionawr 1978), 1.

[68] J. Beddoe Jones, 3. Gw. Gwenallt, 'Credaf', 62, lle cyfeirir at 'Beddoe Jones' fel un o'r 'nythaid o feirdd' a ganai yng Ngholeg Prifysgol Cymru, Aberystwyth ddechrau'r dauddegau.

[69] Dyfynnwyd yn Anthony Mòr-O'Brien, '"Conchie": Emrys Hughes and the First World War', 346.

[70] Gw. John Rae, 203–5.

[71] Gw. Dafydd Rowlands, 22–3, lle ceir lluniau o gloriau llyfrau a ddarllenwyd gan Gwenallt yn Dartmoor. Yn eu plith mae *Great Possessions* gan Laurence Housman, brawd i A. E. Housman a sgrifennodd ar bynciau fel sosialaeth a phasiffistiaeth, yn ogystal â theitlau dadlennol fel *Crucifiers and Crucified, Socialism and the Bible* a *Songs of Freedom*.

[72] Dafydd Johnston, 'Dwy Lenyddiaeth Cymru yn y Tridegau', yn John Rowlands (gol.), *Sglefrio ar Eiriau* (Llandysul, 1992), 49.

[73] Dyfynnwyd gan Dafydd Johnston, 42–3.

[74] Goronwy J. Jones, 152. Serch hynny, yng nghynhadledd y blaid yn Abertawe yn 1938 ac er mawr ofid i'w llywydd ar y pryd, pasiwyd cynnig Gwynfor Evans – yr heddychwr sosialaidd ei dueddfryd a olynai Saunders Lewis fel arweinydd yn 1945 – a ymrwymai Blaid Cymru i bob pwrpas wrth stans basiffistaidd: 'Though the motion was not intended as a condemnation of the methods used against the Bombing School where damage had been limited solely to property, it was significant that nationalists felt the need to make the classification.' Gw. D. Hywel Davies, *The Welsh Nationalist Party, 1925–45* (Caerdydd, 1984), 167.

[75] Gw. y seithfed bennod yn *Letters to Margaret Gilcriest*, 577–636, sy'n cynnwys y llythyrau a anfonodd Saunders Lewis at ei wraig tra oedd yn Wormwood Scrubs; gw. hefyd 'Beddau'r Byw', dyddiadur carchar

Lewis Valentine a gyhoeddwyd rhwng Tachwedd 1937 a Chwefror 1939 yn *Y Ddraig Goch* ac a ailargraffwyd yn John Emyr (gol.), *Lewis Valentine: Dyddiadur Milwr a Gweithiau Eraill*, 111–67.

[76] *We Did Not Fight: 1914–18: Experiences of War Resisters* (Llundain, 1935), xvi.

[77] Gw. A. J. P. Taylor, *English History 1914–1945* (Rhydychen, 1966), 2: 'The state established a hold over its citizens which, though relaxed in peacetime, was never to be removed and which the second World war was again to increase. The history of the English state and of the English people merged for the first time.'

[78] Dyfynnwyd yn John W. Graham, *Conscription and Conscience*, 260.

[79] Gw. John W. Graham: bu 71 o wrthwynebwyr farw yn ystod neu'n fuan ar ôl eu carchariad, 'Among the deaths were a few suicides' (322); 'The number who lost their reason was 31'. (351)

[80] J. P. M. Millar, 'A Socialist in War Time', yn Julian Bell (gol.), *We Did Not Fight*, 241. Ystyrier hefyd brofiad Emrys Hughes o garchar Caerdydd, sy'n awgrymu pa mor nodweddiadol oedd ofnau Myrddin Tomos: 'If this went on, I reflected, I would eventually go mad'; dyfynnwyd yn Anthony Môr-O'Brien (1987), 347.

[81] John W. Graham, 255.

[82] 'D. Gwenallt Jones', yn Aneirin Talfan Davies (gol.), *Gwŷr Llên*, 48.

[83] A. O. H. Jarman, 'Y Blaid a'r Ail Ryfel Byd', yn John Davies (gol.), *Deffro'r Ddraig* (Tal-y-bont, 1981), 74.

[84] 'Credaf', 68–9.

[85] Gwenallt, 'Sir Forgannwg a Sir Gaerfyrddin', *Eples* (Llandysul, 1951), 24.

[86] Huw Ethall, 'Lev (Leo) Nikolaevich Tolstoi', yn D. Ben Rees (gol.), *Oriel o Heddychwyr Mawr y Byd* (Lerpwl a Llanddewi Brefi, 1983), 30.

[87] Gw. nofel Harri Williams a seiliwyd ar fywyd a gwaith Fyodor Dostoevsky, *Deunydd Dwbl* (Llandysul, 1982), yn enwedig Rhan III, 'Siberia', 53–84, sy'n trin a thrafod cyfnod ei garchariad a'r ysbrydoliaeth i'w nofel.

[88] Gw. James Joyce, *Portrait of the Artist as a Young Man* (1924; arg. Minerva, Llundain, 1992), 213: 'When the soul of a man is born in this country there are nets flung at it to hold it back from flight. You talk to me of nationality, language, religion. I shall try to fly by those nets.'

[89] Geiriau sy'n adleisio rhai John W. Graham yn *Conscription and Conscience*, 266: 'Of all the needs of human creatures intercourse with others is central. We are gregarious animals and have been such for uncounted millenniums. That has been the enviroment in which all our characters have been formed and our morality evolved. We are members one of another.'

[90] 'Cefndir Gwenallt', *Y Traethodydd*, 124 (531, Ebrill 1969), 101.

[91] 'Cefndir Gwenallt', 101.

[92] Gwenallt, *Ffwrneisiau: Cronicl Blynyddoedd Mebyd* (Llandysul, 1982).

[93] Bobi Jones, adolygiad ar *Ffwrneisiau*, *Y Traethodydd*, 29 (590, Ionawr 1984), 56.

[94]'Llyfr Cronicl y Bardd-Broffwyd', *Llais Llyfrau* (Gwanwyn 1983), 4.

[95]Gw. ei adolygiad ar *Ffwrneisiau* yn *Y Traethodydd*: dywedir yno mai 'Gwrthrychedd ydyw'i hanfod' (56), ac eto, ym mhennod John Watkins, 'Y Nofel Newydd', yn Gareth Alban Davies a W. Gareth Jones (gol.), *Y Llenor yn Ewrop* (Caerdydd, 1976), 81–91, – erthygl y dyfynnir ohoni yn yr adolygiad – dywedir i'r gwrthwyneb am nofelwyr Ffrangeg yr ysgol hon mai eu 'gorchwyl pennaf, heb unrhyw amheuaeth, yw sgrifennu mewn ffordd dreiddgar a *goddrychol* . . . ' (90–1). Fi biau'r italeiddio.

[96]Copi o lythyr (18 Rhagfyr 1967) a atgynhyrchwyd yn *Bro a Bywyd Gwenallt*, 52.

[97]Gw. Derec Llwyd Morgan, 'Llyfr Cronicl y Bardd-Broffwyd' (4) lle dywed yr awdur iddo glywed Gwenallt yn darllen darn o'i lawysgrif mewn cyfarfod yn Aberystwyth yn 1963. Cyfeiria J. E. Caerwyn Williams yntau, yn ei ragair i *Ffwrneisiau*, at un o gyfarfodydd yr Academi Gymreig yn Aberystwyth lle darllenodd Gwenallt ddarnau o nofel 'rai blynyddoedd cyn iddo farw' (7); esbonnir yn yr un lle sut yn union yr aed ati i baratoi *Ffwrneisiau* gogyfer â'r wasg.

[98]*Wales! Wales?* (Llundain, 1984), 110.

[99]'Y Meirwon', *Eples*, 10. Gw. cerdd gyfarch Dafydd Rowlands, 'Y Pentref Hwn', *Sobers a Fi* (Llandysul, 1995), 8–9, sy'n cynnwys darlun trawiadol o'r cwm ôl-ddiwydiannol.

[100]Adolygiad ar *Ffwrneisiau*, *Y Traethodydd*, 56.

[101]Gw. Dafydd Johnston, 'Dwy Lenyddiaeth Cymru yn y Tridegau', 49, lle awgrymir mai 'ymgais i ddod i delerau ag anghysondebau yn ei bersonoliaeth ei hun yw'r rhaniad triphlyg hwn'.

[102]D. Gwenallt Jones, 'Rhagymadrodd', yn T. E. Nicholas, *Llygad y Drws* (Dinbych, 1940), 11.

[103]D. Gwenallt Jones, 'Rhagymadrodd', 11.

[104]Gw. John W. Graham, sy'n dweud am gaplaniaid swyddogol y carchar, 'The C.O. often received from him only contempt and hostility' (268), gan bwysleisio fod y caplaniaid gwirfoddol, o gymharu, yn fwy Cristnogol eu hysbryd o'r hanner. Yn wir, yn ei ragair i'r gyfrol dywed Clifford Allen am yr awdur ei hun, 'as a Quaker chaplain his name will live in the memory of many prisoners who looked for his coming and his inspiration week by week in their prison cells'. (13)

[105]D. Gwenallt Jones, 'Rhagymadrodd', *Llygad y Drws*, 11.

[106]Gw. Deian Hopkin, 'Patriots and Pacifists in Wales, 1914–1918: The case of Captain Lionel Lindsay and the Rev. T.E. Nicholas', *Llafur*, 1 (3, Mai 1974), 27–41.

[107]Gw. Dewi Eirug Davies, *Byddin y Brenin*, 170. Am John Morgan Jones, gw. M. R. Mainwaring, 'John Morgan Jones (1861–1935)', yn D. Ben Rees, *Herio'r Byd* (Lerpwl a Llanddewi Brefi, 1980), 61–9. Dywed Gwenallt yn *Ffwrneisiau* fod Cynddylan Hopcin, ar ôl iddo raddio, wedi treulio tair blynedd yng Ngholeg Bala-Bangor: 'a myned yno oherwydd ei edmygedd o'r Prifathro John Morgan Jones, canys yr

oedd wedi darllen ei lyfrau a'i erthyglau gynt yn *Y Deyrnas*'. (294) Na chymysger rhwng John Morgan Jones, Merthyr a John Morgan Jones, Bangor, dau heddychwr a oedd yn bresennol mewn cyfarfod yn y Bermo ym Mawrth 1916 pan benderfynwyd sefydlu *Y Deyrnas*.

[108]Dewi Eirug Davies, *Byddin y Brenin*, 156.

[109]Gw. J. Derfel Rees, 'William John Rees (1881–1958)', yn D. Ben Rees (gol.), *Dal Ati i Herio'r Byd* (Lerpwl a Llanddewi Brefi, 1988), 13–19.

[110]'Y Bardd a'i Fro', vi.

[111]*Bwrlwm Byw*, 68–9.

[112]Gw. Dafydd Johnston, 'Dwy Lenyddiaeth Cymru yn y Tridegau', 49–50.

[113]John W. Graham, 210.

[114]Gwenallt, 'Credaf', 66.

[115]Dyfynnwyd yn Dewi Eirug Davies, *Byddin y Brenin*, 157.

[116]Gw. Gwenallt, *Y Coed* (Llandysul, 1969): 'Sir Gaerfyrddin', 11–12; 'Trychineb Aber-fan', 13–15.

[117]K. O. Morgan, *Rebirth of a Nation*, 183.

3

Cariadon a Cheraint

Ym maes rhyddiaith i ferched y gwelwyd rhai o'r ymatebion dychmygus cynharaf i'r Rhyfel Byd Cyntaf a hynny yn ystod y brwydro ei hun. Yn sicr fe ellir mapio datblygiad rhyw fath o fydolwg benywaidd yn hyn o beth, o straeon cyfres cyfredol *Y Gymraes* a rhamant ysgafn Grace Thomas, *Doctor Dic: Ei Serch a'i Bryder* (1922), hyd at *Creigiau Milgwyn* (1935), nofel Grace Wynne Griffith a ddaeth yn gyd-fuddugol â *Traed Mewn Cyffion* (1936) yn Eisteddfod Genedlaethol Castell-nedd yn 1934. Gyda nofel wrywaidd Kate Roberts i oedolion y gwelir yr adwaith cyntaf o bwys i bersbectif meddal y gweithiau rhyddiaith blaenorol. Yn wir, roedd hi'n ddiwedd y pumdegau ar yr un awdures yn rhoi cynnig ar nofel serch am gariadon yn ystod y Rhyfel Byd Cyntaf, yn union fel petai hi am sefydlu digon o bellter rhyngddi ei hun a'r cynnyrch cynnar a drafodai'r un maes. Am *Tegwch y Bore* (1967) y dywedodd Derec Llwyd Morgan, 'Richard and Ann scarcely make a pair of *Woman's Own* teachers cooing at each other over staffroom teacups', ac nid yw'n syndod deall mai nofel serch sy'n torri ei chŵys ei hun yw honno, un sy'n herio'r diffiniadau confensiynol o'r hyn sy'n fenywaidd.[1] Yn wir, mae annibyniaeth a gwreiddioldeb meddwl Ann Owen yn ddos hirddisgwyliedig o iechyd ar ôl cwmni rhai o greaduresau cydymffurfiol a rhagweladwy'r rhamantau cynharach.

Ar dudalennau *Cymraes* Ceridwen Peris (Alice Gray Jones), chwaer o'r un stabl â'r *Cymro*, y canfyddir y diffiniad hwylusaf o swyddogaeth y ferch yn ystod y rhyfel, a gwelir prototeip y cyhoeddiad hwn yn cymryd rhan mewn sawl rhamant ysgafn. Nid fel un a chanddi lais gwleidyddol unigol yr edrychai'r *Gymraes* ar y ferch: prin, er enghraifft, yw'r dystiolaeth yn y cylchgrawn ei fod yn ymgyrchu dros ei rhyddfreinio. Un elusengar yw'r ferch, un fythol barod ei chymwynas, estyniad o'i chymar gwrywaidd yn hytrach nag enaid annibynnol. I bob pwrpas, ymostwng i'r drefn wrywaidd oedd dyletswydd y wraig yn ystod y rhyfel drwy dynhau rhengoedd y mudiad dirwest, dal ati i ofalu am ei chartref, ac ymwrthod â phob moeth a gwastraff. Cyngor Awen Mona (Elizabeth Jane Williams) yn ei 'Colofn y Merched' yn *Y Cymro* oedd y dylai merched orffen eu gwaith tŷ awr ynghynt yn ystod y rhyfel er mwyn gwnïo a gwau dillad ar gyfer y milwyr a'r rhai anghenus: 'Gadewch inni gofio fod pob merch sydd yn gafael mewn edau a nodwydd i gynorthwyo yn y gwaith hwn yn cymeryd rhan yn uniongyrchol yn y frwydr.'[2] Gwelir enghraifft yn y man o un a lyncodd gyngor o'r fath yn ddihalen a hynny yng nghymeriad Bess Morris *Tegwch y Bore*, athrawes ifanc sydd, yn arwyddocaol iawn, yn mynd o'i chof yn y diwedd.

Rhan oddefol felly oedd i'r ferch, yn cydymffurfio a chefnogi ac ufuddhau. Yn rhifyn Ionawr 1915 o'r *Gymraes* ceir boneddiges dra phriodol ei henw, Mrs Church, yn annerch ei darllenwragedd yn nawddoglyd fel aelodau llai deallus na'u cyd-ddynion o'r ddynol ryw. Siarsiai'r ferch i wisgo'n 'syml a gwylaidd' gan osgoi 'lliwiau amlwg ac ymddangosiad hyf, afler' a'i diraddiai. Ar yr eneth y byddai'r bai pe llithrai'r milwr: 'y mae yr eneth ffol, wyllt, ddifeddwl, fel yn annog y dynion ieuainc i fod yn hyf gyda hi, ac felly yn eu harwain i fod yn filwyr gwael yn lle yn filwyr gwrol.' Amlwg na chlywodd hon fod ei rywioldeb yn rhan gyfarwydd o *machismo* y milwr llwyddiannus! Ar boen ei henaid, ni ddylai'r ferch gyffwrdd â'r ddiod gadarn heb sôn am gynnig diferyn i'r milwr: 'Y mae miloedd o ddynion ieuainc wedi gwrando ar yr alwad i'r Gad, ac wedi myned i faes y gwaed yn wrol. Pa sawl mil o ferched y deyrnas a atebant i'r alwad, i fod yn "bur," ac yn "sobr," yn "ffyddlon," trwy nerth eu Duw, fel ag i fod yn esiampl ac yn gefnogaeth gref i'r milwyr.' Roedd cadw'n bur o'r pwys mwyaf ac yn gyfraniad i'r ymgyrch genedlaethol:

'Beth allaf wneuthur dros fy ngwlad?'
Medd geneth ieuanc wen –
Wel, cadw'th enw da, fy merch,
A'th goron ar dy ben:
'Rwy'n caru Cymru – beth gaf wneud?'
Nid trin yr arfau dur –
Gwasanaeth goreu merch i'w gwlad
Yw byw yn eneth bur.[3]

Ac ni fodlonwyd yn unig ar gynghori ond aed ati yn ogystal i weithredu: cyfeirir yn *Y Tyst*, er enghraifft, at benodi 'chwiorydd profedig i geisio darbwyllo'r merchetos gwyllt oedd yn eu taflu eu hunain ar y milwyr, ac yn rhoi iddynt bob temtasiwn'.[4] Er taro dyn fel senario chwerthinllyd heddiw, ar y pryd roedd pregethu diweirdeb yn rhan allweddol yn yr ymgyrch i rwystro lledaeniad clefydau gwenerol a hithau'n amser rhyfel.[5]

Ond roedd yn rhaid i hyd yn oed *Y Gymraes* amddiffynnol gydnabod fod yna fwy i ferched ei wneud nag eistedd ar eu penolau'n gwau sanau a gofalu cloi eu cluniau'n dynn. Yn Awst 1914, er enghraifft, nodwyd bod bron hanner can mil o ferched yn gweithio mewn meysydd newydd er cychwyn y rhyfel. Roedd rhai'n pedoli ceffylau, yn gweithio ar dramiau, ffermydd a siopau fferyllwyr, ac eraill yn casglu tocynnau, yn gyrru ceir, yn heddgeidwad ac yn nyrsys. Yn wir, erbyn diwedd y rhyfel roedd 900,000 o ferched wedi ymwneud yn uniongyrchol â'r diwydiant sieliau, gynnau ac awyrennau; 792,000 wedi cyflawni gwaith trwm a pheryglus mewn diwydiant; 23,000 yn nyrsys gwirfoddol, sef VADs (*Voluntary Aid Detachment*); ac erbyn 1919 bu 230,000 yn y Fyddin Dir.[6] Y parodrwydd hwn i estyn llaw i gynorthwyo Prydain yn awr ei chyni a sicrhaodd y bleidlais i ferched erbyn Chwefror 1918. Ac eto i gyd, er gwaetha'r chwyldro cymdeithasol hwn a'r ffaith seicolegol bwysig hon, fod merched yn cael eu gweld yn ymdopi'n llwyddiannus â swyddi a gyfyngid o'r blaen i ddynion, roedd lle o hyd i gerddi mor anoleuedig â'r un yma:

I Arthur Wyn â'i debyg
Rhown fonllef o Hwre –
Am fyn'd i faes y frwydr
I ymladd yn ein lle;

Tra'i frawd mewn cartref diddos,
Yn methu plesio ei hun
Ac yntau yn y *trenches* gwlyb
Yn gwneud ei ran *fel dyn*.[7]

Cymaint oedd pwysau'r diwylliant hwn, ei ragdybiaethau a'i ethos, fel y câi hyd yn oed un mor benderfynol â Kate Roberts hi'n anodd peidio ag ildio iddo ar adegau. Ann Owen, o bawb, sy'n llefaru'r heresi rywiaethol hon, ' "Y cwbl wela i ydi fod yr hen air yn wir, fod dynion yn gorfod ymladd, a'r merched yn gorfod wylo," '[8] hen air sy'n adleisio llinell Charles Kingsley, 'For men must work, and women must weep'![9] Yn fwy cyffredinol, un o'r agweddau ar fywyd a gwaith Kate Roberts sy'n ennyn fwyaf o chwilfrydedd yw'r modd y mae'n ymddwyn tuag at y diwylliant benywaidd hwn, yn derbyn rhai nodweddion – glanweithdra a chadw tŷ, dyweder – fel petaent yn efengyl, ond yn ymwrthod ag eraill – sentimentaliaeth a swynau serch, er enghraifft – yn ffyrnig.[10]

Un o awduresau mwyaf cynhyrchiol y cyfnod oedd Awen Mona a gyfrannodd o leiaf bedair stori gyfres i'r *Gymraes* yn ystod y rhyfel, sef 'Yn Sŵn y Frwydr' (Medi 1914), 'Nan Tŷ Nesa' (Mawrth–Ebrill 1915), 'Ystori Gyffredin' (Awst 1917) a 'Gwaredigaeth y Milwr' (Hydref 1917). Storïau cyfoes eu hergyd oedd y pedair a rhyfel y dydd yn gefndir iddynt, storïau sy'n profi trosiad mor gyfoethog oedd y rhyfel y gellid harneisio ei rym i sawl pwrpas. Ynddynt, bron yn ddi-feth, cynrychiola'r rhyfel y maen tramgwydd eithaf ar lwybr serch dau gariad, a digon fydd canolbwyntio ar 'Yn Sŵn y Frwydr', y gyntaf ohonynt, gan eu bod oll yn dilyn fformiwla debyg.

Hanes Dyddgu Madog a gawn ni, merch a ddifethwyd gan ei thad gan fod ei mam wedi marw tra oedd yn blentyn. Testun syndod i gymdogaeth amaethyddol Cwmhir yw'r ferch hon sy'n tynnu sylw'r holl ddynion; un o'r rheini yw Dafydd Lewis, ffarmwr lleol sy'n cael ei drin yn ddigon oriog ganddi. Fodd bynnag, i ddrysu cynlluniau'r hen Dafydd, daw etifedd y plas lleol, Emrys Owain, adref i fyw, yntau'n ifanc a llawn direidi. Ymhen fawr o dro gwelir Dyddgu ac Emrys yn dechrau closio at ei gilydd, ond ar eu traws daw'r newydd am y rhyfel:

Daeth brys neges i'r Glyn fod Prydain yn paratoi i ryfel a galwad i'r aer ddychwelyd at ei gatrawd yn ddiymdroi. Gellir dychmygu y berw a'r dychryn oedd yn y pentref; yr oedd teulu y Glyn yn boblogaidd iawn, a theimlai pawb i'r byw wrth feddwl fod perygl na welent y mwyaf poblogaidd o honynt byth mwy.

Buan yr â Emrys i'r fyddin, ond penderfyna Dafydd y gall wneud cystal ag ef drwy 'roddi ei hunan a'i geffyl at wasanaeth ei wlad; ac i farw drosti os byddai galwad am hynny'. Cwbl ddiamod yw teyrngarwch y cymeriadau gwladaidd hyn: yn wahanol iawn i'r cymhlethdod hunaniaeth sy'n poeni cymeriadau Kate Roberts, gŵyr y rhain i'r dim frwydr pwy y maen nhw'n ei chwffio a pha wlad a gynrychiolir ganddynt. Ond chwarae gemau sifalrïaidd serch a wneir mewn gwirionedd: pan yw Dyddgu'n clywed am Dafydd yn ymrestru, cymer ati'n arw ac yn ddistaw bach, 'Gwyddai Dyddgu y funud honno beth barrodd iddi wrthod aer y Glyn cyn iddo ymadael i'r rhyfel'. Yn driw i'w natur benderfynol, fe â hithau ar ei hunion yn nyrs i Ffrainc.

Mewn ysbyty yn Ffrainc y down o hyd i Dyddgu nesaf, a hynny yn yr ail bennod, yn morio canu emyn enwog Alafon (Owen Griffith Owen): 'Yn un o'r adeiladau oedd wedi eu troi yn ysbytai, ar gwrr maes y gwaed, safai geneth ieuanc mewn gwisg gweinyddes. Safai a'i llaw ar ei bron, yn canu yn Gymraeg yr hen eiriau bendigedig – "Graig yr oesoedd, cuddia fi."' Canu er mwyn y claf o Gymro sy'n marw a wna ac, wedi i hwnnw ymadael am 'wlad lle nad oes gelyn na rhyfel o'i mewn', daw galwad amdani. Trwy gyd-ddigwyddiad anhygoel, Emrys y Glyn yw'r claf sy'n mynnu ei sylw – o'r holl ysbytai rhyfel yn Ffrainc, digwyddodd ymddangos yn ei hysbyty hi! Ond ta waeth am ei glwyfau: y peth pwysig yw cael gwybod a newidiodd hi ei meddwl ynglŷn â'i briodi ai peidio, ond dal i fwydro am Dafydd a wna Dyddgu. A dyna pryd y disgynna'r geiniog: pwyntia'r meddyg at y corff gorchuddiedig a achubwyd gan Emrys, yr union gorff y bu Dyddgu, funudau ynghynt, yn canu iddo, a sylweddolir mai Dafydd yw hwnnw. Dafydd oedd newydd farw – yn ôl pob golwg, oblegid, 'er syndod i'r ddau feddyg dacw yr emrynt trwm yn symud, a dau lygad Dafydd Lewis yn edrych arnynt'. Drannoeth ei atgyfodiad, rhoir ar ddeall mai Dafydd mewn gwirionedd a achubodd einioes Emrys a hynny ar ôl iddo glywed am ei gynnig i Dyddgu: 'achubais ef er dy fwyn'. Cariad mwy na hwn? Ar ôl i'r ddau glaf wella, dychwela'r tri ohonynt i Gymru a gadewir cymuned Cwmhir i bendroni 'Paham nad oedd aer y Glyn yn ddim ond gwas yn y briodas gymerodd le yn y gwanwyn?'

Oes, mae yn 'Yn Sŵn y Frwydr' sôn am ddyletswydd ddigwestiwn a gwasanaeth diwyro, ond elfennau yw'r rhain mewn stori garu yn y bôn. Cyfeiriadau ysgubol sydd at y rhyfel: 'Ar ôl wythnosau o ryfela caled, yr oedd buddugoliaeth o'r diwedd yn ymyl; ac yr oedd y gelyn, er yn araf a chyndyn, yn sicr gilio.' Cefndir cyfoes a pherthnasol yw'r rhyfel nad oes gan yr awdures unrhyw ddiddordeb penodol ynddo, prop nerthol er mwyn cryfhau effaith deimladol ei dameg am gariad cywir. Newidier y lleoliad i'r Crimea neu'r Transvaal a'r un fyddai'r ergyd. Nid y rhyfel sy'n bwysig ond y ffaith ei fod wedi dod â Dyddgu at ei choed, wedi rhoi achos i brofi iddi pwy yw ei gwir gariad, ac wedi sicrhau harmoni cymdeithasol rhwng bonedd a gwreng.

Defnydd darostyngedig o'r rhyfel a geir gan Grace Thomas hithau yn y rhamant *Doctor Dic: Ei Serch a'i Bryder.*[11] Y tro hwn, gwrthyd y nyrs, Gwen Bevan, briodi Doctor Dic cyn y rhyfel am nad ydynt o'r un safle cymdeithasol â'i gilydd. Wrth i'r ddau ddal pen rheswm, fe â merch greithiog heibio iddynt a gwareda Dic – targed clasurol ar gyfer y mudiad ffeministaidd – at y fath hagrwch a thynged ei gŵr druan. A'r doctor wedi picio draw i Awstralia i hawlio ffortiwn – eiddo Gwen, erbyn gweld, drwy gyd-ddigwyddiad a esbonnir i'r darllenwyr yn ddiweddarach yn yr hanes – caiff Gwen ddos giami o'r frech wen ar ôl bod yn tendio ar glaf. Serch ei dyweddïad â Doctor Dic, penderfyna Gwen ddilyn llwybr anhunanol a hel ei phac o wybod y bydd y creithiau drosti yn boen ar enaid ei dyweddi. Daw'r rhyfel ar warthaf y cymeriadau a darlunnir gwlad gyfan yn ufuddhau i'w dyletswydd:

'Beth wnawn ni? A raid i ni fyned i ryfel?' Gofynnai yr hen a'r ieuanc, y tlawd a'r cyfoethog trwy yr holl Ymerodraeth Brydeinig, a phan y daeth yr atebiad o'r Senedd i'r cwestiwn oll-bwysig yma, wele y wlad gyda ffydd ddiffuant yn ei harweinwyr yn plygu yn ostyngedig, er yn wir ofidus, i'r anocheladwy. (46)

Nid yn annisgwyl, y mae Gwen ymhlith y garfan gyntaf o nyrsys sy'n mynd draw i wasanaethu yn ysbytai'r cyfandir. Gartref ym

Mhrydain, synna Doctor Dic fod Capten Puw, ei gyfaill, yn ei throi hi am y fyddin mor fuan: ' "Yr ydych yn myned allan yn hyderus." "Ydwyf, gan fy mod yn credu ein bod ar yr iawn, ac y bydd i gyfiawnder orchfygu." ' (49) Ni leisir yr un gair o amheuaeth yn erbyn y wladwriaeth; yn wir, daw'r nofel i ben â'r cariadon yn benconglfeini'r sefydliad Prydeinig a Dic wedi ei urddo'n farchog yn wobr am ei ddarganfyddiadau gwyddonol yn ystod y rhyfel. Ond fel yn straeon Awen Meirion, ail sâl yw'r Rhyfel Byd Cyntaf i'r rhyfel emosiynol rhwng Doctor Dic a Gwen.

Yn y ddegfed bennod y daw'r cyd-ddigwyddiadau niferus i'w llawn rym. Disgyn bom ar wely claf a gwaceir yr ysbyty ar frys; anobeithir am y claf olaf un a chred y swyddog ei fod 'eisoes wedi trengi gan y gwres'. (51) Ar y gair, ymddengys Superman ddeinamig y rhyfel:

> Ond, gyda sŵn y geiriau difrifol hyn eto yn yr awyr, wele ŵr ieuanc, cwbl ddieithr, yn rhuthro i ganol y tân ofnadwy, gan geisio cadw i'r cyfeiriad grybwyllwyd gan yr arolygydd. Cyrhaeddodd y fan lle y gorweddai y truan, ond ar eiliad dyna sŵn ffrwydriad, a mwg y ffrwydriad yn ymgymysgu â'r fflamau ac yn cuddio y gwron ieuanc o olwg yr edrychwyr. Ond tra yr oedd pawb yn dal eu hanadl, gan syllu i'r tân, wele ef yn dod allan a'i ddillad yn fflamau, a baich tanllyd diymadferth yn ei freichiau. (52)

Pan lewyga'r dyn tân dewr daw Gwen i'w helpu, ond, toc, daw ei thro hithau i lewygu a hynny 'gan lefaru yr un gair: ' "Dic." ' (52) Erbyn gweld, Doctor Dic oedd yr achubwr a Chapten Puw yr achubedig. Er ofni fod y doctor glew wedi ei ddallu yn dilyn ei gampau ynghanol y fflamau, ni fu drwg na fu o dda i rywun a gwêl Gwen ei chyfle: 'Dywedai wrthi ei hun, os byddai Dic yn ddall am ei oes, nas gallai byth weled olion y frech wen ar ei hwyneb, ac felly fod y mur a'u gwahana wedi ei dynnu i lawr gan Ragluniaeth.' (53) Cerbyd rhagluniaeth yw'r rhyfel felly, ond nid yw pethau'n dilyn yr union lwybr a ragwelodd Gwen chwaith: er iddo gallio a sylweddoli nad rhywbeth arwynebol mo brydferthwch, tro Doctor Dic yw hi i dynnu'n groes ac ni all ganiatáu i'w gariad briodi â dyn dall. Rhyw hanner dwsin o gyd-ddigwyddiadau'n ddiweddarach, yn yr ail bennod ar bymtheg, daw llwybr troellog serch i ben: priodir y ddau o'r diwedd ac adferir golwg y doctor yn dilyn llawdriniaeth lwyddiannus.

Moeswers ac ynddi ddau'n ymelwa ar y rhyfel sy gan Grace Thomas hefyd.

Nofel a osodwyd yn gyd-fuddugol â *Traed Mewn Cyffion* yn Eisteddfod Genedlaethol Castell-nedd yn 1934 ac a gyhoeddwyd flwyddyn yn ddiweddarach yw *Creigiau Milgwyn*.[12] Yr awdures oedd Grace Wynne Griffith y cyfeiriwyd eisoes at ei gŵr, G. Wynne Griffith, a sgrifennodd *Helynt Ynys Gain*, nofel antur i blant a leolwyd yn ystod y Rhyfel Mawr.

Digwydd *Creigiau Milgwyn* yn fras yn ystod chwarter olaf y bedwaredd ganrif ar bymtheg a deng mlynedd ar hugain cyntaf y ganrif hon; fel *Traed Mewn Cyffion*, felly, ymdrinnir ynddi â hanes lled ddiweddar. Yr un fath unwaith eto â nofel Kate Roberts, ceir golwg ar gymuned Gymreig ddiarffordd – y tro hwn, yng nghefn gwlad Môn – yn ceisio ei gorau glas i gael dau ben llinyn ynghyd ond yn gwneud hynny ag urddas ac egwyddor. Rhydd trigolion y gymuned hon hwythau goel ar addewidion addysg ac fe ddrysir hynt eu bywydau diymgeledd yn y man gan aflwydd y rhyfel. Ond er bod nofel Kate Roberts yn ymdrin yn rhannol â phrofiadau ei chymeriadau yn y ganrif ddiwethaf, nofel a berthyn yn reit saff i'r ugeinfed ganrif ydyw, a hynny ar gorn ei haeddfedrwydd artistig a'i champ dechnegol; nofel sy'n delio'n rhannol â'r cyfnod Fictoraidd ac sy'n dwyn amryw nodweddion mwyaf ystrydebol nofelau'r un epoc hanesyddol yw *Creigiau Milgwyn*. Er gwaethaf geirda'r beirniad, Tom Richards, arwynebol hollol yw'r tir cyffredin rhwng y ddwy nofel. Fel y dywedodd T. J. Morgan mewn adolygiad gorchestol, os gormodieithol, ar *Creigiau Milgwyn*, cyn i *Traed Mewn Cyffion* weld golau dydd: 'cymeraf fy llw na allai Kate Roberts byth ysgrifennu cyn saled nofel â hon pe bai'n dygn dreio ac yn gwybod y câi'r wobr lawn amdani. Os yw hynny yng ngallu Kate Roberts, dylid fod wedi atal y wobr.'[13] A'r un feirniadaeth ryfeddol a ddenodd sylw Islwyn Ffowc Elis yntau'n gymharol ddiweddar mewn erthygl yn *Ysgrifau Beirniadol XVI* (1990).

Rhennir *Creigiau Milgwyn* yn dair adran, sef adran yr un i'r tair cenhedlaeth y cyfeiriwyd atynt yng ngofynion y gystadleuaeth. Meri-go-rownd yw hanes yn y nofel gan fod profiadau pob cenhedlaeth yn ei thro yn ailadrodd profiadau'r genhedlaeth a'i rhagflaenodd. Marw'n ifanc yn ddeugain mlwydd oed a wna Ann ar ddiwedd adran gyntaf y nofel; boddwyd ei chariad, Dei y morwr, fel na chafodd mo'i briodi. Serch hynny, pum mlynedd yn gynharach, ildiasai i ofynion Hugh Hughes y Wern, y creadur hirymarhous hwnnw: fe'i priododd a ganwyd iddynt ferch. Hanes Gwen yw canolbwynt yr ail adran, merch ddisglair a edrychodd ymlaen at briodi Moi. Ond ni wireddir mo'i dymuniad hithau chwaith: lleddir ei chariad yn y rhyfel. Eto i gyd, y sgandal fawr yn ei hanes hi yw ei bod yn esgor ar ei blentyn, Lowri, prif gymeriad y drydedd adran. Yn y cyfamser, gwrthyd Gwen briodi'r gweinidog rhinweddol, Hugh Edwards, rhag ofn i'w gorffennol pechadurus ddwyn gwarth arno, a marw yn un a deugain yw ei hanes hithau. Disgyn Lowri yn ei thro dros ei phen a'i chlustiau mewn cariad â Gwilym Rees, ond fe gred hithau ei bod wedi ei golli i ferch arall pan yw'n gweithio fel cenhadwr yn China. Erbyn diwedd y nofel, daw Lowri at ei choed a'r gobaith yw y bydd hon o leiaf yn priodi eilun ei serch ac yn gwneud iawn am holl anhapusrwydd ei mam a'i nain.

Er mor dynghedus y swnia'r amlinelliad uchod o'r stori, mae nodweddion cadarnhaol ddigon i sawl un o'r cymeriadau. Beth bynnag a wnânt, maen nhw'n rhwym o lwyddo. Capten llong, dim llai, yw Dei; enilla Moi radd dosbarth cyntaf yn y brifysgol a swydd athro mewn coleg yn Lloegr; capten ydyw yn y fyddin ac urddir ef â'r VC am ei wrhydri neilltuol ar ôl ei farwolaeth; yr un fath â'i diweddar dad, *whizz kid* yw Lowri a daw gradd dosbarth cyntaf mewn economeg i'w rhan. Cymeriadau yw'r cyfan a godwyd o arwrgerdd y Gymru Ryddfrydol gynyddgar, rhai â'u traed yn y cyfnod Fictoraidd sy'n codi dan frwydro o ganol eu tlodi materol, yn ymlafnio yn erbyn anfanteision lu ond yn llwyddo i ddringo ysgol llwyddiant i'w brig.

Er ei bod hi'n hanner cyntaf y tridegau ar Grace Wynne Griffith yn llunio *Creigiau Milgwyn*, y mae'n sgrifennu fel pe na bai Tegla Davies erioed wedi creu John Williams, Pen-y-bryn na Saunders Lewis erioed wedi creu Monica Maciwan, a does fawr o ddyfnder seicolegol i'r cymeriadu o'r herwydd. Tybed nad yr un oedd barn yr awdures â chred hygoelus Lowri a lyncodd yr hyn a ddywedodd ei chariad wrthi am lenyddiaeth Gymraeg?

> Cofiodd glywed Gwilym yn dweud unwaith nad ysgrifennwyd un nofel lygredig yn Gymraeg, ac na chredai y gwerthid llawer ar un felly pes ysgrifenasid.
>
> 'Ac mae hyna yn gredid i ni fel cenedl,' meddai wrth y Dr. Bloom faterol hwnnw a gyfarfuasent yn nhŷ Mrs. Morris Jones. Ac mewn

atebiad i osodiad y Dr. nad oedd hynny'n profi bod y Cymry yn bobl foesol, dywedodd Gwilym mai un ffordd i farnu moesoldeb gwlad oedd wrth ei llenyddiaeth. (294)

Ymneilltuaeth unllygeidiog sy'n llefaru, a'r un bwriad amddiffynnol a glywir yn rhagair y nofel lle gobeithir 'y caiff y darllenwyr bleser ac adeiladaeth o'i darllen' (5), sylw sy'n awgrymu nad oedd bwriadau iwtilitariaid y ganrif ddiwethaf ar gyfer y nofel wedi llwyr gilio erbyn tridegau'r ganrif hon ac nad oedd y *genre* eto wedi ennill annibyniaeth artistig lwyr. Dau liw sydd gan yr awdures ar ei phalet i ddarlunio cymeriadau: du i'r rhai drwg, gwyn i'r rhai da, er ei bod hi'n barotach i gymysgu'r ddau wrth dynnu llun o Lowri. Ni allodd hyd yn oed Tegla fwyn, mewn adolygiad clodforus ar y cyfan, ymatal rhag tynnu sylw at stans foesol ymyrgar y sgwenwraig: 'Ofnaf fod gormod o gudd-bregethu yma, nad yw'r awdures, oherwydd ei hangerdd moesol, yn gwbl ymwybodol ohono.'[14]

Beth am ymdriniaeth yr awdures â'r rhyfel sy'n digwydd reit ynghanol y nofel yn ystod yr ail adran? Ar y naill law, mae'r solatrwydd diwylliannol a'r sefydlogrwydd cymdeithasol a nodweddai gymdeithas wledig Llanŵrid yn adran gyntaf y nofel yn y fantol; mae trefn y gorffennol dan fygythiad. Ar y llaw arall, canlyniad gweithred a ddigwyddodd yn ystod y rhyfel sy'n llywio hynt amryw o'r cymeriadau yn y drydedd adran; drysir cynlluniau'r dyfodol. Gori ar achos ac effaith bersonol a wna Grace Wynne Griffith, serch hynny; does ganddi ddim diddordeb ysol yn arwyddocâd cymdeithasol ei chymeriadau ac eang yn hytrach na phenodol yw ei chyfeiriadau at y rhyfel fel digwyddiad hanesyddol:

> Yr oedd y pleser yr edrychasai Gwen ymlaen ato, wrth ddechrau yn y Coleg, wedi ei golli wrth feddwl bod Moi yn y fyddin ac na wyddai pa mor fuan y byddai'n croesi i faes y brwydro. Ond yr oedd profiad cyffelyb i'w heiddo hi yn brofiad cyffredinol drwy'r wlad yn y cyfnod hwnnw. (167)

> . . . yr oedd ei hunig blentyn, cannwyll ei llygaid, yn y drîn, a thrîn ofnadwy oedd hwnnw yr aeth ein dynion drwyddo yn ystod y misoedd cyntaf. Y mae'n hen, hen stori erbyn hyn pa mor amharod oedd y darpariaethau ar eu cyfer. (168)

Ar adegau fel hyn, y mae'r hanesydd – un ystrydebol iawn, at hynny – yn drech na'r nofelydd.

Pan gyhoeddir y rhyfel yn *Creigiau Milgwyn* gyntaf, awgrymir bod y gwrthdaro rhyngwladol yn cymhlethu ymateb personol Moi i'r gyflafan. Wedi'r cyfan, roedd newydd ddychwelyd o'r Cyfandir ar ôl treulio dwy flynedd yn ymchwilio yn Heidelberg, cyfeiriad sy'n atgoffa dyn am y cyfnod a dreuliodd T. H. Parry-Williams tua'r un adeg yn Freiburg:

> Yr oedd y syniad o ryfel â'r Almaen yn fwy anghredadwy i Moi, am ei fod newydd dreulio'n agos i ddwy flynedd ymysg yr Almaenwyr, ac iddo ef buasai'n amser eithriadol o hapus, a chawsai garedigrwydd diball ar eu llaw ar hyd yr amser. Ac ni allai ddychmygu bod y bobl hynny ar fedr rhyfela yn erbyn rhai fel ef. (166)

Cyfeirir hefyd at athrawes ifanc o'r Almaen a oedd yn byw ar y pryd yn yr ardal, ond a gyhuddwyd, gydag i'r rhyfel ddechrau, o fod yn ysbïwraig a'i sodro mewn gwersyll carchar; thema'r ysbïwr Almaenaidd ar ynys debyg iawn i Ynys Llanddwyn, wrth gwrs, fyddai deunydd gŵr yr awdures yn *Helynt Ynys Gain* yn y man. Ar ôl i Moi listio yn y fyddin, anodd gan ei fam weddw feddwl amdano'n brwydro yn erbyn dynion o genedl a fu gynt mor ffeind wrtho:

> Efallai mai rhai o'r bechgyn y gwnaethai ef gyfeillion â hwynt oedd yn awr yn y ffosydd gyferbyn ag ef – cyfeillion yn ceisio lladd ei gilydd!
>
> Dyna'n union yr hyn a barai fwyaf o boen i galon Moi, yntau. Pan fyddai ef yn cyfarwyddo'i ddynion i saethu at y ffosydd gyferbyn, efallai mai Fritz neu Hermann neu Hauff, ei hen ffrindiau yn Heidelberg, oedd yno. (168–9)

Fodd bynnag, amheuaeth a fynegir mewn ambell baragraff wrth fynd heibio yw hon ac ni ddatblygir mohoni'n thema ganolog.

Llwybr cydymffurfiad ac arwriaeth gyhoeddus yw llwybr Moi yn y pen draw; nid yw anghydweddoldeb ei sefyllfa yn gymaint o dân â hynny ar ei groen wedi'r cyfan. Ni chrybwyllir llwybr unig y gwrthwynebydd cydwybodol o gwbl a buan y gwawria ei ddyletswydd anhunanol arno mor eglur â haul canol dydd:

'Mam,' meddai Moi, un bore yn niwedd mis Awst, 'bydd raid i mi fynd i'r fyddin.'

'Sut felly,' gofynnai ei fam, 'a thithau i ddechrau ar dy waith yn y coleg ymhen y mis?'

'Wel, mam, gwyddoch fy mod yn perthyn i'r "O.T.C." a buaswn wedi mynd i'r gwersyll gyda hwy eleni fel arfer, onibai nad oeddwn wedi cyrraedd adre o Germany.'

'Yn siwr, nid ydyw hynny'n golygu bod ganddynt hawl arnat, Moi?'

'Nag ydi, mewn un ffordd, mam,' meddai yntau, 'ond, wedyn, i beth yr ydym yn trêinio yn yr "O.T.C." ond i fod yn barod i fyned yn swyddogion os bydd rhyfel yn torri allan?'

'O! Moi bach, 'taswn i'n gwybod, 'fasa ti ddim wedi cael mynd yn perthyn i'r "O.T.C." '

'Ond peth arall sy'n peri i mi benderfynu ydi'r hyn sydd yn digwydd yn Belgium. Yr ydym wedi rhoi gair i'w hamddiffyn hi, ac yr oedd y Germans yr un fath, ond y maent wedi torri eu gair ac yn ei goresgyn yn hollol anhrugarog. Ac os nad â rhai fel fi, sydd wedi cael trêning, allan, efallai y deuant i'r wlad yma hefyd, y maent mor drwyadl ym mhob peth, 'fydd dim troi'n ôl arnynt.' (166–7)

Ymuno â'r fyddin yw hanes Goronwy, un o gyfeillion bore oes Moi a fynnodd listio i 'ddial cam Moi'. (186) Fe'i darlunnir ef fel diniweityn a wnâi ei orau i gadw'r blaidd o'r drws er mwyn ei fam weddw a thlawd; mae marwolaeth y cymeriad anllygredig hwn yn dwyn yr un nodau melodramatig a llawn pathos â marwolaeth Seth yn *Rhys Lewis*. Cariad at Gwen a ysgoga un o ffrindiau eraill Moi i ymarfogi: ar ôl iddi hi edliw iddo'r ffaith nad yw yn y fyddin a dau o'i gyfeillion wedi eu lladd, penderfyna Rolant yntau ei throi hi am y swyddfa recriwtio agosaf.

Mewn termau arwrol a chan grybwyll dyletswydd, felly, y trafodir y rhyfel yn *Creigiau Milgwyn* ar y cyfan; listio yw hanes y dynion moesol gywir i gyd. Fel hyn y'n cyflwynir, er enghraifft, i'r paragon o ddaioni hwnnw, Hugh Edwards:

Dyn ieuanc o ran dyddiau oedd Hugh Edwards, ond yr oedd y rhyfel wedi ei wneud yntau, fel llawer dyn ieuanc arall, yn hen cyn ei amser. Bu ef drwy'r heldrin o'r cychwyn, ac er iddo ddyfod drwyddi'n ddianaf, yr oedd rhyw haearn, a oedd yn naturiol yn estronol iddo, wedi myned i'w waed.

Aethai i'r Weinidogaeth ar ôl dyfod o'r rhyfel am y gwelai gyfle i sylweddoli'r delfryd o 'dangnefedd ar y ddaear ac i ddynion ewyllys da.' Iddo ef, profai'r ffaith i'r Eglwys i raddau gymeradwyo'r rhyfel diwethaf, bod arni angen dynion i'w harwain a fyddai'n gryf o blaid brawdgarwch a heddwch. (207)

Yr hyn a gesglir yw ei fod wedi gwneud yn iawn yn ymuno â'r fyddin; gall siarad o brofiad wedyn yn hytrach nag ar ei gyfer. Nid oes lle i amau na'i sêl na'i argyhoeddiad diweddarach. Unwaith eto, nid achubodd yr awdures y cyfle i amrywio rhyw gymaint ar rychwant profiadau unffurf ddigon ei chymeriadau drwy ddarlunio Hugh Edwards fel gwrthwynebydd cydwybodol. Rhai da yw pob un sy'n ymuno â'r fyddin: hen sefydlwyd ym meddwl y darllenydd arwriaeth ddihafal Moi ymhell cyn i'r llywodraeth yn ei doethineb benderfynu cydnabod hynny'n swyddogol drwy ei fedalu. Poeni am warchod enw da ei chyn-gariad sy'n anfon Gwen yn y pen draw i Lundain ddrwg gan adael Lowri gyda'i nain i ddatrys pos ei gorffennol ar ei phen ei hun; mae hynny yn ei dro yn anfon y ferch ddiarwybod i freichiau Henry Smith, Harri'r Go gynt a fu yn yr ysgol gyda'i thad. Ef yw pen bandit y nofel ac nid yw'n anarwyddocaol iddo gael ei esgusodi rhag gwasanaeth milwrol ar dir iechyd; budrelwodd yn ystod y rhyfel yn sgil cytundeb rhyngddo a'r llywodraeth i gyflenwi'r fyddin â bwydydd. Yr un pryd, yr oedd dynion fel Moi a Goronwy yn cwffio ac yn aberthu eu bywydau ar y cyfandir tra ymgyfoethogai ef ar eu traul.

Cenhedlwyd Lowri pan oedd Moi ar ei ymweliad olaf â'i gartref. Yn unol â'r gynneddf wyrthiol sy'n nodweddu amryw byd o gymeriadau eraill y nofel hon, llwydda i rag-weld ei ddiwedd alaethus ei hun. Ac yntau'n cydgerdded â Gwen am y tro diwethaf un ar dir cyfrin Creigiau Milgwyn, mae'r hyn a ddarlunnir – gwefusau'n crynu, llygaid yn dyfrio, lleisiau'n cracio – fel golygfa o ryw *B-movie* am ryfel. Yn sicr, nid efelychir dull llym o ymatalgar Kate Roberts yn *Traed Mewn Cyffion* wrth ddarlunio cariadon a theulu'n ffarwelio â'i gilydd adeg rhyfel, er mor hawdd fyddai hi wedi bod iddi hithau ildio i sentimentaliaeth o'r fath:

'Dowch adra, rownd y Creigiau am y tro dwytha,' meddai Moi wrth Gwen.

'O! peidiwch â dweud y gair yna,' llefai Gwen.

'Wel, hawdd y gall fod yn wir, Gwen,' a bu distawrwydd llethol rhyngddynt, y ddau'n brysur gyda'u meddyliau dwys. Gwelwai Moi wrth feddwl am yr uffern ofnadwy y bu ef ynddi, a'r un yr oedd i'w hwynebu eto ym mhen ychydig o ddyddiau. Tybed ai dyma'r tro diwethaf y cawsai gerdded dros Greigiau Milgwyn lle chwareuai 'sowldiwrs' mor ddifeddwl flynyddoedd yn ôl? Tybed mai dyma'r tro diwethaf y cawsai gerdded gyda Gwen, ei gariad pur, a oedd yn myned yn ddyfnach i'w serch bob awr a dreuliai yn ei chwmni. Tybed, O Dduw! tybed mai ei ladd a fyddai ei ran yn yr heldrin ofnadwy . . . (171-2)

Ac yntau mewn pwl o anobaith yn beichio crio ac yn cydnabod ei ofnau gerbron Gwen, fe'i cysurir ganddi yn ei chôl: 'Ymdawelodd yr ystorm a achoswyd gan ei bryder a'i arswyd i roddi lle i ystorm arall fwy ysgubol'. (172) Ac wedi ei wisgo yn nillad parch lledneiseb y daw'r cyfeiriad at genhedlu Lowri.

Ymhen fawr o dro ar ôl derbyn y telegram yn dweud wrthi am farwolaeth ei mab, derbyn mam Moi ei lythyr olaf un ati; perthyn cynseiliau'r adran hon yn nes i brydyddiaeth Fictoraidd nag i gyflead Kate Roberts o ddigwyddiad tebyg yn *Traed Mewn Cyffion*:

Mam bach! cefais fy nhemtio fel pob llanc, yn enwedig er pan wyf yn y fyddin, i adael llwybr cul moesoldeb. Ond bu meddwl am fy nhad a chwithau yn gymorth i mi fy nghadw fy hun yn bur bob amser.

Ond O! fy mam! yr orau a gafodd mab erioed, a fedrwch chwi faddau i mi byth am roi'r boen a'r siomedigaeth yma i chi?
. . .

Ffarwel i chi mam! byddwch yn gysgod i Gwen, cofiwch nad yw hi ond deunaw oed. O mam! O Gwen! O beth a ddaeth drosof! (175-6)

Diddorol yw cofnodi'r adwaith moesol i 'bechod' Moi a Gwen. Dyna ymateb adweithiol ei fam i ddechrau: 'Un o'r pethau cyntaf a ddaeth i'w meddwl ydoedd teimlad o ddiolchgarwch fod ei dad wedi marw cyn dyfod y brofedigaeth yma.' (176) Ond fe fynegwyd ym mherson Margiad Morris ddiblentyn, gwraig y gweinidog blaenorol, agwedd fwy goddefgar o'r hanner tuag at blant siawns: 'Mor galed y byddai Morris Jones yn barnu'r ferch bob amser, ac mor dyner a maddeugar y soniai Margiad amdani!' (29) Buan y daw Laura Williams at ei choed a dilyn enghraifft ei rhagflaenydd yn y mans, yn enwedig ar ôl gweld Gwen yn ystyried gwneud amdani hi ei hun, a maddau iddi:

'O! peidiwch byth â beio Moi, beth bynnag a wnewch. Arnaf *fi* 'roedd y bai i gyd. 'Wydda fo ddim beth oedd yn ei wneud. Achos yr oedd ofn mynd yn ôl i'r rhyfel bron wedi ei ddrysu. Ond mi wyddwn i.' Edrychai'n ddifrifol drwy ei dagrau ar Mrs. Williams. 'Mi *wyddwn* i beth oeddwn yn ei wneud, a mod i'n *aberthu*. Ond beth oedd yr hyn yr oeddwn i'n ei roi yn ymyl aberth Moi yn wynebu'r rhyfel ofnadwy? Ac os buasai'n gymorth iddo wynebu'r un peth, fe fuaswn *yn fy rhoi fy hunan iddo eto*.' Yna aeth ymlaen yn wyllt – 'Ond chaiff *neb* heblaw chi wybod dim byth! 'Chaiff *neb* daflu sen ar Moi!' (180)

Er nad dyma'r efengyl a bregethid yng ngholofnau'r *Gymraes*, o leiaf fe ddiwygir llawlyfr moesoldeb y cymeriadau a'u gorfodi i weld fod y rhyfel yn gwneud mwy o ddrwg moesol na chyfathrach rywiol y tu allan i ffiniau priodas; yn *Tegwch y Bore* yr un fath, mae'r rhyfel, sy'n digwydd yn ail ran y nofel, yn bwrw sterics dirwestol rhan gyntaf y nofel i'r cysgodion. Y rhyfel sy'n gwthio Gwen i gornel ac yn ei thaflu ar gyfyng-gyngor moesol. Ei phenderfyniad i warchod enw da Moi, costied a gostio, sy'n ei gyrru i Lundain i fyw. Oherwydd iddi golli ei morwyndod yn ystod y rhyfel y gwrthyd Gwen briodi'r gweinidog addawol, Hugh Edwards, er mor gywir yw cariad y ddau at ei gilydd. Bwgan y rhyfel, felly, sydd i gyfri am y chwalfa foesol a'r chwalfa gymdeithasol yn y nofel, ynghyd â chwalfa bersonol Gwen ei hunan.

Does dim syndod gweld Lowri yn byw bywyd diganllaw yn Llundain ac yn Birmingham yn nhrydedd adran y nofel: mae'r hadau a wasgarwyd yn ystod y rhyfel wedi dwyn eu ffrwyth gwenwynig. Fe'i cyflogir yn ysgrifennydd preifat gan Syr Henry Smith, A.S., sef Harri'r Go, un o gyfoedion ei thad gynt. Teulu bydol, pobl fawr *blasé* a digapel, yw teulu'r Smithiaid; dynwareda Lowri hithau eu dulliau soffistigedig drwy ymbincio. Bywyd *amoral* a ddisgrifir gyda'r clymau moesol wedi eu llacio'n arw. Does fawr o agosatrwydd chwaith rhwng aelodau'r teulu ac ni ŵyr y rhieni fawr o hanes eu plant. Dyma gyferbyniad dramatig i fywyd trigolion gwerinol Llanŵrid, ac adran fwyaf uchelgeisiol yr holl nofel. Dyma'r Llundain bwdr a welodd mab y bwthyn ym mhryddest Cynan yn 1921, *Jazz Age* F. Scott Fitzgerald: 'a new generation . . . grown up to find all Gods dead, all wars fought, all faiths in man shaken.'[15] Ar y rhyfel y mae'r bai am agwedd hedonistaidd y bobl hyn tuag at fyw: 'Ceisiai Mr. Edwards a Gwilym ddangos y fath gyfnewidiad a ddaethai dros feddwl ac arferion y wlad gyda'r Rhyfel Mawr ac ar ei ôl, ac mai peth tramor i Loegr oedd y tor-priodasau a'r llenyddiaeth amhur, a'r safon isel o foesoldeb.' (294) Ni ddychrynir Lowri o ddifri nes iddi ddeffro ryw fore ar ôl parti meddw a hithau wedi cysgu'r nos gyda Cyril; fe'n sicrheir, serch hynny, fod ei 'choron' yn dal ganddi. Eto i gyd, ymhen fawr o dro caiff berthynas odinebus gyda'i chyflogwr sy bum mlynedd ar hugain yn hŷn na hi.

Wrth ddisgrifio Lowri yn angladd ei mam, does dim modd osgoi'r llais awdurol condemniol:

> Fe'i daliai ei hun yn ben-uchel, ac heb arwydd o ddeigryn nac o deimlad, rhwng y ddau ddyn cryf a oedd yn amlwg yn teimlo gormod bron i allu cadw rheolaeth arnynt eu hunain.
>
> Ond yr oedd wyneb Lowri wedi ei blast'ro â phaent a phowdwr, fel na feiddiai hyd yn oed wenu, pe ceisiai, heb sôn am wylo, rhag ofn cracio'r plaster!
>
> 'Ai Lowri, mewn gwirionedd, ydi honna?' gofynnai un ferch yn ddistaw i un arall a safai yn ei hymyl a rhyfeddai'r ddwy ynddynt eu hunain fod modd i'r eneth ysgafn, hoyw, lawen, a arferai fod bob amser yn dipyn o 'tom-boy' fod wedi cyfnewid yn ferch mor ffasiynol, ac mor oer, balch a phrofiadol yr olwg arni. (336)

Ni ddaw'r berthynas rhyngddynt i ben nes bod Gwen wedi marw ac wedi siarsio Lowri i ddarllen ei dyddiaduron. Ynddynt, caiff wybod y gwir am Syr Henry, sef ei fod wedi gwneud tro gwael â Maria Gamdda'r Delyn yn Llundain: gwrthododd ei phriodi er ei bod hi wedi esgor ar ei blentyn; a hithau'n byw o'r llaw i'r genau gorfodwyd Maria i droi'n butain ac fe'i boddwyd hi a'i babi yn y pen draw. Ar hyn, gwêl Syr Henry y goleuni a chydnebydd ei fod wedi ymelwa'n faterol ar draul eraill:

> Am y tro cyntaf ceisiodd Syr Henry ddychmygu'r loes oedd i un o natur Goronwy fynd i ryfel, a theimlod yn fychan ryfeddol wrth feddwl iddo ef gael aros gartref ac ymgyfoethogi yng nghysgod rhai 'run fath â Goronwy.

A dyna Moi! Nid oedd yn beth mor anodd iddo ef fynd i ryfela efallai, ac eto wrth edrych yn ôl yn deg y foment hon, nid ymladd er mwyn ymladd y byddai Moi, ond yr oedd ef bob amser yn barod i amddiffyn cam y gwan. (358)

Ar hen Greigiau Milgwyn ffyddlon y sylweddola Lowri'r pethau hyn; fe'i hachubir drwy ddychwelyd at ei gwreiddiau a gweld o'r newydd ddaioni ei magwraeth gul.

Ar ddiwedd y nofel, felly, cais yr awdures ailsefydlu'r Ardd Eden o fyd a fodolai cyn chwalfa'r rhyfel – 'rywfodd yr oedd Moi a Gwen fel pe byddant [*sic*] yn perthyn i ryw fyd ac oes arall'. (359) Ond fe ymddengys ei bod yn fodlon traflyncu'r melys a ddaw gyda'r chwerw. Hynny yw, y mae yna anghysondeb sylfaenol yn perthyn i'w hagwedd tuag at y rhyfel: ar y naill law, fe'i condemnia oherwydd mai dyma darddle holl drybini o leiaf draean y nofel; ar y llaw arall, croesawa'r arwriaeth a ddaw yn ei sgil â breichiau agored ac erys cysyniadau fel dyletswydd ac anrhydedd mor ddigwestiwn drannoeth y rhyfel â'r hyn oeddent ar ei drothwy. Y mae'r awdures yr un mor wleidyddol oddefol mewn gwirionedd â T. Rowland Hughes mewn nofel boblogaidd arall, *William Jones* (1944). Datgelir gan y cyn-lifftenant o'r rhyfel, Ted Howells, arwriaeth William Jones ddi-nod fel milwr gynt a hynny gerbron criw o'r byd darlledu:

Mynnodd Howells adrodd hanes gwrhydri William Jones yn Ffrainc, a phan ddychwelodd pawb i'r stiwdio, teimlai'r dyn bach yn anghyffyrddus: yr oedd yn amlwg yr edrychai'r actorion arno gyda pharch ac edmygedd. O'r blaen, rhyw wincio ar ei gilydd yr oeddynt . . . Ond yn awr, yr oedd arwr yn eu plith.[16]

Cawn wybod am y dewrder a enillodd i William Jones fedal yn y bennod sy'n adrodd ei hanes cyn iddo ei chychwyn hi am y Sowth, gwybodaeth sy'n ddigon i ddyrchafu'r arwr comig yng ngolwg y darllenydd yn arwr o'r iawn ryw. Yma eto fe ymdrinnir yn gwbl anfeirniadol â'r cysyniad o arwriaeth, nid bod y fath niwtraliaeth wleidyddol ymddangosiadol yn gwbl ddiniwed ar y pryd, fe dybir, a hithau o'r newydd yn gyfnod o ryfel pan gyhoeddwyd y nofel am y tro cyntaf ganol y pedwardegau.

A hwythau'n sgrifennu pan oedd y wladwriaeth Brydeinig, ei

hunaniaeth a'i bodolaeth, yn llythrennol dan fygythiad, fe gyfrannodd storïau serch *Y Gymraes* at gynnal os nad hyrwyddo'r *status quo* drwy fynd gyda'r llif yn ddiwrthwynebiad. Arddel yr un rhagdybiaethau gwleidyddol fu hanes yr holl ryddiaith a'u dilynodd a bu'n rhaid disgwyl tan weithiau Kate Roberts mewn gwirionedd cyn cael clywed unrhyw feirniadaeth ar genedlaetholdeb ymerodrol yn cael ei lleisio a chyn cael gweld patrwm o genedlaetholdeb amgen yn dechrau ymffurfio yn ei le. Yn ofer y chwilir ei gwaith am un adlais o jingoaeth y gweithiau blaenorol, a dadlennol, er enghraifft, yw'r ffaith fod ei dwy nofel yn diweddu'n amseryddol tua 1916–17, cyn i'r rhyfel ei hun ddod i ben yn 1918. Gellir dehongli hyn yn ddeublyg: drwy gyfrwng y penodol y deliai â'r cyffredinol, a chyda marwolaeth eu brodyr deuai'r rhyfel i ben i bob pwrpas ym mhrofiad Owen Gruffydd ac Ann Owen a'r drwg wedi ei gyflawni; ar wastad gwleidyddol, byddai unrhyw gyfeiriad dathliadol at fuddugoliaeth Brydeinig yn amherthnasol i Kate Roberts. Yn gynnil ond yn sicr, yn ei gwaith hi y gwelir gliriaf arwyddion yr awdures ymrwymedig ar waith.

Gwahaniaetha rhyddiaith Kate Roberts hefyd oddi wrth gynnyrch awduresau gweddill y bennod hon o ran ei hagwedd wrthsentimentalaidd, a hynny wrth drafod serch yn neilltuol.[17] Yn ei adolygiad ar *Traed Mewn Cyffion* yn *Y Llenor* yn 1936, dywed y golygydd fod Kate Roberts yn 'osgoi'r rhwyddineb dagreuol hwnnw a fu cyhyd yn adwyth ar ein llenyddiaeth a'n pregethau poblogaidd'.[18] Straeon cylchgrawn a rhamantau serch a sgrifennwyd gan ferched yw'r holl weithiau rhyddiaith y canolbwyntiwyd arnynt yn y bennod hon hyd yn hyn; er nad oes dadl mai awdures a gyfansoddodd *Traed Mewn Cyffion* a *Tegwch y Bore*, does dim dwywaith chwaith fod gweithiau Kate Roberts yn gwahaniaethu'n ddirfawr oddi wrth y gweithiau blaenorol. Cystadleuaeth Castell-nedd yn 1934 a barodd fod y gwahaniaeth mor amlwg â golau dydd: os nofel fenywaidd yw *Creigiau Milgwyn*, nofel wrywaidd yw *Traed Mewn Cyffion*.[19] Delyth George sy'n crybwyll diffyg ymlyniad Kate Roberts wrth fyth serch rhamantus: 'Dyma lenor sy'n gwbl annodweddiadol o'i rhyw yn ei hanghysur wrth drin serch yn ei gwaith.'[20] Drwy beidio â darlunio serch fel profiad siwgraidd llwydda i ymbellhau oddi wrth ddeunydd mwy ystrydebol ei chyd-awduresau a sefydlu ei hannibyniaeth fel artist. Yn wir, tybed na welir yn ei gwaith wrthryfel bwriadus yn erbyn y math confensiynol hwn o sgrifennu merched: 'gellir ystyried ei hagwedd oeraidd hi at garwriaeth fel ymdrech unigryw, herfeiddiol i sefydlu arwriaeth fenywaidd wahanol, a allai gystadlu'n fwy ffafriol ag arwriaeth wrywaidd draddodiadol.'[21] Nofel Jane Gruffydd yw *Traed Mewn Cyffion* mewn gwirionedd; hi sy'n teyrnasu fel arwres ar ei hyd, ac yn sicr – oherwydd gwrthwynebiad Kate Roberts ei hun i'r rhyfel ar dir egwyddor, fe ddyfelir – nid achubir y cyfle i greu arwr confensiynol o Twm fel sowldiwr yn rhan olaf y nofel. Un o'r pethau sy'n dioddef ar ddiwedd y gyfrol, yn rhannol efallai oherwydd gorawydd tybiedig yr awdures i osod ei gwaith ar wahân i ddeunydd meddal arall, yw carwriaethau Owen a Twm: cymeriad cardbord yw Ann Elis ac nid yw Ceinwen yn ymddangos yn y nofel o gwbl. Dyna un agwedd y ceisiwyd ei chywiro'n ddiweddarach yn *Tegwch y Bore*.

Ar wahanol adegau ar hyd ei gyrfa, esboniodd Kate Roberts yn gyson ac yn ddiwyro bwysigrwydd y rhyfel yn ei hanes a'r modd y dylanwadodd arni'n greadigol ac yn wleidyddol. Ddiwedd y pedwardegau mewn cyfweliad radio gyda Saunders Lewis y cafwyd y datganiad cyntaf pan holwyd hi ynglŷn â'r hyn a'i cynhyrfodd i ddechrau sgrifennu o gwbl: 'Marw fy mrawd ieuengaf yn rhyfel 1914–18, methu deall pethau a gorfod sgrifennu rhag mygu. (Yn wleidyddol, gyrrodd fi i'r Blaid Genedlaethol).'[22] Yna ym mhennod olaf ei hunangofiant yn 1960, cyhoeddodd fel hyn: 'Digwyddasai popeth pwysig i mi cyn 1917, popeth dwfn ei argraff.'[23] Saith mlynedd yn ddiweddarach a J. E. Caerwyn Williams yn ei holi ynglŷn â'r hyn a gafodd effaith arni fel llenor, atebodd:

Colli fy mrawd yn y Rhyfel Byd Cyntaf, fy mhriod wedyn yn niwedd yr Ail Ryfel Byd, a dau frawd wedyn yn 1951 a 1953, y ddau yn ddynion canol oed . . . Yn 1921 ymhen blynyddoedd ar ôl colli fy mrawd y daeth imi'r teimlad fod arnaf eisiau dweud rhywbeth. Yr oedd yn rhaid imi ddweud rhywbeth neu suddo . . . Wrth fyfyrio ar dristwch y Rhyfel Byd Cyntaf, gwelais mai tristwch oedd rhan fy hynafiaid hefyd, a daeth digwyddiadau o'u bywydau hwy i'm meddwl . . . [roedd] Rhyfel 1914–18 i gyd wedi bod yn boen i mi. Clwyfwyd brawd arall imi yn ddrwg iawn ar y Somme, a dioddefodd oddi wrth ei glwyfau weddill ei oes. Ond fe gafodd fyw, ac efallai fod marw'r llall wedi ein rhwystro rhag gweld yn iawn beth a ddioddefodd ef.[24]

A naw mlynedd cyn diwedd ei hoes faith, fe ddaliai pwnc rhyfel i bwyso ar ei meddwl:

'Da ni ddim yn sylweddoli un peth – fod 'na ddau ryfel byd wedi digwydd yn y ganrif yma, a dwi'n meddwl ein bod ni'n hollol ddifater ynghylch y peth mewn gwirionedd – trychinebau ofnadwy – a dyden nhw heb gael effaith fawr ar neb – 'da ni'n mynd ymlaen yn hapus braf, fel 'tasa dim byd wedi digwydd. Ond os ewch chi i feddwl am y pethau ddigwyddodd, wel mae o'n rhoi rhyw dristwch i chi a rhyw wrthwynebiad i'r pethau 'ma.[25]

Fel Vera Brittain, penyd Kate Roberts fyddai gorfod byw gweddill ei bywyd yng nghysgod y rhyfel:

Only gradually did I realise that the War had condemned me to live to the end of my days in a world without confidence or security, a world in which every dear personal relationship would be fearfully cherished under the shadow of apprehension; in which love would seem threatened perpetually by death, and happiness appear a house without duration, built upon the shifting sands of chance.[26]

A hithau wedi ei geni yn 1893, ddwy flynedd yn unig ar ôl Kate Roberts, uniaethai'r Gymraes â'i helbulon yn ystod y rhyfel ac anfonodd lythyr ati ddiwedd 1933, pan oedd yn gweithio ar *Traed Mewn Cyffion*, i fynegi ei gwerthfawrogiad o *Testament of Youth* (1933).[27]

Nofel hanesyddol sy'n rhychwantu cwta ddeugain mlynedd – o 1880 hyd 1917 – yw *Traed Mewn Cyffion*, ac mae'r lle a ganiateir o'i mewn i drafod y rhyfel yn arwyddo'i bwysigrwydd. Mewn nofel o bum pennod ar hugain ac ynddi lai na dau gant o ddudalennau, nofel y cywilyddiai ei hawdures o'i phlegid chwe blynedd ar ôl ei chyhoeddi oherwydd iddi '[g]eisio gosod cyfnod o hanner can mlynedd ar gynfas mor fychan', neilltuir y pum pennod olaf yn gyfan gwbl i drafod y cyfnod cymharol fyr rhwng 1913 a 1917.[28] Dyma'r olaf o 'bum symudiad'[29] y nofel, chwedl Bobi Jones, a'r 'amgylchiad allanol mwyaf a'r trais gwaethaf ar y gymdeithas ym mhrofiad yr ardal ac yn nhwf emosiynol Kate Roberts ei hun'.[30] Oni bai fod hynny'n ddigon o gyfiawnhad dros y sylw anghytbwys a roir i'r rhyfel yn y nofel, ystyrier hyn: daw cyfnod hanesyddol y nofel reit ynghanol blynyddoedd ffyniant Rhyddfrydiaeth Gymreig a chyfnod cynnydd y Gymru fodern. Dyma pryd y gosodwyd cerrig sylfaen Prifysgol Cymru, yr Amgueddfa Genedlaethol a'r Llyfrgell Genedlaethol, sefydliadau a roddodd i'r wlad rith cenedl. Arwydd o lwyddiant y delfryd democrataidd oedd gyrfa Lloyd George ei hun, ac yn llygad y byd roedd hwn yn gyfnod o lewyrch yng Nghymru. Ond doedd y ddelwedd gyhoeddus ddim yn cyd-fynd â realiti byw a bod gwerinwyr yn Arfon y chwareli. Efallai mai'r eironi pennaf yw mai Deddf Addysg Ganolradd Cymru, y darn goleuedig hwnnw o ddeddfwriaeth a basiwyd yn 1889, a alluogodd rai o genhedlaeth a chefndir Kate Roberts yn y man i ddatgelu'r union dwyll yna.

Yn *Traed Mewn Cyffion* y ceir yr antithesis mwyaf pwerus i werin ramantus O. M. Edwards; ynddi hi yr atebir yn rhyddieithol 'Caru Cymru' (1917) delynegol Crwys. A hithau wedi priodi'r chwarelwr Ifan Gruffydd, newydd fudo o Lŷn i Foel Arian (= Rhosgadfan) y mae Jane Gruffydd ar ddechrau'r nofel, symud i fyw i ardal sy'n ' "bictiwr o anobaith" ' (140), chwedl Owen ei mab yn ddiweddarach yn y gyfrol. Teyrnged i frwydr y genhedlaeth hon o Gymry uniaith i ymlafnio byw mewn tyddyn llwm gyda chwech o blant yw'r nofel, a'r llwy bren am eu hymdrech barhaus i gadw'r blaidd o'r drws yw'r Rhyfel Byd Cyntaf. Rhoddir ar gof a chadw hanes gwareiddiad ifanc a chofnodir ei dranc. A hithau'n cyfansoddi ei hunan-gofiant yn 1960, ni chredai Kate Roberts fod can mlynedd ers enwi Rhosgadfan, ei phentref genedigol, ac roedd hi'n 1876, er enghraifft, ar gapel y Methodistiaid Calfinaidd yn cael ei godi yno. Ac eto, mewn llai na hanner can mlynedd byddai'r Gymru a esgorodd ar y byd newydd hwn yn cyflawni *hara-kiri* yn y modd mwyaf cyntefig.

Cyfetyb amryw agweddau ar *Traed Mewn Cyffion* i fywyd Kate Roberts ei hun. Cymerir yn ganiataol, er enghraifft, mai ei haelwyd yng Nghae'r Gors yw cynsail y portread nofelyddol o'r Ffridd Felen. Y fatriarch Catrin Roberts sy'n llechu y tu ôl i Jane Gruffydd, un y dywedwyd amdani yn y bennod lwythog 'Fy Mam' yn *Y Lôn Wen* '[nad] oedd ragrith yn perthyn iddi' (109): 'Yn ei dychymyg ei hun, yr oedd hi ar hyd ei hoes yn arwain gwrthryfel yn erbyn anghyfiawnder. Fe welai ddigon ohono ar raddfa fechan o'i chwmpas, ac fe ddarllenai ddigon amdano yn y byd.' (112) Gadewir rhai manylion heb eu hymgorffori yn y nofel. Er enghraifft, priodwyd Owen a Catrin Roberts ill dau o'r blaen a'u gadael yn weddw, ef gyda thri o blant a hithau efo un; enwau plant y tad o'i briodas gyntaf oedd Mary, Jane ac Owen ac enw plentyn y fam oedd John; Kate Roberts oedd y plentyn cyntaf o'r ail briodas ac ar ei hôl hi daeth Richard, Evan a David.[31] Dyna gyfanswm o wyth o blant yn hytrach na'r chwech sydd yn y nofel, sef mewn trefn amseryddol Elin, Sioned, Wiliam, Owen, Twm a Bet. Er mai'r hynaf o blant yr ail briodas oedd Kate Roberts, i'r plentyn canol Owen y cyfetyb amlycaf yn y nofel gan mai plentyn canol fuasai hithau yn y teulu cyfansawdd: enillodd Owen ysgoloriaeth i'r Ysgol Sir yng Nghaernarfon oddeutu troad y ganrif ac aeth Kate Roberts i'r ysgol yn 1904.

Bach y nyth, David Owen Roberts (Dei), a gyfetyb i Twm yn *Traed Mewn Cyffion*. Ac eto, cynorthwyydd mewn siop ddilladau – drapers' assistant – yng Nghaernarfon oedd David Roberts, nid athro ysgol, ac mae cymeriad Rolant yn *Tegwch y Bore* yn ddrych cywirach ohono a dweud y gwir. Cyfaill, yn wir, cariad coleg ar un adeg, i Kate Roberts a ddaw i'r meddwl wrth ystyried cymeriad Twm yw David Ellis, Penyfed, y bardd ifanc a ddiflannodd yn ddirgelaidd yn Salonica ac a ysbrydolodd nofelig Cynan, *Ffarwel Weledig* (1946); cofnodwyd ei hanes ganddi hithau mewn erthygl yn 1965.[32] Fel Richard, cariad Ann Owen yn *Tegwch y Bore*, ymunodd David Ellis ag uned ambiwlans yn ystod y rhyfel, ond does dim o'r rhwystredigaeth a nodweddai berthynas Ann a Richard i'w gweld yn y portread o Twm. Roedd David Ellis a Kate Roberts yn ddau o ddim ond chwech yn nosbarth anrhydedd John Morris-Jones ym Mangor rhwng 1912 a 1913 a pharhasant yn gyfeillion tan 1915. Oherwydd mân reol fiwrocrataidd, methodd David Ellis â chael swydd ddysgu barhaol ar ôl iddo raddio, a daliodd bedair swydd mewn llai na dwy flynedd. Fel hyn y disgrifiodd ei brofiad mewn ysgol ym Mae Colwyn mewn llythyr at Kate Roberts: 'Y mae yma hanner cant ohonynt a dosbarth arall yn yr un ystafell, a dyma lle y mae dau ohonom yn gweiddi fel ocshwnïars, yn llefain, yn bloeddio, yn curo ac yn pastynnu ac yn chwythu bygythion a chelanedd drwy'r dydd, ac ysywaeth i ddim diben bron.'[33] A dyma brofiad Twm: 'Dysgu dosbarth o drigain o blant yn yr un ystafell â dosbarth arall o drigain, a dau athro ar hwnnw.' (159) Yn ddiweddarach mewn ysgol yn Llundain, ni chawsai David Ellis gyfle i ddysgu ei bwnc gradd: 'Yr wyf wedi mynd i anobaith am le gyda'r Gymraeg.'[34] Yr un oedd profiad Twm: 'Yn ben ar y cwbl, ni châi wneud defnydd o'i wybodaeth o'r Gymraeg, tra gorfodid iddo ddysgu pethau na wyddai ddim amdanynt.' (160) Yng ngeiriau Kate Roberts, 'Peth trist iawn oedd bod bardd ieuanc a gafodd anrhydedd uchel yn y Gymraeg yn dysgu daearyddiaeth mewn ysgol yn Lloegr, ac yntau heb fod yn astudio daearyddiaeth erioed, yn y coleg beth bynnag; a hynny am gyn lleied o gyflog'.[35] Diwedd y gân oedd fod David Ellis wedi ymuno ag uned arbennig o'r Corfflu Meddygol a ffurfiwyd mewn ymgais i ddatrys dilema'r sawl a gefnogai fwriadau'r rhyfel ond a anghytunai â'i ddulliau milwrol; dyma'r uned yr ymunodd Cynan a Lewis Valentine, ynghyd â dros ddau gant o rai eraill, â hi ac y cofnodwyd ei hanes gan R. R. Williams yn *Breuddwyd Cymro Mewn Dillad Benthyg* (1964). Drwy gyd-ddigwyddiad, ar 28 Ionawr 1916 yr ymrestrodd David Ellis, union bedwar diwrnod ar ôl David Roberts.

Drwy ddilyn ffawd Twm y down i amgyffred impact y rhyfel ar gymuned dosbarth gweithiol fel Moel Arian. Ymuno â'r fyddin er mwyn cael dihangfa oddi wrth fywyd anghreadigol yr ysgol yw ei hanes, nid oherwydd unrhyw argyhoeddiadau gwleidyddol mawr: 'Fe gâi weld y byd, a gweld rhywbeth heblaw'r mynyddoedd tragwyddol yma ac wyneb sur yr ysgolfeistr.' (161) Am ei fod wedi cael llond bol ar fudrelwa ei feistr yr ymrestrodd John Twnt i'r Mynydd yntau: 'wedi hen alaru ar ei feistr. Hwnnw yn eu gweithio i'r ddaear, ac yn atgyfodi pethau oedd yn y siop er cyn diluw a'u gwerthu am grocbris.' (171) Pan ddaw'r newydd am ladd John, dryllir Ann Ifans annwyl, 'yr anwylaf o holl greaduriaid Doctor Kate', yn nhyb Derec Llwyd Morgan:[36]

'Ydach chi'n gweld, Owen, hen fistar cas, crintachlyd oedd gynno fo; mi rôi garreg ar i faw, tae o'n medru.'
'Hen ddyn cas oedd y scŵl lle'r oedd Twm hefyd.'
'Tad, 'roeddwn i'n meddwl bod Twm mewn lle reit braf.'
'Nag oedd; hen ddyn cysact oedd y sgŵl, yn hanner lladd y plant, ac mi fasa'n lladd i ditsiars hefyd, tae o'n medru.'
'Yr hogiau gwirion,' meddai hithau. (180)

Mympwy ac nid egwyddor sy'n llywio ymarweddiad y ddau ac yn pennu eu tynged. Pan yw rhieni Twm yn derbyn llythyr oddi wrtho yn rhoi gwybod iddynt ei fod wedi listio, poeni a wnânt gyntaf am yr effaith economaidd arnyn nhw o golli ei gyflog fel athro gan fod Ifan Gruffydd ar y clwt ers i'r chwarel gau: ' "O," meddai hi, "mae plant yn greulon." ' (162) Yr un yw adwaith Owen: 'A dyma Twm yn gwneud tro mor wael! Pan allasai anfon ychydig arian adref, yn mynd at y sowldiwrs.' (163) 'Ychydig o *syniadau* gewch-chi yng ngwaith Kate Roberts . . . camp yw dod o hyd i un "syniad" crwn mewn unman', meddai Bobi Jones,[37] ond pa ryfedd hynny yng ngwaith cyfnod Arfon? 'Problem economaidd yw holl broblem bywyd chwarelwyr o grud i fedd'[38] – geiriau Kate Roberts wrth iddi amddiffyn *Traed Mewn Cyffion* yn wyneb beirniadaeth lem Saunders Lewis ohoni, a deellir o'r ymateb i'r rhyfel pam na all trigolion y Ffridd Felen fforddio coleddu syniadau haniaethol ynghylch anrhydedd gwlad yn wyneb y frwydr faterol i fyw.

Ar un adeg, a rhai athrawesau yn yr ysgol yn dannod iddo nad ymrestrai, teflir Owen ar gyfyng-gyngor:

> Yr oedd yn rhy ddirmygus ganddo fyned i egluro ei fod wedi ei esgusodi dros dro oherwydd cyflwr ei iechyd. Yr unig beth a wnaethai iddo ymuno fuasai ymdeimlad o ffyddlondeb i'w gyfeillion a'i berthnasau, a ymunasai eisoes. Teimlai fel hyn: os oeddynt hwy'n dioddef, y dylsai yntau fod gyda hwynt, nid oherwydd ei gydymdeimlad â'r Rhyfel ond oherwydd ei gydymdeimlad â'r bechgyn. (175)

Teimladau tebyg a yrrodd un diffygiol ei olwg fel Williams Parry i'r fyddin ac 'mewn cydymdeimlad â'i gyfeillion' (171) yr ymuna Richard Edmund â'r Corfflu Meddygol yn *Tegwch y Bore*. Ffactor arall sy'n pwyso ar feddwl Owen yw achos ei frawd: 'Aeth hyn i'w boeni'n fwy fel y deuai llythyrau oddi wrth Twm; nid am fod ei frawd yn cwyno. Absenoldeb cwyno, pan wyddai fod achos cwyno, a barai iddo deimlo y dylai fyned i gyd-ddioddef â Thwm.' (175) Er mwyn arbed ei frawd yr ymrestrodd un fel Hedd Wyn. Yr hyn sy'n berffaith amlwg drachefn yw absenoldeb unrhyw gymhellion 'cenedlaethol' dros ymrestru: ysgogiadau personol sydd wrth wraidd penderfyniad pob un o'r bechgyn hyn.

Yn *Traed Mewn Cyffion* y diffinnir rymusaf ymateb cwbl Gymreig i'r rhyfel. Digwyddiad amwys, anghysbell, amherthnasol ydyw, argraff a ddwyseir drwy beidio â mentro draw dros y don i fro estron gyda'r milwyr Cymreig. Delwedd o Gymru glwyfedig, Cymru'r ysglyfaeth a'r *victim* a gyfleir, ac yn fwy felly na Williams Parry yn ei englynion coffa, a'r ystod amser rhwng y rhyfel a sgrifennu'r nofel yn hwy, galarnad i'r 'rhwyg o golli'r hogiau' yn hytrach na molawd i'r 'aberth nid â heibio' sy gan Kate Roberts. Fel hyn y cyflwynir y rhyfel ganddi:

> Pan dorrodd y Rhyfel allan, ni wyddai neb ym Moel Arian beth i'w feddwl yn iawn yn ei gylch. Ni ddeallent yr achosion, ond credent yr hyn a ddywedai'r papurau, mai myned i achub cam gwledydd bychain a wnaeth Prydain Fawr. Ond teimlasant yr effaith y diwrnod cyntaf, oblegid caeodd holl chwareli bychain y cylch; yn wir, caeasai un ohonynt cyn i'r Rhyfel dorri allan. Eithr credid yn gyffredinol na pharhâi'n hir. Ni chredodd neb yn y Foel Arian, na'r Ffridd Felen, y cyffyrddai'r Rhyfel byth â hwy. Peth i filwyr a llywodraeth oedd Rhyfel . . . (158)

Ergyd arall i'r gwerinwyr stoicaidd hyn yw'r rhyfel, digwyddiad arall o'r tu allan nad oes ganddynt unrhyw reolaeth drosto ond y gorfodir nhw i ymateb iddo. A'r fath bellter rhwng Arfon a phencadlys grym yn Lloegr, nid darlun o gyd-dynnu Prydeinig a welir fan hyn ond yn hytrach cyd-dynnu cymunedol ar wahân i ymyrraeth y wladwriaeth estron bell.

Caledodd yr ymdeimlad hwn o bellter ac arwahanrwydd yn gydymdeimlad â hynt y gwrthwynebydd cydwybodol a'r dihangwr mewn rhai achosion. Cyfeiria Ithel Davies o Faldwyn wledig at gefnogaeth y fro pan restiwyd ef am iddo wrthod ymrestru: 'Yr oedd pawb yn y ddau gwm, Cwm y Dugoed a Chwm Tafolog, mewn galar oherwydd fy nghymryd i'r ddalfa a chalondid mawr oedd hynny i mi.'[39] Disgrifia Tegla yn edmygus orchestion un dihangwr a lwyddodd i 'herio holl gyfrwystra llywodraeth a byddin Prydain Fawr, a hynny'n llwyddiannus, a dyfod o'r frwydr yn orchfygwr di-anaf'.[40] Ac yntau'n byw ar ffarm ar y ffin rhwng siroedd Dinbych a Maldwyn, fe'i llocheswyd ar hyd y rhyfel gan ei gyd-ardalwyr: 'Ac yng nghyffiniau ei hen ardal yr ymguddiai, a phawb yn gwybod amdano, a phawb yn cadw ei enau ynghaead, a phawb yn gwbl anwybodus yn ei gylch ef a'i symudiadau, a'r capiau cochion yn crwydro oddi amgylch gan ddyfod bellach bob wythnos a holi a stilio a dychwelyd fel y daethent.'[41] Hynny yw, y llywodraeth yng ngwisg yr awdurdodau milwrol oedd y gelyn a welai'r bobl hyn, un a ddeuai o bell i ddwyn eu hieuenctid oddi arnynt. Diymadferthedd ac anocheledd a fynega Kate Roberts yn wyneb grym y wladwriaeth: 'gwyddent, pe gwrthodai eu plant fynd, y byddid yn sicr o ddyfod i'w nôl a'u gorfodi i fynd.' (173) Yn nes ymlaen, mae hi'n fwy tynghedus byth:

> Yr oedd yn syndod meddwl bod gan ryw gongl fechan fel hyn o Gymru ran yn y Rhyfel o gwbl. Ac eto, cyrhaeddai crafangau'r anghenfil hwnnw i gilfachau eithaf y mynyddoedd. Ychydig wythnosau'n ôl diangasai bachgen o'r ardal o'r fyddin, a llochesodd am wythnos yn nhyllau'r creigiau, gan fyned adref at ei fam i swper bob nos. Ond daeth gwaedgwn y fyddin o hyd iddo, a gwelwyd ef yn myned i'r stesion rhwng dau filwr a golwg y gorchfygedig arno. (192)

Mae bwriadau'r wladwriaeth ganolog am y pegwn arall i gonsŷrn y gymuned leol.

Ned Thomas sy wedi rhoi ei fys ar yr hyn a welir yn *Traed Mewn Cyffion*:

> . . . the dissociation of a minority nation from the political aims of the State. I remember it again from my own childhood during the Second World War. The identification with the war effort among my own relatives in North Wales was certainly much weaker than in Britain generally. We were all against Hitler, of course, but no one was going to have his children called up if he could do anything to stop it. The distance between *them* and *us* is multiplied when they belong to another nation.[42]

Ond mae Kate Roberts yn lleoli'r gwrthwynebiad hwn yn benodol iawn: o gymharu â phobl pentref diarffordd Moel Arian, cefnogai pobl y dref y rhyfel yn frwdfrydig. Ai Llanberis, lle bu Kate Roberts yn dysgu am y tro cyntaf yn Ysgol Elfennol Dolbadarn rhwng 1913 a 1914, yw Tre Ffrwd y nofel?

> Yn y dref fach, falch honno ceid pobl yn sôn am ogoniant rhyfel a dewrder y bechgyn, a chredent y papurau newydd air am air . . . yr oedd y siarad gwag, meddal, a'r syniadau ystrydebol a fynegid yn ddidor-derfyn, yn ddigon i anfon rhywun yn wallgof. Deuai eu plant adref o'r gwersylloedd, ac os byddent swyddogion troent eu trwynau ar bobl fel Owen a feiddiai gerdded y stryd yn ddiogel yn ei ddillad ei hun. Meddyliai Owen ei bod o'r gorau ar y bechgyn hynny, bechgyn yr ysgolion gramadeg, wedi cael moethau ar hyd

eu hoes, a heb wybod eisiau o ddim erioed . . . Am bobl fel ei bobl
ef, buont yn dioddef caledi ar hyd eu hoes, ac fel pe na baent wedi
cael digon, dyma ryfel yn dyfod fel llaw anweledig a'u gwasgu i'r
ddaear. (174)

Er nad yw'r gwrthwynebiad hwn yn cymryd lliw plaid, y mae'n
deffro ymwybyddiaeth wleidyddol diniweidiaid Moel Arian:

A dechreuodd y bobl oedd gartref eu holi eu hunain a holi ei
gilydd beth oedd ystyr peth fel hyn . . . Ni chredent o gwbl erbyn
hyn mai achub cam gwledydd bychain oedd amcan y Rhyfel, ac
mai rhyfel i orffen rhyfel ydoedd, ac ni chredent chwaith fod bai ar
un wlad mwy na'r llall, ond daethant i gredu bod pobl yn
defnyddio eu bechgyn hwy i'w mantais eu hunain. 'Y bobol fawr'
yna oedd y rhai hynny, yr un bobl a wasgai arnynt yn y chwarel . . .
Yng ngwaelod eu bod, credent erbyn hyn fod rhywrai'n gwneud
arian ohoni, fel y gwnaent o'u cyrff hwy yn y chwareli, ac mai'r
bobl hynny a ddeisyfai oedi heddwch. (173)

O'i ddehongli fel arwydd pellach o ddosbarth cymdeithasol
uwch yn eu hecsbloetio'n faterol, does dim syndod fod cyn lleied
o frwdfrydedd yn eu plith dros y rhyfel.

Mesurir gwerth pregethwyr unigol yn y nofel yn ôl eu
parodrwydd i wrthwynebu neu gefnogi'r rhyfel:

Siglai eu ffydd mewn pregethwyr a gwladweinwyr. Condemnid
pregethwyr a fuasai megis duwiau gynt, am eu bod yn ffafrio
rhyfel. Yn wir, bu i rai aros gartref o'r capel am fisoedd oblegid i
bregethwr sôn am gyfiawnder y rhyfel hwn. Yr un fath, codai rhai
eraill yn eu barn am bregethu ei anghyfiawnder. Yr oeddynt yn
unfryd yn hyn; a throes enwau rhai gwladweinwyr enwog yn
ddrewdod yn eu ffroenau. (173–4)

Ac eto, o gymharu â dwy nofel gan genedlaetholwr
ymrwymedig arall, Gwenallt, dyma swm a sylwedd y
cyfeiriadau uniongyrchol wleidyddol gyda golwg ar y rhyfel;
ymgodyma Myrddin Tomos yn ei feddwl â'i ddaliadau
politicaidd yn y carchar yn *Plasau'r Brenin* a llusgir crefydd i
ganol sawl dadl boeth ym mhentref diwydiannol Gwaun-coed
yn *Ffwrneisiau*. Profir yn *Traed Mewn Cyffion* y gwirionedd y
sylwodd Branwen Jarvis arno: 'Kate Robert's work, from
beginning to end, is secular in nature, the more profoundly so for

being on occasion religious in its social context.'[43] Methai Saunders Lewis yn lân â dirnad yr agwedd hon ar *Traed Mewn Cyffion*: 'Y mae'ch cymeriadau chi'n byw ar yr wyneb i gyd; nid oes ganddynt du-mewn a dim dyfnder ynddo; nid oes ganddynt fywyd ysbrydol o gwbl.'[44] Yr oedd ymateb Kate Roberts i'w sylwadau'n ddiflewyn-ar-dafod:

Petaswn i'n mynd i ysgrifennu nofel am fywyd crefyddol mi wnawn fy ngwron yn anffyddiwr ac fe ymosodwn ar grefydd ym mhob ffurf arni. Mae'n gas gan fy enaid Gristionogaeth. Yr wyf yn caru rhai Cristnogion ond am grefydd, credaf mai hi sydd yn gyfrifol bod y fath drefn ar y byd heddiw, y hi sydd wedi noddi cyfalafwyr rhagrithiol ar hyd y canrifoedd ar ol yr Eglwys fore. Pan ddaeth rhywun i'n ty ni i gasglu at y genhadaeth rywdro, fe ddywedodd mam na roi hi ddim at wneud pobl yn fwy anhapus nag oeddynt. Fe ellwch chwi gyfrif holl ddyled llenyddiaeth a chelfyddyd i Gristionogaeth, ond mi fuasai'n well gennyf i weld mwy o hapusrwydd yn y byd heddiw.[45]

Sôn am roi cadach coch i darw!

Presenoldeb diwylliannol yw Anghydffurfiaeth yn *Traed Mewn Cyffion*, nid dylanwad ysbrydol. Gellir cyfeirio at episod arall yn hanes Catrin Roberts, sy rhwng cloriau *Y Lôn Wen*, a gyfrannodd at agwedd ffyrnig o wrth-Gristnogol Kate Roberts ac sy'n egluro'r rhan ymylol sy gan grefydd yn y nofel. Mewn darn o sgrifennu sy'n atgoffa dyn am hwnnw yn *Rhys Lewis* pan gadwodd blaenoriaid Bethel draw oddi wrth Mari Lewis ar ôl carcharu Bob Lewis, cyfeiria Kate Roberts at yr adeg pan dderbyniwyd y newydd trasig ynglŷn â marwolaeth ei brawd mewn ysbyty ym Malta ar ôl misoedd o gystudd. Galwodd dau flaenor yng Nghae'r Gors er mwyn sôn am drefnu cyfarfod coffa iddo:

Digwyddwn i fod yn y tŷ llaeth ar y funud, a dyma a glywais gan fy mam, 'Cyfarfod coffa i bwy? Os cofio, mi allasech gofio fy hogyn i pan oedd o'n fyw. Mi fuo ar wastad ei gefn am bum mis o amser, a ddaru'r un ohonoch chi anfon cimint â gair iddo fo, er i fod o cystal â neb o'r fan yma am fynd i foddion gras . . . ' Yr oeddwn i wedi glynu wrth lawr y tŷ llaeth, ac yn methu gwybod sut yr awn i'r gegin ac wynebu'r blaenoriaid, ond ar yr un pryd yn edmygu gwroldeb fy mam o waelod fy nghalon, ac yn teimlo am unwaith, beth bynnag, fod y gwir wedi ei ddweud yn y lle iawn. (108)

Yn y nofel, ar y swyddog pensiwn hunanfodlon y bwria Jane Gruffydd ei llid geiriol a chorfforol, ond bod arwyddocâd gwleidyddol ehangach i'r digwyddiad hwnnw: 'Ers pymtheng mis o amser, bu rhyw deimladau yn crynhoi yn ei henaid yn erbyn pob dim oedd yn gyfrifol am y Rhyfel, yn erbyn dynion ac yn erbyn Duw . . . y dyn yma a gynrychiolai bob dim oedd y tu ôl i'r Rhyfel ar y munud hwnnw.' (187) Er na choleddai tylwyth Cae'r Gors unrhyw ideoleg wleidyddol bendant chwaith, yn sicr ddigon deuai'r prif weinidog dan lach Catrin Roberts: 'Cofiaf yn dda fel y byddai yn ei dweud hi am Iarll Lloyd George adeg y Rhyfel Byd Cyntaf; a chyda llaw, ni bu'r Iarll erioed yn wron yn ein tŷ ni, na'i lun ar y wal.' (111) Difrawder crefyddol a gwleidyddol a nodweddai'r Ffridd Felen: dywedir '[nad] oedd yno argyhoeddiadau crefyddol na gwleidyddol dwfn' (93) a does dim syndod fod Wiliam, plentyn mwyaf gwleidyddol effro'r aelwyd, yn ei throi hi am byllau glo'r de o ystyried dihidrwydd ei gyd-chwarelwyr tuag at undebaeth a sosialaeth.

Gwreiddiwyd ymateb Kate Roberts i grefydd a gwleidydd-iaeth yng nghyswllt y rhyfel mewn profiadau personol iawn, ac yn hyn o beth fe gwyd rhywfaint o densiwn o fewn y nofel rhwng datganiadau gwrthrychol y traethydd a phrofiadau goddrychol y cymeriadau. Yn symudiad olaf *Traed Mewn Cyffion* yr amrywir y ffocws amlaf o'r llydan gyffredinol i'r agos benodol. Tanlinellwyd eisoes bwysigrwydd y rhyfel yn achos Kate Roberts: 'yr anghyfiawnder ofnadwy a deimlais yn bersonol, fod llywodraeth yn mynd â phlant tyddynnwyr [*sic*] o Gymry uniaith i ymladd brwydrau'r Ymerodraeth, ac yn anfon llythyr swyddogol i ddweud bod y plant hynny wedi eu lladd mewn iaith na ddeallai'r rhieni mono.'[46] Oherwydd awydd angerddol yr awdures i ddarlunio'r rhyfel fel cnul angau ei hen gynefin, teimlir bod yn y symudiad olaf ar y mwyaf o groniclo noeth ar draul dramateiddio dychmygus. Emyr Humphreys sy'n crisialu'r broblem:

> Y mae llawer mwy o grynhoi hefyd o hyn ymlaen hyd ddiwedd y nofel . . . Er cystal yw cymaint o'r penodau olaf . . . nid yw'r diwedd i'w gymharu â chorff y nofel. Mae'r cywair wedi newid a'r awdur wedi colli'r feistrolaeth gytbwys ar y cynnwys a oedd mor nodweddiadol o'r penodau cynnar . . . Erys y penodau olaf fel rhai o gerfluniau diweddar Michaelangelo, amlinelliad heb ddianc allan o'r garreg nadd.[47]

Un profiad y symleiddir ei gymhlethdod, er enghraifft, yw cyfnod Twm yn y fyddin. Ac yntau wedi ymuno â'r fyddin yn Ionawr 1915 daw'r newydd am ei ladd yng Ngorffennaf 1916 ymhen pymtheg tudalen. Cyflea hyn haerllugrwydd rhyfel a lyncai feidrolion i'w grombil mor ddiymdrech. Ar y llaw arall, gellir camgymryd cyflwr hunanfeddiannol Jane Gruffydd – 'fe wibiodd un meddwl arall, na buasai'n rhaid iddi ofni clywed sŵn y postmon drannoeth' (177) – am agwedd oeraidd. Yng ngeiriau Harri Pritchard Jones, 'mae'n syndod nad ydy ei galar am y rhai a fu farw cyn pryd mewn ryfel, mewn damweiniau'n y chwarel neu o'r dicáu, fyth, fyth yn troi'n gynddaredd . . . mae'n weddaidd, weddus, os angerddol, fel Canu Llywarch Hen'.[48] Fel yr awgrymwyd gynnau, dichon fod elfen fan hyn o ddrwgdybio teimladrwydd rhwydd ffuglen ysgafn: 'Nid oes arnaf i lawer o awydd i roi fy nhrwyn ormod i mewn yn nheimladau a phrofiadau pobl',[49] meddai wrth drafod *Traed Mewn Cyffion* yn 1934 – cyn mynd ati, yn gwbl baradocsaidd, i archwilio'r union dir hwnnw yn neunydd cyfnod Dinbych! Efallai fod ei geiriau yn 1949 yn nes ati gan eu bod yn allwedd i'r straen a deimlir yn symudiad olaf y nofel: 'bu'n frwydr galed, bu'n rhaid imi ymladd megis â'r Diafol ei hun i ffrwyno fy nheimladau, a chael fy nghymeriadau i'r un tir o dawelwch.'[50]

Y gwir amdani yw fod Kate Roberts wrth drafod hanes Twm yn troedio ar dir cysegredig gan mai'r gyfatebiaeth deuluol agosaf i'w gymeriad oedd David, ei brawd bach. Dyna o bosib sy'n esbonio pam fod sylwebu allanol yn cael y llaw uchaf ar ddisgrifio creadigol yn symudiad olaf y nofel. Fel Twm, am flwyddyn a saith mis y bu David Roberts fyw yn y fyddin, sef o Ionawr 1916 hyd Orffennaf 1917, ond mae'r ohebiaeth sydd ar gadw yn y Llyfrgell Genedlaethol yn mynd â'r darllenydd ar hyd trywydd mwy troellog na llwybr unionsyth y nofel. Y ddau lythyr a dderbyniodd Catrin Roberts o Salonica ym Mawrth 1917, er enghraifft, a roddodd fanylion croes i'w gilydd ynghylch anafiadau ei mab ieuengaf: 'Wounded by the bursting of a shell . . . His wounds are in the right leg and left arm';[51] 'It was by a bomb from an enemy aeroplane . . . His right arm is fractured and he was also hit in the left arm.'[52] Anodd dychmygu'r dryswch a'r poen meddwl a greai bwnglera o'r fath. Gan nad oedd gwella ar ei goes dde bu'n rhaid ei thorri i ffwrdd yn y man; yn ddiweddarach cafodd saith llawdriniaeth mewn chwe wythnos. Ond nid dyna ddiwedd ar y cawlio militaraidd fel y dengys yr episod nesaf, sef stori fer ynddo'i hun. Ac yntau erbyn hynny wedi ei symud i ysbyty milwrol ym Malta, derbyniodd Catrin Roberts delegram ar 17 Gorffennaf 1917: 'Regret report 81019 Pte. D. O. Roberts 2 Garrison Liverpool Regiment dangerously ill suffering dysentery. Hospital not stated.'[53] Mwy trist na thristwch yw'r telegram y gorfodwyd Catrin Roberts, uniaith a thlawd, i'w anfon gyda'r troad yn tynnu sylw at yr amryfusedd a fu: 'The following is the address of our son Pte. D. O. Roberts 37404 2 Garr Batt KLR No 1 Canadian Stationary Hospital Salonica Please note the difference in the number. Is it not likely that there is a mistake. Will you kindly enquire and let us know as soon as possible.'[54] Cyn diwedd y mis cafwyd ar ddeall ei fod wedi marw ar 21 Gorffennaf 1917.

Datgela llythyrau Kate Roberts faint o feddwl oedd gan y chwaer fawr o'r cyw melyn olaf:

> Gobeithio yn fawr dy fod yn gwella ac y daw dy fraich yn reit fuan. Fe boenais lawer yn dy gylch. Ond pan ddoi di adre mi gawn hwyl iawn boyo. Mi gei hynny lici di o bres poced gennyf ac mi fyddwn yn bownd o wneud rhywbeth iti. Mae Evan yn meddwl mynd i rhyw Goleg yn Lerpwl i ddysgu mynd yn glarc. Mae o yn meddwl na fydd o byth yn ddigon da i fynd i'r siop eto.[55]

Does dim syndod mai un o'r ychydig lecynnau heulog yn *oeuvre* Kate Roberts yw'r storïau am blant, *Deian a Loli* (1927) a *Te yn y Grug* (1959): ei phlentyndod oedd yr unig gyfnod nad amhurwyd mohono gan lygredd y rhyfel. Ymhlith y papurau hyn hefyd y deuir o hyd i gynsail yr olygfa yn y bennod olaf ond un gyda'r swyddog pensiynau milwrol. Dros flwyddyn ar ôl marwolaeth ei mab, gwrthodwyd cais Owen a Catrin Roberts am bensiwn rhyfel: 'It has been decided that you cannot be regarded as in pecuniary need and no grant can at present be admitted.'[56] Yr un mor nacaol oedd llythyr arall a dderbyniwyd ddeng mlynedd yn ddiweddarach:

> In reaching this decision regard has been had to the fact that you and your husband are each in receipt of an Old Age Pension, and to the assistance which might reasonably be expected from the other members of your family.
>
> Account has also been taken of the fact that your husband has a sum of money deposited in the Bank.[57]

Nid anodd deall dicter Kate Roberts at y wladwriaeth ddiwyneb a chrintach hon a gymerodd ei brawd oddi arni ac a driniodd ei rhieni mor siabi. Nid anodd credu chwaith ei bod wedi gorfod 'ymladd megis â'r Diafol ei hun' i ffrwyno ei theimladau wrth drafod hanes Twm yn y fyddin a'i bod wedi dewis tynnu'n gynnil bach ar ei phrofiad. Dyma'r dystiolaeth huawdl sy'n cadarnhau'r datganiad moel, 'Marw fy mrawd ieuengaf yn rhyfel 1914–18, methu deall pethau a gorfod sgrifennu rhag mygu. (Yn wleidyddol, gyrrodd fi i'r Blaid Genedlaethol).'

Er nad nofel am y Rhyfel Byd Cyntaf *per se* mo *Traed Mewn Cyffion*, y rhyfel sy'n dangos mor ddiymgeledd yw cymuned Moel Arian ac mor annigonol yw'r athrawiaeth stoicaidd. Mewn nofel sy'n taflunio delwedd mor arwrol o frwydr un teulu i fyw'n annibynnol falch – 'epig y dioddefwyr – arwyr â'u traed mewn cyffion', meddai D. J. Williams amdani,[58] gan ragflaenu disgrifiad Emyr Humphreys ohoni[59] – y rhyfel hefyd yw'r ysbeiliwr sy'n achosi'r 'bwlch cyntaf yn y teulu'. (177) A'r rhyfel yw'r hoelen olaf yn yr arch: does dim dyfodol i Foel Arian heb waith, ac eisoes aeth Wiliam i'r Sowth ac Elin, Sioned, Bet ac Owen i'r dref i chwilio am hwnnw. Ond gorfodir Kate Roberts i fygwth styrbio unoliaeth ei nofel yn y bennod olaf un wrth i Jane Gruffydd ildio'r llwyfan i Owen ei mab. Daw hynny'n rheidrwydd am ei fod ef, fel y sylwodd Derec Llwyd Morgan, 'yn ddigon deallus a dysgedig i wneud sylwadau call a chryno ar rawd y nofel ar ei hyd'.[60]

Nodwyd yn barod sylwadau Emyr Humphreys ar rannau olaf y nofel, ac fe ddenodd ei phennod glo ymateb cymysg. Edmygedd W. J. Gruffydd ar y naill law: 'Coron addas i'r llyfr yw'r bennod olaf gyda disgrifiad gwych o wlad y tyddynnau ar nos olau leuad, a'i chrynhoad celfydd o themâu'r nofel i un dehongliad cyfunol';[61] amheuaeth John Rowlands ar y llall:

> Braidd yn hwyr yn y dydd y sylweddola Owen ei natur lugoer ef ei hun a'i deulu ar dudalennau olaf y nofel . . . A chaiff y deffroad hirddisgwyliedig yna ei erthylu braidd gan feddyliau Owen yn y paragraffau olaf un . . . Gorffennir y nofel ar nodyn o fodlonrwydd syml, gydag Owen yn cael smôc yn ei gadair freichiau.[62]

Yn y bumed bennod ar hugain, mae Owen newydd ei gynhyrfu i'r byw gan ymweliad y swyddog pensiynau, ymweliad sy'n peri iddo weld marwolaeth ei frawd mewn goleuni newydd: 'O hyn ymlaen fe fyddai marw ei frawd yn beth caled, oer yn ei galon, ond fe fyddai ei feddwl yn gweithio i gyfeiriadau eraill.' (188) Deffroir ynddo ysbryd gweithredol newydd yn lle'i hen anian oddefol gynt:

> Daeth ei feddyliau'n ôl at ei deulu ei hun. Yr oeddynt hwy yn enghraifft gyffredin o deuluoedd yr ardal, pobl wedi gweithio'n galed, wedi cael eu rhan o helbulon, wedi ceisio talu eu ffordd, wedi methu'n aml, a phan oedd gorffen hynny mewn golwg, dyma gnoc hollol annisgwyl . . . Ac fe agorwyd ei lygaid i bosibilrwydd *gwneud* rhywbeth, yn lle dioddef fel mudion. Yr oedd yn hen bryd i rywun wrthwynebu'r holl anghyfiawnder hwn. Gwneud rhywbeth. Erbyn meddwl, dyna fai ei bobl ef. Gwrol yn eu gallu i ddioddef oeddynt, ac nid yn eu gallu i wneud dim yn erbyn achos eu dioddef. (190–1)

Anodd cytuno efo John Rowlands fod y 'deffroad hir-ddisgwyliedig' hwn yn cael 'ei erthylu braidd gan feddyliau Owen yn y paragraffau olaf un' a bod y nofel yn cloi 'ar nodyn o fodlonrwydd syml'. Nid polemig mohoni ac er gwaetha'r diagnosis treiddgar uchod, ni fyddai'n driw i naws y nofel petai'n cloi gyda'r ateb cynhwysfawr i ddatrys yr holl broblemau a fu. Daw i ben ar nodyn meddylgar.

Gan mai dirprwyo ar ran ei fam a wna i bob pwrpas ar ddiwedd y nofel, rhwystrir Owen yn ymarferol rhag beirniadu ffordd o fyw ei rieni yn rhy lym. Dyma eiriau'r awdures ei hun yn ei hunangofiant am ei rhieni:

> Pe buasai fy rhieni wedi eu geni â llwy arian yn eu geneuau, buaswn yn sôn am eu gwendidau hefyd, ond fe syrthiodd eu llinynnau ar dir llwm, ni bu ffawd yn garedig wrthynt, cawsant ddioddef mawr, eithr, a dyma'r peth mawr, ni ildiasant. Ymdrechasant ymdrech deg, yn onest, yn gywir, yn garedig wrth gymdogion, heb galedu eu calonnau, eithr ennill hynawsedd wrth fyned ymlaen mewn dyddiau, a gorchfygu. A fyddai'n weddus sôn am wendidau mewn rhai a frwydrodd mor galed? (117)

Hyn a hyn o *critique* o'r graig y naddwyd yr awdures ohoni a ganiateid yn y nofel naturiolaidd hon, a chwbl anghyson â hi fyddai tynnu cymeriad arwres y pedair pennod ar hugain blaenorol yn gareiau yn y bennod olaf un.

Ac eto, nofel â'i thraed mewn cyffion yn yr ystyr hon yw *Traed Mewn Cyffion*: fe'i sgrifennwyd gan gadw mewn cof gywirdeb hanesyddol, ffactor sy'n cyfyngu ar y drafodaeth wleidyddol o'i mewn. O ganlyniad, er ei bod wedi ei chyhoeddi yn 1936, gochelir rhag priodoli i Owen ymwybod rhy ddiweddar o genedlaetholdeb. Yn hyn o beth hefyd gellir synhwyro petruster Kate Roberts wrth drafod gwleidyddiaeth mewn *genre* dychmygus, ac nid o safbwynt digwestiwn o ymrwymedig y sgrifennwyd *Traed Mewn Cyffion*, yn wahanol iawn i ddwy nofel Lewis Jones, *Cwmardy* a *We Live*, sy'n mapio hanes Cwm Rhondda o droad y ganrif hyd yr Ail Ryfel Byd o safbwynt unplyg Farcsaidd. A *Traed Mewn Cyffion* yn cael ei llunio yn ystod y tridegau, mae sylw John Emyr yn haeddu ystyriaeth:

> Mae'n syndod, a dweud y gwir, cyn lleied y dylanwadwyd arni gan lenyddiaeth y 'Chwith' yn Lloegr a Chymru a gwledydd eraill tua'r cyfnod hwn . . . nid ildio a wnaeth hi yn anfeirniadol i ofynion y Chwith. Er cymaint ei hawydd i ennill chwarae teg i'r werin, gwrthododd ildio i gael ei defnyddio'n offeryn propaganda gwleidyddol.[63]

Am ymsefydlu fel artist difri ac nid fel propagandydd yr oedd Kate Roberts. Yn ôl Angharad Dafis:

> Wrth ddewis cyffwrdd yn ysgafn yn hytrach nag ymaflyd codwm â'r wleidyddiaeth ymhlyg yn yr anghyfiawnder sy'n drysu bywydau ei chymeriadau, mae Kate Roberts yn ymatal rhag mynegi ei barn yn ddiflewyn ar dafod. Mae lle i ddadlau bod a wnelo'r ymatal hwn â'r chwilen . . . ym mhen Kate Roberts parthed celfyddyd bur.[64]

Beth bynnag am hynny, erbyn ei chyhoeddi yn 1936 roedd Saunders Lewis o'r farn fod sgrifennu o safon *Traed Mewn Cyffion* ynddo'i hun 'yn act o amddiffyniad i'r genedl'.[65] Gan mai nofel Jane Gruffydd/Catrin Roberts yw *Traed Mewn Cyffion* yn ei hanfod, fe deimlir bod y tensiynau a amlygir yn y bennod olaf yn enwedig heb eu gwyntyllu'n llawn a bod y Paul Morel o gymeriad, un anniddig a chwestiyngar ei fryd fel yn nofel led hunangofiannol D. H. Lawrence, *Sons and Lovers*, yn haeddu platfform ehangach i ddweud ei ddweud. Fe'i cafodd yn *Tegwch y Bore*, nofel y rhoddir rhwydd hynt ynddi i Kate Roberts lywodraethu drwy gyfrwng persona Ann Owen a hynny'n annibynnol ar genhedlaeth ei rhieni.

Er mai yn 1967 y gwelodd *Tegwch y Bore* olau dydd ar lun cyfrol orffenedig, fel nofel gyfres y'i cyhoeddwyd gyntaf a hynny rhwng Ebrill 1957 ac Ebrill 1958 ar dudalennau'r *Faner*, wythnosolyn y teimlai Kate Roberts dan reidrwydd i gyfrannu iddo a hithau'n berchen ar Wasg Gee a'i cyhoeddai. Fe'i cyfansoddwyd felly flwyddyn ar ôl *Y Byw Sy'n Cysgu* (1956) a phedair blynedd cyn *Tywyll Heno*, cynnyrch nodweddiadol o gyfnod Dinbych yn hanes yr awdures. O'r herwydd, mae hi ymhlith ei nofelau mwyaf diddorol i'w trafod: a hithau wedi ei gosod rhwng 1913 a 1917, deunydd a gysylltir â chyfnod Rhosgadfan sydd ynddi, ond mae arwyddnod ail gyfnod creadigol Kate Roberts mor glir â golau dydd ar yr ymdriniaeth. Cyfleir naws synfyfyriol a diddigwydd y nofel gan sylw fel hwn: 'byr oedd digwyddiad, ond yr oedd y myfyrdod arno yn hir iawn.' (39) Dafydd Glyn Jones sy'n crynhoi'r gwahaniaeth rhwng *Traed Mewn Cyffion* a *Tegwch y Bore*:

> . . . er fod y ddwy nofel yn rhannu'r un defnyddiau, y mae eu siâp yn sylfaenol wahanol, a'u hystyr bron yn wrthwyneb; yr un themâu sydd iddynt, ond nid yr un thema. Ac y mae'r gwahaniaeth rhwng y ddwy nofel hyn, er eu tebyced, yn agwedd ar y gwahaniaeth rhwng dau gyfnod yn hanes Kate Roberts fel llenor.[66]

Rhannwyd y nofel yn ddwy, ac arwydd o'r gwahaniaeth rhwng y ddwy nofel yw'r ffaith nad enwir mo Rolant, brawd Ann Owen, tan i dri chwarter o'r rhan gyntaf fynd heibio. Achlysurol yw'r cyfeiriadau at Huw, un o'r brodyr eraill, a'r unig un o'r teulu a ddaw'n wirioneddol fyw yw'r brawd ieuengaf, Bobi, y mae Ann yn fwy o fam nag o chwaer iddo. Yn *Traed Mewn Cyffion*, o gymharu, consýrn canolog y nofel yw hynt a helynt teulu'r Ffridd Felen, a'r aelwyd honno yw canolbwynt disgyrchiant y nofel. Nid enwir cartref Ann Owen unwaith yn *Tegwch y Bore* na rhoi enwau priod i'w rhieni chwaith, ac mae'r ffaith honno, ein bod yn meddwl amdanynt yn bennaf oll fel mam a thad i brif gymeriad y nofel, yn cadarnhau mai ei nofel hi yw hon. Nofel yr hen do, sy'n talu teyrnged i'r hyn a fu yw *Traed Mewn Cyffion*; nofel y to ifanc, sy'n mynd i'r afael â'r byd newydd yw *Tegwch y Bore*.

Egyr y nofel yn 1913 yng nghwmni criw o ffrindiau coleg ym Mangor sydd ar fin chwalu ar ddiwedd eu gyrfa academaidd a dilynir Ann Owen i Flaen Ddôl lle caiff ei phrofiad cyntaf fel athrawes; ar ôl cyfnod digon helbulus yn ei hysgol gyntaf, egyr ail ran y nofel yn Nhachwedd 1915 yn Ynys y Grug ac Ann wedi symud yn bell o'i chynefin i dde Cymru i ddysgu. Does dim syndod fod Derec Llwyd Morgan wedi dweud am y nofel ei bod 'so, so close to her own [story], it is almost autobiography in parts': graddiodd Kate Roberts hithau mewn Cymraeg o'r Coleg ar y Bryn yn 1913 ac yn Ysgol Elfennol Dolbadarn, Llanberis y bu rhwng 1913 a 1914; rhwng Chwefror 1915 a Haf 1917 bu'n athrawes Gymraeg yn Ysgol Sir Ystalyfera, ysgol y symudodd ohoni er mwyn mynd i ddysgu i Ysgol Sir y Genethod yn Aberdâr.[67] 'Mae llawer iawn o'ch bywyd chi yn y nofel' – sylw Saunders Lewis sy'n cadarnhau'r mater drachefn, ac nid oes rhaid chwilio'n ddyfal iawn am olygfeydd unigol sy'n cyfateb bron yn union i brofiad yr awdures.[68] Artist ar ei phrifiant, er enghraifft, yw Ann Owen – ffaith a barodd i Aneirin Talfan Davies gyffelybu'r nofel i *A Portrait of the Artist as a Young Man* – ac fe baratoir dramodig ganddi ar gyfer plant y festri gyda chymorth ei ffrind, Mrs Huws, gwraig y gweinidog.[69] Dro arall, cyfeiria at yr ohebiaeth a dderbyniwyd ar farwolaeth ei brawd: 'yr oedd y llythyrau yna yn bleserus o'u cymharu ag un y nyrs a oedd gydag ef pan fu farw. Yr oedd hwnnw yn greulon yn ei ymhyfrydu teimladol, yn dweud fel yr oedd Bobi wedi adrodd ei bader cyn marw ac yn yngan enw ei fam.' (313) Deuir o hyd i gynsail y llythyr hwnnw ymhlith papurau Kate Roberts lle cedwir llythyr a anfonwyd at Catrin Roberts gan y nyrs nos a oedd, meddai hi, yn gwmni i'w mab pan fu farw: 'He passed away very peacefully that evening, soon after the Bugle had sounded the "Last Post", and he lay there holding my hand murmuring that one word "Mam", thinking of you to the last till he became unconscious.'[70] Golygfa ddelfrydoledig, golygfa wneud o'r math o ramantau poblogaidd llawn ffug-deimladrwydd yr adweithiodd Kate Roberts mor chwyrn yn eu herbyn yn ei gweithiau creadigol ei hun. Mae'n rhaid fod y llythyr hwn wedi gadael argraff annileadwy ar feddwl Kate Roberts: cyfeiria Martha at 'lythyr y nyrs a oedd gyda'i brawd yn ei awr olaf' (90–1) ar ddiwedd 'Y Tri: Stori Anorffenedig' yn 1946, stori ddiarffordd, a atgynhyrchir mewn atodiad ar ddiwedd yr astudiaeth bresennol, sy'n bwrw golwg yn ôl ar ddigwyddiadau 1917 o bellter 1942 ac yn amlinellu'r maes y byddai'r awdures yn dychwelyd ato i'w ddiberfeddu'n llawn ymhen deng mlynedd.[71] 'Yn sicr, nid bwriad Kate Roberts oedd sgrifennu nofel wrthrychol', medd John Rowlands.[72] Y mae yn llygad ei le: goddrychedd sy'n teyrnasu yn *Tegwch y Bore*. Yn wir, bron iawn yr anghofir weithiau nad traethydd person cyntaf sydd i'r nofel ond un trydydd person gan mor gryf yw presenoldeb Ann Owen ynddi, un sy'n llond pob lle, presennol ym mhob man. Mae'r ffaith fod defnydd mor gyson o'r llythyr yn y nofel – rhoddir ambell bennod drosodd yn llwyr i'r ffurf – yn cryfhau'r argraff mai traethu person cyntaf sydd yma, dyfais nid annhebyg i'r defnydd o'r dyddiadur yn *Y Byw Sy'n Cysgu*. Nid bod hollbresenoldeb Ann Owen, annibynnol a phenderfynol, wedi denu'r beirniaid yn ddiwahân at y nofel:

> . . . mae'n anodd iawn uniaethu â hi oherwydd ei phersonoliaeth sur a'i natur fewnblyg . . . go brin ei bod yn gymeriad sy'n cynnal diddordeb nac ennyn cydymdeimlad darllenydd mewn nofel feithach na'r cyffredin.[73]

> . . . rhaid cydnabod nad yw personoliaeth Ann Owen yn ddigon diddorol i ennyn cydymdeimlad . . . Mae'n parhau ar wahân inni, yn ferch hunandosturiol a chaled ar yr un pryd. Anaml y try'r cymeriad ar bapur yn ferch o gig a gwaed.[74]

Ond byddai'n haws cytuno â Saunders Lewis a ddywedodd, yng nghyswllt y nofel, mai 'Peth prin yw diffuantrwydd llwyr mewn nofel yn Gymraeg. Fe'i ceir yma': onestrwydd artistig a rwystrodd Kate Roberts rhag darlunio Ann Owen yn fwy arwynebol ddeniadol i'w darllenwyr.[75] Llenor ar anterth ei chelfyddyd a'i chrefft sydd ar waith yn *Tegwch y Bore*, yn defnyddio ei hartistri aeddfed i archwilio o'r newydd gyfnod cynnar ffurfiannol yn ei hanes. Ac er gwaethaf amheuon yr awdures ei hun ynglŷn â'i nofel,[76] tybed nad yr hyn yr esgorwyd arno mewn gwirionedd yw, nid y 'wannaf o gyfrolau Kate Roberts' fel yr awgryma Eigra Lewis Roberts,[77] ond, yng ngeiriau Bedwyr Lewis Jones, ei 'nofel orau'?[78]

Sydd efallai'n ddyfarniad syndod o fawrfrydig mewn astudiaeth fel hon sy'n honni canolbwyntio ar ffuglen y Rhyfel Byd Cyntaf. A hithau'n nofel o gwta dri chant a hanner o dudalennau, gallesid gobeithio am ddogfen hanesyddol o bwys, ymdriniaeth awdurdodol â hynt a helynt Cymraes nod-weddiadol gartref yng Nghymru yn ystod y rhyfel yn rhoi ar gof a chadw ei phrofiadau a'i hymatebion i'r cyfnod.

Gwyddys nad Edith Bagnold yn *A Diary Without Dates* (1918) neu Vera Brittain yn *Testament of Youth* sydd yma, yn trin a thrafod eu hanes fel nyrsys yn ystod y rhyfel, ond mae geiriau Dafydd Glyn Jones yn ein rhybuddio rhag codi rhyw lawer ar ein gobeithion: 'Yn ofer y chwilir drwy'r llyfr am ddehongliad yr awdur ar ryfel fel ffaith boliticaidd a chymdeithasol. Os rhywbeth fe geir mwy o hynny yn *Traed Mewn Cyffion* nag yma.'[79] A dim ond pymtheg ar hugain o ddudalennau a neilltuir i drafod cyfnod y rhyfel yn *Traed Mewn Cyffion!* Er bod y rhyfel yn banorama cefndirol, enaid clwyfus Ann Owen sy'n hawlio'r llwyfan yn *Tegwch y Bore*. Felly'n union y monopoleiddiodd prif gymeriad Thomas Hardy y nofel yn *Tess of the D'Urbervilles* (1891), Tess anniddig a thrasig y cymuna Ann Owen mor aml â'i hysbryd yng nghwrs ei nofel hithau. Wele ddau enaid hoff cytûn, dwy ar yr un donfedd ddioddefus. Y cymundeb hwn â dioddefaint yw prif ddiddordeb *Tegwch y Bore* yn hytrach na'r hyn a barodd y dioddefaint, yr effaith ac nid yr achos. A'i olwg ar swyddogaeth y rhyfel yn y nofel hon, dyna pam yr aeth Dafydd Glyn Jones mor bell ag awgrymu 'mai peth a *ddefnyddir* yw'r rhyfel i ddwysáu rhyw argyfwng personol'.[80] Gwahanol iawn yw'r pwyslais ar ddiwedd *Traed Mewn Cyffion*: dinoethir achos gwleidyddol y dioddefaint cymdeithasol a bron na chlywir rhyfelgri ar dudalennau olaf y nofel: 'Ac fe agorwyd ei lygaid i bosibilrwydd *gwneud* rhywbeth, yn lle dioddef fel mudion. Yr oedd yn hen bryd i rywun wrthwynebu'r holl anghyfiawnder hwn. Gwneud rhywbeth.' (191) Er nad ar yr union nodyn heriol hwnnw y diwedda'r nofel, fel y sylwyd gynnau bach, adeg sgrifennu *Traed Mewn Cyffion*, doedd dioddef ddim yn anorfod – roedd modd ei oresgyn a phrofi bywyd gwell; erbyn llunio *Tegwch y Bore*, roedd dioddef nid yn unig yn ddiosgoi – a gorau po gyntaf y derbynnid hynny – roedd yn hanfod bywyd ac yn sylfaen gweledigaeth yr awdures.

Yn raddol y daw Ann i goleddu'r weledigaeth ddioddefus, ac fe berthyn llawer o anian gweithredu Owen Gruffydd iddi yn ystod rhan gyntaf y nofel yn enwedig. Mewn episod sy'n dwyn ar gof hwnnw yn *Traed Mewn Cyffion* pan drodd Twm du min ar Sioned, ei chwaer, oherwydd y lle sâl a gâi i letya, fe â Ann i'r dref i weld meistr Bobi i gwyno am yr amodau byw yn ei dŷ lojin. Yn ddiweddarach, llwydda Ann ddiniwed i dynnu gwg y gymdeithas bietistaidd gyfan ar ôl iddi yfed gwydraid o rŷm at annwyd mewn tafarn, ond yn hytrach na byw gyda'r sefyllfa penderfyna bron ar unwaith fod yn rhaid gweithredu: 'Gallai weld yn glir na byddai ei harhosiad yn hir ym Mlaen Ddôl mwyach'. (136) Dyna'r penderfyniad sy'n ei gyrru yn y man i Ynys y Grug erbyn ail ran y nofel, ond yn ei rhan gyntaf fe all weld ei phroblemau o hyd a mynd ati i'w taclo'n llwyddiannus. Perthyn rhan gyntaf *Tegwch y Bore* a *Traed Mewn Cyffion* i'r un math o fyd, byd lle roedd atebion ar gael i broblemau. Ond yn ail ran *Tegwch y Bore* fe symudir o 1913 i 1915 a dyma wawrio byd go wahanol. Daeth y rhyfel â'r cyflwr modern yn ei sgil, ac un o nodau amgen y cyflwr modern hwnnw yw nad oes atebion hawdd eu cyrchu i'w broblemau. Daw hawddfyd materol yn y man ar ôl y dyddiau blin o fyw o'r llaw i'r genau a brofodd cenhedlaeth ei rhieni, ond esgorir ar waeth gwae, sef gwae ysbrydol dyn yn yr ugeinfed ganrif.

Tua diwedd *Traed Mewn Cyffion* fe sylweddola Owen wrth fyfyrio ar hynt ei rieni:

> Mwynhaent lawer o bethau, ond gwyddai i sicrwydd mai edrych ymlaen yr oedd y ddau at y dydd pan fyddent yn glir â'r byd a chael mwynhau seibiant diwedd oes yn ddi-boen. Yn hyn o beth nid oeddynt lawer gwahanol i weddill y ddynoliaeth. Dyna a wnâi eu profedigaeth yn ddwbl galed ym meddwl Owen. Pan oedd bod yn glir â'r byd yn y golwg, dyma ergyd hollol annisgwyl. (191)

Mewn geiriau adleisiol, dywed Ann tua diwedd *Tegwch y Bore* yr un fath:

> 'Wyddost ti Dora, 'roeddwn i wedi edrych ymlaen at gael crwydro ryw ddiwrnod. Cael mynd i Lundain, ac i wledydd Ewrob a digon o bres yn fy mhoced, a chael gweld a gweld. Mi ges fynd i Lundain heb geiniog yn fy mhoced, i gael cip ar feddwl fy mrawd a dwad i'w nabod o'n well. Cael cip ar ddryswch ei feddwl o wnes i. Dyna'r wlad welais i.'
> 'Peth fel yna ydi bywyd,' meddai Dora.
> 'O naci Dora. 'Rydan ni rhy ifanc i weld pethau fel yna.'
> 'Y rhyfel sy'n gyfrifol am hynny.'
> 'Ia. Ac eto efallai petasa yna ddim rhyfel y basa rhywbeth arall. Ond – 'dwn i ddim fedra i ddweud beth sydd ar fy meddwl i.

'Dydan ni ddim wedi ein paratoi ar gyfer unrhyw argyfwng. Pobol wedi edrych ymlaen ai [sic] ddiwedd tlodi ydan ni.' (282)

Tu cefn i ddryswch Ann Owen, mae yna ymdeimlad llethol o siom, o gael ei thwyllo. Bu'r frwydr economaidd yn un mor llem nes peri iddi hi a'i rhieni fynd i gredu – fel yn stori'r 'Taliad Olaf' yn *Ffair Gaeaf* (1937) – y byddai bywyd yn iawn, dim ond iddynt glirio eu dyledion. Drysir amodau'r cytundeb anysgrifenedig, os syml, hwnnw gan y rhyfel sy'n rhoi cip dychrynllyd ar fywyd yn ei wir liwiau.

Wrth iddo drafod datblygiad y nofel Gymraeg yn ystod y ganrif hon, fe ddywedodd Glyn Ashton:

O gofio'r cnwd mawr o nofelau rhyfel a gafwyd mewn gwledydd eraill y mae'n syndod cyn lleied o ddylanwad a gafodd y rhyfel ar y nofel Gymraeg – o leiaf, yn uniongyrchol. Ond ceir gweled bod y llacio mewn moesau a'r gostwng ar safonau a ddaeth yn sgîl y rhyfel wedi effeithio ar naws y nofel Gymraeg.[81]

Ymdrin â'r 'llacio mewn moesau a'r gostwng ar safonau a ddaeth yn sgîl y rhyfel', nodweddion byd gelyniaethus, a wnaeth Kate Roberts yng nghynifer o'i gweithiau llenyddol drannoeth y rhyfel. Ond yn *Tegwch y Bore* dynesir drachefn at y man cychwyn ar sawl cyfri: 'Marw fy mrawd ieuengaf yn rhyfel 1914–18, *methu deall pethau* a gorfod sgrifennu rhag mygu.'[82] Methu deall pethau, methu amgyffred y broblem er mwyn mynd ati i'w datrys – dyna ddechrau gofidiau i Kate Roberts. A dyna pam fod ei sylw ynglŷn â'r nofel hon – 'syniad sydyn oedd y nofel ei hun ar y cychwyn. Ni bu'n corddi yn fy mhen am amser hir fel y bu *Y Byw Sy'n Cysgu*' – yn taro dyn mor od: dichon i'r syniad am *nofel* ddod i'w meddwl yn sydyn ond bu'n cario ei chynnwys ar ei chefn ers blynyddoedd.[83] Gellir olrhain y gyfres o brofedigaethau a siomedigaethau a brofodd yn ystod ei hoes, ei rhan hi mewn bywyd fel y'i gwelai, i'r rhyfel, ac mae'n rhaid fod hynt ei brawd bach yn dal i bwyso ar ei meddwl dros ddeugain mlynedd wedi ei farwolaeth gan iddo ymgynnig yn ddeunydd wrth law i nofel a ddaeth i'w meddwl yn ddidrafferth. Yn hynny o beth, gellir amodi yn rhannol y syniad mai digwydd taro ar y deunydd hwn a wnaeth yr awdures ac iddi ddefnyddio testun y rhyfel am ei fod yn cyd-fynd â'r thema fawr a oedd mewn golwg ganddi. Yn ôl ei haddefiad ei hun, roedd i'r rhyfel arwyddocâd penodol iawn yn ei hanes.

Os nad eu rhiant, yna bydwraig gofidiau modern oedd y rhyfel ym mhrofiad Kate Roberts. Digwyddiad sy'n cyfleu'n eglur iawn ei ddryswch i Ann Owen yw ei hymweliad â'r ysbyty milwrol yn Llundain yn ail ran y nofel, episod sy'n deffro cymhariaeth uniongyrchol â'i hymweliad â'r dref i fynnu cyfiawnder i Bobi yn rhan gyntaf y nofel. Addefodd yn ddewr wrth ei brawd y byddai'n ' "[t]roi pob carreg i dreio'i rhwystro nhw rhag dy yrru i Ffrainc eto" ' (275), ac i ryw raddau mae ei phenderfyniad yn dwyn ffrwyth. Ond mae'r sgwrs rhyngddi hi a'r meddyg yn arwyddo'r dryswch hunaniaeth a brofai'r Cymro ar y pryd ac anallu'r Sais i'w ddirnad:

> 'Mae arna i ofn nad oes llawer o iau ynddo fo. Mae o'n un gwan galon iawn.
> ' 'Dydw i ddim yn meddwl . . . Fasa fo ddim wedi ymuno â'r Fyddin o'i wirfodd petai o'n llwfr . . . Oes yna rywbeth i ddangos i fod o'n llwfr pan oedd o yn Ffrainc?'
> 'Nac oes, dyna sy'n beth rhyfedd, mae'i record o yn un da iawn, yn saethwr medrus, ddigon da i fod yn sneipar.'
> 'Efallai mai dyna yw achos 'i salwch.'
> 'Twt, twt, 'dydi sowldiwrs da ddim yn meddwl am beryg, ac mi ddylai pob un yr un fath â fo feddwl am i wlad a gwneud i orau drosti. Cynta yn y byd y daw'r rhyfel i ben.'
> 'Ia, ond nid ymladd dros i wlad y mae fy mrawd . . .'
> 'Dros bwy y mae o'n ymladd?'
> 'Nid tros i wlad, Cymru ydi ein gwlad ni.'
> Edrychodd y meddyg arni yn awr fel petai'n gweld crair o amgueddfa yn eistedd ar y gadair. Rhedai ei lygaid dros ei hwyneb fel petai yn ei chwilio.
> ' 'Dydw i ddim yn eich deall.'
> 'Na, fedr Sais ddim deall . . . Mae'r Saeson yn gwybod tros beth y maen' nhw'n ymladd ond rhywsut 'dydi'r Cymry ddim, achos yr ydan ni yn wlad ar wahân . . . wnes i 'rioed feddwl mod i yn rhan o Brydain, a mae digon o rai tebyg imi.' (275–6)

Fel y mae'n digwydd, ymatebai'r Saeson mwyaf dyngarol eu hanian yn anymwybodol o ansensitif i genedligrwydd y Cymro: mewn llythyr caredig a anfonodd at David Roberts, cyfeiriodd un nyrs ato fel 'just one more example of how brave an Englishman can be'.[84] Na, ni fedrai Saeson ddeall peth fel hyn ac amlinellir yn yr olygfa uchod sefyllfa nad oedd iddi ond ateb gwleidyddol yn y pen draw, ateb y tu hwnt i reolaeth uniongyrchol Ann Owen. Fel y prawf marwolaeth Bobi ym Malta yn ddiweddarach, mae problem Rolant yn rhan o broblem lawer iawn cymhlethach.

'Caethion oeddynt i gyd' (43) – sylweddoliad Ann dynghedus yn fuan yn y nofel. Ymgorfforiad o ffawd ar ei mwyaf oriog yw'r rhyfel a deffroir tosturi Ann Owen wrth iddi weld pawb yn dioddef fel ysglyfaethau yn ei ŵydd. Gyda chyfwng Ann ei hun yr ymdeimlwn fel y *victim* pennaf gan mai ei phersbectif hi yw'r un llywodraethol yn y nofel, ond mae'r ddau frawd sydd yn y fyddin yn ogystal â'r rhieni, sy gartref yn poeni amdanynt, hwythau'n dioddef: fel yn achos yr hogiau yn *Traed Mewn Cyffion*, amodau gwaith llethol o anghreadigol sy'n gyrru Bobi a Rolant i'r fyddin a'i haddewid seithug am fywyd gwell. Colli eu mab yn y fyddin yw hanes Mr a Mrs Bedo, perchnogion y tŷ lojin yn Ynys y Grug, ac ofnir y byddai'n rhaid mynd â Bess Morris, hen ffrind Ann Owen ym Mlaen Ddôl, i'r seilam ar ôl i'w nerfau ballu a hithau wedi bod yn gweithio fel lladd nadroedd o blaid y rhyfel. Gorfodir Ann gan amgylchiadau digynsail y rhyfel i gydymdeimlo â rhai y bu'n croesi cleddyfau â nhw cyn hynny: trugarha wrth Mrs Ifans, ei howsgiper biwritanaidd gynt, oherwydd ei gorfodi i gymryd milwyr rheglyd a meddw i'w thŷ, a theimla dros Mr Huws, y gweinidog prennaidd na hidiai fawr amdani ond a orweithiodd i'r fath raddau yn sgrifennu llythyrau dros rieni'r milwyr fel y bu farw o anhwylderau'r galon.

Efallai mai'r aelod odiaf yn yr oriel hon o ddioddefwyr yw Harri Roberts, 'un o'r bechgyn mwyaf atgas gan Ann yn y coleg' (228) ond cariad Dora Lewis, sef ffrind gorau Ann Owen. Tipyn o straen ar ei goddefgarwch yw'r garwriaeth a dweud y lleiaf, a drysir pethau ymhellach gan fod Harri yn wrthwynebydd cydwybodol:

> 'Mi mae o?' meddai Ann, 'y fo fasa'r dwaetha faswn i'n feddwl i wrthwynebu rhyfel.'
> Cofiai am ei wrthwynebiad haerllug ymladdgar i bob dim a gynigid gan rywun arall yn y Gymdeithas Gymraeg yn y Coleg. Heddwch oedd y peth dwaethaf i'w ddilyn ef. Efallai mai dyma ei ddull ef o wrthwynebu y tro hwn, gwrthwynebu'r peth yr oedd y mwyafrif o'i blaid.
> ' 'Rydw i'n synnu'ch bod chi o blaid y rhyfel Ann.'
> ' 'Dydw i ddim o'i blaid o. 'Dydw i ddim yn dallt yn iawn am

beth y mae'r rhyfel erbyn hyn. 'Dydw i ddim yn erbyn cwffio, pan fydda i'n gwybod am beth y byddai'n cwffio . . .' 'Dydw i ddim yn gweld dim yn wrthun yn yr hyn sydd wedi digwydd yn y Werddon y dyddiau dwaetha yma. Mae'r Gwyddelod yn gwybod pam y maen' nhw'n ymladd . . . mi wn i petawn i yn y Werddon, mai ymladd yn erbyn gorthrwm y baswn i.' (228–9)

'"'Rydan ni wedi mynd yn bobol rhy oer i weiddi, rhy heddychlon i frwydro yn erbyn dim"' – bytheirio adleisiol, yn erbyn cyfforddusrwydd y gwareiddiad dosbarth canol, yn *Tywyll Heno* yn ddiweddarach.[85] Ar fater Iwerddon, mae Ann a Richard ill dau yn gytûn, er bod dyn yn amau fod ôl cenedlaetholdeb diweddarach, a ymgaledodd yn sgil safiad niwtral Plaid Cymru yn ystod yr Ail Ryfel Byd, ar fynegiant o gefnogaeth mor agored â hyn. Anachroniaeth, o bosib, ond arwydd o hyder creadigol yr awdures erbyn y pumdegau. Ac eto, roedd yna unigolion a fentrodd 'ymladd' yn erbyn tra-arglwyddiaeth Lloegr dros Gymru yn ystod y Rhyfel Byd Cyntaf. Boed driw i safbwynt Kate Roberts ar y pryd ai peidio, ni fentrodd roi mynegiant i'r anachroniaeth arall hon drwy drafod achos y gwrthwynebydd cydwybodol yn gydymdeimladol.

Teyrngarwch i'w brodyr oedd y rhwystr cyntaf mae'n debyg: '"Fedra i ddim dweud pam yr ymunodd Rolant a Bobi, ond gan i bod nhw wedi gwneud, liciwn i ddim mynd yn i herbyn nhw, er mod i'n gweld mai peth gwrthun ydi'r rhyfel yma."' (229) Ond eir gam ymhellach ac uniaethu achos yr unig wrthwynebydd cydwybodol a ddarlunnir yn y nofel gyda chymeriad 'atgas' a dynnai'n groes i'w gyd-Gymry yn y coleg gynt. Yn y man newidia Harri ei feddwl ac ymuno â'r fyddin, ond buan iawn y clywir amdano yn tynnu pobl yn ei ben yn fanno hefyd ac yn y diwedd cofrestra o'r newydd yn erbyn y rhyfel. Dili-do, 'rhyw greadur bach ysgafn, bas, di-asgwrn-cefn' (195) fel yr eglurir y term ar ddiwedd *Traed Mewn Cyffion* – dyna yw Harri, un mor ddisylwedd â Bertie Elis ladrataidd neu Iolo Ffennig odinebus, er bod ei anwadalwch yn ennyn tosturi Ann: 'Am y tro cyntaf erioed teimlodd Ann rywfaint o gydymdeimlad tuag at Harri.' (236) Rhyfedd yw meddwl am Kate Roberts yn trin achos y gwrthwynebydd cydwybodol mewn modd gweddol ddibrisiol fel hyn ac yn ymatal rhag gweld yn ei safiad unig arwyddocâd gwleidyddol Cymreig. Wedi'r cyfan, un o'i chyn-ddisgyblion yn Ysgol Sir Ystalyfera yr oedd ganddi ddigon o feddwl ohono i gyflwyno *Y Byw Sy'n Cysgu* iddo oedd awdur *Plasau'r Brenin*; ac yntau'n garcharor, fe gofiai Myrddin Tomos am 'athrawes mewn Ysgol Sir, ei llygaid duon, trist; ei llais Gogleddig, wylofus' (10), ac fe anfonodd Gwenallt lythyr cydymdeimlo at ei gyn-athrawes pan gollodd ei brawd yn 1917.[86] Nid *shirker* mo Gwenallt o fath yn y byd, ac, ym mhrofiad David Thomas, y sosialydd a'r athro ysgol a ymsefydlodd yn nyffryn genedigol Kate Roberts, dim ond dau ddyn felly y daeth ar eu traws o blith y degau y bu'n eu cynorthwyo gyda'u gwrthwynebiad cydwybodol.[87] Tybed nad y gwir amdani oedd na fynnai Kate Roberts oedi i drin yn llawn fater gwrthwynebiad cydwybodol a'i oblygiadau am y byddai hynny'n ei harwain ar hyd llwybr politicaidd nad oedd am ei droedio? Ni adewir i unrhyw beth daflu gormod o gysgod ideolegol dros gywirdeb safiad Bobi a Rolant. Oni fyddai unoliaeth thematig y nofel hefyd dan straen pe rhoddid rhwydd hynt i wrthwynebydd cydwybodol o'r iawn ryw herio bydolwg dioddefus yr awdures â'i weithredoedd? Wedi'r cyfan, archwilio'r effaith yn hytrach na'r achos yw prif ddiddordeb y nofel hon.

Erbyn dyfodiad y rhyfel yn ail ran *Tegwch y Bore* mae unrhyw lun o drefn a fu i fywyd Ann gynt a'i thipyn rheolaeth drosto yn cael eu chwalu'n dipiau mân. Yn 1913 ac Ann newydd adael y coleg, mae diniweidrwydd yn ffenomen ystyrlon o hyd: 'Nid oedd ei phlentyndod wedi ei llwyr adael' (19), dywedir amdani yn y bennod agoriadol a sylweddola hithau'n drist yn yr ail bennod, wrth weld Bobi a'i gyfeillion yn cael eu derbyn yn gyflawn aelodau o'r capel, ei fod 'yn dderbyn i gymdeithas hŷn, yn droi cefn ar blentyndod ac ar ddiniweidrwydd'. (24) Mae sylwadau fel y rhain – un arall yw ' "Mae'r byd i gyd o dy flaen di rŵan" ' (20) – wedi eu lleoli'n strategol ar ddechrau'r nofel fel eu bod yn magu'n gynyddol bwysau eironig wrth iddi fynd yn ei blaen. Daw'r rhyfel dideimlad yn y man i sbeitio gwerthoedd y gorffennol, i lygru'r diniweidrwydd a fu a gorfodi rhywrai i ddod i oed dros nos. Ond cyn hynny fe ddifethir yn raddol ddelfrydau Ann wrth gefnu ar y coleg ' "y byddai hi'n nefoedd ar y ddaear wedyn" ' (82): 'Yr oedd ei holl ddelfrydau am gymeriadau pobl, y delfrydau a oedd ganddi yn y Coleg, yn disgyn fesul un.' (137) Erbyn gweld, bu'r cymylau'n graddol grynhoi uwch ei phen gan ragfynegi'r storm oedd ar ddyfod drwy gydol hanner cyntaf y nofel, fel yr awgrymir gan eiriau proffwydol Mrs Huws: ' "mi fydda i'n meddwl weithiau, na wneith y tawelwch di-gyffro yma ddim para'n hir."' (111) Ym Mlaen Ddôl yn 1913 meddyliai Ann mai '"yn 1860 yr ydym i gyd,"... Nid oedd y byd na chyrlen Mrs. Ifans wedi symud dim' (49); erbyn 1915 a hithau yn Ynys y Grug, 'Teimlai Ann mai rhaeadr oedd bywyd yn awr, ac nid y weirglodd wastad a fuasai hyd yma'. (176) Drwy gyfrwng detholiad o ddarluniau arwyddocaol, delweddir y rhyfel fel cefndeuddwr rhwng dau fyd, dieithryn sy'n ymyrryd â'r hen drefn ac yn gorseddu ansicrwydd yn ei lle:

> Nid oedd erioed o'r blaen ychwaith wedi colli'r cyfarfod llenyddol ar brynhawn dydd Nadolig. Petai hi'n mynd i hynny, nid oedd rhyfel wedi bod erioed o'r blaen ychwaith. Dyma ddechrau torri ar arfer, ac nid oedd yn ei hoffi. Nid oedd dim yn iawn rywsut . . . (198)

> Yr oedd sgeintiad da o ddillad milwyr yn y gynulleidfa, a Bobi yn un. Sylweddolodd Ann na allasai ef newid i ddillad bob dydd. Trywsus pen glin a wisgai cyn ymuno â'r Fyddin. Rhoes hynny ysgytwad iddi – y bachgen wedi mynd yn ddyn ifanc. Dyna ystyr y gwahaniaeth a'r gwrthdaro rhyngddynt. Yr oedd arni hi eisiau iddo fod yn hogyn o hyd, yn hogyn trywsus pen glin. (200)

Ac wrth i Ann edrych yn ôl drach ei hysgwydd tua diwedd y nofel, cyfeiria at '[d]egwch y bore cyn y rhyfel dros y byd' (311), sylw sy'n cadarnhau'r pwysau trosiadol y mae'r rhyfel yn ei gario yn y nofel drwyddi.

Ydy, mae *Tegwch y Bore* yn nofel sydd weithiau'n gwylltio dyn ac yn peri iddo deimlo'n rhwystredig yn ei chylch. Daw carwriaethau'r nofel i'r meddwl yn syth bin oherwydd, fel yr awgrymwyd wrth drafod *Traed Mewn Cyffion* gynnau, cais Kate Roberts wneud iawn yn yr ail nofel am yr ymdriniaeth gosmetig â serch rhwng dau o'r genhedlaeth newydd yn y nofel gyntaf. Ond os serch seithug oedd y norm i gychwyn, fe chwerwodd ei hagwedd fwyfwy erbyn y pumdegau. Fe drodd Ceinwen ddiwyneb, cariad Twm gynt, yn Jennie 'hunanol' (343), cariad Bobi y daeth Ann o hyd i'w llythyr ato ymhlith ei bapurau. Er nad yw hithau'n ymddangos yn y nofel, does dim dwywaith, yn ôl tystiolaeth ei llythyr 'pendant caled' (315), nad yw'n cyrraedd y safon dderbyniol:

> Nid oedd hi wedi dal i sgrifennu i Bobi ar ôl clywed iddo gael ei

glwyfo. Ni welai hi werth mewn dal ymlaen i ysgrifennu ato, gan na fedrai ei hateb, ac yr oedd yn canlyn hogyn arall erbyn hyn . . . Beth a olygodd peidio â derbyn llythyrau oddi wrth Jennie i Bobi, ni châi byth wybod. Cyn anfon cynnwys y pecyn adref, llosgodd yr hances boced a llythyr Jennie i'w brawd. (315)

Un ddi-ddal, ddiruddin ac annheilwng o serch ei brawd yw'r Jennie hon. Yn ogystal â'r tinc o genfigen a deimlir o du Ann am ei bod yn dod rhyngddi a'i brawd, dichon fod hanes yma eto yn cymysgu â ffrwyth dychymyg. Yn ôl yr hyn a ddywed Kate Roberts am David Ellis mewn ysgrif amdano, fe ddiflannodd y bardd am byth 'yr un wythnos ag y cafodd newydd drwg o Gymru. A oedd cysylltiad rhwng y ddau beth, ni ellir dweud'.[88] Datgelir mwy fyth o wybodaeth gan Alan Llwyd ac Elwyn Edwards: y 'newydd drwg o Gymru', yn ôl eu hymchwil nhw, oedd llythyr oddi wrth ei gariad, Gwennie Roberts, yn terfynu'r berthynas rhyngddynt ac yn dweud wrtho ei bod wedi dyweddïo â gŵr arall.[89] Ni fyddai gan Kate Roberts amynedd o gwbl â theip mor anwadal a di-feind â hon.

Ystyrier wedyn y berthynas rhwng Ann a Richard, carwriaeth ryfeddol o blatonaidd ei phwyslais o garwriaeth amser rhyfel. Dyma, fel y sylwodd Delyth George, 'brif ymgais Kate Roberts ar y nofel serch ond digon llwydaidd di-wefr yw'r darlun a geir ganddi unwaith yn rhagor'.[90] Yn fwriadol felly, fel y pwys-leisiwyd eisoes, nid serch jeli-a-blymonj yr un o'r ddwy Grace – Thomas na Wynne Griffith – mo serch Kate Roberts. At hynny, ni wadodd yr awdures ei hun na châi hi'n anodd trafod serch yn ei gweithiau. Dyma sylwadau o lygad y ffynnon adeg Sul-gwyn 1957: 'Pennod galed o T. y B. yn fy aros. Peth anodd yw ysgrifennu am bobl ifainc yn caru, neu unrhyw un yn caru, mor anodd ag ysgrifennu am grefydd – y ddau beth anhawsaf mewn nofel. Swildod Piwritanaidd sydd y tu ôl i'r ddau – i mi.'[91] Ymunodd Richard Edmund â'r fyddin fel aelod o'r Corfflu Meddygol a chyflawni gwaith anymladdol, yr un fath â David Ellis a fu hefyd yn fyfyriwr ym Mangor cyn y rhyfel. Ond er mor llywaeth a di-nwyd y berthynas rhyngddynt, fe wedda i naws breifat a chyffesol y nofel. Nid ar ddigwyddiadau allanol y mae pwyslais y gwaith wedi'r cyfan ond ar fewnoli eu heffeithiau yn hytrach. Yn ogystal, mae'r pellter a'r oerni a deimlir yn eu perthynas i'w priodoli i'r ffaith fod Ann yn cael ei thynnu rhwng ei dyletswyddau teuluol, ei gofal dros ei brawd bach yn enwedig, a'i theimladau hunanol tuag at Richard. Crybwyllwyd eisoes yn y bennod hon enw Vera Brittain, ac mae'n ddadlennol sylwi fod ei hiraeth hi am y brawd a laddwyd yn y rhyfel wedi taflu cysgod diffrwyth dros ei phriodas. Yng ngeiriau Saunders Lewis, 'yr hyn sy'n *greadigol* bwysig yw'r astudiaeth o ofid a chariad Ann, a'r frwydr rhwng Bobi a Richard yn ei meddwl a'i chalon hi, rhwng y gorffennol a'r dyfodol, y teulu oedd a'r teulu a fyddai'.[92] Rhan o gur pen Ann yw trawma'r ferch yn tyfu'n ddynes a gorfod mynd dros y nyth yn llwyr, trawma a ddwyseir yn arw gan amgylchiadau'r cyfnod a oedd ohoni.

Mewn erthygl a gyhoeddodd yn *Y Faner* ar lenyddiaeth a gwladgarwch a hynny, gyda llaw, ym Medi 1957, pan oedd ar ganol cyhoeddi *Tegwch y Bore* fesul pennod yn yr un newydd-iadur, ystyriodd yr hyn a symbylai lenorion i sgrifennu: 'Gweiddi yr ydym, a gweiddi ar Fywyd, yn aml iawn am nad ydym yn ei ddeall.'[93] Ymgais lew i geisio deall alanas a ddigwyddodd flynyddoedd ynghynt ond a oedd yn greiddiol i'w hanes personol, creadigol a gwleidyddol a geir yn *Tegwch y Bore*. Nid cwbl amherthnasol eiriau Mark Baker am arwyddocâd rhyfel mwy diweddar, Rhyfel Fiet-nam, i genhedlaeth o Americaniaid:

> Vietnam was more than ideologies and armies. The war and its cultural ramifications provided the ritual passage to adulthood for a generation of Americans – my generation. It was a time when millions of us made the choices that would set the patterns of our lives. If we are to understand ourselves, it is necessary to know more intimately the event that propelled us onto our present course. Until we deal more honestly and thoroughly with the Vietnam war and the veterans of the war, we can't expect to make much progress as individuals or as a nation.[94]

Ar ddiwedd y nofel pan ailunir y cariadon, Ann a Richard, cydnebydd Ann fod 'y ddau ohonynt wedi ceisio egluro a deall gormod yn lle dilyn eu greddf' (341), a'r ysbryd goddefol hwnnw sy'n arwain ymhen ychydig dudalennau at ddiweddglo anargyhoeddiadol y nofel. Onid y gwir amdani, yn hanes Kate Roberts ei hun, yw y byddai'r un parodrwydd i dderbyn pethau a bodloni arnynt wedi bod yn ddamniol iddi fel artist?

Gwrthod priodoli ei phoen i'r rhyfel a wna Ann Owen a'i

ddehongli fel symptom ohoni yn hytrach na'i hachos. Ac eto, yn y pen draw y mae'n anodd osgoi'r casgliad fod rhwystredigaeth a dryswch Ann, a bortreedir mor fanwl o bersonol, yn nodweddiadol o rwystredigaeth a dryswch cenhedlaeth gyfan y tanseiliwyd ei byd, ei gobeithion a'i breuddwydion, gan y rhyfel ac a adawyd â'r broblem o ddod o hyd i lwybr o ganol ei weddillion. Rhan o gynhysgaeth y genhedlaeth hon oedd eu hamaturiaeth a'u hofnusrwydd gwleidyddol, petruster a arwyddir yn *Tegwch y Bore* gan y tyndra parhaus rhwng y personol a'r gwleidyddol, ond os oeddid i reoli rhywfaint ar ei thynged yn y byd newydd doedd ganddi ddim dewis ond mynd i'r afael â'r peiriant politicaidd. Fodd bynnag, clymir y cortynnau gwleidyddol a phersonol reit ar ddiwedd y nofel mewn ymgais i dynnu rhyw fath o gasgliad synhwyrol ynglŷn â'r hyn a brofwyd. Awgrymir bod a wnelo rhan fawr o'u trafferthion ag argyfwng hunaniaeth:

> 'I Gymru yr ydach chi a fi yn perthyn, 'does gan Gymru wleidyddiaeth ond gwleidyddiaeth gwlad arall. Felly 'wyddon ni ddim am beth yr ydan ni'n ymladd yn y rhyfel yma. Wrth gwrs mae llawer o Gymry yn meddwl mai Lloegr ydi'n gwlad, ac felly maen' nhw'n gweld yr un fath â Lloegr. Mi'r oedd y Gwyddelod yn gwybod dros beth yr oedden' nhw yn ymladd, ac mi alla i gredu fod teuluoedd y rhai gollodd i bywydau yn gweld na fu eu haberth yn ofer. Mi fasa'ch galar yn llai, petai Bobi wedi marw dros Gymru.' (343)

Dau broto-genedlaetholwr sydd yma'n sgwrsio ac yn ceisio dod o hyd i gyd-destun gwleidyddol i'w cyfwng. Yn y man daw'r geiriau dadansoddol hyn:

> ''Rydw i wedi gweld llawer o bethau er dechrau'r rhyfel, ac un peth yr ydw i wedi'i sylweddoli ydi fod y byd yma'n fawr iawn, a bod llawer iawn o bobl wahanol iawn i ni ynddo fo, a'u dulliau 'nhw a'u safonau yn wahanol. Faswn i ddim yn licio dweud o gwbwl ein bod ni yn well na nhw, ond mi greda i y bydd rhai pethau reit wahanol wedi i hyn fynd trosodd, mi fydd yna lacio a thorri oddi wrth y gorffennol, a mi fydd pobol yn torri oddi wrth i cartrefi ac yn medru gwneud hynny heb deimlo dim. Fydd cartre yn golygu dim iddyn' nhw. A mae sylweddoli hynny wedi gwneud i mi ddymuno mwy am ddal wrth yr hen bethau, a glynu mwy wrth gartre.' (343–4)

Dyma sylwadau sy'n dangos yn glir iawn yr hyn a oedd gan John Emyr mewn golwg pan ddywedodd am Ann, ei bod hi'n '[cysylltu] ei chenedlgarwch, yn ddigon naturiol, â llawenydd cartref ac aelwyd. Colli cenedl yw colli'r aelwyd'.[95] Mewn aelwydgarwch y gwreiddiwyd cenedlgarwch Kate Roberts; estyniad yw'r naill o'r llall. Cyfeiria'r sylwadau hefyd at yr isdestun gwleidyddol iawn sydd i'r nofel hon, y fwyaf ingol bersonol a sgrifennodd. Ond ai sylwadau proffwydol ynteu dyfarniad cytbwys a sgrifennwyd o bellter gwrthrychol 1958 ydynt? Pa ateb bynnag sydd atgosaf ati, ceir yn y sylwadau cystal esboniad â dim yng nghanon Kate Roberts ynglŷn â'r cwrs a ddilynodd ar ôl y rhyfel a'r gwerthoedd a arddelodd weddill ei hoes.

Nodiadau

1 *Kate Roberts* (Caerdydd, 1974; adarg. 1991), 16.
2 *Y Cymro* (2 Medi 1914).
3 'Adnod y Mis', *Y Gymraes*, 19 (226, Gorffennaf 1915), 103.
4 *Y Tyst* (28 Ebrill 1915).
5 Gw. Steve Humphries, *A Secret World of Sex* (Llundain, 1988), lle cyfeirir at weithgaredd y *Social Purity and Hygiene Movement*, grŵp pwysau a sefydlwyd ddiwedd y bedwaredd ganrif ar bymtheg ac y perthynai amryw bobl o fyd addysg, yr eglwys a meddygaeth iddo:

> During the First World War it also responded to the panic about promiscuity by helping to organize night-time patrols of middle-class ladies to stop immoral behaviour in parks and around the military camps which sprouted up all over Britain. These vigilante groups, known as Voluntary Women's Patrols, scoured places like Hampstead Heath and Hyde Park in London, accosting amorous couples and reporting their offences to parents and the police. (22)

6 Trafodir cyflogaeth merched yn ystod y rhyfel yn Arthur Marwick, *The Deluge: British Society and the First World War* (Llundain, 1965), 88–94. Am arolwg ehangach o brofiadau'r ferch yn ystod y rhyfel, gw. cyfrol yr un awdur, *Women at War 1914–1918* (Llundain, 1977).
7 Meirionwen, *Y Gymraes*, 19 (227, Awst 1915), 123.
8 Kate Roberts, *Tegwch y Bore* (Llandybïe, 1967), 236.
9 Charles Kingsley, 'The Three Fishers', *Poems* (Llundain, 1902), 255.
10 Gw., er enghraifft, sylwadau Winifred Rees, 'Cyd-Athrawes', yn Bobi Jones (gol.), *Kate Roberts: Cyfrol Deyrnged* (Dinbych, 1969): 'Mae hi'n feistres ar gelfyddydau'r cartref yn ogystal ag ar y rhai llenyddol; mae

hi'n coginio'n rhagorol, ac y mae haenau o gabolwaith ar ei dodrefn hardd Cymreig; yn wir, mae hi'n cadw'i chartref mor ddi-fefl nes ei bod yn rhyfeddod fod ganddi'r amser i sgrifennu o gwbl.' (190)

[11] Grace Thomas, *Doctor Dic: Ei Serch a'i Bryder* (Wrecsam, 1922).

[12] Grace Wynne Griffith, *Creigiau Milgwyn* (Y Bala, 1935).

[13] Adolygiad ar *Creigiau Milgwyn*, *Y Llenor*, 15 (1, Gwanwyn 1936), 48.

[14] Adolygiad ar *Creigiau Milgwyn*, *Yr Efrydydd*, 1 (3, Mawrth 1936), 188.

[15] *This Side of Paradise* (1920), argraffwyd yn *The Bodley Head Scott Fitzgerald*, cyfrol 2 (Llundain, 1960), 270.

[16] T. Rowland Hughes, *William Jones* (Aberystwyth, 1944), 171.

[17] Nid oedd sentimentaleiddiwch yn rhinwedd yn ei golwg, o ba ryw bynnag y bo'r awdur. 'Ffuantus' oedd ei hansoddair am 'y meddalwch dagreuol' yn storïau R. Dewi Williams; gw. 'Richard Hughes Williams', yn David Jenkins (gol.), *Erthyglau ac Ysgrifau Llenyddol Kate Roberts* (Abertawe, 1978), 285. Fe'i trysorwyd am 'ei rhyddid llwyr rhag pob sentimentaliaeth' gan ei chyd-athrawes, Winifred Rees, yn Ysgol Ramadeg y Merched, Aberdâr; gw. 'Cyd-Athrawes', yn *Kate Roberts: Cyfrol Deyrnged*, 191.

[18] W. J. Gruffydd, *Y Llenor*, 15 (2, Haf 1936), 125.

[19] Kate Roberts, *Traed Mewn Cyffion* (Aberystwyth, 1936).

[20] 'Kate Roberts – Ffeminist?', *Y Traethodydd*, 140 (597, Hydref 1985), 190.

[21] Delyth George, 'Rhai Agweddau ar Serch a Chariad yn y Nofel Gymraeg, 1917-85' (Traethawd Ph.D. Prifysgol Cymru, Aberystwyth heb ei gyhoeddi, 1986), 391.

[22] 'Kate Roberts', yn Saunders Lewis (gol.), *Crefft y Stori Fer* (Llandysul, 1949), 11–12.

[23] *Y Lôn Wen: Darn o Hunangofiant* (Dinbych, 1960), 153.

[24] 'Kate Roberts yn Ateb Cwestiynau', yn J. E. Caerwyn Williams (gol.), *Ysgrifau Beirniadol III*; ailarg. yn *Erthyglau ac Ysgrifau Llenyddol Kate Roberts*, 130.

[25] 'Kate Roberts – Cefndir, Crefft, Cred', yn Rhydwen Williams (gol.), *Kate Roberts: Ei Meddwl a'i Gwaith* (Llandybïe, 1983), 34–5.

[26] *Testament of Youth* (Llundain, 1933; arg. 1980), 469–70.

[27] Cedwir llythyr Vera Brittain at Kate Roberts ymhlith Papurau Kate Roberts yn Llyfrgell Genedlaethol Cymru (LlGC), rhif 201. Diolchir i Kate Roberts am ei sylwadau ffafriol ar ei hunangofiant: 'I do hope you will succeed in finishing your long novel and that it will find a good publisher.' Dyddiwyd y llythyr hwnnw 29 Tachwedd 1933, ac mewn llythyr at Saunders Lewis ar 12 Rhagfyr 1933 dywedodd Kate Roberts: 'Yr wyf wrthi'n ddygn ar fy nofel at Gastell Nedd'. Gw. Dafydd Ifans (gol.), *Annwyl Kate, Annwyl Saunders: Gohebiaeth 1923–1983* (Aberystwyth, 1992), 103.

[28] Kate Roberts, *Annwyl Kate, Annwyl Saunders*, 131.

[29] R. M. Jones, 'Monica Mewn Cyffion', *Llenyddiaeth Gymraeg 1902–1936* (Llandybïe, 1987), 379.

[30] 'Monica Mewn Cyffion', 381.

[31] Gw. 'Bywgraffiad Byr', *Kate Roberts: Cyfrol Deyrnged*, 207–8.

[32] Gw. Kate Roberts, 'Bardd a Gollwyd', *Taliesin*, 11 (Rhagfyr 1965), 15–27.

[33] Dyfynnwyd yn Alan Llwyd ac Elwyn Edwards, *Y Bardd a Gollwyd: Cofiant David Ellis* (Llandybïe, 1992), 48.

[34] Dyfynnwyd yn *Y Bardd a Gollwyd*, 56.

[35] Dyfynnwyd yn *Y Bardd a Gollwyd*, 57.

[36] 'Traed Mewn Cyffion', *Kate Roberts: Ei Meddwl a'i Gwaith*, 143.

[37] 'Y Frenhines Ddioddefus', *Llenyddiaeth Gymraeg 1936–1972* (Llandybïe, 1975), 172-3.

[38] Kate Roberts, *Annwyl Kate, Annwyl Saunders*, 110.

[39] 'Carchar', *Bwrlwm Byw* (Llandysul, 1984), 62.

[40] 'Y Ffoadur', *Gyda'r Hwyr* (Lerpwl, 1957), 33.

[41] 'Y Ffoadur', 35.

[42] 'The Chains around my Feet', *The Welsh Extremist* (Llundain, 1971), 69.

[43] 'Kate Roberts and a Woman's World', *Trafodion Anrhydeddus Gymdeithas y Cymmrodorion* (1991), 246.

[44] *Annwyl Kate, Annwyl Saunders*, 108.

[45] *Annwyl Kate, Annwyl Saunders*, 110.

[46] *Crefft y Stori Fer*, 16.

[47] 'Traed Mewn Cyffion', *Kate Roberts: Cyfrol Deyrnged*, 60.

[48] 'Kate Roberts – Cyni mewn Ceinder', *Kate Roberts: Ei Meddwl a'i Gwaith*, 119.

[49] *Annwyl Kate, Annwyl Saunders*, 112.

[50] *Crefft y Stori Fer*, 16–17.

[51] G. Samuel Smith, caplan gyda'r Wesleaid, mewn llythyr a ddyddiwyd 4 Mawrth 1917 at Catrin Roberts; rhif 2128 ym Mhapurau Kate Roberts yn LlGC.

[52] G. D. Whitaker mewn llythyr a ddyddiwyd 4 Mawrth 1917 at Catrin Roberts; rhif 2129 ym Mhapurau Kate Roberts yn LlGC.

[53] Telegram, rhif 2153, Papurau Kate Roberts yn LlGC.

[54] Telegram, rhif 2156, Papurau Kate Roberts yn LlGC.

[55] Llythyr, rhif 2144, Papurau Kate Roberts yn LlGC.

[56] Llythyr oddi wrth y Weinyddiaeth Bensiynau a ddyddiwyd 11 Rhagfyr 1918, rhif 25190, Papurau Kate Roberts yn LlGC.

[57] Llythyr oddi wrth y Weinyddiaeth Bensiynau a ddyddiwyd 23 Mai 1928, rhif 2203, Papurau Kate Roberts yn LlGC. Gw. hefyd lythyr Catrin Roberts at Kate Roberts, rhif 2200, a llythyr Kate Roberts i'r Weinyddiaeth Bensiynau, rhif 2204.

[58] Llythyr at Kate Roberts, dyddiwyd 27 Ebrill 1936, rhif 227, Papurau Kate Roberts yn LlGC.

[59] Gw. 'Traed Mewn Cyffion', *Kate Roberts: Cyfrol Deyrnged* lle disgrifir y nofel fel 'epig . . . molawd i ddathlu bodolaeth y llwyth fel pob gwir epig o'r *Iliad* hyd at *Rhyfel a Heddwch* Tolstoi'. (51)

[60] 'Traed Mewn Cyffion', *Kate Roberts: Ei Meddwl a'i Gwaith*, 147.

[61] *Y Llenor*, 15 (2, Haf 1936), 127.

[62] 'Kate Roberts', *Ysgrifau ar y Nofel* (Caerdydd, 1992), 153.

[63] *Enaid Clwyfus: Golwg ar Waith Kate Roberts* (Dinbych, 1976), 152-3.

[64] 'Agweddau Gwleidyddol y Nofel Gymraeg 1950–1969' (Traethawd MA Prifysgol Cymru, Aberystwyth, 1988, heb ei gyhoeddi), 337.

[65] *Annwyl Kate, Annwyl Saunders*, 115.

[66] 'Tegwch y Bore', *Kate Roberts: Cyfrol Deyrnged*, 127.

[67] *Kate Roberts*, 12.

[68] *Annwyl Kate, Annwyl Saunders*, 223.

[69] Gw. 'Nofelydd a Bardd', *Gyda Gwawr y Bore* (Llandybïe, 1970), 132: 'Fe alwodd Joyce ei nofel gyntaf, *A Portrait of the Artist as a Young Man*. Portread o ferch ifanc o artist sydd yma hefyd, 'rwy'n meddwl, a cheir digon o dystiolaeth i ddangos mai llenor yn chwilio'i ffordd yw Ann, ac yn barod i dalu'r gost.'

[70] Llythyr, 2 Medi 1917, oddi wrth K. M. Fairfax Taylor; rhif 2176 ymhlith Papurau Kate Roberts yn LlGC.

[71] Cyhoeddwyd yn Thomas Parry (gol.), *Y Ddolen: Chweched Llyfr Anrheg* (Lerpwl, 1946), 88–91.

[72] John Rowlands, 'Tegwch y Bore', *Kate Roberts: Ei Meddwl a'i Gwaith*, 137.

[73] Eigra Lewis Roberts, *Kate Roberts* (Caernarfon, 1994), 46.

[74] John Rowlands, 'Tegwch y Bore', 137.

[75] *Annwyl Kate, Annwyl Saunders*, 223.

[76] Gw. 'Gwraig Wadd: Gwilym R. Jones yn holi Kate Roberts', *Yr Arloeswr* (Sulgwyn, 1958); ailarg. yn David Jenkins (gol.), *Erthyglau ac Ysgrifau Llenyddol Kate Roberts* (Abertawe, 1978). Holwyd yr awdures ynglŷn â'r hyn a oedd ganddi ar y gweill ar ôl gorffen cyhoeddi *Tegwch y Bore* bob wythnos:

> Yn gyntaf peth, bydd yn rhaid imi ailwampio *Tegwch y Bore* i gyd, a geill ymddangos yn nofel wahanol iawn y pryd hynny, oblegid o bennod i bennod bob wythnos yr ysgrifennais hi, ac ni rydd hynny ddigon o amser i'w chaboli. Yr oedd y syniad cyffredinol gennyf ar y cychwyn ond lawer wythnos fe eisteddais a dechrau ysgrifennu heb wybod ar y ddaear beth i'w ddweud . . . Wel, syniad sydyn oedd y nofel ei hun ar y cychwyn. Ni bu'n corddi yn fy mhen am amser hir fel y bu *Y Byw Sy'n Cysgu*. Yr oedd yn rhaid imi ysgrifennu i'r *Faner*, a gwelais y medrwn wneud hyn yn well nag ysgrifennu erthyglau ar lenyddiaeth. (121)

Erbyn iddi fynd ati i gyhoeddi'r nofel yn gyfrol yn Nhachwedd 1967, rhoes heibio'r bwriad cynharach i'w hailwampio: 'Cedwais hi gan feddwl nad oedd yn ddigon da i'w chyhoeddi. Anogwyd fi i'w chyhoeddi yn awr, heb newid dim arni, gan ddau lenor y mae gennyf barch mawr i'w barn. Y cwbl a newidiais oedd gwneud y sgwrsio yn llai llenyddol.' Gw. 'Rhagair', *Tegwch y Bore*, 5. Meddai Alun Llywelyn-Williams mewn llythyr a anfonodd at yr awdures (10 Ionawr 1968): 'Synnais wrthych yn dweud fod y nofel newydd yn ddiflas. 'Alla'i ddim coelio hynny – cefais gopi at y Nadolig, ac 'rwy'n edrych ymlaen yn fawr at ei darllen.' Gw. Papurau Kate Roberts yn LlGC, rhif 1569.

77 *Kate Roberts*, 46.
78 Gohebiaeth Kate Roberts yn LlGC, llythyr dyddiedig 30 Mai 1968, rhif 1584.
79 'Tegwch y Bore', 133.
80 'Tegwch y Bore', 134; fi biau'r italeiddio.
81 'Y Nofel', yn Geraint Bowen (gol.), *Y Traddodiad Rhyddiaith yn yr Ugeinfed Ganrif* (Llandysul, 1976), 125.
82 Kate Roberts, *Crefft y Stori Fer*, 11; fi biau'r italeiddio.
83 Kate Roberts, 'Gwraig Wadd: Gwilym R. Jones yn holi Kate Roberts', 121.
84 Rhif 2147 ymhlith Papurau Kate Roberts yn LlGC.
85 *Tywyll Heno* (Dinbych, 1962), 31.
86 Gw. lluniau o'r llythyr, sef rhifau 36 a 37, yn Derec Llwyd Morgan (gol.), *Bro a Bywyd Kate Roberts* (Caerdydd, 1981), 24.
87 Gw. Aled Eirug, 'Agweddau ar y Gwrthwynebiad i'r Rhyfel Byd Cyntaf yng Nghymru', *Llafur*, 4 (4, 1987), 65: 'Yn nhŷb David Thomas, dim ond dau "humbug" a gyfarfu wrth gynorthwyo gwrthwynebwyr.'
88 'David Ellis: Bardd a Gollwyd', *Erthyglau ac Ysgrifau Llenyddol Kate Roberts*, 155.
89 Gw. *Y Bardd a Gollwyd: Cofiant David Ellis*, 111–14.
90 'Kate Roberts – Ffeminist?', *Y Traethodydd*, 187.
91 'Dyddiadur Sulgwyn 1957', *Y Faner* (20 Mehefin 1957); ailgyhoeddwyd yn *Erthyglau ac Ysgrifau Llenyddol Kate Roberts*, 74.
92 *Annwyl Kate, Annwyl Saunders*, 223.
93 'Llenyddiaeth a Gwladgarwch', *Y Faner* (12 Medi 1957); ailargraffwyd yn *Erthyglau ac Ysgrifau Llenyddol Kate Roberts*, 270.
94 *Nam* (Llundain, 1982; ail arg. 1986), xiv.
95 *Enaid Clwyfus*, 160.

4

Milwyr, Arwyr a Gwrtharwyr (I)

Er i'r rhan fwyaf o gyfnodolion Cymraeg roi ysgwydd dan yr arch yn yr ymgyrch o blaid y rhyfel, digon prin yw'r deunydd tymhorol sydd o werth arhosol. Fel yn achos y rhan fwyaf o brydyddiaeth newyddiadurol y cyfnod, mynegi safbwynt ystrydebol o bleidiol a wnâi'r rhan fwyaf o sgrifenwyr rhyddiaith ac mae olion creadigrwydd a dychymyg yn brin. Ac eto, yng ngoleuni dogfennau diweddarach, onid ffrwyth dychymyg mewn gwirionedd oedd sylwadau rhai mor eirwir â gweinidogion yr Efengyl? Mewn colofnau nodweddiadol fel 'Gyda'r Milwyr', rhoddodd sawl un y syniad ar led mai rhyw ysgol haf i Gristnogion ifanc oedd y gwersyll milwrol, hafan yn llawn cyrddau gweddi a dosbarthiadau Beiblaidd, corlan na chrwydrai'r un ddafad ymhell iawn o'i ffiniau. Boed dwyll neu hunan-dwyll, does dim dwywaith fod y dynion hyn, rhai mawr eu parch a'u dylanwad, wedi bod o gymorth garw i smentio'r berthynas newydd rhwng Anghydffurfiaeth a militariaeth. Cynrychiolai'r ysgrifau hyn wedd ddiweddar ar eu swyddogaeth fugeiliol; yn nefnyddioldeb eu cynnyrch yr oedd ei bwysigrwydd.

Enghraifft ddiddorol o'r *genre* hwn yw deunydd Dyfnallt, y bardd-bregethwr gyda'r Annibynwyr a dreuliodd dri mis yn gaplan yn Ffrainc yn ystod haf 1916. A phroffeil gweinidogion Cymraeg mor amlwg ar y pryd, y syndod ar ryw olwg yw cyn lleied ohonynt a gyhoeddodd yn ddiweddarach eu hargraffiadau fel caplaniaid yn ystod y rhyfel. Gwir, fe gyhoeddodd rhai fel Lewis Valentine, J. W. Jones a Tom Nefyn Williams ryddiaith fywgraffyddol yn y man, ond deunydd yn edrych yn ôl ar eu profiadau fel milwyr cyffredin yn y rhyfel a gafwyd ganddyn nhw a'r profiadau hynny wedi cadarnhau eu pasiffistiaeth cyn iddynt fynd i'r weinidogaeth.[1] At hynny, myfyrwyr diwinyddol oedd y rhan fwyaf o'r cwta ddau gant a hanner a ymunodd â chwmni arbennig y Corfflu Meddygol yn 1916, cwmni y cofnodwyd ei hanes gan R. R. Williams yn *Breuddwyd Cymro Mewn Dillad Benthyg*. Fe gadwodd David Cynddelw Williams, gweinidog Methodist ym Mhen-y-groes, Dyffryn Nantlle, ddyddiadur caplan yn ystod y rhyfel, ond fersiwn llawysgrif yn unig sydd ar gael o'r gwaith. Onid yw'r ffaith honno'n unig, fod cofnod y 'deil ei gymharu â rhyddiaith ryfel Gymraeg fwyaf arbennig y cyfnod 1914–18', yn nhyb Dafydd Densil Morgan, heb ei gyhoeddi, yn awgrymu ansicrwydd posib ar ran gweinidog o'r fath yn dilyn pennod yn ei hanes na wnaeth fawr o les i ddelwedd Anghydffurfiaeth Gymreig?[2] Ac yntau'n genedlaetholwr cynnar a fynegodd safbwynt heddychol yng ngholofnau golygyddol *Y Tyst* drwy gydol yr Ail Ryfel Byd, pwy a ŵyr nad yr un fyddai tynged argraffiadau Dyfnallt, sef aros mewn llawysgrif, petai wedi oedi tan ar ôl y rhyfel cyn eu cyhoeddi?

Roedd hi'n galan Mai 1917 ar Dyfnallt yn cyhoeddi *Myfyrion a Chaneuon Maes y Tân*, er bod detholiad o'r gyfrol wedi gweld golau dydd gyntaf ar dudalennau'r *Dysgedydd*.[3] Gan mai cyfrol organig ydyw, annoeth fyddai ysgaru'r darnau prôs oddi wrth y cerddi a thrafodwyd y cyfanwaith mewn arolwg cyfatebol o farddoniaeth y rhyfel.[4] Eto i gyd, byddai'n werth crybwyll ei phrif nodweddion gan ei bod hi, wedi'r cyfan, yn gyfrol heb ei bath yn Gymraeg. Cyfrol arloesol ei fformat, felly, yng nghyddestun llenyddiaeth Gymraeg y rhyfel, ond bwgan pennaf Dyfnallt yw llenyddoldeb ymwybodol y rhyddiaith, nodwedd y sylwodd un adolygydd caredig arni pan gyhoeddwyd y gwaith: 'The one doubt that may be expressed is whether the poet's idiom has not intruded unduly upon the true prose passages.'[5] Pair creadigol oedd y rhyfel, ond awgryma'r arddull rethregol fwriadus, y dyfarniadau moesol parod a'r cyfeiriadau ysgrythurol niferus fod y gweinidog wedi cael y llaw uchaf ar yr artist ran amlaf. Tystia'r holl sôn am aberth a chroesgad ac Armagedon mai'r hyn sydd yma yw lleisio barn – neu ragfarn – a benderfynwyd wrth fwrdd y stydi cyn i Dyfnallt weld y rhyfel drosto'i hun. Anodd iawn cysoni sgrifennu mor ornamental â hyn ag amgylchiadau real y rhyfel:

> Pan y bo Cwsg yn dod i lygad y dydd, a bugeil o'i oriau gan y nos
> i'w chorlan glyd, neu pan ddelo'r dydd i noswylio fel y dychwel
> aderyn i'w nyth, dyna'r pryd y daw awel breuddwydion dros yr
> ysbryd, gan roi hedd i'w hwyr fel anadl bersawrus o erddi'r
> gorllewin. (37)

> Hoffwn godi yn ddigon bore i wlychu fy nhraed yng ngwlith
> rhamant y wawr, a bedyddio fy ysbryd ym maddon y gwawl
> cynnar. (39)

Enghraifft o delynegu tra llosgai Rhufain, efallai? Beth bynnag yw'r dyfarniad ar ei farddoniaeth, nid yn ei ryddiaith y lleisiodd Dyfnallt wae maes y gad.

Ac yntau â swyddogaeth lai ymylol a mwy gweithredol yn y rhyfel na Dyfnallt – yn hytrach na thri mis yn Ffrainc fel caplan treuliodd bedair blynedd yn breifat ac yna'n lifftenant gyda Gororwyr De Cymru – bu ei effaith ar Saunders Lewis yn sylweddol. Wrth iddo goffáu Maurice Barrès yn *Y Faner* ddechrau 1924, dywed iddo ddod o hyd i'w gyfres nofelau *Le Culte du Moi* (1888–91) yn ystod y rhyfel: 'Fe fu darganfod ei waith yn achos newid cwrs fy mywyd i . . . Hyd heddyw mi gofiaf ddarllen y penodau hynny yn ffosydd Loos, a'r haul uwchben yn yr awyr eglur, a'r gelynion ganol dydd – y barbariaid – yn dawel, a minnau mewn gwynfyd pur. Dyddiau dedwydd Loos.'[6] Fwy na hynny, myn fod ei ddyled i'r Ffrancwr 'yn fwy nag a allaf ei chyfrif. Trwyddo ef y darganfum i Gymru ac y gweddnewidiwyd hedoniaeth fy ieuenctid'.[7] Cyfeiria yn yr un man at weithiau'r Fictoriad Walter Pater, gweithiau a borthai ei hedoniaeth gynt:

> Daeth y rhyfel. Dyna'r dyddiau yr oeddwn i wedi meddwi ar
> Walter Pater, ac yn ceisio deall ac arfer ei athrawiaeth ef. Dysgais
> mai profiad ei hun, er ei fwyn ei hun, ac nid ffrwyth profiad, oedd
> amcan bywyd. Llwyddiant mewn bywyd oedd disgyblu'r
> synhwyrau fel y profent gyflawnder bywyd yn helaethach
> beunydd: – 'To be present always at the focus where the greatest
> number of vital forces unite in their purest energy.' Ac er fy mwyn
> fy hun, yn unig fel y caffwn i fwynhau'r profiad hwn o egni byw ar

ei eithaf, mi ymdaflais innau i'r fyddin, – a chael blas wrth gwrs ar glywed canmol fy newrder a'm hunan-aberth.[8]

Profa hynt Blodeuwedd, yn y ddrama y gwelwyd ei hact gyntaf ar dudalennau'r *Llenor* bum mlynedd yn unig ar ôl diwedd y rhyfel, nad 'digon inni wynfyd yr awr hon'.[9] Fel Oscar Wilde, dehonglwr mwyaf llythyrennol esthetiaeth Pater ddiwedd y ganrif ddiwethaf, dinistr a thrasiedi a ddaw i'w rhan. Ar wastad gwahanol, dyna union dynged y gwareiddiad gorllewinol rhwng 1914 a 1918 a phrin, erbyn hynny, fod dysgeidiaeth un fel Pater yn ddigon moesol gadarn i bwyso arni er mwyn cyfiawnhau unrhyw gynnwrf hunangar a brofasai fel milwr pan oedd gweddill y ddynoliaeth yn mynd â'i phen iddi o'i gwmpas. Yn hwyr neu'n hwyrach, daeth y rhyfel ag ef at ei goed, a rhoes nofelau Barrès lwyfan athronyddol newydd iddo a sylfeini'r hen un wedi rhoi. 'Pater was sceptical about the possibility of ultimate values and truths':[10] go brin y gellid cymhwyso disgrifiad felly at Saunders Lewis a roes, fel llenor aeddfed, y fath bwys dyrchafol ar gysyniadau fel anrhydedd ac ymrwymiad a ffyddlondeb, agwedd ar ei waith sy'n awgrymu'r modd yr ymbellhaodd oddi wrth ei syniadaeth fore.

Llenor mawr ei ddylanwad ar israddedigion, heb sôn am lenorion o fri yn y man fel James Joyce a W. B. Yeats, yn ystod chwarter olaf y bedwaredd ganrif ar bymtheg oedd Pater. Roedd hynny ar gorn astudiaeth megis *Studies in the History of the Renaissance* (1873) a'i nofel *Mauris the Epicurean* (1885). Fel hyn y sonia Saunders Lewis am ei gyfnod fel myfyriwr Saesneg:

> Yn y blynyddoedd cyn y rhyfel, a minnau'n efrydydd yn Lerpwl, fy unig uchelgais oedd ennill rhan a lle yn llenyddiaeth Saesneg. Ym mysg fy nghyfeillion yr oedd dau neu dri sydd erbyn heddyw yn adnabyddus ym mysg beirdd a llenorion Lloegr. Nid oedd Gymru'n ddim i mi'r pryd hynny. Ychydig o Gymraeg a ddarllenwn. Ni feddyliais erioed am ddysgu Cymraeg nac am astudio ei llenyddiaeth.[11]

Daeth o'r rhyfel gyda'i ragdybiaethau Seisnig, Fictoraidd ac adolesent, wedi eu herio'n sylfaenol a'i olygon fwyfwy ar Gymru'r ugeinfed ganrif; peidiodd ei ranbartholdeb a chofleidiodd genedlaetholdeb. Ac er bod rhywfaint o ôl stumio profiad i ffitio mowld neilltuol ar yr ysgrif goffa i Barrès, tystia ei

lythyrau at Margaret Gilcriest – a gadwyd, wedi'r cwbl, ar
ddamwain – i'w ferw meddyliol ar y pryd.[12] Y ddau ddyfyniad
yma, er enghraifft, o lythyrau a sgrifennwyd ddyddiau'n unig ar
ôl y cadoediad ac a anfonwyd o brifddinas Groeg – rhoddwyd
Saunders Lewis ar staff Arwybodaeth Byddin Prydain yn 1918
wedi iddo wella o'i glwyfau rhyfel flwyddyn ynghynt:

> When I go to Wales and look from the heights above the Conwy
> on the river and valley and the hills, I have a sentiment of my
> closeness to the old Welsh tribesmen who fought there with the
> Llewelyns, with Owen Glyndŵr, a sentiment of such nearness that
> I feel as though their very blood were in my veins. And in going
> over these old countries of western Europe, it is the continual
> contact of a tradition, of a civilisation, that encaptures me. (312)

> I had a long and close conversation yesterday with the old Serb
> professor I told you works in my office. We were discussing the
> future, and I asked his intentions. 'I shall', he said, 'return to
> Belgrade. Probably I shall not go back to my University work, for
> there is other more urgent duty awaiting. Serbia has to be rebuilt
> and we have every one a duty to return there. I might perhaps
> settle in Paris or Rome where I have lived and made friends. But
> this generation must be sacrificed. We must be content to do spade
> work, and leave the flower of civilised work, the arts, the sciences,
> the leisures of settled study, to our posterity. That is my intention.'
> . . . After that, I think I may return to Wales, and find my corner
> there?
> Probably I shall go into politics – for I hate them cordially. But
> Wales' political condition is terrible, and I fear the war has given a
> *coup de grâce* to our nationality [roedd Margaret Gilcriest yn aelod o
> Sinn Fein]. Not Belgium and Serbia but Wales will succumb to this
> war. And if by going in for argument and noise, I may help to
> preserve that, well, let poetry and writing wait for the next race.
> (315)

Wrth fynd heibio, dylid nodi fod ymweliadau Saunders Lewis ar
y pryd â dau grud y gwareiddiad clasurol, Athen a Rhufain,
wedi bod yn dra phwysig yn ei hanes.[13] O ran y llythyrau, maen
nhw'n rhagfynegi'r tyndra parhaus a fyddai'n nodweddu ei yrfa
ar ei hyd, tyndra rhwng ateb galwadau cyhoeddus ei genedl a
bodloni ei ddyheadau artistig ei hun.

Rhan o'r efengyl yn ôl Pater oedd yr egwyddor celfyddyd er
mwyn celfyddyd; nid gormod honni fod gan y rhyfel ran bwysig

i'w chwarae ym mhrifiant deallusol Saunders Lewis ac yn y broses o ddyfod yn ŵr a chanddo olwg fwy cynhwysfawr ac allweddol na hynny ar arwyddocâd a chyfrifoldeb celfyddyd. Yn sicr, mae dyn yn ymwybodol o fan cychwyn newydd yn ei chwip o ymdriniaeth â Dafydd Nanmor yn *Y Llenor* yn 1925: 'anffawd llenyddiaeth a ddiwreiddiwyd', meddai, oedd 'mynd at lenorion Lloegr am athroniaeth a dysg am fywyd', a mentrodd weld bai ar y 'dull y buwyd yn dysgu Cymraeg yn y colegau' cyn mynd ati i gynnig 'rhywbeth amgenach'. Dyma oedd pwysigrwydd llenyddiaeth Gymraeg:

> . . . heb ddwfn werthfawrogi'r pethau hyn, sef traddodiad mewn meddwl a chelfyddyd, Cristnogaeth Gatholig, a chymdeithas aristocrataidd, a phethau eraill hefyd, ni ellir caru llenyddiaeth Gymraeg y cyfnodau Cymreig yn ddigon llwyr i fyw arni a'i derbyn yn dref-tad ac yn faeth i'r ysbryd. A dyna sy'n esbonio bychaned yw rhan llenyddiaeth Gymraeg yn natblygiad meddwl Cymru heddiw.
>
> Y mae'n colled ni'n fawr o'r herwydd. Ymhob cylch, mewn crefydd, mewn gwleidyddiaeth, mewn economeg, mewn athroniaeth, gellir dangos diffyg unrhyw feddwl Cymreig i'n harwain ar lwybr a fyddai'n naturiol i'n cenedl, ac felly'n lles iddi.[14]

Dylai llenyddiaeth a'r astudiaeth ohoni fod mor greiddiol â hynny i *raison d'être* y Cymry, a dyma amlinellu maniffesto ar gyfer ymgyrch oes i 'esbonio'r Esthetig Cymreig, y peth sylfaenol yn hanes ein llenyddiaeth'.

Ffrwyth uniongyrchol y cyfnod a dreuliodd Saunders Lewis yn filwr oedd y ddwy ysgrif 'Profiad Cymro yn y Fyddin' a gyhoeddwyd yn *Y Cymro* ar 23 Gorffennaf a 6 Awst 1919. Gweledydd o'r un gwehelyth â'r Cynfardd hwnnw o'r chweched ganrif a welodd wŷr wedi boregad yn friwgig sy'n llefaru fan hyn:

> Gwelais ddynion dewr a aeth i gloddiau'r Somme yn gynlluniau o nerth corff a balchter bryd, ac a ddychwelodd wedi dau ddiwrnod tawel o fis Chwefror yn droedfedd llai o faintioli, a'r fath lygaid yn eu pennau nas gwelais cyn hynny gan wnhingen mewn magl pan welo gi yn agoshau. A llwyrach na hynny oedd ei goruchafiaeth, canys eneiniodd y ddaear nyni a'i hanrhugarogrwydd ei hun. Aeth

yr haearn yn ddwfn i natur dynion a oedd gynt yn llednais. Gwelais pan ddychwelem unwaith o'r llinell, a'r dwfr yn cyrraedd at ein llwynau, fachgen yn syrthio, a'r nesaf a'i canlynodd a droediodd arno gan ennill gwell sylfaen i'w gam. Y dyddiau hynny boddwyd gymaint ag a laddwyd, a neb yn ateb nac yn sylwi pan lefai un am gymorth.[15]

Heb ôl straen nac ymwthio, dyma adeiladu ar draddodiad o lenyddiaeth rhyfel. Onid i'r diffyg ymwybod â'r union draddodiad hwnnw y gellir priodoli rhai o'r bylchau rhwth mewn llenyddiaeth Gymraeg ynghylch y rhyfel?

Wrth reswm, roedd yna ddylanwadau mwy cyfredol ar waith ac er gwaetha'r amheuon a godwyd gan Bruce Griffiths oherwydd diffyg manylrwydd Saunders Lewis ar y pen hwn, nid yw'n annichonadwy fod nofel Henri Barbusse, *Le Feu* (1916), ymhlith y rhai Ffrangeg yr honnai wrth ei gariad ei fod wrthi'n eu darllen yn awchus yn ystod y rhyfel.[16] Hyd yn oed pe na bai wedi ei darllen yn ei phriod iaith, erbyn Gorffennaf 1917 roedd y nofel wedi ei chyfieithu i Saesneg dan y teitl *Under Fire*. Y gwaith realaidd hwn, yn ôl tystiolaeth Samuel Hynes, yw'r 'war novel that Englishmen read most during 1917–18 – a book written not by an English writer, but by a Frenchman'.[17] Yn wir, cyfeirir at ddylanwad y nofel ar y pryd ar lenorion rhyfel a'i darllenodd, rhai fel Siegfried Sassoon, Wilfred Owen, Wyndham Lewis a C. E. Montague. Oni chlywir yn nisgrifiad y Cymro adlais o ryddiaith y Ffrancwr?

> War is frightful and unnatural weariness, water up to the belly, mud and dung and infamous filth. It is befouled faces and tattered flesh, it is the corpses that are no longer like corpses even, floating on the ravenous earth. It is that, that endless monotony of misery, broken by poignant tragedies . . .[18]

Yr un annynoliaeth, yr un oferedd a dinodedd, a gofnodwyd gan Saunders Lewis, ac os na ellir profi'n ddiamheuol ddylanwad pendant fe ellir o leiaf synhwyro fod y ddau lenor ar yr un donfedd. A does dim rhaid wrth athrylith i sylweddoli nad tonfedd Dyfnallt mo honno. Fel y sylwodd D. Tecwyn Lloyd, Saunders Lewis, o'n holl sgrifenwyr rhyddiaith, oedd yr unig un 'a feddai'r dyfnder hydeimledd i ddechrau mynegi'r miliynau o "fydoedd" a gollwyd yn y gyflafan'.[19] Dyma enghraifft gynnar nodedig o orfodi'r Gymraeg i wynebu her greadigol y rhyfel, o'i gwneud hi'n atebol i'r byd oedd ohoni. Dagrau pethau yw mai dwy ysgrif yn unig a gafwyd – dwy ysgrif a ailgyhoeddir ar ddiwedd y gyfrol hon gan mor eithriadol ydynt – ac mai mewn cyfres o lythyrau Saesneg a anfonodd at ei gariad y rhoddwyd ar gof a chadw helaethaf argraffiadau Saunders Lewis o'r rhyfel modern hwn. Byddai'n rhaid wrth nofel neu ryw waith estynedig arall i hybu a hwyluso'r ffordd ar gyfer trafodaethau pellach gan lenorion eraill ar yr un thema, ac ni allwn ond gresynu nad efelychodd esiampl ei gyfaill David Jones a dreuliodd ei brofiadau milwrol mewn dull mor uchelgeisiol yn *In Parenthesis* (1937). Gresynu, a dychmygu'r un pryd y sgil-effeithiau creadigol posib.

Ac wedi elwch, tawelwch fu. Neu dyna'n sicr hanes y darluniau, boed ffeithiol neu ffuglennol, o filwyr Cymraeg ar faes y gad mewn rhyddiaith Gymraeg i oedolion drannoeth y drin. Yn hynny o beth efallai'n wir mai gan Kate Roberts yn *Traed Mewn Cyffion* y ceir y ddelwedd glasurol o'r rhyfel mewn ffuglen Gymraeg – fel digwyddiad diarth a phell heb fawr o gyswllt â bywyd beunyddiol y Cymry. Ac yn sicr, mae'r ffaith na fentrodd ddarlunio profiadau Twm ar faes y gad – trwy gyfrwng ei lythyrau yn unig y clywir ei hanes – yn cadarnhau'r dieithrwch a'r pellter hwnnw. Am ryw hyd, ymddangosai nad clwyf y dioddefai'r diwylliant Cymraeg yn unig ohono oedd y prinder trafodaeth greadigol ar y rhyfel yn ystod y degawd a'i dilynodd:

> The great war poems and most of the major English war paintings already existed – they had been created during the war years or, in the case of a few paintings, in the first year after the Armistice. But the important prose works had yet to be written. For a period of nearly a decade, there was a curious imaginative silence about the greatest occurrence of recent history.[20]

Ond fel y pwysleisiodd W. J. Gruffydd yng ngholofn olygyddol *Y Llenor* yn Haf 1930, bu'r deunaw mis blaenorol yn gyfnod cynhyrchiol dros ben o ran rhyddiaith y rhyfel. Dyma pryd y cyhoeddwyd testunau mor bwysfawr ag *Undertones of War* (1928) Edmund Blunden, *Memoirs of a Fox-Hunting Man* (1928) a *Memoirs of an Infantry Officer* (1930) Siegfried Sassoon, *All Quiet on the Western Front* (1929) Erich Maria Remarque, *Goodbye to All*

That (1929) Robert Graves, *A Farewell to Arms* (1929) Ernest Hemingway, a *Her Privates We* (1930) Frederic Manning. Rhoddodd yr awduron hyn gyfle i'w profiad o'r rhyfel sadio a gwaelodi cyn mynd ati i'w drin a'i drafod, ond dal i ddioddef o glwyf tawedogrwydd a wnâi'r awduron rhyddiaith Cymraeg. Bu'n haws yn aml ddod o hyd i'r milwr o Gymro – y Cymro Cymraeg yn neilltuol – mewn llenyddiaeth Saesneg nag mewn llenyddiaeth Gymraeg. Robert Graves yw'r enghraifft amlwg a dyma ei brofiad mewn carchar rhyfel yng Nghaerhirfryn:

> I commanded a detachment of fifty Special Reservists, most of them with only six weeks' service: a rough lot of Welshmen from the border counties. They had joined the army just before war started, as a cheap way of getting a training camp holiday; being forced to continue beyond the usual fortnight exasperated them. They were constantly deserting and having to be fetched back by the police, and seemed more scared of the prisoners than the prisoners were of them.[21]

Milwyr anfoddog a di-glem, felly, a ganai emynau yn hytrach na chaneuon poblogaidd y fyddin ac a ddifyrrai bawb gyda'u Saesneg carbwl. Ond er i griw o filwyr o ochrau Harlech ddod at Graves i achwyn am eu huwch-sarjant a regai a smocio ac yfed, ac er i ddirprwyaeth o weinidogion Cymraeg a ddaeth i Litherland gwyno am iaith anweddus y swyddogion di-gomisiwn, nid angylion mo'r Cymry yn ôl tystiolaeth Graves: fel y rhoddwyd ar ddeall i wŷr y goler gron, bu cynnydd o bron 200 y cant yn nifer y gorchmynion tadogi ers i'r Cymry gyrraedd y gwersyll milwrol ar lannau Mersi. ' "Mothers, take care of your daughters; the Royal Welch have come to town" '[22] – testun pregeth holl weinidogion y fro yn ôl un preifat, sy'n awgrymu mai fel llwyth â'r un *mores* rhywiol â'r milwyr GI o America yn ystod yr Ail Ryfel Byd yr edrychid ar y Cymry hyn o leiaf! Amlwg ddigon nad yr un mo'r ddelwedd a goleddai'r Saeson o'r Cymry â'r un a goleddent ohonynt eu hunain.

Mynnai Graves na chanai'r Cymry fyth allan o diwn, a chanmolwyd eu dawn gerddorol gan Ivor Gurney yntau, y cerddor a'r bardd o Gaerloyw:

> They were Welsh, mostly, and personally I feared a rather rough type. But, oh the joy, I crawled into a dugout, not high but fairly

large, lit by a candle, and so met four of the most delightful young men that could be met anywhere. Thin faced and bright eyed, their faces showed beautifully against the soft glow of the candlelight, and their musical voices delightful after the long march at attention in silence. There was no sleep for me that night.[23]

Dro arall, gwelwn drwy'i lygaid ef ymateb eironig rhyw Gymro i'r byd disynnwyr oedd ohoni:

This Welshman turned to me passionately. 'Listen to that damned bird,' he said. 'All through that bombardment in the pauses I could hear that infernal silly "Cuckoo, Cuckoo" sounding while Owen was lying in my arms covered with blood. How shall I ever listen again . . .!'[24]

Yr un nodyn lleddf a drewir gan Llewelyn Wyn Griffith yntau, Cymro Cymraeg o Ddolgellau a wasanaethodd fel capten yn ystod y rhyfel ac a gyhoeddodd nofel, *Up To Mametz* (1931), yn seiliedig ar ei brofiadau. Episod cofiadwy yw hwnnw sy'n disgrifio caplan yn ceisio dod o hyd i fedd ei fab, episod ar-wyddocaol am ei fod yn awgrymu annigonolrwydd yr iaith fain i gyfleu'n gyflawn brofiadau'r Cymry Cymraeg:

'And now he's out again. Going to bury other people's boys, he said, since he couldn't find his own boys's grave to pray over . . . What could you say? I left him to turn up to this place . . . My Welsh isn't very good, as you know, but I managed to say to him, "I'm not a soldier now, padre; I'm taking off my hat to you." And so I did, I took off my tin helmet . . . You couldn't talk English to a man who had lost his boy . . .'
'No . . . not to a Welshman.'[25]

Fel yn achos y telegram Saesneg tua diwedd *Traed Mewn Cyffion*, dyma danlinellu caethiwed pobl a ddaliwyd mewn carchar na pherthynai hyd yn oed ei iaith iddynt.

Un arall o Feirionnydd, Wynn Wheldon, brodor o Flaenau Ffestiniog a fu'n swyddog gyda'r Ffiwsilwyr Brenhinol Cymreig, sy'n sôn am y Cymry dan ei ofal a amddiffynnai lannau'r gamlas yn Ypres: 'During those months, Welsh was heard everywhere in greeting, in denunciation, in warning, and in snatches of Welsh hymns'.[26] Cyfeiria'r Llundeiniwr, Vivian de Sola Pinto, at ei filwyr yntau:

Our men were chiefly farm labourers and quarrymen from North Wales and Anglesey. A fair proportion spoke only Welsh and a very large number were called Jones. The Joneses were often distinguished by the names of the villages or districts where they lived and were known as Penmaenmawr Jones, Ffestiniog Jones and so forth. They were for the most part rather short, sturdy, tough, hard-bitten fellows.[27]

Ar y llaw arall, rhybudd C. P. Clayton o bentref Garthmyl yn Sir Drefaldwyn, swyddog arall ond Cymro y tro hwn, yw na ddeallai'r swyddog o Sais *psyche* y chwarelwr-filwr o Gymro:

The English officer fails, I think, to do justice in his own mind to the Welsh miner-soldier, who has no use for the martinet officer, for clean buttons in the trenches, for arms drill and sentry-go, but who, when it comes to fighting, is absolutely imperturbable. In virtue of his very independence of spirit that makes him unhappy on the parade ground, he can be depended upon to take initiative when there is no one at hand to command.[28]

Cyfeiriadau achlysurol o'r tu allan, fel petai, yw llawer o'r rhain, amryw ohonynt gan ddynion a oedd yn swyddogion ar Gymry. Nid dyma galon a chraidd eu mater, a phrofiad dirprwyol, profiad ail-law a geir o'u darllen. Y gwir amdani oedd fod yna stori Gymraeg i'w hadrodd a phersbectif Cymreig i'w fynegi. Er bod antholeg mor ddiweddar â *Wales on the Western Front* (1994) yn mynnu cynnal yr arferiad gresynus hwn, nid digon gadael i'r pytiau hyn yn Saesneg siarad ar ran y miloedd Cymry Cymraeg cyffredin: roedd ganddynt dafodau i siarad drostynt eu hunain yn eu ffyrdd eu hunain.[29]

Ymddengys fod yn rhaid wrth ysgogiad ail ryfel byd cyn i rai Cymry roi pin ar bapur ynglŷn â'u profiadau yn ystod y Rhyfel Byd Cyntaf a chyflawnodd y gyfres 'Pamffledi Heddychwyr Cymru' gymwynas fawr yn hyn o beth.[30] Cynhwysai *Tystiolaeth Cyn-filwyr* ddeg o ysgrifau gan ddynion a fu'n filwyr yn y Rhyfel Byd Cyntaf ond a drodd yn heddychwyr, ac, yn achos y rhan fwyaf, yn genedlaetholwyr oddi ar hynny. O bryd i'w gilydd yn eu hatgofion, deuir ar draws darnau cyffesol cyffrous fel hwn:

Sefais un diwrnod mewn buarth glo am 8 o'r gloch y bore; yno yn y fan a'r lle y saethwyd milwr ieuanc o flaen *firing squad* awr yn gynt am fod ei nerfau wedi pallu yn y frwydr. Nid oedd ei waed wedi ei lwyr olchi i ffwrdd. Yn fy ing gweddïais am fuddugoliaeth i'r gelyn.[31]

Egyr cyfraniad J. H. Griffith, Dinbych i'r gyfrol mor afaelgar â'r agoriad i ambell nofel:

> Mis Medi 1918 ydoedd. Torasai'r Ffrancod a'r Serbiaid trwy'r llinell a ddelid gan yr Almaenwyr a'r Bwlgariaid ar drumau uchel terfyn Macedonia a Serbia. Bu'r frwydr yn chwerw tra parhaodd, a syrthiodd llawer glew o'r naill ochr a'r llall. Bu'r meddygon a'u cynorthwywyr yn brysur yn rhwymo archollion câr a gelyn, ac ymhen diwrnod neu ddau yr oedd clwyfedigion y cynghreiriaid wedi eu symud i gael ymgeledd pellach mewn gwahanol ysbytai. Yn olaf daeth y 'gelynion' clwyfedig a fuasai'n gorwedd yn eu clwyfau a'u gwaed am ddeuddydd neu ychwaneg . . .[32]

A dyna'n union y mae dyn yn ei deimlo ynglŷn â rhai o'r ysgrifau, sef y byddai wedi bod yn dda i'w hawduron wrth ryddid *genre* y nofel a'u galluogai i fwrw eu bol o ddifri. Dyma ddau gyn-filwr yn hel atgofion, J. D. Jones, Llangaffo i gychwyn ac yna J. W. Jones, Cricieth:

> Amhosibl i neb ond y rhai aeth drwy yr un profiad â ni fedru synio am y cymhlethdod meddyliol a gynhyrchwyd ynom wedyn. Yn ystod yr amser y buom yn yr hyn a ymddangosai i mi, beth bynnag, fel y baganiaeth fwyaf digywilydd, ac mewn awyrgylch y troseddid ar reddfau tyneraf ein natur, a . . .
> Wel, 'rwy'n ymatal![33]

> Cawsom brofiad o bethau na allwn eu hadrodd mewn geiriau na'u gwisgo mewn iaith; ofer yw ceisio disgrifio bywyd ar faes y gwaed; a daw atgof amdanynt fel iasau i'm cnawd.[34]

A hwythau ill dau yn weinidogion yr Efengyl, onid y pwysau a roed arnynt yn sgil eu swyddi a fynnai eu bod yn tewi ac a'u rhwystrai rhag ymhelaethu? Yn hyn o beth, byddai ffurf lai personol a mwy ffuglennol wedi hwyluso'r ffordd idddynt yn arw.

Un cyn-weinidog Methodist a wnaeth yr union beth tua'r un pryd, sef trin rhai o'i brofiadau yn ystod y rhyfel mewn rhyddiaith ddychmygus, oedd Cynan. Diflaniad David Ellis, Penyfed, un arall a oedd wedi ymuno â'r Corfflu Meddygol yn 1916 a'i anfon i wasanaethu yn Salonica, a'i cymhellodd i

---

sgrifennu *Ffarwel Weledig*, rhamant am Facedonia a gyhoeddwyd yn 1946.[35] Cymhlethodd Cynan y sefyllfa drwy leoli'r hanes yn Awst 1945 a chael Gwilym Bowen, milwr o Gymro y tybiwyd ei fod wedi ei ladd gan y Natsïaid yn y rhyfel, i adrodd y stori. Sgrifennwyd y gyfrol delynegol fer ar ffurf llythyr at Cynan, a'r bardd ifanc addawol yn datgelu ei hanes wrth y gŵr a dreuliodd ran helaeth o'r Rhyfel Byd Cynaf yn yr un ardal: fe'i hachubwyd gan lwyth o grwydriaid heddychlon ac ymbriodi ag un o'u plith. Wrth iddo sôn yn orawenus am y berthynas berffaith rhwng Gwilym a Carita, bron na theimlir fod Cynan yn rhoi mynegiant i'r rhan ohono a ddymunasai, 'mewn Cyfarfod Misol ar lith ariannol sych' drannoeth y rhyfel, fod yn ôl yng nghwmni Chloe a'i defaid ym Monastîr:[36] 'go brin y gwelwn i Carita fel gwraig gweinidog Methodist yn cymryd pen bwrdd yng nghinio'r Cyfarfod Misol'. (43) Heblaw am ei hanes ei hun, newydd mawr Gwilym i Cynan yw nad ef mo'r Cymro cyntaf i ymuno â'r nomadiaid hyn: pennaeth y llwyth a thad ei wraig yw'r cymeriad Dafidd: 'Dafidd yw'ch hen ffrind a'ch cyd-efrydydd Dafydd Morris, y bardd a hwyliodd allan i Salonica yn 1916 gyda chwi ac eraill o Gwmni R.A.M.C. Cymru, ac a ddiflannodd yn 1917 na wŷr neb sut.' (50) A'r awdurdodau milwrol wedi torri eu haddewid ag ef, sef na fyddai'n rhaid iddo ddwyn arfau, dihangodd at lwyth y Flachiaid a chafodd loches ganddynt ar hyd y blynyddoedd. Ergyd rannol genedlaetholaidd sydd i'r hanes yma, yr un fath â *Plasau'r Brenin* Gwenallt neu 'Dyddiadur Milwr' Lewis Valentine: dim ond ymhlith yr estroniaid hyn, sy'n parchu ei genedligrwydd, y caiff Dafidd fyw'n unol â'i egwyddorion. Ond fe â gam ymhellach na hynny a thyngu nad â fyth yn ôl i Gymru: '"Mi brofais ystyr bodlonrwydd gyda'm cwmni bychan hwn o fugeiliaid yr encilion. Nid p'le y bo dyn sy'n bwysig, Gwilym, ond a gafodd-o fodlonrwydd i'w enaid, fel y cefais i . . ."' (56)

A Dafidd yn bennaeth ar y llwyth delfrydol hwn, ymdebyga ei hanes i hynt Plant y Cedyrn yn 'Anatiomaros' (1925) neu Blant Arofan yn 'Argoed' (1927–30) – dim ond fod T. Gwynn Jones wedi halltu'r treiffl drwy ddarlunio cwymp y llwythau hynny yn y pen draw. O feddwl fod *Ffarwel Weledig* wedi'i chyhoeddi dros flwyddyn ar ôl i enbydrwydd yr Ail Ryfel Byd ddod i ben, mae ei gweledigaeth rywsut yn rhy ddiniwed a bregus i roi coel arni. Nid manylion diriaethol yr hen fyd rhyfelgar sy'n mynd â bryd

Cynan ond swyn dychmygol y bywyd bugeiliol newydd: ailddarganfuwyd gwynfa goll 'Mab y Bwthyn', a ffynnai cyn ymyrraeth y rhyfel, a chadarnhawyd nad breuddwyd oll mohoni. Efallai'n wir mai fel troednodyn i gerdd ryfel Cynan y mae gwerth y rhamant hon, yn ogystal ag fel cyfraniad difyr at fyth David Ellis.[37] Sut bynnag, roedd hi'n Orffennaf 1944, flwyddyn cyn diwedd yr Ail Ryfel Byd, ar y gyntaf – a'r olaf – o'r nofelau rhyfel *per se* yn Gymraeg am y Rhyfel Byd Cyntaf, a honno wedi'i sgrifennu gan un a gwffiodd yn y rhyfel hwnnw, yn cael ei chyhoeddi.

Mab ffferm oedd Thomas Hughes Jones, awdur *Amser i Ryfel*, a aned yn 1895 ym Mlaenafon, Ceredigon; graddiodd gydag anrhydedd yn y Gymraeg o Goleg Prifysgol Cymru, Aberystwyth yn 1916 ac ymunodd, dan y drefn orfodol, â'r Gwarchodwyr Cymreig yn ddiweddarach yr un flwyddyn gan dreulio cyfnod dramor yn Ffrainc gyda'i gatrawd.[38] Mab ffferm Brynafon yng nghefn gwlad Sir Aberteifi yw Manod Jones y nofel; ar ôl graddio yn y Coleg Ger y Lli, ymunodd yn Hydref 1916 â'r Gwarchodwyr Cymreig a threuliodd gyfnodau yn y man yn brwydro yn Ffrainc. 'Nofel yw hon, am ryfel 1914–18, ac am mai nofel ydyw ofer fydd ceisio cysylltu'r cymeriadau â phersonau neilltuol' (4) – y nodyn confensiynol ar ddechrau'r nofel, ond y mae'r ffeithiau moel sy newydd eu hamlinellu yn ddigon i awgrymu ei seiliau hunangofiannol cryf. Plannwyd yr hadau ar gyfer nofel mor fuan â diwedd y dauddegau mewn sgwrs rhwng Gwenallt a T. Hughes Jones, dau a fu yn y coleg gyda'i gilydd drannoeth y rhyfel:

> Rhywbryd tuag 1928 (nid wyf yn siŵr o'r flwyddyn) fe alwodd y diweddar Mr Tom Hughes Jones ('Twm Fardd' fel y galwem ni ef yn [sic] Ngholeg Aberystwyth) yn fy llety yn y dre honno, ac yn y sgwrs fe soniwyd am y nofelau a gyhoeddwyd ar y Rhyfel Byd Cyntaf: llyfrau Robert Graves, Blunden ac eraill, a chyfieithiadau Saesneg o nofelau Almaeneg ef [sic] *All Quiet on the Western Front*. 'Y mae'n drueni nad oes llyfr ar y Rhyfel yn Gymraeg,' ebe ef. 'Beth amdani?' atebais i, 'sgrifenna di lyfr ar dy hanes fel milwr, ac fe sgrifenna' i lyfr ar hanes y carchar.' Fe wnaethom addewid pendant . . . Fe fu T. Hughes Jones yn hir iawn cyn cywiro'i addewid, ac yn 1944 y cyhoeddwyd *Amser i Ryfel*.[39]

Does dim dwywaith nad effeithiodd y chwarter canrif a aeth

heibio rhwng diwedd y rhyfel a dyddiad cyhoeddi *Amser i Ryfel* ar natur y nofel: fe sicrhaodd gyfrol wahanol i honno a ysgrifenasid, dyweder, o fewn degawd i'w ddiwedd.

O fynd ati i ddarllen y nofel hon yn awchus – yr un hirddisgwyliedig gyntaf, fel y dywedwyd, i gyflwyno, drwy gyfrwng y Gymraeg, faes y gad o safbwynt un o'r milwyr – ymateb cyntaf dyn yw synnu at ei phwyll a'i chydbwysedd a'i hunanreolaeth, ymateb a ddwyseir o wybod am angerdd y llyfrau *seminal* ar yr un maes. 'Nid oes ynddi'r histeria a gaed mewn nofelau cyffelyb a ysgrifennwyd yn fuan ar ôl y rhyfel, ac mewn adwaith yn erbyn y rhyfel, gan Ffrancwyr ac Almaenwyr a Saeson', meddai Saunders Lewis.[40] Sylw annisgwyl gan un o gyn-filwyr ifanc y rhyfel, efallai, ond y gwir yw na throdd ei brofiadau Saunders Lewis yn basiffist. Fel y mae'n digwydd, mae'r un sylw'n adleisio rhai o'r beirniaid adain dde a welodd fai ar yr awduron Saesneg hynny a ddehonglodd y rhyfel yn negyddol; roedd goblygiadau gwleidyddol i'w beirniadaeth gan fod cywair gorchfygedig yr awduron dan sylw yn feirniadaeth anuniongyrchol ar gyflwr dirywiedig Lloegr ar ôl y rhyfel a chynhaliwyd brwydr answyddogol yn ystod y degawd a'i dilynodd i sefydlu'r hyn a elwir gan Samuel Hynes yn Fyth y Rhyfel Byd Cyntaf.[41] Ond effaith amryw o'r llyfrau hynny oedd dangos profiad mor derfynol a throbwyntol fu'r rhyfel yn hanes eu cymeriadau ifanc. Yn 1898, dair blynedd yn unig ar ôl T. Hughes Jones, y ganed Erich Maria Remarque, ac fe aeth ar ei union o'r ysgol i'r ffosydd. Does dim syndod mai dadrithiad ac iselder a fynegwyd gan Paul Bäumer, prif gymeriad ei nofel *All Quiet on the Western Front*:[42]

> I am young, I am twenty years old; yet I know nothing of life but despair, death, fear, and fatuous superficiality cast over an abyss of sorrow. I see how peoples are set against one another, and in silence, unknowingly, foolishly, obediently, innocently slay one another. I see that the keenest brains of the world invent weapons and words to make it yet more refined and enduring. And all men of my age, here and over there, throughout the world see these things; all my generation is experiencing these things with me. (173)

Ddiwedd y dauddegau, pan oedd y to ifanc yn dal i edliw y rhyfel i'r hen do, diweddglo mwyaf rhesymegol y nofel oedd tranc y prif gymeriad. Y mae Ernest Hemingway yntau, cyfoeswr arall i T. Hughes Jones a aned yn 1899, yn treulio thema'r rhyfel yn llwyr ac yn caniatáu iddo gyflawni ei ddrygioni. Cafodd ddeunydd ar gyfer *A Farewell to Arms* ar ôl iddo wasanaethu fel gyrrwr ambiwlans yn yr Eidal yn 1918, ac ar ddiwedd y nofel y mae cariad Lifftenant Henry, y nyrs Catherine Barkley, yn marw ar enedigaeth eu plentyn. Difethir yr unig beth creadigol a ddaw o'r rhyfel ac, ar ôl ymdrech arwrol y ddau gariad i ddianc i ddiogelwch y Swistir ar ddiwedd y nofel, rhoddir terfyn ar eu dyfodol. Roedd W. J. Gruffydd ar ddydd y cadoediad yn 1918 wedi 'cyhoeddi melltith' ar yr hen;[43] dros ddeng mlynedd yn ddiweddarach roedd rhyddiaith fel hon yn arwyddo cyhuddiad cyfansawdd croyw yn erbyn yr un genhedlaeth.

Daeth T. Hughes Jones yn ôl i Aberystwyth i ymchwilio yn 1919. Siawns nad oedd yn teimlo rhyw gymaint o anfodlonrwydd pe na bai ond am fod y rhyfel wedi tarfu ar gwrs ei addysg, ac fe dystiai un cyd-fyfyriwr ar y pryd iddo ymgyrchu o blaid llacio disgyblaeth lem y coleg yn rhinwedd ei swydd fel llywydd Cyngor y Myfyrwyr:

> Clywais ef yn adrodd lawer gwaith am y frwydr a gafodd i sicrhau mwy o ryddid cymdeithasol i'r myfyrwyr yn erbyn ystyfnigrwydd ceidwadol y rheolau – y 'Coll. Regs.' fel y'u gelwid – a 'Discipline Committee' y Coleg. Yr oedd cynifer ohonom, fel yntau, wedi bod yn filwyr yn y Rhyfel ac wedi hen alaru ar ddisgyblaeth ar ôl inni sylweddoli ein rhyddid. Er nad oedd neb ohonom, am a wn i, am gicio dros y tresi ynglyn â disgyblaeth resymol, eto i gyd yr oedd yna ryw adwaith wedi tyfu ynom yn erbyn pob math o ormes bellach, a'n harwr yn hyn o beth oedd ein Llywydd.[44]

Cardi arall yn Aberystwyth ar y pryd oedd Idwal Jones, Llanbedr Pont Steffan, y dramodydd a'r digrifwr a aned, fel T. Hughes Jones, yn 1895. Roedd yntau newydd ddychwelyd o'r fyddin, ac yn ei gofiant iddo esbonia Gwenallt y math o fyd colegol a oedd ohoni rhwng 1919 a 1924:

> Nid oedd cynfilwyr yn fodlon ar reolau fel y rhain, rheolau a luniwyd yn Oes Victoria neu cyn y Dilyw. Ymladdodd y cynfilwyr yn y Rhyfel dros ddemocratiaeth, dros roi diwedd am byth ar ryfel a thros fyd yn gymwys i arwyr fyw ynddo. Daeth yr arwyr i Goleg Aberystwyth a chael nad oedd ganddynt hawl i siarad â merch na

myned i dafarn: yr oedd yn rhaid iddynt gadw rheolau wedi eu llunio gan hen wlanenni Piwritanaidd o athrawon, hen ddynion 'wedi oeri'u gwaed' a'u 'heneidiau wedi tyfu'n gam'; hen ddirwestwyr o hil gerdd nad yfasant ddiferyn erioed, ond, efallai, lasiad o win ar y slei ym Mharis. 'R oedd rhai o'r cynfilwyr wedi cael mwy o brofiad mewn pum munud ar y *Somme* nag yr oedd y rhain wedi ei gael yn ystod eu hoes academig. Nid oedd dim amdani ond torri'r rheolau.[45]

Yn sicr, doedd yr ieuainc hyn ddim ar ôl o'i dweud hi wrth yr hen, a gellir dychmygu cyfrol gyhuddgar, edliwgar am y rhyfel gan T. Hughes Jones – petai wedi mynd ati i sgrifennu'r gyfrol honno yn ystod y dauddegau. Ond nid dyna'r hanes: fe arhosodd yn hytrach nes bod ei waed yntau wedi oeri a'r tân yn ei fol wedi diffodd cyn sgrifennu'r nofel. Dyna sy'n esbonio'n rhannol y darlun sy gan Emyr Jones ohono fel athro yng Ngholeg Cartrefle lle'r aeth y cyn-chwarelwr, ac awdur *Gwaed Gwirion* yn ddiweddarach, ar ôl treulio cyfnod yn y fyddin yn ystod yr Ail Ryfel Byd: 'Rêl dyn militaraidd! Rwy'n cofio dadl Dygwyl Dewi – cynhaliwyd eisteddfod a ballu – ac roedd yn rhaid i T. Hughes Jones gael parêd. Rêl hen sowldiwr oedd o, yn saliwtio o flaen y *flag-pole* a ninnau'r stiwdants yn dod ar ei ôl!'[46]

'Old soldiers never die, they simply fade away', yng ngeiriau un o ganeuon y milwyr yn ystod y rhyfel, 'Old soldiers never die – Young ones wish they would'.[47] Roedd T. Hughes Jones oddeutu hanner cant pan welodd *Amser i Ryfel* olau dydd, dyn yn ei oed a'i amser, sowldiwr ifanc gynt a gymerasai le'r hen sowldiwr a âi ar ei nerfau. Roedd y rhyfel erbyn hynny iddo'n destun peth *nostalgia* yn hytrach na chwerwedd, fe ymddengys, ac yntau wedi maddau iddo unrhyw gam a wnaeth ag ef. Nofel ddwys yw *Amser i Ryfel* o ganlyniad, nofel brudd, ond nid nofel angerddol.

Awgrymwyd eisoes anniddigrwydd T. Hughes Jones gyda rheolau hen ffasiwn y coleg yn Aberystwyth a'i arweiniad yn eu herbyn a dywed tyst arall ei fod yn 'lled ansefydlog ei feddwl yn y cyfnod hwn'.[48] Sut nofel a gawsid petai wedi mynd ati i sgrifennu yn y dauddegau pan oedd y briw ar agor o hyd a'r ddyled heb ei setlo? Efallai'n wir nad *Amser i Ryfel* fyddai ei theitl i gychwyn, teitl sydd ynddo'i hun yn awgrymu derbyniad stoicaidd o ryfel. Llyfr y Pregethwr yn amgylchfyd rhyfelgar yr Hen Destament yw'r ffynhonnell:

Y mae amser i bob peth, ac amser i bob amcan dan y nefoedd:
Amser i eni, ac amser i farw; amser i blannu, ac amser i dynnu y
peth a blannwyd;
Amser i ladd, ac amser i iacháu; amser i fwrw i lawr, ac amser i
adeiladu;
Amser i wylo, ac amser i chwerthin; amser i alaru, ac amser i
ddawnsio;
Amser i daflu cerrig ymaith, ac amser i gasglu cerrig ynghyd;
amser i ymgofleidio, ac amser i ochel ymgofleidio;
Amser i geisio, ac amser i golli; amser i gadw, ac amser i fwrw
ymaith;
Amser i rwygo, ac amser i wnïo; amser i dewi, ac amser i
ddywedyd;
Amser i garu, ac amser i gasáu; amser i ryfel, ac amser i
heddwch.[49]

Ac eto, hyd yn oed pe na bai gweledigaeth T. Hughes Jones mor
gytbwys â hynny yn y dauddegau, does dim byd i ddweud y
byddai o reidrwydd yn gwrthwynebu'r egwyddor o ryfel erbyn
hynny. Fel bardd yr amlygodd y llenor hwn ei hun gyntaf – 'Twm
Fardd', chwedl Gwenallt gynnau – ac ymateb i'r rhyfel ar ffurf
cerddi. Yng nghylchgrawn myfyrwyr Cymraeg Aberystwyth, *Y
Wawr*, y'u cyhoeddwyd, cylchgrawn y bu T. Hughes Jones yn
aelod o'i dîm golygyddol, ac er cydnabod iddynt weld golau
dydd cyn i'w hawdur ymuno â'r fyddin yn 1916 a phrofi'r rhyfel
drosto'i hun, cerddi pleidiol eu safbwynt ydynt. Fel y sylwodd
Alan Llwyd, credai T. Hughes Jones mai 'drwg i esgor ar dda ac
mai uffern i greu nefoedd' oedd y rhyfel.[50]

Dylem ein hatgoffa ein hunain, felly, nad oedd bod yn flin ar
gownt y rhyfel yn gyfystyr o reidrwydd â gwrthwynebu rhyfel
yn ei hanfod ac ildio i heddychiaeth, fel y profodd Frederic
Manning yn *Her Privates We*, un o nofelau mwyaf cofiadwy'r
rhyfel. Yn feddylgar, gyda marwolaeth Preifat Bourne, y prif
gymeriad, y daw honno i ben, ond er bod beirniadaeth ar
fwnglera'r Rhyfel Byd Cyntaf yn ymhlyg yn ei farwolaeth, nid
nofel yn erbyn rhyfel mohoni. Gellir cymhwyso'r sylwadau hyn
am nofel yr Awstraliad at nofel y Cymro:

It is neither a justification . . . nor a condemnation of war. It is an
acceptance of war as an inevitable part of human experience, an
extreme and heightened form of the reality which surrounds us.

Manning is not interested in war as a political act but as a crucible in which men are tested. To many people this attitude will now appear inadequate.[51]

Gochelwn ninnau rhag ofn i *bias* y traddodiad Ymneilltuol-heddychol-cenedlaetholaidd ein harwain i gael *Amser i Ryfel* yn brin *fel nofel*; moethusrwydd na allem mo'i fforddio fyddai cywirdeb gwleidyddol mewn astudiaeth gymharol gyfyng ei hadnoddau fel hon. Y mae Kate Roberts yn ymgynnig fel enghraifft ddiddorol yn hyn o beth. Er cyfaddef ei bod hi ei hun yn erbyn rhyfel, fel llenor ni chredai fod ganddi hawl i 'gondemnio llenor arall am wneud arwr o ŵr o ryfel, os medr y llenor hwnnw greu llenyddiaeth fawr o hynny'.[52] Digon teg, digon rhyddfrydig, ond y cam nesaf yn ei hymresymiad sy'n codi problemau:

. . . fy mhwynt i yw hyn, na fedr llenor o Gymro yn ysgrifennu yn Gymraeg, fyth greu nofel fawr am ryfel fel y mae pethau'n awr oherwydd nad ei ryfel ef ydyw. Yn rhyfeloedd y Sais yr ymladda'r Cymro er adeg Owain Glyn Dŵr, ac oherwydd hynny, nid ymladd am ei fywyd ei hun na'i wlad ei hun y mae ond am ymerodraeth y Sais. Hyd y gwelaf fi, yr unig ryfel y medr Cymro greu llenyddiaeth fywydol ohoni yw'r rhyfel dros ein [sic] annibyniaeth ef ei hun. Dyna paham y credaf nad yw *Amser i Ryfel*, T. Hughes-Jones, cystal â'i storïau eraill.[53]

Heb sôn am y ffaith y byddai *Gwaed Gwirion* yn y man yn gwrthbrofi ei phwynt cychwynnol – 'un o nofelau mwyaf nodedig y ganrif', yn ôl Glyn Ashton, 'nid oes ond ychydig iawn wedi cynnal y fath safon syfrdanol â hon yn ddi-gwymp'[54] – dengys *Her Privates We*, *Amser i Ryfel* a *Gwaed Gwirion* nad oes raid i'r dimensiwn gwleidyddol fod yn ganolog i'r nofel ryfel. Gwir, mae Manod Jones fel Anghydffurfiwr Cymraeg yn teimlo'n arw yn y fyddin oherwydd Seisnigrwydd cyntefig militariaeth, ond mae ambell swyddog Cymraeg yn gallu rhegi ei hochr hi hefyd. Arwydd o feddylfryd ei chyfnod sydd yn sylw Kate Roberts, enghraifft ohoni'n uniaethu llenyddiaeth yn ormodol gyda chenedlaetholdeb. Nid cenedlatholwr oedd T. Hughes Jones – yn y dauddegau, o leiaf – ond cynrychiolydd y Blaid Ryddfrydol yn Sir Drefaldwyn, a doedd ei Ryddfrydiaeth – a'r cyfan a gynrychiolai – yn ddim mwy o rwystr creadigol iddo ef nag oedd ei Dorïaeth yn rhwystr creadigol i awdur *Un Nos Ola Leuad*.

Byddai'n werth oedi fymryn hwy gyda nofel Frederic Manning, a sylwadau Peter Davies amdani yn neilltuol:

> Her Privates We is, and always will be, not only a noble memorial of the 1914–18 war, but a profound and truthful picture of the ordinary Englishman standing up to the perennial ordeal of war. Methods and weapons change, the basic realities do not. Men change very little with the centuries, as the astonishingly apt passages from Shakespeare quoted at the head of each chapter suggest. *Plus ça change, plus c'est la même chose*.[55]

Yr un yw arwyddocâd teitl ysgrythurol *Amser i Ryfel*, sef cadarnhau rhyfel fel rhan draddodiadol o fywyd dyn; yr un fath â Manning a'i ddyfyniadau o Shakespeare, fe allai T. Hughes Jones fod wedi dyfynnu'n rhwydd o'r traddodiad barddol mil o flynyddoedd ar ddechrau pob un o'r ugain pennod yn ei nofel yntau. Yn y bennod olaf ond un, pan yw diwedd y rhyfel ar y gorwel, sgwrsia'r milwyr ymhlith ei gilydd:

> 'Ydech chi'n meddwl y bydd pethe'n wahanol iawn ar ôl y rhyfel?'
> 'Byddan, yn wahanol iawn; ond 'dyw hynny ddim yn dweud y byddan nhw'n well. Ond yr ŷn ni'n siŵr o un peth.'
> 'A beth yw hwnnw?' gofynnai Ben Rowlands.
> 'Fydd yna ddim rhyfel mawr rhagor, – mae hwn wedi rhoi diwedd am byth ar y ffordd yna o setlo cwerylon.'
> 'Ydyw, gobeithio,' meddai Manod, 'am byth.'
> Arhosodd y tri am ychydig uwchben y syniad hwn.
> 'Ac os nad yw e,' meddai Ben Rowlands, gan godi i fynd allan wedi gweld fod amser cau'r cantîn yn agosáu, 'y cwbwl ddweda i yw ein bod ni'n lot o *bloody fools*.' (227–8)

Blydi ffyliaid neu beidio, onid oedd yr Ail Ryfel Byd a gynhelid adeg cyhoeddi'r nofel yn ateb y ddelfrydiaeth hon yn ddigon croyw a chlir? Ac yntau'n fachgen ysgol ar y pryd, wrthi'n sgrifennu traethawd ar Farchogion y Ford Gron y mae Manod ar ddechrau'r nofel a chyn diwedd y bennod fe gyfeirir at Syr Harri Morgan, y môr-leidr o'r ail ganrif ar bymtheg, ac at Frwydr Waterloo lle trechwyd Napoleon gan Wellington. Aeth bron canrif heibio oddi ar y frwydr honno yn 1815, cymaint felly fel y gall Manod, Owen y Cwm a Bob, y ci defaid, chwarae rhyfel smala y ' "Batl o Waterlŵ" '. (8) Dudalennau cyn diwedd y nofel llosga Manod amryw bethau o'i eiddo, yn eu plith yr hen draethawd ysgol y bu'n ei sgrifennu ar ddechrau'r nofel, ond ni all garthu ei orffennol a chywiro beiau'r ddynoliaeth mor hawdd â hynny: ar y tudalen olaf myn ei nai bach, a gafodd wn yn anrheg Nadolig, ei fod yn chwarae ymladd ag ef: ' "Y fi yw'r British," ebe Tom bach, "a chithe nwncwl yw'r Germans." ' (238) A hithau unwaith eto'n amser i ryfel pan gyhoeddwyd y nofel, pwy a ŵyr nad oedd bywyd y nai bach yn y fantol erbyn hynny? Rhwng dechrau a diwedd y nofel, symudwyd mewn cylch cyfan. Does dim wedi newid a dweud y gwir, dim ond bod blas mwy cyfoes ar y chwarae; gêm na wyddys ei realiti yw rhyfel o hyd i bob cenhedlaeth sydd ar godi. Ac aralleirio Williams Parry, 'Megis y bu o'r dechrau, felly y mae: / Rhyfel nid yw'n marw. *Hyn* sydd wae.'

Canlyniad anorfod y pellter hanesyddol rhwng *Amser i Ryfel* a'i fater yw cydbwysedd a doethineb yr ymdriniaeth â'r rhyfel: lleolwyd y digwyddiad yn synhwyrol o fewn patrwm hanes y ganrif hon. Y mae modd edrych arno mewn ffocws gyda'r gorffennol o'i ôl a'r dyfodol o'i flaen. Efallai fod y ddau Gymro a aeth gyda Manod Jones o'r gwersyll milwrol yn Aberhonddu i hyfforddi yn Lloegr gyda'r Gwarchodwyr Cymreig, Ifan Rogers a Ned Beynon, wedi eu lladd yn ystod y rhyfel; efallai hefyd fod ei dad wedi marw; ond yn y pen draw, o leiaf mae'r prif gymeriad wedi goroesi. Ifan ddiniwed a ddywedodd, yn ofer, y bodlonai ar gael ' "[m]ynd nôl at bethe fel yr oedden nhw" ' (123): er na chafodd fynd yn ôl at bethau fel yr oedden nhw, o leiaf cafodd Manod fynd yn ôl. Ffrâm am y rhyfel yw'r Prynhawngwaith Edwardaidd yng nghefn gwlad Ceredigion a ddarlunnir ar gychwyn y gyfrol a'r dychweliad i'r un cynefin gwledig a amlinellir ar ei diwedd. Yn haf 1914 deil anwybodaeth o'r iaith fain yn destun sbort yn hytrach na bygythiad a'r awyr-en a ddaw ar ymweliad ag Aberystwyth yn degan chwarae yn hytrach na pheiriant lladd. Cydfodola'r ddau fyd, y plwyfol a'r cosmopolitan, yn ddidramgwydd, ond daw'r tyndra rhyngddynt i'r wyneb cyn gynted ag y cyhoeddir y rhyfel a thynnir Manod rhwng heddychiaeth Henry Richard – yr Apostol Heddwch a aned yn Nhregaron – a militariaeth Kitchener: 'Kitchener oedd un o arwyr ieuenctid Manod, – Kitchener a chadfridogion eraill y rhyfel yn Ne Affrica; hwynt-hwy a oedd yn cloi'r gyfres o ddynion mawr yn y llyfr Saesneg a ddarllenid yn yr ysgol, ac yr oedd eu lluniau hwy yn y sypyn o hen gyfrolau o'r *Illustrated London News* a brynodd ei dad mewn rhyw ocsiwn gyda chofiant Henry Richard.' (23) Y mae'r tad yn glir ei feddwl wrth wrthwynebu'r rhyfel:

> 'Mae'r wlad yn galw,' meddai Owen wedyn, gan gofio apeliadau Kitchener ac eraill.
> 'Y wlad, ddwetsoch chi? 'Does yna'r un llathen ohoni yn perthyn i fi, ag fe wyddoch fy mod i wedi gorfod gadael tair fferm ar fy ngholled, wedi imi roi fy ngore iddyn nhw. Fe fydde'n gas gen i feddwl am Manod yn mynd i ymladd i gadw sgamps fel Jones Bryn Hafod ar ôl y ffordd y triniodd e fi.' (27–8)

Ond dyw gormes landlordiaeth ddim yn pwyso mor drwm ar feddwl Manod a chymysglyd iawn yw ei olwg ar y rhyfel: fe'i dadrithir gan oportiwnwyr yn dal ar eu cyfle, fe'i drysir gan Wrthryfel y Pasg yn Iwerddon, fe'i hysbrydolir gan gywirdeb rhai o'r milwyr. Ymrestru dan y drefn orfodol yw ei hanes yn y diwedd – ar ôl methu â gwneud hynny dan y drefn wirfoddol, ac yntau wedi cael ei swyno gan sŵn y band milwrol, am fod y swyddfa recriwtio wedi cau.

Buan y peidia rhamant rhyfel a rhethreg arwriaeth ar ôl i Manod ymuno â'r fyddin; symuda o fyd llawn haniaethau hawdd i fyd llawn diriaethau caled. Dyma daro'r cywair anarwrol ar unwaith gydag i'r glasfilwyr gyrraedd Caterham:

> Ar waelod y stryd yr oedd ysgrifen yn dangos mai dyna'r ffordd i'r gwallgofdy a'r gwersyll, a mynych y danodwyd iddynt ar ôl hynny eu bod wedi camgymryd y ddau le . . . Wrth borth y gwersyll yr oedd nifer o filwyr yn sefyllian i wylio'r newydd-ddyfodiaid.
> '*More meat for the sausage machine,*' ebe un, a chwarddodd y lleill. (39)

Hanes gweddill y nofel yw hanes lefelu ac unffurfio'r rwcis dibrofiad hyn, gan nad oes gan y fyddin ddim i'w ddweud wrth unigolyddiaeth nac anufudd-dod. Am y tro cyntaf mewn darn o ryddiaith ddychmygus estynedig ac arno stamp profiad dilys, caiff y darllenydd o Gymro ei fwydo ynghanol byd llethol o faterol y milwr cyffredin, byd o lygod mawr a llau, o rym a sigaréts, o ganeuon ac areithiau, o ysbytai a baracs. Y mae'r darlunio hwn ar gyfanfyd y gorfodwyd y Gymraeg i'w wynebu, er mor hwyr yn y dydd, i'w groesawu petai ond am ei fod yn rhoi geiriau i bethau nad oedd geiriau amdanynt o'r blaen; dyma sgrifennu gonest a rydd hygrededd i'r iaith. A yw hyn yn ddigon i gynnal *Amser i Ryfel* fel nofel sy'n gwestiwn arall: er mor newydd yw'r manylrwydd yn Gymraeg, oni fyddai'n hen gyfarwydd erbyn 1944 i'r darllenydd a drwythwyd mewn llyfrau Saesneg, boed ffeithiol neu greadigol? Am hynny, yr agwedd fwyaf diddorol ar *Amser i Ryfel*, yr hyn sy'n rhoi hynodrwydd iddi fel nofel ac yn ei hachub hi rhag ystrydebedd, yw'r darlun o'r Cymro Cymraeg a'i ymarweddiad ym myddin dorfol 1914–18.

Y mae'r portread o Ifan yn atgoffa dyn o'r Ifan Gruffydd arall, cymeriad yr un mor wladaidd a phrin ei Saesneg:

> 'Saesneg fydd iaith y fyddin, mae'n debyg,' ebe Manod.
> 'Ie fe? Ond gan mai Cymry fydd yno, fe gawn lawer o Gymraeg.'
> 'Faint o Saesneg sydd gen ti, Ifan?' ebe Ned.
> 'Wel, fe werthes i geffyl i Sais y ffair ddwetha, a 'rown i'n teimlo'n reit dwp am na allen i siarad ag e yn Saesneg.'
> 'Feddylioch chi ddim,' ebe Manod, 'ei fod e lawn mor dwp yn ffeili siarad Cymraeg?' (37–8)

Roedd iaith y gorchmynion milwrol yn drech nag Ifan, ac os cafodd John Ellis Williams yn rhai o'i sgetsys ddeunydd digrifwch mewn sefyllfaoedd o'r fath fe'u defnyddir gan T. Hughes Jones i ddangos yr is-swyddogion ar eu mwyaf sadistaidd. Yr arlliw annisgwyl ar un olygfa felly yw fod yr arthiwr sy'n rheoli'r sgwad yn Gymro Cymraeg a all 'ddal ei dir gyda'r bryntaf ei iaith, a mynd ymhellach oblegid medrai regi'n Gymraeg' (58):

> 'Oes yma Gymry?' oedd geiriau cyntaf Corpral Pritchard drannoeth. Dyma chwech yn codi eu dwylo.
> 'Duw a'ch helpo chi, os treiwch chi'ch tricie arna i.'
> 'Wnawn ni ddim, corpral,' ebe Ifan a'i galon yn cynhesu at ei gydwladwr.
> 'Ca dy geg, y bastard diawl . . . *Squad*,' – pob un yn ymsythu, '*squad, shun*,' a'r sodlau'n taro i'w gilydd fel un sawdl, – '*right turn*,' a phob un ond Ifan yn troi i'r dde, yntau yn ei gyffro yn troi i'w chwith. Ceisiodd Ifan droi wedyn i'r cyfeiriad iawn ond yr oedd llygaid craff y corpral wedi gweld ei anffawd.

'Yn enw'r *bloody* Hollalluog Dduw a'i uniganedig *bloody* Mab, *right turn* . . . Yn enw Iesu Grist o Nasareth, pwy feddyliodd ddod â thi i'r byd o gwbwl?' ac yna aeth ymlaen i ddweud yn bendant mai hwrgi oedd ei dad, a'i fam yn butain. (58–9)

Dos fel hyn o gabledd i un a feddyliai y byddai'n syniad iddo ddod â'i docyn aelodaeth o'r capel efo fo i'r fyddin!

Y mae agwedd y corporal yn ddadlennol: drwy roi'r farwol i'r myth fod y Cymry'n frodyr gwerinol i'w gilydd, dengys nad yw cenedligrwydd Cymreig – hyd yn oed ymhlith rhai Cymraeg eu hiaith – yn cyfri dim yn y fyddin. Nid uniaethir holl ddrygioni'r cread gyda'r Saesneg: y mae digon o foddion pechod yn y Gymraeg hithau. Dyma bwynt o bwys cymdeithasegol a phwynt sy'n cadarnhau sylw John Davies: 'Gellir hefyd orbwysleisio'r gwrth-Seisnigrwydd a ddeilliodd o drahauster y swyddogion. Trwy gyd-ddioddef â *Geordies* a *Brummies*, *Cockneys* a *Scousers*, *Micks*, *Jocks* ac *Aussies*, daeth y *Taffs* yn rhan o frawdoliaeth newydd; yr oedd dyfod yn filwr fel ymaelodi â chenedl arall.'[56] Mewn nofel realaidd fel hon, anodd meddwl am ddull amgenach i gyfleu lobsgows y corporal o Gymraeg a Saesneg, ond cwyd y defnydd hael o'r iaith fain gwestiwn artistig ynglŷn â'r nofel: 'Bron na ellid honni mai nofel ddwyieithog ydyw gan fod yr awdur yn gadael i'r bobl ddigymraeg siarad yn Saesneg. Y mae digon o le i brotestio yn erbyn yr arfer hon.'[57] Cyffyrddir â phroblem barhaus bellach i'r sawl sy'n sgrifennu mewn amgylchfyd dwyieithog, problem y deuai Islwyn Ffowc Elis yntau benben â hi yn *Cysgod y Cryman* (1953) ymhen cwta ddeng mlynedd.[58] Ai arwydd o ddiogi neu ildio neu hyder yw defnyddio'r Saesneg yn y fath fodd? Os teg cymysgu gwahanol *genres*, ai purdeb uniaith *Brad*, drama lwyfan Saunders Lewis, yw'r model i'w ddynwared ynteu cymysgedd dwyieithog *Sul y Blodau* (1986), drama deledu Michael Povey? Y cyfiawnhad dros ddefnydd di-ildio T. Hughes Jones o Saesneg yn *Amser i Ryfel* yw mai dyma *lingua franca* y byd y taflwyd Manod ac Ifan a Ned i'w ganol ac mai rhan o'i fwriad wrth ei sgrifennu oedd cyfleu mor gywir â phosib union flas ac oglau a sŵn y bywyd milwrol. Yn sicr, ychwanegu at hygrededd naturiolaidd y nofel a wna'r nodwedd hon, nid tolcio'i hygrededd ieithyddol, ac fe'i dehonglwn fel arwydd o ddewrder ar ran yr awdur wrth iddo'i sgrifennu. Wedi'r cyfan, nid nofel a fynnai guddio rhag y Cymry enbydrwydd bywyd y milwr mo *Amser i Ryfel*. Onid agwedd amddiffynnol o'r fath a rwystrodd sawl un rhag trafod y pwnc yn ei wir liwiau – a llesteirio twf ffuglen aeddfed a chyfrifol yn y fargen? Iaith y byd yw Saesneg, a'r byd oedd â'r llaw uchaf yn y fyddin. Does dim dianc rhagddi, ac fe'i defnyddir droeon yn y nofel er mwyn dod â Manod ac Ifan i lawr i'r ddaear. Mewn un olygfa darlunnir Manod a chriw o gyd-Gymry yn cynnal trafodaeth ddamcaniaethol yn Gymraeg ynglŷn â gwerth y bywyd milwrol: ' "Mae'r fyddin wedi rhoi amcan newydd, a bywyd newydd, i rai, ac wedi mynd â'u bryd i gyd." ' (110) Ânt i'r hwyl gan gyfeirio wrth ddadlau at eiriau William Williams, Pantycelyn. Ond ar hynny terfir ar eu seiat gan ddau filwr di-Gymraeg: ' "We found an old scrag and a young wench down town. We tossed up; Jock got the young un, and I had to put up with the old dame. God! some of these old birds are tough, I tell you." ' (111) Dro arall y mae Manod ac Ifan yn dychwelyd o oedfa grefyddol fendithiol, ond buan y chwelir ei swyn gan eiriau ceryddgar y corporal: ' "get a bloody move on. This war's going to be won with bayonets and not with hymn-singing." ' (143) Datgela ymdriniaeth onest T. Hughes Jones â chrefydd ei wrthrychedd a'i annibyniaeth fel awdur a does dim sy'n amddiffynnol yn ei agwedd fan hyn chwaith. Achlysurol iawn yw'r cyfeiriadau at grefydd sefydledig; yn wir, cyfeiriadau at absenoldeb ac aneffeithiolrwydd cynrychiolwyr y grefydd honno a geir fynychaf:

> Ymhlith y dadleuon a geid yn y caban y mwyaf brwd oedd dadleuon ar grefydd a diwinyddiaeth, a chan fod yno gynrychiolwyr o lawer o enwadau a chrefyddau, heb sôn am rai heb gysylltiad o gwbl â chrefydd swyddogol, gadewid pob dadl yn benagored iawn. Ceisiwyd cael y caplan i'r caban ryw noswaith i ateb dadleuon, ac er i bob un aros i mewn y noson honno i gymryd rhan yn y drafodaeth neu i wrando, aeth rhywbeth o le ac ni ddaeth y gwahoddedig. (157)

Pan yw'r milwyr wrthi'n bwrw golwg yn ôl dros eu cyfnod yn y fyddin tua diwedd y nofel, dyma a ddywedir:

> 'Mae'n hawdd iawn gneud pregeth bob dydd Sul, ond a fu caplan yn siarad â thi erioed?'

''Dwy ddim yn cofio.'
''Dwy inne ddim yn cofio chwaith. Pe cawn i fy ffordd fe'u rhown i nhw i gyd yn y *ranks* i ymladd, ag fe wnawn yr un fath â phregethwyr sy'n cymell bechgyn i'r fyddin.'
''Dwy ddim yn cytuno â chi, fechgyn,' ebe Morgan, a oedd wedi gwrando yn ddistaw. 'Mae gen i syniad arall, – y dylai pob gweinidog ag offeiriad fod yn basiffist yr adeg yma neu golli'i swydd, a hynny er mwyn cadw tipyn bach o gariad yn y byd erbyn diwedd y rhyfel.' (226–7)

Amlwg ddigon fod drwgdeimlad cyffredinol tuag at ffigur y caplan ymhlith y milwyr hyn.

Y portread negyddol hwn o'r caplan yw'r un sy wedi ymsefydlu gryfaf mewn llenyddiaeth am y rhyfel yn Saesneg, ac un o'r rhai mwyaf hallt a diymatal ei feirniadaeth yw Robert Graves:

> Hardly one soldier in a hundred was inspired by religious feeling of even the crudest kind. It would have been difficult to remain religious in the trenches even if one survived the irreligion of the training battalion at home . . . For Anglican regimental chaplains we had little respect. If they had shown one-tenth the courage, endurance, and other human qualities that the regimental doctors showed, we agreed, the British Expeditionary Force might well have started a religious revival.[59]

Yr unig gaplaniaid a ganmolir gan Graves yw'r rhai Catholig. O gymharu, ymddengys fod llai o unffurfiaeth yn nodweddu'r portreadau Cymreig o'r caplan.[60] Canmolir un caplan gan Frank Richards am iddo ymddwyn yn groes i'r arfer: ymwelai â'r milwyr yn y ffosydd a gallai ddal ei ddiod cystal ag undyn.[61] I'r gwrthwyneb, oherwydd ei gywirdeb a'i unplygrwydd a'i amharodrwydd i gymryd arno ei fod yn 'un o'r bois' yr enynnodd y cymeriad Evans y caplan barch y milwyr yn *Up To Mametz*. Seiliwyd darlun ffuglennol Llewelyn Wyn Griffith ar Peter Jones Roberts, ac mewn llythyr at ei deulu esboniodd yr awdur:

> I am more convinced than ever that his sincerity, in small things and in great, was the secret of his tremendous influence over everybody. By this I mean . . . that he made no attempts whatever to imitate the conventional (and useless padres) in their heartiness

and 'I am one of you, damn it all, pass the whisky' sort of pose. He was what he was, a 'gweinidog' in khaki, convinced that his mission in all that madness was to stand for the better things, unashamedly, reminding us by his very presence that the things and thoughts that had influenced us for good in our childhood were still valid and authentic and everlastingly 'there'. I see even more clearly that his non-acquiesence in the prevailing mood of fatalism was in itself an inspiration to us.[62]

Dyma'r math o ddidwylledd mewn caplan a fyddai wedi ennyn edmygedd Manod ac Ifan hwythau – petaen nhw wedi dod ar draws enaid prin fel hwn. Ond nid ydynt yn wrthgrefyddol eu stans: i'r gwrthwyneb, mae eu hintegriti nhw yn taflu golau mwy beirniadol byth ar y caplan a'i ddiffyg arweiniad. Yng ngeiriau Morgan Richards, fe welodd '"[g]ymaint o grefydd yn y *trenches* ag yn unman arall, hynny yw, gwir grefydd"'. (227)

Un o'r milwyr a ddangosir yn rhoi crefydd ymarferol ar waith yw Ned Beynon. Un o ddisgynyddion Wil Bryan yw'r cymeriad brith yma mewn gwirionedd, personoliaeth fwy lliwgar o'r hanner na Rhys Lewis y nofel, Manod Jones; fel yn nofel Daniel Owen, y rhegwr a'r godinebwr a'r diotwr a'r gwrthryfelwr hwn yw *alter ego* y prif gymeriad. Y mae'r portread o Ned hefyd yn cadarnhau – yn anfwriadol, debycaf – y rhagdybiaeth boblogaidd, os anghymreig, mai dyn ymosodol yn rhywiol a wna'r milwr gorau. Byddai *Amser i Ryfel* wedi bod yn nofel wahanol iawn petai'r awdur wedi rhoi mwy o ffrwyn i'r creadigol a llai i'r croniclaidd ac wedi adrodd yr hanes o safbwynt Ned Beynon; fel ag yr oedd, bu'n rhaid disgwyl deng mlynedd ar hugain arall cyn i T. Glynne Davies yn *Marged* (1974) fentro rhoi un o filwyr y werin goman yn hytrach na'r werin barchus yn brif gymeriad mewn nofel ac ynddi le allweddol i'r rhyfel. Realydd yw Ned y mae'n dda wrtho er mwyn halltu rhywfaint ar naïfrwydd Manod ac Ifan. Y mae'r ffaith ei fod wedi ei gofnodi'n Weslead yn hytrach na Methodist yn boen ar enaid Ifan, ond dyma sylw sinicaidd Ned: '"Er mwyn iddyn nhw gael gwybod pwy fydd i dy gladdu di; pan gei di dy ladd fe gei di dy gladdu gan Wesle yn awr."' (45) Sefydlir nad cynffonnwr mo Ned yn y gwersyll milwrol mewn golygfa sy'n cadarnhau fod ynddo ddigon o annibyniaeth a balchder y werin: am iddo feiddio galw'r corporal yn '"Bloody fool"' (70) fe'i caethiwir yn y gardrwm am bythefnos cyfan: 'Disgwyliai ei ddau gyfaill iddo chwythu bygythion yn fwy nag erioed, eithr Ned hollol wahanol a ddaeth yn ôl i'r caban, – Ned a rhywbeth ar goll neu wedi ei dorri.' (73) Er na sythir yr holl onglau cam yn ei gymeriad mor rhwydd â hynny, yng ngŵydd awdurdod milwrol mae'n gwbl ufudd. Y mae'r patrwm yn hollol groes, dyweder, i hwnnw mewn nofel arwrol fel *One Flew Over the Cuckoo's Nest* (1962) gan Ken Kesey: yn honno mae McMurphy'r gwrthryfelwr yn styfnigo ar ôl cael ei gosbi ac yn dwysáu ei ymgyrch yn erbyn y *régime* annynol sy'n rheoli'r ysbyty meddwl. Nofel sefydliadol yw *Amser i Ryfel*: ar ôl iddo ymddisgyblu y sefydlir Ned yn arwr mewn oed, yn hytrach na gwrtharwr bachgennaidd, yn ein meddyliau.

Cadarnheir arwriaeth Ned pan yw'n achub einioes amryw o'i gyd-filwyr drwy gydio mewn bom sydd ar fin ffrwydro a'i daflu i ddiogelwch; am weithred arall ddewr cydnabyddir ei arwriaeth yn swyddogol gyda'r Fedal Filwrol; ond yn null ei farw y'i canoneiddir yn derfynol. Digwydd hynny yn yr unfed bennod ar bymtheg, sef yn adran ola'r nofel ugain pennod hon. Cwyd motiff cyfarwydd mewn llenyddiaeth ryfel fan hyn, sef motiff y groes a erys ar i fyny er gwaetha'r dinistr o'i chwmpas. Cafwyd enghraifft ohono eisoes yn un o gerddi rhyfel T. Hughes Jones:

> Ni soniai am yr aerfa drom
> A'r ing a'r brwydro lawer awr,
> Ond am un fynwent fechan, lom
> A rwygwyd gan y gynnau mawr.
>
> A Christ ar grog â gwelw wedd
> Yn aros yn y difrod mawr,
> A darnio erchyll bro y bedd
> Heb daflu'r arwydd hwn i lawr.

* * *

> Yn nistryw'r byd y gwelir croes,
> Ac yn y ddrycin noddfa glyd,
> A chysur dyn yng nghanol loes,
> A gorau'r nef yng ngwaethaf byd;
> A ninnau'n fud: mor rhyfedd yw
> Cynddaredd dyn yn moli Duw.[63]

Fel y sylwodd Alan Llwyd, 'Yr oedd y ffaith fod y delwau hyn heb gael eu dinistrio yn gyfystyr â buddugoliaeth a goruchafiaeth Cristnogaeth ar ddiawlineb Rhyfel'.[64] Yn y nofel, cymerodd Pabydd ifanc a diniwed o'r enw Morrison yn ei ben fod arwyddocâd mawr i bresenoldeb un groes neilltuol rhwng y ffosydd:

> O syllu arni o hyd yng nghanol eu perygl daeth y groes yn annwyl i'r milwyr, ac er y gallesid tybio y gwnâi nod da i dân y gelyn, ni ddisgynnai y dyddiau hynny ond ychydig belennau ar y rhan honno o'r lein, ac ni ddisgynnai yr un ar gyfyl y groes. Tyfodd rhyw gydymdeimlad rhyfedd rhwng y milwyr a hi, a llawer o'r rhai ni hidiai flewyn am bregeth caplan yn dechrau holi ynghylch dioddefaint a gwaredigaeth. (188)

A hwythau'n byw yn nannedd angau, doedd dim syndod bod ofergoeliaeth yn rhemp ymhlith y milwyr. Serch hynny, roedd milwyr eraill o'r farn mai cynnig cyfeiriad i ynnau'r gelyn a wnâi'r groes, ac aeth un ohonynt ati liw nos i'w thynnu i lawr. Ar y trydydd dydd, heb y groes, difethwyd yr hud a disgynnodd dwy belen yn y ffos: lladdwyd Morrison, o bawb. Ar Gunther, y milwr a dynnodd y groes i lawr, y rhoddwyd y bai am ei farwolaeth a mynnodd Ned ei fod yn mynd gydag ef i ailgodi'r groes gyda'r nos. Wrth gyflawni'r weithred hon y lladdwyd y ddau:

> ''Roedden nhw'n gorwedd yn un rhes, – Jim Gunther ar y chwith a Ned ar y dde, ag Yntau yn y canol.'
> 'Ned Beynon,' meddai Manod wrtho'i hun, 'yn marw wrth godi'r groes.'
> 'Do,' meddai Ifan, yntau wrtho'i hun, 'fe fu farw mewn lle da.
> 'Roedd yn biti bron symud y corff.' (190)

Y mae ergyd y symboliaeth yn eglur a'r awdur, yn ôl pob golwg, wedi llwyddo o'r diwedd i gael y ddafad grwydr i'r gorlan.

Pan ofynnwyd i Ned fynd gyda Manod ac Ifan i dderbyn cymun gan gaplan cyn iddynt fynd i'r lein, fel hyn yr atebodd:

> 'Na, 'dwy i ddim yn meddwl. Fel hyn mae hi, weldi: 'dwy i ddim wedi bod yn rhyw ffyddlon iawn gyda chrefydd, a 'dwy i ddim yn meddwl ei bod hi'n iawn treio gneud patners â'r Brenin Mawr 'nawr pan yw hi'n galed.'

'Ond dyna be mae E eisie,' ebe Ifan, 'mynd ato pan yw hi'n galed.'
'Efalle; 'rwyt ti'n well ysgrythyrgi na fi, a 'da i ddim i ddadle, ond mae tipyn o onor yn y bachgen yma o hyd, ag 'rwy'n credu y bydd E'n deall, ag y bydde Fe'n gwneud yr un fath pe bai E yn fy lle i.' (141)

Tybed a yw T. Hughes Jones, trwy ymyrryd â hanes Ned, yn parchu ei anrhydedd ac yn gallu derbyn ei seciwlariaeth? A bod yn deg â'r awdur, fe rydd lais yn anuniongyrchol i rywfaint o anesmwythyd y darllenydd ynglŷn â'r episod hwn wrth sôn am y llythyr a anfonodd Manod ac Ifan at rieni Ned:

> Syniad Ifan am lythyr neis oedd sôn am rinweddau'r marw mewn ymadroddion ysgrythurol ynghyd ag adnodau o'r Beibl. Credai Ifan fod Manod yn collfarnu gormod o'i ymadroddion: 'fe fu farw wrth y groes, beth bynnag,' meddai o'r diwedd, ac yr oedd yn rhaid i Manod gyfaddef bod hynny yn wir. (191)

Nid merthyr sy'n marw dros y ffydd mo Ned a'r dehongliad tecaf o'r digwyddiad yw ei fod yn arddangos ei barodrwydd i gydnabod hawliau cydwybod Morrison, er na chytunai ef ei hun â'i ddaliadau o reidrwydd; amddiffynnir hawl milwr arall i ddarllen ei Feibl yn y caban, er gwaethaf gwawd un o'i gydfilwyr, gan Morgan Richards yntau. Ynghanol byd unffurf a mecanyddol y fyddin, dyma arwydd gwareiddiol o unigolyddiaeth y milwr. Dangos dynoliaeth Ned ar ei gorau a wna'r digwyddiad, nid profi ei Gristnogaeth.

Erbyn gweld, Ned sydd â'r gair olaf am ran rhyfel yn y byd, nid Manod: ' "mae'r Beibl yn dweud y bydd yna ryfeloedd a sôn am ryfeloedd hyd ddiwedd y byd" ' (182); oes, 'Y mae amser i bob peth, ac amser i bob amcan dan y nefoedd . . . amser i ryfel'. O gymharu â Ned, awgrymwyd gynnau fod Manod yn gymeriad di-liw. Ar y llaw arall, y fantais o'i gael yn brif gymeriad yw fod dyn yn gallu gweld drwyddo sut yr ymaddasodd Anghydffurfiwr o'r fath i fyd y fyddin, newyddfyd cwbl anghydnaws ei natur a'i werthoedd â thraddodiadau ei fagwraeth; ymgorfforiad o Ymneilltuaeth yw Manod ar un olwg ac fe'i sodrir yn rheng flaen y gymdeithas oedd ohoni. Gochelgar ond goddefol yw golwg Manod ar buteiniaid, er enghraifft: er bod y cyfeiriad atynt fel 'merched drwg' (53) yn codi amheuon ynglŷn â soffistigeiddrwydd dirnadaeth foesol yr awdur, o leiaf y mae'n ddigon rhyddfrydig i gydnabod anghenion rhywiol rhai o'r milwyr:

> Yr oedd pwnc perthynas y rhywiau yn amlwg iawn mewn gair a gweithred. Ceid ym mhob adran o'r fyddin rai a'u holl fryd ar buteinio b'le bynnag y byddent. I eraill yr oedd bywyd iach y fyddin ac ymarferiadau corff yn ddigon i yrru i ffwrdd bob awydd am ferched. Yr oedd gan eraill wraig neu gariad gartref a'r cof amdani yn ddigon i'w cadw'n ffyddlon; eithr ambell waith âi un o'r rhai hyn i wely'r butain gyda'r esgus,
> ''Rwy'n teimlo'n llawer gwell wedi bod, ac ni ddaw hi byth i wybod.' (155)

Darn gwrthrychol os nad gwyddonol o sgrifennu, gyda llaw, sy'n enghraifft o'r modd y mae'r hanesydd militaraidd yn T. Hughes Jones yn aml yn drech na'r awdur dychmygus sy'n dewis ac yn dethol ei ddefnyddiau. Bron na theimlir bod yr awdur dan reidrwydd i gyfiawnhau ymarweddiad y milwyr hyn, ond ai lle'r nofelydd yw ymddiheuro drostynt drwy eu hamddiffyn? Yr unig wendid corfforol yr ildia Manod iddo yw yfed y rŷm a ddosberthid i'r milwyr; fel arall, nid yw'n smocio ac, yn bendifaddau, nid yw'n cyfathrachu â hwrod. Yn wir, un o'r golygfeydd mwyaf anfwriadol ddoniol yn y nofel yw honno pan sylweddola ei fod yn sefyll mewn rhes yn disgwyl i gael gweld putain ac yntau wedi meddwl mai aros am '[g]yngerdd' (156) yr oedd y milwyr eraill!

Ar y cyfan, pererin mewn anial dir yw Manod sy'n crwydro yma a thraw ond yn cadw yn y diwedd ar y llwybr cul. Derbyniodd gopi o flodeugerdd Bardd y Brenin, Robert Bridges, *The Spirit of Man* (1916), oddi wrth ei brifathro yn Aberystwyth tra oedd yn Caterham, ond ni wnaeth fawr i gynnal ei ysbryd a'r diwedd fu iddo dderbyn cyngor un o'i gyd-filwyr i losgi'r gyfrol.[65] Ond er bod sawl digwyddiad yn ei dro yn taflu dŵr oer ar ei frwdfrydedd ac er mor oriog ac anwadal yw'r bywyd hwnnw, fe gaiff Manod rywfaint o flas ar y bywyd milwrol:

> Ond deuai mwy o raen ar yr ymarfer o ddydd i ddydd nes o'r diwedd i bob aelod o'r sgwad deimlo rhyw falchder mewn symud gyda'i gilydd a rhyw gywilydd oni wneid popeth yn iawn. Yn lle

achwyn a chwyno yn ei lythyrau i Dora aeth Manod i sôn yn fostfawr am y gwahanol ymarferiadau a sôn ychydig am y gwahanol gymeriadau. (64)

Mewn darnau fel hyn llwyddir i gyfleu *esprit de corps* y fyddin. Dro arall fe ysbrydolir Manod: ' "Os marw, marw a'n hwynebe at y gelyn," meddai Manod gan ddechrau teimlo tipyn o frwdfrydedd y corpral.' (110) Try golwg y milwr ar fywyd yn gyfyng a llym: 'Medrent roi eu holl sylw i'w gwisg a'u hymarferiadau oblegid nid oedd unrhyw ofal arall arnynt.' (74) Credu'n ddiwyro yn y balchder milwrol hwn yw'r unig beth sy'n cadw Manod yn ei iawn bwyll:

> Ond fel yr âi'r wythnosau heibio deuai'r ymsythu a'r ymarweddu yn ail natur iddynt; cyn mynd allan i'r pentref gofalent fod eu botymau a'u hesgidiau yn disgleirio, ac fel yr aent allan drwy'r porth i'r stryd hir gyda'u menyg a'u ffyn bach awyddent am weled swyddog er mwyn dangos mor smart y medrent saliwtio. (74)

Mynegir ymdeimlad tebyg gan Robert Graves yntau: 'we all agreed that regimental pride remained the strongest moral force that kept a battalion going as an effective fighting unit; contrasting it particularly with patriotism and religion'.[66] Y cysyniad yma sy'n cadw nihiliaeth draw.

Yn y byd llythrennol a oedd ohoni yn y ffosydd, doedd dim rhaid chwilio'n bell iawn am arwyddion gwacter ystyr. Dyma fyd sy'n dad-ddynoli'r unigolyn, yn llethu'r enaid a'r dychymyg: 'Daethai rhyw syrthni a digalondid dros y milwyr yn yr wythnosau hynny, – rhyw ymdeimlad mai lladd a lladd a fyddai hi nes lladd un ochr i gyd. Âi pob un ymlaen â'i waith fel pe bai'n beiriant, heb syniad yn ei ben na gobaith yn ei galon.' (183) Bryd arall gwêl Manod ac Ifan fintai o Chineaid yn gweithio ar y ffyrdd:

> 'Mae nhw 'mhellach oddi cartre na ni,' ebe Manod.
> 'Ydyn,' ebe Ifan.
> 'Mae nhw'n edrych fel pe baent ar goll, – ddim yn gwybod pam y mae nhw yma.'
> 'Ie, dyna beth sy'n eu gwneud nhw'n wahanol i ni.'

'A wyddon ni ynte?'

' 'Rydych chi'n dweud pethe rhyfedd ambell waith,' ebe Ifan.

(205–6)

Credu yn y fyddin, felly, ond nid credu o reidrwydd yn y rhyfel, sef agwedd a fynegid yn berffaith yng ngeiriau rhwystredig un o rigymau'r milwyr a genid ar alaw 'Auld Lang Syne': 'We're here / Because / We're here / Because / We're here / Because we're here'. Yn ôl John Brophy ac Eric Partridge, arferai'r milwyr ganu'r gân hon yn llawn afiaith: 'Sung with great gusto because – 99 times out of a 100 – the men who sang it had no idea why they were "here", or where "here" was, or how long they would continue at it.'[67] Ac nid ar chwarae bach y cwestiynai'r milwyr bwrpas eu presenoldeb ar goedd: cyfeiria'r cyn-filwr hynaws o Lithfaen, Griffith R. Williams, at achos un Sais a fentrodd awgrymu wrth yr uwchgapten a oedd yn hyfforddi criw ohonynt sut i ddefnyddio'r fidog na allai alw'r Almaenwr yn elyn iddo ac yntau erioed wedi ei weld. O ganlyniad fe'i saethpwyd yn farw gerbron sgwad saethu yn y fan a'r lle: 'Ond y gwir oedd nad oedd gynnon ni ddim syniad am beth roedden ni'n cwffio. Y bobol fawr oedd yn gwybod hynny. Doedden ni'n gwybod un dim; dim ond ein bod ni'n ymladd drostyn nhw.'[68] Nid heb gryn drafferth yr ymaddasa Manod o'r newydd i fywyd sifiliad ar ddiwedd y rhyfel gan mor ganolog a chynhaliol fu'r fyddin yn ei hanes:

Yr oedd galwadau'r rhyfel wedi llywodraethu pawb a phopeth gyhyd, ac yntau gyda hwy, nes teimlo ohono'n awr fod rhywbeth ar goll, teimlo nad oedd bellach nod i gyrchu ato, – yr hen nod wedi mynd heb ddim arall i gymryd ei le. (231)

Yr oedd yn anodd iawn cael penllinyn y bywyd newydd; yr oedd bywyd y fyddin a'i reolau pendant wedi mynd yn rhan ohono, a theimlai'n awr heb na rheol na chanllaw. (234)

A balchder ei gatrawd wedi ei ddrymio i'w isymwybod, tân ar ei groen yw gweld aelodau ohoni yn sefyll 'yn dwr y tu allan i'r orsaf, yn aflêr a direol, a rhai ohonynt yn haerllug wedi datod botymau eu cotiau ac yn gwisgo'u gêr rywsut rywfodd'. (232)

Un o'r pethau yr esgorir arno yng nghwrs y nofel yw golwg fwy cynhwysfawr ar y cysyniad o arwriaeth. Ceir enghraifft o arwriaeth arwynebol reit ar ddechrau'r nofel pan ddyrchefir y dihiryn Wil y Cnwc yn wron dros nos, yn nhyb y sifiliaid gartref, wedi iddo ymuno â'r fyddin. Ar ôl i Ned ennill medal am ei wrhydri'n lladd pum Almaenwr, gofynnir ' "Beth yw'r gwahaniaeth rhwng Military Medal a Victoria Cross?" ' (164) a holir ystyr 'gwroldeb'. Cydnabyddir nad oes a wnelo gwroldeb ddim oll â moesoldeb – ' "[t]ipyn o fwser neu hwrgi" ' (165) oedd Ned, arwr neu beidio. Cyfeirir at gyfwng y gwrthwynebydd cydwybodol: ' "nid wynebu perygl yw'r unig beth sy'n gofyn dewrder, – beth am wynebu gwawd?" ' (165), a hefyd at ddewrder yr anwyliaid gartref sy'n ' "wynebu caledi a dioddef yn ddirwgnach" '. (166) Enghraifft o un o'r rheini yw tad Manod sy'n marw cyn diwedd y rhyfel. Syniad cwbl ddiramant ac ymarferol sy'n aros yn y pen draw: ' "A dweud y gwir i chi, nid dyna'r peth sy'n aros ar fy ngho i, ond cofio am fechgyn yn mentro'u bywyde er mwyn achub rhywun, cofio am y cyfeillgarwch mawr a welais i, cofio am funude dedwydd yng nghanol yr holl anghysur, – dyna'r pethau sy'n aros." ' (228) At y datblygiad meddwl hwn y cyfeiria Bernard Bergonzi yn *Heroes' Twilight* (1965), ei astudiaeth addas ei theitl o lenyddiaeth y rhyfel:

> If we now regard war as, on occasion, still necessary, in the way that abattoirs and operating-theatres are necessary, we do not feel the need to adorn it with the tinsel of a factitious glory. This much we have learnt from the writers of the Great War, who absorbed its shock and employed their art to change a generation's mode of feeling. In the course of doing so, they undermined a whole range of traditional responses: heroism, as a kind of behaviour, might still be possible, but not the rhetoric and gestures of heroism.[69]

Rhamantu'n ddiamgyffred am y rhyfel a wna Tom bach ar ddiwedd y nofel, ond petai llenorion Cymraeg wedi bod yn barotach *en masse* drannoeth y rhyfel i ddadlennu ei wirionedd byddai yntau, pan ddeuai'n ŵr, yn bownd o weld pethau yn eu gwir liwiau.

Ond erbyn 1944 byddai dyn yn disgwyl i nofel am y Rhyfel Byd Cyntaf fod yn fwy na rhybudd a'r trueni ym moelni'r ffeithiau; teg disgwyl sgrifennu creadigol dychmygus ac ar-loesol. Paul Fussell a soniodd am 'stylistic traditionalism' y rhan fwyaf o sgrifennu am y rhyfel, ond cyfeiriai yn bennaf at sgrifenwyr a brofodd y rhyfel ac a sgrifennodd amdano o fewn rhyw ddeg i bymtheng mlynedd i'w ddiwedd.[70] Nofel a sgrifennwyd yn ystod y pedwardegau, wedi'r cyfan, oedd *Amser i Ryfel* a'i hawdur wedi cael cyfle i elwa'n greadigol ar sgrifennu modernaidd yr ugain mlynedd blaenorol, ac eto, gallwn gyfeirio'n reit ddiogel at ei thraddodiadaeth arddulliol hithau. 'Ni chafodd adolygiadau da gan rai adolygwyr, ac ni chydiodd yn y darllenwyr' – dyna fyddai dyfarniad Gwenallt ar *Amser i Ryfel* ymhen blynyddoedd.[71] A llenyddiaeth Gymraeg wedi ei llwgu o gynnyrch fel hyn yn y gorffennol, fe'i croesawyd gan D. Tecwyn Lloyd adeg ei chyhoeddi gyntaf: 'Dyma, hyd y gwn i, y nofel "ryfel" gyntaf i ymddangos yn Gymraeg. Ac wrth hyn golygaf fwy na nofel yn sôn am y rhyfel diwethaf: golygaf nofel sy'n rhoi inni'r rhyfel heb guddio na gorliwio arno.'[72] Er ei fod yn canmol y gwaith fel enghraifft o *reportage*, mynnai W. J. Gruffydd mai 'y stori nofelaidd' oedd 'cadernid yr awdur, ac oherwydd hynny i'r "ail ddosbarth" sydd yng ngwaith creadigol pob llenor mawr y perthyn yr abrawf'.[73] Canmol ei hawdur ar gorn *Sgweier Hafila* (1941), y stori fer hir a enillodd iddo'r Fedal Ryddiaith yn 1940, a wnaeth Saunders Lewis yntau: 'Dawn i ddweud, dawn i ddisgrifio, dawn i ddal a chynnal diddordeb y darllenwr, y maent oll yma. Yr hyn sy dan orchudd yma yw dawn creadigaeth. Dan orchudd, meddaf; canys profodd *Sgweier Hafila* fod gan Mr Hughes Jones honno hefyd.'[74] A gorfodwyd Emyr Jones i gydnabod nad oedd y llyfr yn deilwng o'i awdur: 'Fe wn i'n iawn, petawn i wedi sgrifennu ambell baragraff fel hyn ac wedi'i roi iddo fo, mi fyddai wedi fy nhynnu fi'n grïau.'[75]

Oes, mae yna arwyddion llenor amryddawn yn *Amser i Ryfel* a allai fod wedi sgrifennu nofel amgenach, er bod camp *Sgweier Hafila* yn awgrymu mai ar gynfas llai y rhagorai fel awdur. Yn yr wythfed bennod, er enghraifft, ceisir arwyddo dryswch meddwl Manod drwy gyfrwng sgrifennu llif-yr-ymwybod diatalnod. Dro arall, a'i gwmni'n disgwyl am yr arwydd i fynd dros yr ymyl am y tro cyntaf, awgrymir y math o awyrgylch oedd ohoni drwy gofnodi ymgom cyd-filwr parablus, nerfus wrth ochr Manod bob yn ail â disgrifio'r hyn a ddigwyddai o'i gwmpas ar y pryd:

'. . . 'Roedden ni'n gariadon er yn blant . . .'
Ceisiai Manod ddyfalu am yr ymosodiad am hanner awr wedi chwech ac am ei amcan, ond ni fynnai'r meddwl hynny, a theflid pob dyfaliad yn ôl fel pêl oddi ar bared.

'. . . fe fuasem wedi priodi oni bai am y rhyfel. Yr oedd y lle yn barod . . .'

Yr oedd llawer o fynd a dod ar y ffordd, – negeseuwyr o'r cyfeiriad hwn a'r cyfeiriad arall, – eithr nid oedd a wnelont ond â'r swyddogion; yr oedd y milwyr cyffredin yn dawel yn disgwyl yr amser.
'. . .fe fûm i'n ffyddlon iddi gartre, a ffyddlon yn y fyddin. Nid am na chefais i ddigon o gyfle . . .' (147–8)

Mewn man arall cofnodir sgwrs ar drên rhwng Manod ac amaethwr o Faldwyn a milwr swrth yn siarad yn ffwndrus wrtho'i hun yng nghornel y cerbyd, enghraifft brin mewn rhyddiaith Gymraeg ynglŷn â'r rhyfel o filwr a'i nerfau yn siwrwd yn dioddef o *shell-shock*.

Ar y cyfan, fodd bynnag, nid yw T. Hughes Jones yn torri'r mowld naturiolaidd. Fwy na hynny, fel yr awgrymwyd eisoes, mae'r hanesydd yn aml yn drech na'r nofelydd. A chwarter canrif wedi mynd heibio rhwng diwedd y rhyfel a chyfnod cyhoeddi'r nofel, rhyfeddodd Saunders Lewis at fanylrwydd yr awdur: 'A gadwodd Mr Hughes Jones ddyddiadur y pryd hynny? Ai o gof y sgrifennodd ef y llyfr hwn? Y mae'r stori a edrydd ef yn syn o gywir a manwl, yn fyw ac yn ddiriaethol.'[76] Tystia'i wraig ei fod yn 'dyfynnu o ddyddiaduron a llythyrau oddi wrth ffrindiau pan oedd o'n llunio'i nofel'.[77] Bwydydd, dilladau, tueddiadau gwleidyddol, newyddbethau peirianyddol, cyhoeddiadau'r dydd – y mae'r cyfan yn ychwanegu at ddilysrwydd y nofel fel dogfen hanesyddol. Cynnyrch ' "atgof mewn tawelwch" ' ydyw yn ôl D. Tecwyn Lloyd, ond fe demtir dyn i aralleirio geiriau Wordsworth a honni mai 'emotion recollected in sterility' sydd yma. Er nad yw'r awdur yn amddiffynnol ei agwedd, felly, y mae, serch hynny, yn ymatalgar yn aml. Cyfeirir mewn un man, er enghraifft, at sarjant a geisiodd gyflawni 'rhyw ffieidd-dra' (113) gyda milwr ieuanc gefn nos, ond nid ymhelaethir a gadael i'r olygfa siarad drosti'i hun am agweddau mwy answyddogol y bywyd milwrol. A hwythau'r milwyr yn teithio mewn trên, bu'n rhaid i un o'r cwmni fynd at ochr y cerbyd rywbryd yn y nos a 'chwythwyd ei ddŵr yn ôl i wynebau'r cysgaduriaid gan beri rhegfeydd diddiwedd'. (116) Fan hyn eto, cyflwynir yr olygfa wedi ei photelu a'i diheintio yn hytrach na'i dramateiddio. Mewn mannau allweddol mae'r cofnodwr yn drech na'r artist. Ar y llaw arall, ped arferid y math o wrthrychedd sy'n ddigon i wylltio dyn ar adegau yng nghymeriad Manod, dichon y gellid ateb y 'gwendidau' hyn. Ynglŷn â chyffredinedd y prif gymeriad, onid rhyfel y dyn cyffredin yn anad undyn oedd y Rhyfel Byd Cyntaf? Ynglŷn ag arwynebolrwydd rhywfaint o'r disgrifiadau, onid byd felly oedd ohoni, heb ynddo gyfle i oedi a sylwi yn ystyrlon? Ac ynglŷn â chywair undonog y nofel a'i chyflymder diamrywiaeth, onid undonedd anghreadigol oedd un o amodau byw y milwr?

O ran ansawdd y sgrifennu, uchafbwynt yr holl nofel – a'r emosiynol a'r technegol wedi ymbriodi'n hapus – yw'r drydedd bennod ar ddeg sy'n galon i'r gwaith. Dyma fedydd tân cwmni Manod, sef ei gyrch cyntaf. Y profiad hwn – un mor ddi-droi'n-ôl â cholli diweirdeb – sy'n codi wal ddiadlam rhwng y glasfilwyr a sifiliaid. Y ddefod waed hon y buwyd yn ymbaratoi ar ei chyfer ers tro byd. Yng ngweddill y nofel mae'r naratif ddarbodus ond cyson ei thempo yn rhwystro dyn rhag blasu a theimlo rhai o'r profiadau y cyfeirir atynt. Fan hyn, fe wedda'r dull ffeithiol, cwta i'r dim: tramwywyd ar hyd yr un tirwedd o'r blaen ac ymgyfarwyddwyd â thopograffi'r Ffrynt Orllewinol drwy gyfrwng gweithiau blaenorol fel nad oes ond angen mân arwyddbyst i gadarnhau'r ffordd. Ystyrier y cyfeiriad hwn:

Gwelodd Manod un o'r ceffylau'n cael ei daro gan ddarn o belen, a syrthiodd yn y tresi heb unrhyw sŵn. Yr oedd llawer o gyrff ceffylau ar ochr y ffordd, ac ar bob tu danciau diymadferth wedi syrthio i byllau neu wedi'u dinistrio gan ynnau mawr y gelyn. (144)

Hynny'n unig, cyn symud ymlaen yn ymddangosiadol ddi-hid heb oedi i bwyso a mesur arwyddocâd yr hyn a welwyd. Ond y mae hynny bach yn ddigon a'r cliwiau wedi eu hau, y cyfeiriad at geffylau yn arwydd inni gofio am olygfa hunllefus a styrbiol yn *All Quiet on the Western Front*:

'Wounded horses,' says Kat.
It's unendurable. It is the moaning of the world, it is the martyred creation, wild with anguish, filled with terror, and groaning.

We are pale. Detering stands up. 'God! for God's sake! Shoot them.'
He is a farmer and very fond of horses. It gets under his skin. Then as if deliberately the fire dies down again. The screaming of the beasts becomes louder. One can no longer distinguish whence in this now quiet silvery landscape it comes; ghostly, invisible, it is everywhere, between heaven and earth it rolls on immeasurably. Detering raves and yells out: 'Shoot them! Shoot them, can't you? damn you again!' (46)

Nid annynoliaeth dyn tuag at ei gyd-ddyn oedd yr unig beth a brofwyd yn ystod y rhyfel ond ei anhrugarowgrwydd hefyd tuag at anifeiliaid y maes a roddwyd dan ei ofal, sef agwedd arall ar ei anwarineb. Yn yr un modd, mae cyfeiriad arall cwta – 'Cyn bo hir daethant i goedwig fechan lle'r oedd stormydd y gaeaf a chawodydd tân y gynnau wedi rhwygo'r canghennau' (145) – yn ddigon o awgrym i ddwyn rhai o dirluniau dinistr Paul Nash, cynfasau fel *Wire* (1918) a *Void* (1918) a *We Are Making a New World* (1918), i gof.[78] Unwaith eto yn yr enghraifft hon, cyffyrddiad ysgafnaf y brws yw'r un mwyaf pwerus. Efallai fod y darllenydd yn crefu am fwy mewn mannau eraill yn y nofel, ond daw'r cyfan i fwcl yn y bennod hon a chyfiawnheir y defnydd o brif ddull y nofel – *meiosis* – yn ddiamheuaeth.

Dyna hen ddigon o dystiolaeth fod T. Hughes Jones yn meddu ar yr adnoddau creadigol priodol i addasu ei ddeunydd ar gyfer ei fater – pe bai wedi dymuno gwneud hynny. Ar y llaw arall, efallai'n wir ei bod yn annheg pwyntio bys rhy gyhuddgar at *Amser i Ryfel* am fethu â goresgyn problemau technegol a oedd wedi plagio'r nofel Gymraeg fel *genre* oddi ar ddiwedd y ganrif ddiwethaf. Onid oedd T. Rowland Hughes wrthi'n cael ei ddyrchafu tua'r un pryd am ei nofelau naturiolaidd caeth, yn cael ei urddo'n olynydd i Daniel Owen ac yn waredwr y nofel Gymraeg? Ef mewn gwirionedd oedd Vera Lynn y sifiliaid yng Nghymru a ysgwyddodd y dasg o godi calon a chynnal morâl drwy gyfrwng ei nofelau. Yn y nofelau hynny y deuir o hyd i naws y cyfnod, gweithiau cwrtais, ymatalgar ac amddiffynnol. Sieryd y cyfeiriad a ganlyn at salwch angheuol Crad, o'r nofel a gyhoeddwyd yn yr un flwyddyn ag *Amser i Ryfel*, gyfrolau am agwedd warchodol yr awdur:

Na, paid â dychrynu, ddarllenydd hynaws; oherwydd ni

fwriadaf sôn fawr ddim eto am afiechyd Crad. Dywedaf hyn rhag ofn dy fod yn estyn am dy gadach poced ar ddechrau pennod drist ofnadwy. Ond hyderaf y bydd ei angen arnat, er hynny – i sychu dagrau chwerthin, nid i wylo. Yn unig cofia yn dy ddifyrrwch fod Crad yn wael, yn wael iawn.[79]

Darn fel hwn a ddenodd feirniadaeth Saunders Lewis ar y pryd:

> . . . y mae mynnu cadw'r 'wylo' allan o'r nofel yn gwneud cam â'r darlun o fywyd cymoedd y di-waith. Y mae'r arwriaeth a bwysleisir gan Mr. Hughes yn wir am ddioddefwyr y Deau yn y blynyddoedd blin . . . Ond nid hanes dewrder a chariad a duwioldeb yn gorchfygu pob adfyd yw llawn hanes blynyddoedd y diffyg gwaith . . . y gwir am y dirwasgiad yn Neheudir Cymru yw ei fod . . . wedi dwyn damnedigaeth i ddegau o feibion a merched, ac wedi creu uffern a dibristod am bob dim da yn eneidiau llawer.[80]

Chwarae teg i T. Hughes Jones, er mor ymatalgar yw yntau o bryd i'w gilydd, y mae'n fwy triw i fywyd sy'n gymysg oll i gyd. Ond T. Rowland Hughes oedd biau'r pedwardegau ac er nad oes anachroniaeth ar gyfyl *Amser i Ryfel*, y mae hi'n taro dyn ei bod hi'n anachroniaeth yn ei chrynswth ar y pryd.

Braidd yn esgusodol yw sylwadau John Gwilym Jones am y nofel:

> 'Dwi'n meddwl y gallai Manod ei hun . . . fod wedi cael llawer mwy o'r ymatebiadau cyffrous a berthynai i'r rhyfel, ond mae'n rhaid inni sylweddoli efo'r awdur yma ei fod o'n fentrus iawn yn ei ddydd. Yr oedd ichi sgrifennu 'blydi' a rhyw bethau felly braidd yn fentrus o hyd ar bapur yn 1944 pan gyhoeddwyd y stori yma. 'Roedd o'n fwy mentrus byth ichi ddweud bod 'na *red lamps* a phethau felly i'r bechgyn fynd iddyn nhw. Yr oedd o'n awdur beiddgar iawn yn ei ddydd.[81]

Popeth yn iawn – petai'r dydd hwnnw ddiwedd y dauddegau neu ddechrau'r tridegau: gellid ei lleoli gyda gweithiau herfeiddiol fel 'Atgof' (1924), 'Y Sant' (1928), *Monica* (1930), *Plasau'r Brenin* (1934) a *Cwm Glo* (1935). Yng nghwmni'r rhain, rywsut, y mae *Amser i Ryfel* yn perthyn ac o'i chyhoeddi tua'r un pryd â nhw gellir ei dychmygu'n gwneud tipyn o impact ac yn cynhyrfu'r dyfroedd. Digon posib y byddai yn nhir neb o ran ei hunion destun, ond roedd awduron eraill yn brwydro ar feysydd cyfagos yr un pryd. Ond ai diystyru grym piwritaniaeth y cyfnod a wneir drwy fwrw amheuaeth ar ei beiddgarwch honedig yn ei dydd? Onid urddasolwyd y rhegair 'blydi' gan linell unigol anfarwol *William Jones* yn 1944 – dros ddeng mlynedd ar hugain ar ôl i Eliza Doolittle, ar drothwy'r Rhyfel Byd Cynaf, yn *Pygmalion* (1913) George Bernard Shaw siocio mynychwyr theatrau Lloegr â beiddgarwch cyffelyb? Onid y gwir amdani yw fod *Amser i Ryfel* wedi colli ei chyfle gan fod amgylchiadau wedi ei goddiweddyd? Rhyfel arall oedd yn dwyn y penawdau erbyn 1944, ac enwau newydd fel Auschwitz a Hiroshima yn ychwanegu gwastad digynsail at ddifrodaeth y ganrif. Yng ngŵydd yr anrhaith diweddarach hwn roedd peryg i'r Rhyfel Byd Cyntaf ymddangos fel gornest o'r cynfyd ac iddi beth sifalri. Methodd T. Hughes Jones â dal ar ei gyfle i daro'r camargraff hwnnw yn ei dalcen drwy dynnu duach, cieiddiach darlun o'r rhyfel, darlun llai cymodlon a chall.

Safle unigryw *Amser i Ryfel* o fewn yr astudiaeth hon sy'n esbonio pam y rhoddwyd chwyddwydr mor fanwl arni. Buwyd yn disgwyl mor hir am nofel o'r fath fel nad oes syndod fod y disgwyliadau ynglŷn â hi mor uchel a'r ymateb iddi mor gymysg: diolch byth amdani, ond damia'i hannigonolrwydd! Efallai fod y disgwyliadau hynny'n rhy afreal i unrhyw nofel unigol eu gwireddu. Beth bynnag am hynny, ar ddiwedd yr Ail Ryfel Byd hyd yn oed doedd y Rhyfel Byd Cyntaf ddim eto wedi ei dreulio'n gyflawn mewn nofel Gymraeg. Doedd aruthredd y digwyddiad ddim chwaith wedi codi cwestiynau ynglŷn ag addasrwydd a hanfod ei ddulliau mynegiant wrth drafod y pwnc yn ogystal â'r byd modern a gynrychiolid ganddo. 'Dyna'r syndod', meddai John Rowlands wrth drafod T. Rowland Hughes, 'fod nofelydd o gyfnod yr Ail Ryfel Byd yn gallu bod mor draddodiadol ei agwedd a'i ddull', ac er bod T. Hughes Jones yn fwy goleuedig ei agwedd na'r nofelydd o Lanberis ac yn amrywio rhywfaint ar ei ddulliau naratif, y mae'n anodd peidio â chymhwyso ysbryd y feirniadaeth at *Amser i Ryfel* hithau.[82] Tybiai D. Tecwyn Lloyd yn 1944 mai hi fyddai'r 'ysgub olaf o gnwd y dadrithio ar ôl 1918 ac hefyd y rhagflaenydd i'r cnwd o ddadrithiadau newydd a ddaw eto ar derfyn y rhyfel presennol', ond efallai nad yw'n rhyfedd mai nid felly'n union y bu hi.[83] Er i lenorion adael llonydd i'r pwnc am ryw bymtheng mlynedd, mynd heibio i'r Ail Ryfel Byd a dychwelyd at bwnc y Rhyfel Byd Cyntaf a wnaeth nifer ohonynt yn ystod y chwedegau. Yn wir, i awdur felly, a oedd yn ei glytiau rhwng 1914 a 1918 ac a fu'n filwr yn yr Ail Ryfel Byd, y byddai'r clod yn y pen draw am sgrifennu'r nofel bwysicaf yn Gymraeg am y Rhyfel Byd Cyntaf. Er bod Islwyn Ffowc Elis felly wedi gallu honni yn ddigon hyderus ar ddechrau'r chwedegau, 'o gymharu â llenyddiaeth gwledydd eraill, mae Rhyfel wedi mynd heibio i'r Nofel Gymraeg bron mor llwyr â phetai Cymru'n wlad niwtral' – a chofier mai sôn am ryfel yn gyffredinol a wnâi yn hytrach na'r Rhyfel Byd Cyntaf yn benodol – efallai y byddai'n ofynnol iddo amodi rhyw gymaint ar ei ddatganiad cyn i'r chwedegau fachludo.[84]

Does dim dwywaith amdani: roedd y chwedegau'n gyfnod o gyffro creadigol rhyfeddol gyda golwg ar thema'r Rhyfel Byd Cyntaf. Efallai mai'r arwydd mwyaf cyhoeddus o hynny oedd *War Requiem* (1962) Benjamin Britten:

> The impact of the first performance of the *War Requiem* in Coventry Cathedral on 30 May 1962 could certainly be described as a 'bump'. It was an immediate critical and popular success and seemed to give people something they wanted and *needed* to hear. Coventry Cathedral had been destroyed in an act of wartime aggression, and in rebuilding it Sir Basil Spence had gathered around him a team of great specialists in their different fields: Jacob Epstein, Graham Sutherland and Britten's long-term collaborator John Piper were among them. A musical statement of the first magnitude was called for.[85]

Er gwaetha'r temtasiwn rhesymegol i fynd yn ôl at yr Ail Ryfel Byd a gweithiau beirdd fel Keith Douglas neu Alun Lewis, dyweder, cerddi Wilfred Owen a ysbrydolodd Britten i gyfansoddi – cerddi am ryfel nad oedd ganddo nemor gof plentyn amdano ac yntau wedi ei eni yn 1913. Ac yn ôl Paul Fussell, a oedd yn sgrifennu yn 1975, doedd y cyfansoddwr hwn ddim yn unigryw fel artist yn hyn o beth:

> . . . a striking phenomenon of the last twenty-five years is this obsession with the images and myths of the Great War among novelists and poets too young to have experienced it directly. They have worked it up by purely literary means, means which

necessarily transform the war into a 'subject' and simplify its motifs into myths and figures expressive of the modern existential predicament.[86]

At hynny, y mae ei sylwadau ar nofel Derek Robinson, *Goshawk Squadron* (1971) – nofel am helyntion y llu awyr yn ystod y rhyfel – yn dra pherthnasol i'r drafodaeth bresennol: 'he is at pains to locate fictionally in the Great War the paradigm of that contempt for life, individuality, and privacy, and that facile recourse to violence that have characterized experience in the twentieth century.'[87] Cyfeiria Fussell hefyd at y rhyddid creadigol newydd a ddaeth yn sgil dileu deddfau sensoriaeth:

> . . . it is the virtual disappearance during the sixties and seventies of the concept of prohibitive obscenity, a concept which has acted as a censor on earlier memories of 'war,' that has given the ritual of military memory a new dimension. And that new dimension is capable of revealing for the first time the full obscenity of the Great War.[88]

Fel y mae'n nodi, yr eironi mawr yw hwn: ar yr union adeg pan oedd y dulliau llenyddol i gofio a dehongli'r rhyfel o'r diwedd ar gael ac yn dderbyniol yn gyhoeddus, roedd y rhai a gofiai'r digwyddiadau gwreiddiol yn prysur gilio o'r tir.

Ceir amcan o'r creadigrwydd newydd hwn os cyfeirir at y rhestr gronolegol ddefnyddiol ar ddiwedd astudiaeth Bernard Bergonzi o lenyddiaeth Saesneg y rhyfel; yn ogystal â chyfrolau o gerddi, ffuglen a deunydd cofiannol, cynhwysir trafodaethau beirniadol a hefyd destunau arwyddocaol a droswyd o ieithoedd Ewropeaidd eraill.[89] Yn ddigon rhagweladwy, rhwng 1914 a 1929 y cafwyd y prysurdeb mwyaf a nodir hanner cant ac wyth o destunau; pymtheg eitem a grybwyllir rhwng 1930 a 1939, pump yn unig rhwng 1940 a 1949, ac wyth cofnod ar gyfer 1950 hyd 1959. Fodd bynnag, rhwng 1960 a 1964 yn unig ceir deuddeg eitem, sef bron dwbl yr hyn a gafwyd yn ystod yr ugain mlynedd blaenorol. Ymhlith y gweithiau hyn rhestrir cyfraniadau o bwys gwirioneddol i'r sawl a fyn astudio'r ymateb diwylliannol i'r Rhyfel Byd Cyntaf: nofel John Harris, *Covenant with Death* (1961); drama lwyfan Joan Littlewood, *Oh, What a Lovely War!* (1963), gwaith a addaswyd yn ffilm lwyddiannus dan gyfarwyddyd

Richard Attenborough erbyn 1969; golygiad C. Day Lewis o gerddi Wilfred Owen, *Collected Poems* (1963); dwy gyfrol gofiannol Harold Owen am ei frawd, Wilfred Owen, *Journey From Obscurity* (1963 a 1964), yr ychwanegwyd trydedd gyfrol atynt yn 1965; astudiaeth feirniadol John H. Johnston, *English Poetry of the First World War* (1964). Roedd hi'n 1965 ar arolwg Bergonzi ei hun yn gweld golau dydd, ac os ystyriwn ni'r gyfrol honno yn y cyfri, gellir ychwanegu o leiaf hanner dwsin o destunau eraill arwyddocaol a gyhoeddwyd rhwng canol a diwedd y chwedegau, yn eu plith y ddwy flodeugerdd o gerddi'r rhyfel *Up the Line to Death* (1964) gan Brian Gardner a *Men Who March Away* (1965) gan I. M. Parsons, *The Long Trail: What the British Soldier Sang and Said in the Great War of 1914–18* (1965) a olygwyd gan John Brophy ac Eric Partridge, *Wilfred Owen: Collected Letters* (1967) a olygwyd gan Harold Owen a John Bull, a *The Letters of Rupert Brooke* (1968) a olygwyd gan Geoffrey Keynes. Yn sicr mae lle i ddadlau, ar sail y gweithgaredd hwn, fod yna ddadeni diddordeb yn nhestun a thema'r rhyfel yn ystod y chwedegau.

Yn bwysicach byth o safbwynt yr astudiaeth bresennol, sut siâp oedd ar bethau yng Nghymru? Rhydd y nofelau a ganlyn le pwysig, os amrywiol, i'r rhyfel yn y naratif: *Cynffon o Wellt* (1960) W. Leslie Richards; *Un Nos Ola Leuad* (1961) Caradog Prichard; *Seirff yn Eden* (1963) Gwilym R. Jones; *Bethel* (1965) J. D. Miller; *Gwaed Gwirion* (1965) Emyr Jones; *Tegwch y Bore* (1967) Kate Roberts; *Y Briodas* (1969) Rhydwen Williams, rhan gyntaf y drioleg sy'n cynnwys hefyd *Y Siôl Wen* (1970) a *Dyddiau Dyn* (1973). Ychwaneger at y rhestr hon yr hunangofiannau sy'n manylu, i wahanol raddau, ar gyfnod y rhyfel: W. Jones-Edwards, *Ar Lethrau Ffair Rhos* (1963); Ifan Gruffydd, *Gŵr o Baradwys* (1963) a *Tân yn y Siambar* (1966); E. Beynon Davies, *Ar Orwel Pell* (1965); J. M. Davies, *O Gwmpas Pumlumon* (1966); Lewis Valentine, 'Dyddiadur Milwr' yn *Seren Gomer* (1969–72). Yn ystod yr un cyfnod hefyd y cyhoeddwyd *Breuddwyd Cymro Mewn Dillad Benthyg* (1964) R. R. Williams, hanes yr uned ambiwlans a godwyd o blith myfyrwyr diwinyddol Cymreig; *'Roeddwn i Yno* (1966) a olygwyd gan William Morris, cyfrol o ysgrifau gan amryw ddynion a chanddynt brofiad o ryfeloedd y ganrif hon; *Hedd Wyn* (1969) William Morris; *Heddychwr Mawr Cymru* (1967) a *Seraff yr Efengyl Seml* (1968), cofiant dwy gyfrol

E. H. Griffiths i George M.. Ll. Davies; 'Llenyddiaeth Cyni a Rhyfel, 1914–1939' yn *Ysgrifau Beirniadol IV* (1969) gan D. Tecwyn Lloyd, erthygl sy'n arwyddo'r ymgais gyntaf o bwys i dafoli llenyddiaeth Gymraeg y Rhyfel Byd Cyntaf fel categori unigol. Yma eto, felly, fe geir ychwanegiadau creadigol a thrafodaethol o bwys at lenyddiaeth Gymraeg ynghylch y Rhyfel Byd Cyntaf. A oes modd esbonio ffenomen o'r fath? Ac yntau'n sgrifennu yn 1972, ceisiodd Dafydd Glyn Jones gynnig rheswm am y fflyd o lyfrau atgofion, gan lenorion mawr a mân, a oedd wedi ymddangos yn ystod y deng neu bymtheng mlynedd cyn hynny:

> Yr hyn a welwn ni yma yw cenhedlaeth arbennig iawn o bobl yn deall ac yn teimlo bod yna rai pethau y mae'n rhaid eu cofnodi rwan, onid e fe'u collir am byth. Cenhedlaeth yw hon a welodd fwy o newid yn amodau bywyd na nemor ddim un arall o'i blaen mewn hanes. Hi yw'r genhedlaeth olaf, o bosib am ganrifoedd, y mae Cymraeg nid yn unig yn iaith gyntaf iddi ond hefyd yn brif iaith bywyd. Fe'i ganwyd hi tua diwedd haf hirfelyn y 'Diwylliant Cymraeg', a chafodd weld ei edwiniad . . . yr hyn sy'n rhoi iddyn' nhw nerth fel corff o lenyddiaeth yw eu thema gyson a honno'n thema sydd wedi ei gwreiddio'n ddwfn ym mhrofiad yr awduron, a heb amrywio, yn ei hanfod, o'r naill lyfr i'r llall, sef thema'r newid a barwyd yn y Gymru Gymraeg gan y Rhyfel Byd Cyntaf a'i effeithiau.[90]

Yr oedd amryw o'r awduron un ai bron cyn hyned neu'n hŷn na'r ganrif hon: ganed Lewis Valentine yn 1893, Ifan Gruffydd yn 1896, J. D. Miller yn 1897, Gwilym R. Jones yn 1903, Caradog Prichard yn 1904, Emyr Jones yn 1914, ac W. Leslie Richards a Rhydwen Williams ill dau yn 1916. Llenorion hŷn oedd pob un ohonynt: erbyn diwedd y degawd byddai'r hynaf yn eu plith wedi mynd heibio oed yr addewid a'r ieuengaf ohonynt wedi pasio'r hanner cant. Ac os yw 'dyn wedi troi'r hanner-cant yn [gallu] gweld yn lled glir / Y bobl a'r cynefin a foldiodd ei feddwl e' ', siawns na ellir honni'r un peth am yr ugeinfed ganrif yn ystod degawd pryd y coffawyd hanner can mlynedd oddi ar ddiwedd rhyfel a adawodd farc mor annileadwy ar ei hymwybod. A rhawd y prif gymeriad a'r ganrif ei hun yn cydredeg mewn cynifer o'r gweithiau hyn, boed ffeithiol neu ddychymygus, lleolir y rhyfel o fewn llif naratif hanesyddol y cyfnod. Er bod gan amryw o'r llenorion yma brofiad mwy uniongyrchol o'r Ail Ryfel Byd, drwy ganolbwyntio ar ddigwyddiadau'r Rhyfel Byd Cyntaf fe ddychwelant at wraidd y drwg, tarddle pechod gwreiddiol yr ugeinfed ganrif.

Nodiadau

1 Gw. Lewis Valentine, 'Dyddiadur Milwr', yn John Emyr (gol.), *Lewis Valentine: Dyddiadur Milwr a Gweithiau Eraill* (Llandysul, 1988), 1–81; J. W. Jones, *Cledd, Crefft, Cennad* (Llandysul, 1971); Tom Nefyn-Williams, *Yr Ymchwil* (Dinbych, 1949).

2 'Ffydd yn y Ffosydd: Bywyd a Gwaith y Caplan D. Cynddelw Williams', *Cylchgrawn Llyfrgell Genedlaethol Cymru*, 29 (1, Haf 1995), 98.

3 Dyfnallt, *Myfyrion a Chaneuon Maes y Tân* (Caerfyrddin, 1917).

4 Gw. Gerwyn Wiliams, *Y Rhwyg* (Llandysul, 1993), 114–23.

5 H. M., *Welsh Outlook*, 5 (Gorffennaf 1918), 25.

6 'Maurice Barrès', *Y Faner* (24 Ionawr 1924), 5.

7 'Maurice Barrès', 5.

8 'Maurice Barrès', 5.

9 Saunders Lewis, *Blodeuwedd* (Dinbych, 1948), 26.

10 Bernard Bergonzi, 'Aspects of the *Fin de Siècle*', yn Arthur Pollard (gol.), *The Victorians* (Llundain, 1969; arg. 1970), 368.

11 'Maurice Barrès', 5.

12 Mair Saunders Jones, Ned Thomas a Harri Pritchard Jones (gol.), *Letters to Margaret Gilcriest* (Caerdydd, 1993).

13 Gw. 'Rhufain – Yr Ymweliad Cyntaf', *Y Cymro* (12 Chwefror 1919); 'Ymson yn Athen', *Cymru*, 56 (Mehefin 1919), 184–5. O gofio am Saunders Lewis y traddodiadwr a'r clasurwr a fyddai'n ymchwilio i waith neoglasurwyr Cymraeg y ddeunawfed ganrif ddechrau'r dauddegau (gw. *A School of Welsh Augustans* [Wrecsam, 1924]), ceir paragraff dadlennol yn yr ysgrif am Rufain:

O fyfyrio ar y teimladau hyn a chwilio i'w hystyr, caf mai'r syniad o barhad, a'r cwbl o wareiddiad a ymglyma wrtho, yw'r gwreiddyn iddynt. Ac i fab gwareiddiad ei dreftadaeth gysegredicaf yw'r traddodiad sy'n ddaear i'w fod. Canys dyna'r nod gwahaniaeth rhwng gwar ac anwar, mai ailgychwyn, creu o newydd, a hynny o ddydd i ddydd, o genhedlaeth i genhedlaeth, yw holl ynni'r anwar; ac iddo ef nid yw einioes namyn edau brau a ddarganfu'n syn ei febyd, ac a rwygir o'i ddwylaw cyn iddo o'r bron gau ei ddwrn arno. Diangfa o ddiffrwythlondeb felly yw gwareiddiad, – gwneud gardd i'r bywyd unigol i flodeuo ynddo, fel pan flaguro'r blodeuyn bydd iddo ardal ac amgylchedd, rhyw lecyn gwrteithiedig yn anialwch tr[a]gwyddoldeb. Ymdorri o draddodiad, myned allan o'r ardd a fai hynny.

Rhydd D. Tecwyn Lloyd sylw i'r ddwy ysgrif, ynghyd â'r ddwy ysgrif ryfel, yn ei drafodaeth ar erthyglau Cymraeg cynharaf Saunders Lewis yn *John Saunders Lewis: Y Gyfrol Gyntaf* (Dinbych, 1988), 140–53. Dywedir mewn un man: 'Gwir, y mae S.L. yn dal o hyd yn esthetegwr, yn mwynhau'r profiad o fod yn Rhufain er ei fwyn ei hun, ond fe welid nad hynny'n unig yw ei genadwri. O'r cychwyn, disgrifir yr ymweliad fel math o bererindod yn ôl i ddinas sydd, fel y dywed Auden am daith arall, wedi bod yn disgwyl amdano ers tro.' (141)

14 'Dafydd Nanmor', cyhoeddwyd gyntaf yn *Y Llenor*, 4 (4, Gaeaf 1925), ailarg. yn R. Geraint Gruffydd (gol.), *Meistri'r Canrifoedd* (Caerdydd, 1973), 81.

15 Saunders Lewis, 'Profiad Cymro yn y Fyddin: ii. Ar Ddaear Ffrainc', *Y Cymro* (6 Awst 1919).

16 Bruce Griffiths, 'Saunders Lewis: *Francophile*', *Taliesin*, 83 (Gaeaf 1993), 18: 'Yn ei lythyrau at ei gariad, Margaret Gilcriest, fe soniai S.L. yn aml ei fod yn darllen llawer o nofelau Ffrangeg, ond nid yw'n eu henwi nac yn eu trafod.' Mewn llythyr a anfonodd ddechrau Mawrth 1917 o Ffrainc, dywed Saunders Lewis fel hyn: 'Myself, I do not read anything except fiction and that mostly French as it's easier to get decent French novels than English here', gan ychwanegu heb fawr o frwdfrydedd – sy'n siomi dyn braidd o gofio'r disgrifiad afieithus ohono'n llawcio nofelau Barrès yn ffosydd Loos! – 'but I'm rather fed up with it, and I'd like something stiff in philosophy if I could, – but even then I doubt I could wade into it, – that's the result of brain degenerating into pulp'. Gw. *Letters to Margaret Gilcriest*, 244.

17 *A War Imagined* (Llundain, 1990), 203.

18 Cyfieithiad W. Fitzwater Wray o Henri Barbusse, *Under Fire* (Llundain, arg. 1926; ailarg. 1988), 325.

19 'Llenyddiaeth Cyni a Rhyfel: 1914–1939', *Llên Cyni a Rhyfel a Thrafodion Eraill* (Llandysul, 1987), 30.

20 Samuel Hynes, *A War Imagined*, 423.

21 *Goodbye to All That* (1929; golygiad diwygiedig 1957, arg. Harmondsworth, 1960), 64.

22 *Goodbye to All That*, 64.

23 Dyfynnwyd yn Michael Hurd, *The Ordeal of Ivor Gurney* (Rhydychen, 1984), 72.

24 *The Ordeal of Ivor Gurney*, 73.

25 Wyn Griffith, *Up To Mametz* (Llundain, 1931; arg. 1981), 191.

26 Cyhoeddwyd gyntaf yn *Welsh Outlook*, 6 (Mawrth 1919); ailarg. yn John Richards (gol.), *Wales on the Western Front* (Caerdydd, 1994), 180.

27 Cyhoeddwyd gyntaf yn *The City that Shone: An Autobiography (1895–1922)* (Llundain, 1969); ailarg. yn *Wales on the Western Front*, 198.

28 C. P. Clayton, *The Hungry One* (Llandysul, 1978), 101.

29 Gw. Gerwyn Wiliams, 'Rhyfel y Gymru Arall?' – adolygiad ar *Wales on the Western Front*' yn *Taliesin*, 90 (Haf 1995), 98–100.

30 Gw. Dewi Eirug Davies, *Protest a Thystiolaeth* (Llandysul, 1993), 109–15, sy'n sôn am y gyfres a gyhoeddwyd yn ystod yr Ail Ryfel Byd; a bod yn fanwl gywir, bu dwy gyfres o bamffledi a deuddeg teitl yr un ym mhob cyfres, sef cyfanswm o bedwar teitl ar hugain.

[31] Ben Owen, 'Angor yr Aelwyd', yn J. W. Jones (gol.), *Tystiolaeth Cyn-filwyr*, 'Pamffledi Heddychwyr Cymru', rhif 6 (Ail Gyfres) (Dinbych, d.d.), 18.

[32] 'Trannoeth y Frwydr', *Tystiolaeth Cyn-filwyr*, 5.

[33] 'Efengyl Arall', *Tystiolaeth Cyn-filwyr*, 13.

[34] 'Deffroad', *Tystiolaeth Cyn-filwyr*, 19–20.

[35] Cynan, *Ffarwel Weledig* (Lerpwl, 1946).

[36] 'Monastîr', *Caniadau Cynan* (Llundain, 1927), 45.

[37] Gyda golwg ar hanes David Ellis, bu cryn anghydweld ynglŷn ag arwyddocâd *Ffarwel Weledig*. Fel esboniad ar ei ddiflaniad, 'annhebygol a rhamantus-wyllt' (116) yw'r cyfan yn nhyb Alan Llwyd ac Elwyn Edwards yn *Y Bardd a Gollwyd* (Llandybïe, 1992), dau sy'n ffafrio'r posibilrwydd ei fod wedi gwneud amdano'i hun ar ôl derbyn newydd styrbiol o Gymru. Ond mewn ysgrif sy'n ymateb i'r gyfrol honno, cyflwyna W. R. P. George achos o blaid 'dilysrwydd *Ffarwel Weledig* fel dogfen sydd . . . yn rhoi'r gwir hanes am ddiflaniad David Ellis' (113): 'Ffarwel Weledig', yn Ifor Rees (gol.), *Dŵr o Ffynnon Felin Bach: Cyfrol Dathlu Canmlwyddiant Geni Cynan* (Dinbych, 1995), 113.

[38] T. Hughes Jones, *Amser i Ryfel* (Y Clwb Llyfrau Cymreig, 1944).

[39] D. Gwenallt Jones, yn 'Gwobr yr Academi i Nofel gan Athro: Llyfr y Flwyddyn', *Y Faner* (4 Awst 1966), sef erthygl am ddyfarnu Gwobr Griffith John Williams yr Academi Gymreig i *Gwaed Gwirion*, Emyr Jones. Dylid nodi fod gweddw T. Hughes Jones yn cyflwyno dehongliad gwahanol o bethau:

> 'Roedd o [T. Hughes Jones] wedi cwrdd â Gwenallt yn Aberystwyth un tro. 'Roedd Gwenallt wedi ysgrifennu *Plasau'r Brenin*, ac wedi tynnu'i goes o: 'Well i chi ysgrifennu llyfr ar y rhyfel, gan eich bod chi wedi bod yn y Rhyfel' a dyna sut y bu hi. 'Roedd o'n dechrau ysgrifennu *Amser i Ryfel* (1944) yng nghanol yr Ail Ryfel Mawr diwethaf.

Dyfynnwyd y sylwadau hyn yn yr erthygl 'Thomas Hughes Jones (1895–1966)', yn Ifor Rees (gol.), *Ar Glawr* (Llandybïe, 1983), 104. A hithau'n 1934 ar Enid Hughes Jones, *née* Bumford, yn priodi â'i gŵr, tybed nad fersiwn Gwenallt a ddaw o lygad y ffynnon? Gw. D. Ben Rees, *Cymry Adnabyddus 1952–1972* (Lerpwl a Phontypridd, 1978), 129–31, am fanylion bywgraffyddol ynglŷn â T. Hughes Jones.

[40] Adolygiad ar *Amser i Ryfel*, *Y Faner* (27 Medi 1944), 3.

[41] Gw., er enghraifft, Rosa Maria Bracco, *Merchants of Hope* (Providence a Rhydychen, 1993), 41: 'In the introduction to his *The Soldier's War* [1929], [John] Brophy described as counter-productive the books – especially the German ones – that only spoke of the "monotony and misery" of war: as men were asserting all the time in letters to newspapers and in books, they had enjoyed the war.' Gw. hefyd Stanley Cooperman, *World War I and the American Novel* (Baltimore, 1967), 194, sy'n cyfeirio at un ysgol feirniadol a oedd yn llafar ar ôl y Rhyfel Byd Cyntaf: '. . . warnings that the sheer negativism and

antiwar sentiments were violating both formal totality and literary (as distinguished from political) realism.' Gyda golwg ar nofelau Almaenaidd am y Rhyfel Byd Cyntaf, gwelwyd datblygiad sinistr yn ystod y tridegau: wrth i un o gyn-filwyr y rhyfel, Adolf Hitler, ennill tir yn wleidyddol mynnwyd ailddehongli methiant 1914–18 mewn termau cadarnhaol. Gw. Martin Patrick Anthony Travers, 'German Novels of the First World War and their Ideological Implications 1918–1933' (Traethawd D.Phil. Coleg Gonville a Gaius, Caergrawnt, 1980 / Stuttgart H. D. Heinz, 1982, heb ei gyhoeddi), 277–80:

> From 1930 onwards the call for a more 'positive' assessment of war became increasingly strident . . . The actual historical shape of the evoked war experience now begins to recede into the background, to be used merely as a framework in which the 'real' substance of the war – the values of leadership, duty, sacrifice, etc. – can be brought to the fore.

[42] Erich Maria Remarque, *All Quiet on the Western Front* (1929; cyf. A. W. Wheen, 1929, arg. Llundain, 1987).

[43] 'W. J. Gruffydd, '1914–1918: Yr Ieuainc wrth yr Hen', *Ynys yr Hud a Chaneuon Eraill* (1923; arg. Llandysul, 1963), 44.

[44] T. I. Phillips, a ddyfynnwyd yn Gildas Tibbott (gol.), *Atgof a Storïau Eraill* (Llandysul, 1971), 16.

[45] *Idwal Jones* (Llandysul, 1958), 75–6.

[46] Emyr Jones yn sgwrsio am *Gwaed Gwirion* gyda dosbarth 'Llenyddiaeth Rhyfel' Gerwyn Wiliams yn yr Adran Gymraeg, Prifysgol Cymru, Bangor, 17 Chwefror 1992.

[47] 'Old Soldiers Never Die', yn John Brophy ac Eric Partridge (gol.), *The Long Trail: What the British Soldier Sang and Said in 1914–1918* (Llundain, 1965), 59.

[48] David Rowlands, a ddyfynnir yn *Atgof a Storïau Eraill*, 20.

[49] *Y Beibl,* Pregethwr 3: 1–8 (arg. Llundain, 1980), 668.

[50] 'Rhagymadrodd', yn Alan Llwyd ac Elwyn Edwards (gol.), *Gwaedd y Bechgyn* (Llandybïe, 1989), 41.

[51] J. M. Douglas Pringle, 'Her Privates We', yn W. S. Ramson (gol.), *The Australian Experience* (Canberra, 1974), 122.

[52] 'Problemau Llenorion Cymraeg'; cyhoeddwyd gyntaf yn *Y Faner* (19 Hydref 1949), ailarg. yn David Jenkins (gol.), *Erthyglau ac Ysgrifau Llenyddol Kate Roberts* (Abertawe, 1978), 256–7.

[53] 'Problemau Llenorion Cymraeg', 257.

[54] 'Y Nofel', yn Geraint Bowen (gol.), *Y Traddodiad Rhyddiaith yn yr Ugeinfed Ganrif* (1976, Llandysul), 125.

[55] Rhagymadrodd i argraffiad 1943 o nofel Frederic Manning, *Her Privates We* (1930; arg. Llundain, 1964), ix.

[56] *Hanes Cymru* (Llundain, 1990), 493–4.

[57] Glyn Ashton, 'Y Nofel', *Y Traddodiad Rhyddiaith yn yr Ugeinfed Ganrif*, 124.

[58] Gw. ei sylwadau yn 'Islwyn Ffowc', sgwrs rhyngddo a Delyth George, yn *Barn*, 312 (Ionawr 1989), 15:

Ces i fy nghyhuddo ar ôl cyhoeddi fy nofel gyntaf o fod wedi ceisio ysgrifennu nofel ddwyieithog. Roedd amryw o feirniaid – rhai yr oedd gen i barch mawr atynt fel John Roberts Williams yn Y Cymro a Tegla wrtha i'n bersonol mewn llythyr – yn anhapus iawn ynglŷn â'r datblygiad yma. Fe geisiais i wedyn gyfleu y siarad Saesneg mewn adroddiad trydydd person, ond dydy e ddim yn argyhoeddi'r un fath. Mae Saunders Lewis wedi dangos sut i ysgrifennu drama pan mae'r digwydd i gyd mewn gwlad arall a lle nad oes dim Cymraeg ar ei chyfyl hi o gwbl fel yn Brad a 'Gymerwch Chi Sigaret?. Rydych chi'n ysgrifennu yn Gymraeg ac mae'r gynulleidfa'n derbyn y peth ar unwaith.

[59] Goodbye to All That, 157–8.
[60] Gw. Dafydd Densil Morgan, 'Ffydd yn y Ffosydd . . .', 77–100.
[61] Gw. Frank Richards, Old Soldiers Never Die (1933; arg. Llundain, 1983), 86: 'The old hands of the Battalion admired him very much, and often used to say that when he went he would be put in charge of the largest and finest drinking bar in Hell.'
[62] Dyfynnwyd yn G. D. Roberts, Witness These Letters (Dinbych, 1983), 104.
[63] 'Yr Arwydd', Y Wawr, 3 (Gwanwyn 1916, 2), 46; gw. hefyd Alan Llwyd ac Elwyn Edwards (gol.), Gwaedd y Bechgyn (Llandybïe, 1989), 150.
[64] Gwaedd y Bechgyn, 51.
[65] Gw. D. Tecwyn Lloyd ar Amser i Ryfel yn Y Cymro (20 Hydref 1944), adolygiad ac ynddo ymateb craff i'r olygfa hon o'r nofel.
[66] Goodbye to All That, 157.
[67] The Long Trail, 35.
[68] Griffith R. Williams, Cofio Canrif (Caernarfon, 1990), 63. Yn ôl ymchwil Anthony Babington, yn For the Sake of Example: Capital Courts Martial 1914–1920 (Llundain, 1983; arg. 1985), dienyddiodd y fyddin Brydeinig 346 o ddynion yn ystod y rhyfel. Serch hynny, mae ganddo'r rhybudd defnyddiol hwn:

> With the passage of time the legend and reality of half-secreted happenings become deceptively intermingled. In attempting to investigate what actually occurred at these dawn executions reliance must be placed on the sparse contemporary directives and reports, and on the recorded accounts of eyewitnesses, and purported eyewitnesses, which are inclined to be coloured by emotive embellishment and even, on occasion, by downright fabrication. (56)

[69] Heroes' Twilight (Llundain, 1965), 222.
[70] The Great War and Modern Memory (Rhydychen, 1975), 313.
[71] Y Faner (4 Awst 1966).
[72] Y Cymro (20 Hydref 1944).
[73] Adolygiad ar Amser i Ryfel yn Y Llenor, 24 (1–2, Gwanwyn–Haf 1945), 42.

[74] *Y Faner* (27 Medi 1944). Gw. T. Hughes Jones, *Sgweier Hafila a Storïau Eraill* (Llandybïe, 1941).

[75] Sgwrs am *Gwaed Gwirion*, 17 Chwefror 1992.

[76] *Y Faner* (27 Medi 1944).

[77] Dyfynnwyd yn Ifor Rees (gol.), *Ar Glawr*, 104.

[78] Gw. Richard Cork, *A Bitter Truth: Avant-Garde Art and the Great War* (New Haven a Llundain), 196–203.

[79] T. Rowland Hughes, *William Jones* (Llandysul, 1944), 232.

[80] Dyfynnwyd yn Edward Rees, *Cofiant T. Rowland Hughes* (Llandysul, 1968), 153. Ymddengys fod awdur fel Lewis Jones yn barotach i arddangos drwgeffeithiau dirwasgiad y dauddegau na T. Rowland Hughes; gw., er enghraifft, yr unfed bennod ar ddeg yn *We Live* (Llundain, 1939) lle disgrifir hunanladdiad Ron a Maggie.

[81] Dyfynnwyd yn *Ar Glawr*, 107.

[82] 'T. Rowland Hughes', *Ysgrifau ar y Nofel* (Caerdydd, 1992), 111.

[83] *Y Cymro* (20 Hydref 1944).

[84] 'Thema yn y Nofel Gymraeg', yn Jac L. Williams (gol.), *Pamffledi Llenyddol* (Llandybïe, 1963), 110.

[85] Christopher Palmer, cyflwyniad i recordiad Decca (Llundain, 1963) o Benjamin Britten, *War Requiem*, 7.

[86] *The Great War and Modern Memory*, 321.

[87] *The Great War and Modern Memory*, 322.

[88] *The Great War and Modern Memory*, 334.

[89] Gw. Bernard Bergonzi, *Heroes' Twlilight*, 225–7.

[90] 'Tueddiadau yn ein Llên Ddiweddar', *Y Traethodydd*, 127 (543, Gorffennaf 1972), 172–3.

5

Milwyr, Arwyr a Gwrtharwyr (II)

Yng nghwmni'r ddau hen filwr o gefn gwlad Ceredigion,
W. Jones-Edwards yn *Ar Lethrau Ffair Rhos* (1963) a J. M. Davies
yn *O Gwmpas Pumlumon* (1966), fe brofir mor agos y cadwodd y
Cardi arall hwnnw, T. Hughes Jones, at dir ffeithiol yn *Amser i
Ryfel*.[1] Ystyrier, er enghraifft, amgylchiadau ymrestru W. Jones-
Edwards, un na fu 'cyn belled â'r Borth cyn hynny'. (57) Yn Ebrill
1915 cefnodd ben bore ar ei gynefin ym Mhontrhydygroes, lle
gweithiai fel mwynwr, â'i fryd ar gyrraedd y swyddfa recriwtio
yn Aberystwyth; er bod 'yr ysbryd gwladgarol wedi oeri tipyn'
(56) erbyn iddo gyrraedd pen ei daith, fe'i hysbrydolwyd o'r
newydd gan sŵn y band a lliwiau'r lifrai, ac aeth ar ei union i'r
neuadd ddrilio. Er ei wrthod ar dir meddygol, nid dyna
ddiwedd yr hanes:

> Pan oeddwn yn yr orsaf ac ar y trên, dyma glerc y *Recruiting
> Officer* yn dod ataf ac yn dweud iddynt fod mewn cyffyrddiad â
> Major J. Owen James (gynt o Froncastell, Aberystwyth). Yr oedd ef
> â gofal bataliwn o wŷr traed y Gatrawd Gymreig ym Mae Colwyn,
> ac yr oeddent wedi ei berswadio i'm cymryd. Bûm yn ddigon ffôl i
> roi swllt iddo am y gymwynas. (57)

Y fath hygoeledd! Dieithrwch y profiad milwrol i'r Cymry –
dyna a gadarnheir dro ar ôl tro. Olion meddylfryd estron yr
ysgolion bonedd Seisnig a welir ar sylw prin fel hwn gan hunan-
gofiannwr arall o'r chwedegau, E. Beynon Davies, a ddywedodd
am un saethwr Almaenaidd ei fod yn ymddwyn 'yn groes i

bopeth a ystyrir yn *sporty*'.[2] Yng ngeiriau Lewis Valentine, 'Nid chwarae criced yw rhyfel'.[3] Yn achos J. M. Davies, fe'i hesgusodwyd o wasanaeth milwrol yn ystod blynyddoedd cyntaf y rhyfel fel gwas fferm a weithiai ar y tir, ond yn ddiweddarach fe'i galwyd i'r fyddin. Profodd yntau newid byd: dim ond i saethu llwynogod yng nghreigiau Gyfarllwyd ger Pontarfynach y defnyddiasai wn cyn hynny.

Cyfeddyf W. Jones-Edwards fod 'hiraeth bron â'm llethu ac yr oeddwn yn crynu fel deilen pan euthum i'r ffosydd gyntaf' (60), ond bu Cymreigrwydd y Gatrawd Gymreig yn gefn mawr iddo a chyfeiria yn llawen at ei gyfarfyddiadau â Chymry Cymraeg yn y ffosydd. Ond er iddo ymdrechu i gadw cywair ei atgofion yn ysgafn a chanolbwyntio ar wahanol droeon trwstan, mae ambell olygfa yn datgelu'r tristwch sy'n llechu dan yr wyneb. Hanes Jack bach Siencyn o Bontrhydfendigaid, er enghraifft, llanc a ffieiddiai'r rhyfel ac a giliai mewn ofn yn y ffosydd, yng nghwmni'r awdur, i lecyn diogel er mwyn hel atgofion am fro ei febyd. Ar drothwy'r ymosodiad ar Passchendaele daeth Jack at ei gyfaill, yn argyhoeddedig na ddeuai yn ôl o'r cyrch yn fyw, proffwydoliaeth a wireddwyd yn y man:

> Ar fy *leave* nesaf gorchwyl anodd i mi oedd ymweld â'i Fam, Mami Siencyn, un o saint a ffyddloniaid Carmel. Cofiaf amdani'n gwasgu fy llaw tra oedd y dagrau'n llifo lawr ei gruddiau'n ddi-atal. 'Y machgen bach annw'l i,' meddai sawl gwaith. Gynt arferai Mami Siencyn uno, â'r llais peraidd, yn y canu yng Ngharmel, ond ni chofiaf ei chlywed yn canu wedi hyn. Bu fyw am flynyddoedd a chyfarfûm â hi'n aml ond ni wnâi odid ddim ond gwasgu fy llaw a dweud drwy ei dagrau, 'O, 'y machgen bach annw'l i.' (68)

Y mae J. M. Davies, o gymharu, yn debycach i Manod: fe all ymfalchïo yn llwyddiant milwrol ei gatrawd. Yn nhrydedd frwydr Ypres, er enghraifft, 'gorchfygwyd a drylliwyd un o'u catrodau glewaf a balchaf, a Chymry yn bennaf biau'r clod am hynny' (21), ac yna yng Nghefn Pilkem ar 20 Awst 1917 'dangosodd y Cymry wroldeb anhygoel'. (27) Dywed ei fod yn ei chael hi'n anodd credu, o ddwyn y cyfnod i gof, 'fod dyn wedi gallu syrthio i'r fath radd o erchylltra a bwystfileiddiwch ac ar y llaw arall iddo godi i'r entrychion ym myd dewrder a hunanaberth'. (32) Iddo ef, roedd llwyddiant y Cymry'n fater o falchder gwladgarol, ond mae'r paent hwnnw'n gwisgo'n denau weithiau:

Wedi cyrraedd Mametz gwelsom olygfa frawychus, sef dillad y bechgyn a laddwyd neu a glwyfwyd yn y frwydr flaenorol wedi eu gosod ar bennau'i gilydd yn drefnus, – a'r pentwr yn fwy na llawer i das wair. Pan âi'r milwyr ymlaen i'r ffosydd blaen gadawent eu paciau . . . ar ôl nes dychwelyd. Ond y tro hwn nid oedd fawr o'r bechgyn wedi dychwelyd, a'r dillad yn aros fel rhyw gofgolofn uchel iddynt. (20)

Does fawr ddim a all ystyrloni colled felly. Yr un patrwm a ailadroddir, gyda mân amrywiadau, yn hunangofiant W. Jones-Edwards a J. M. Davies: genir dyn – y naill yn 1896 a'r llall yn 1887 – mewn cymuned wledig, Gymraeg ei hiaith a Chymreig ei diwylliant, ar ddiwedd y ganrif ddiwethaf; ceidw'n gaeth o fewn ffiniau ei fro nes dyfod trobwynt y rhyfel; yn gam neu'n gymwys, fe'i denir i ganol y byd mawr a'i demtasiynau lu drwy fynd yn filwr; ar ddiwedd y rhyfel, dychwel i'w hen gynefin, sy'n fwy gwerthfawr byth yn ei olwg ar ôl iddo'i golli, ond hynny, diolch byth, ddim ond dros dro. Daw newidiadau anorfod yn sgil y rhyfel – rhai cymdeithasol a gwleidyddol heb sôn am yr effaith ar fydolwg y traethydd – ond ymdrechir mor galed â phosib i gadw pethau gorau'r byd a fodolai cyn Awst 1914. Y mae'r weithred o gofio yn rhagdybio bod rhywbeth yn werth ei gadw trwy ei gofnodi'n ffurfiol, a phrofa'r cyfrolau hyn ymdrechion eu hawduron i gynnal parhad yr hen fywyd gynt, i ymestyn tenantiaeth y Gymru Fictoraidd i'r ugeinfed ganrif. Brenin y cadwriaethwyr a gorau cyfarwydd yw Ifan Gruffydd.

Fel llyfr a oedd 'yn ddirgelwch ac yn rhyfeddod'[4] y cyfeiriodd Saunders Lewis at *Tân yn y Siambar* (*TS*) (1966), chwaer gyfrol *Gŵr o Baradwys* (*GB*) (1963), cyn mynd yn ei flaen i alw Ifan Gruffydd, yr awdur hynaws o gefn gwlad Môn a aned ar ddiwedd canrif Fictoria, yn 'artist'.[5] A phwy a faidd anghytuno ag ef? 'Ychydig mewn gwirionedd o'r atgofwyr greddfol sy'n llenorion', meddai John Rowlands wrth sôn am ddiwydiant hel atgofion y chwedegau, cyn amodi ei ddatganiad drwy gyhoeddi fod 'Ifan Gruffydd yn un'.[6] Gyda golwg ar yr un ffenomen, barnodd Bobi Jones yntau fod 'rhaid cyfrif mai Ifan Gruffydd a J. G. Williams yw dau o'r goreuon ymhlith yr hunangofianwyr mwyaf craff a hydeiml eu crebwyll yn y Gymraeg'.[7] Doedd geirda Saunders Lewis ddim yn annisgwyl: yn y llythyrau caru rhyngddo a Margaret Gilcriest o gyfnod y rhyfel canmolir gwerinwyr ganddo droeon:[8]

Wouldn't you love to live in a beautiful country among simple, elemental peasant people who saw and believed in the spiritual world as they do in 'The Celtic Twilight'? (59)

I delight to remember I am a peasant. My father's father was a country peasant who could neither read nor write; my mother's father before he became a preacher was a stone-mason, and all my ancestors for hundreds of years have been livers on the soil. I have never had the slightest connection with the commercial and English middle class. (186)

I have had from Boots Synge's *Aran Islands* which I'm reading again; I like immensely his closeness to peasant life, kitchen and inn parlour and peat fires. I wonder if I could be at home as he is in such surroundings . . . (203–4)

The French people are delightful . . . They are kindly people, their houses are poor as you'd expect of peasants, yet bright and clean, and their food is always appetising. (209)

Sylwadau gan sylwebydd allanol yw'r rhain, ffansïol a diamgyffred efallai, ond fel y gwelir o'r ail ddyfyniad, cynrychiolai'r werin Gymraeg ddelfryd o bobl annibynnol nas amhurwyd gan Seisnigrwydd. Onid oedd potensial gwleidyddol yn y drefn gymdeithasol hon?

Y mae hanes Ifan Gruffydd yn ddrych o gymdeithas solat, amaethyddol: âi naw o bob deg o'r rhai a oedd yn yr ysgol ag ef ddechrau'r ganrif i weithio ar ffermydd. Gwas bach yn Fferam Paradwys oedd yr awdur pan ddaeth y rhyfel ar ei hald. Gwêl ogoniant yr hyn a fu wrth edrych yn ôl wysg ei gefn:

> . . . aeth llawer iawn o swyn a diddanwch bywyd cefn gwlad ar goll yn sgil y newid mawr sydd wedi bod ar yr hen ffordd Gymreig o fyw. Wrth chwilio ystafelloedd hen atgofion a chael cipolwg, megis, ar yr hen ardal fel yr oedd hi yr adeg honno, daw rhyw awydd cynhyrfus i gerdded fy ngwythiennau am gael troi eto yn yr hen gymdeithas wladaidd Gymreig na fynnai ei llychwino gan ddim estronol. Dyddiau penllanw fy etifeddiaeth ddaearol oedd y rheini cyn gwybod ystyr drain a cherrig garw'r daith oedd o fy mlaen. Dyddiau fy mrogarwch a'm gwladgarwch pur, pan deimlwn fod yn rhaid imi wrth y gymdeithas yr oeddwn yn byw ynddi, a bod yn rhaid i'r gymdeithas honno wrthyf innau. (*GB*, 81)

'Drain a cherrig garw'r daith' o'i flaen yw'r Rhyfel Byd Cyntaf, y rhyfel a ddaw i lygru ei '[f]rogarwch' a'i '[w]ladgarwch pur'. Ni welai ddim o'i le ar y drefn gymdeithasol a oedd ohoni ar fferm ei gyflogaeth:

Perthynai'r meistr i'r dosbarth canol . . . Cadwai o wyth i ddeg o wasanaethyddion – a chyfrif dwy forwyn – a mawr oedd y parch a gawsai gan yr oll ohonynt ar gyfrif ei safle gymdeithasol a'i gyfoeth mawr. A pheth da oedd hynny, mi gredaf, oherwydd fe gaed trefn a disgyblaeth ar bawb a phopeth heb dwrw bach na mawr o ben tymor i ben tymor. (*GB*, 96)

Mab gordderch yr aed â'i fam oddi arno'n ifanc oherwydd ei bod yn dioddef o salwch meddwl oedd yr awdur, cefndir sy'n atgoffa dyn am fagwraeth Caradog Prichard a gwybodaeth sy'n dwysáu'r ymgais yn ei hunangofiant at sefydlogrwydd. Ar ôl cyfnod yn mynd o bared i bost, angora o'r newydd ym Mai 1914 ym Mharadwys:

. . . teimlwn fy hun wedi cael dod adref, megis, a'm helbulon i gyd ar ben . . . Nid oedd gennyf awydd o gwbl am weld y byd a'i bethau ac ni chwenychwn unrhyw swydd arall. Uchelgais fy mywyd oedd dyfod yn grefftwr amaethyddol fel y rhai a edmygwn, a dilyn eu hesiampl mewn moes a chrefydd fel yr awn yn hŷn. (*GB*, 111)

Ond toc, fe ddaw'r rhyfel i'w ansefydlogi, ac fel yn *Un Nos Ola Leuad*, try ei ansefydlogrwydd personol yn symbol o ansefydlogrwydd ar wastad mwy.

Y mae'r darlun a dynnir o effaith y rhyfel ar drigolion sy'n byw ym mhen pella'r deyrnas, gannoedd o filltiroedd oddi wrth ganolfan llywodraethu'r wladwriaeth, ymhlith rhai mwyaf cofiadwy'r gyfrol:

. . . pan ddechreuodd y rhyfel aeth y rhai oedd yn medru darllen y papur Saesneg i sôn eu bod yn debyg o bresio, a chododd hynny ofn ar lawer. Tyrrai'r cymdogion at ei gilydd i holi am y newyddion diweddaraf, ac meddai Betsan Huws, Fron Goch, un diwrnod, 'O! fydd dim rhaid i neb o Langristiolus 'ma fynd ochi.' 'Na fydd wir, gobeithio'r Brenin Mawr', meddai Mari Jôs, Brynengan, gan dynhau'r siôl am ei gwddf. 'Wel, na fydd debyg,' medda Huw Huws, 'neu be' ddaw o'r capal os â nhw â'r bobol ifanc i ffwr'.' Na, nid oedd pethau felly i fod i gyffwrdd â ni. Ni fyddai i'r 'hwn a wnaeth ein bro yn heddychol ac a fendithiodd ei phlant o'i mewn', byth ganiatáu hynny. (*GB*, 116)

Cip drwy ffenest amgueddfa ar gymdeithas ddychrynllyd o ddiymgeledd sydd yma, y math o gymdeithas a ddarluniwyd yn *Traed Mewn Cyffion* heb fawr o reolaeth dros ei thynged. O'i gyfarfyddiad cyntaf un gyda'r fyddin, arweinir Ifan Gruffydd ar gyfeiliorn: yng nghwmni'r swyddog recriwtio ar sgwâr Llangefni yr â gyntaf i westy:

> . . . yr oedd yn beth mor ddiarth imi, oblegid fe dynnais fy nghap yn y drws mor barchus â phe bawn yn mynd i'r capel . . . 'Yfa hwnna', a gwelwn lasiad ger fy mron a ffroth gwyn yn rhedeg dros yr ymyl ac i lawr yr ochre. Er i mi deimlo wrth edrych arno mai o ffynnon y diafol y daeth, ni bûm yn ddigon cryf i beidio gwrando ar y perswâd arnaf i'w yfed. Ni chefais lonydd gan fy nghydwybod am amser hir, fel hogyn seiat, am imi erioed lamu dros 'orddrws uffern' a chymryd diod gadarn. (*GB*, 118)

Yn y gwersyll hyfforddi yn Wrecsam yn y man, buan y sylweddola ei gamgymeriad dybryd a chostus. Rhwng chwerthin a chrio y darllenir hanes Ifan Gruffydd yn y fyddin: anodd credu fod ei anwybodaeth o'r Saesneg mor llwyr fel na wyddai fod y swyddog milwrol wedi bod yn galw ei enw ers tair wythnos. Plannu ymdeimlad o israddoldeb yno a wna'r fyddin – cyfeiria at 'fy nylni a'm heiddilwch fel sowldiwr' (*GB*, 123) ar ôl gwneud traed moch o'r saliwtio milwrol – a deffro gwrth-Seisnigrwydd ynddo: 'Gymaint yn well gennyf fuasai ymladd yn erbyn byddin Lloegr nag o'i phlaid!' (*GB*, 122) Ei ddiffyg meistrolaeth o'r iaith fain a barodd iddo golli cyfle i gael ei ryddhau o'r fyddin ar gorn ei aneffeithiolrwydd fel milwr – oherwydd na ddeallai iaith y cynnig. Pwysleisir amherthnasedd y bywyd milwrol i Gymru pan gyfeirir gyntaf at y rhyfel: 'pethau'r Saeson oeddynt a gwaith Lloegr oedd rhyfela, a ninnau i glywed am ei gorchestion.' (*GB*, 115) O bersbectif arall, cyfeiria Saunders Lewis at ymateb petrus trigolion Caernarfon iddo ef yn ei wisg filwrol yn ystod y rhyfel: 'The trouble is my uniform. The Welsh folk hate the dress and feel shy of officers even when they speak Welsh. It's strange how a conquered people are timid of the very show of caste.' (289) Er nad yw'r ddrwgdybiaeth hon tuag at y fyddin a'i Seisnigrwydd estron byth yn cilio'n llwyr yn atgofion Ifan Gruffydd, pan ddaeth y rhyfel i ben fe'i temtiwyd i ennill ei fywoliaeth yn y fyddin: 'Nid Cymro swil, ofn ei gysgod, oeddwn i mwyach, ond y Sergeant Major hunan-hyderus yn moliannu ffug ogoniant y pethau pell wrth gofio symledd yr hen ardal gynt.' (GB, 147) Ond mynnodd yn y pen draw aros yn driw iddo ef ei hun ac ateb y llais a'i galwai 'yn ôl i erwau'r wlad / I dorri cwys fel cwys dy dad'. (GB, 148)

Ar ôl iddo ddychwelyd i'w hen gynefin, pwysai rhyw annheilyngdod ar ei ysgwyddau: 'Nid oeddwn yn deilwng mwy i fod ymhlith y saint, wedi dilyn y gyfeddach mor hir gan roi fy hunan i bob ymryson.' (GB, 150) Y mae hon yn wythïen a gloddir ymhellach yn *Tân yn y Siambar*: 'Gadewais fro fy mebyd a'i phrydferthwch, bradychais Gymru, bradychais Grist, gan anwybyddu hefyd gynghorion y gweinidog bach.' (TS, 37) Cyfeiria at y cyfnod hwn yn fwy hunanfeirniadol lym nag y gwnaeth yn y gyfrol flaenorol hyd yn oed:

. . . euthum innau'n hyfach ac yn hyfach. Edmygwn wagedd, a cherais sŵn rhegfeydd. Clywais fiwsig pêr yn nhant dirywiad. A hir yn wir y bûm cyn canfod fy anffodion, ac ystyr brwnt fy holl ffaeleddau. (TS, 37–8)

. . . fe fynnai'r hen ysfa i wyro gyda phechaduriaid gael y llaw uchaf arnaf o hyd o bryd i'w gilydd. Bûm innau ar drugaredd gwyntoedd y golledigaeth yn anialwch y gwersylloedd mawr y gŵyr llawer Cymro'n dda amdanynt. (TS, 42)

Efallai mai sylwadau'r un fath â'r rhain sy'n esbonio pam mai fan hyn, ac nid gyda'r drafodaeth ar ddigrifwyr, y gwedda atgofion Ifan Gruffydd orau: dyma'r difrifoldeb oer sy'n rhedeg dan hwyliogrwydd a hunanddifrïo arwynebol ei hanesion am y fyddin. Un feirniadaeth a leisia Saunders Lewis ar *Tân yn y Siambar*: 'Yr unig bennod yn y llyfr y ceir peth moesoli nad yw'n taro'n gwbl ddidwyll yw'r un sy'n adrodd hanes y rhyfel byd cyntaf', ac fe ymdeimlir ag anghyfforddusrwydd gwironeddol y traethydd yng ngeiriad a chywair y ddau ddyfyniad uchod.[9] Peidia'r manylder a'r uniongyrchedd geiriol arferol a siaredir, nid yn gymaint mewn damhegion ond mewn idiom ysgrythurol, gyfeiriadol, ddieithriol. Mewn pennod ddiweddarach sonia'r awdur am ei letchwithdod yn ciniawa gyda phobl fawr, a'r un ymdeimlad, o werinwr yn mygu mewn crys a thei, a geir yn y sgrifennu fan hyn.

Y mae'r awdur yn gymeriad rhy ddiymhongar i roi'r bai ar neb arall am iddo ymrestru: 'nid mynd i feddwl ymladd dros fy ngwlad wnes i ond manteisio ar y cyfle i gael mynd fel rhyw fab afradlon â'm pen yn y gwynt i borthi fy mhendro fy hun.' (*TS*, 39) Gynt roedd trefn urddasol ac ystyrlon i'w chael a honno wedi ei seilio ar berthynas meistr a gwas:

> . . . un o'r cymwysterau pwysicaf i was neu forwyn gŵr bonheddig oedd gwybod eu lle a'u safle, sef parchu eu gwell? Plannwyd hynny ynom o genhedlaeth i genhedlaeth, o dad i fab, o fam i ferch. Pwysleisid cynghorion fel 'Parcha dy well ac mi ddoi ymlaen yn y byd', 'Gwasanaetha dy well ac mi gei barch'. Braint bennaf gweini oedd gweini byddigions . . . (*GB*, 173)

Ffeiriodd hyn yn 1914 am gwmni 'caridyms hen filisia yr oes o'r blaen'. (*TS*, 39) Yn ddigon dadlennol, arwain adran ar ddiwedd ail bennod *Tân yn y Siambar* ynglŷn â'r newidiadau cymdeithasol a welodd drannoeth y rhyfel at drydedd bennod yn sôn am ei hanes yn y fyddin – yn union fel petai Ifan Gruffydd ei hun yn rhannol gyfrifol am y newidiadau hynny. Dyna awgrymu maint ei euogrwydd.

> Dechreuodd y chwalu gyda blynyddoedd y Rhyfel Byd Cyntaf, er fy mod i wedi gadael erbyn hynny. Siomedigaeth fawr oedd dod yn ôl ymhen blynyddoedd, a chael fod y cyfnewidiadau anochel a ddaeth yn nhrefn a bywyd cymdeithas, yn dechrau dweud ar yr hen arferion mewn ardal a phentref, mewn eglwys a chapel . . . Wedi imi ddod adref, cefais fod Ifan Jôs a'r pen blaenor wedi mynd at eu Gwobr, a 'David Rees, gwas Iesu Grist yng Nghapel Mawr', yntau wedi mynd. 'Roedd y Seiat ar ddarfod, a'r 'Penny Reading' wedi peidio â bod. Balchter y berthynas rhwng meistr a gwas wedi mynd, peiriannau wedi ysbeilio'r medelwyr o'u crefft, a dynion yn eu trachwant am y geiniog uchaf, yn anghofio'r berthynas iach oedd rhyngddynt â'i gilydd. (*TS*, 37–8)

Do, fe aed 'O Baradwys i Gehenna' (*GB*, 119) mewn mwy nag un ystyr. Y gofid sy'n pwyso ar Ifan Gruffydd yw ei fod yntau wedi cymryd rhan yn y rhyfel a chwalodd – yn uniongyrchol neu'n anuniongyrchol – ei wynfyd ei hun.

Yr un newid byd a'r dyhead i ddychwelyd i'r gorffennol a ddarluniwyd gan Glynfab yn ei ddull bombastig yn y ddrama *Gloewach Nen*, dim ond fod Ifan Gruffydd yn hawlio gwrandawiad mwy cydymdeimladol. Yn un peth, mae'n adrodd ei hanes mor gelfydd a gafaelgar. Dywedodd Bedwyr Lewis Jones fod yr awdur yn 'fwy creadigol ei ddychymyg na'r atgofianwyr gwerin eraill' ac mai dyna 'pam efallai y mae cynifer o'i gyfoedion yn Sir Fôn yn condemnio'i lyfrau'.[10] Un o'r pethau sy'n llesteirio *Amser i Ryfel* fel nofel yw fod y deunydd croniclaidd yn cael y llaw uchaf yn rhy aml ar y deunydd creadigol; un o'r pethau sy'n dyrchafu *Gŵr o Baradwys* a *Tân yn y Siambr* fel hunangofiannau yw fod y deunydd creadigol yn cael y llaw uchaf mor aml ar y deunydd croniclaidd: 'Ychydig o gofnodi hen arferion sydd gan Ifan Gruffydd; mae'n well ganddo ef ddweud straeon . . . Stori fer yw'r bennod ['Rhyw Noson Loergan'], a chymdogaeth dda yn pwmpio trwy'i gwythiennau hi; enghraifft o'r atgofion yn closio at fyd y nofel.'[11] Beirniadwyd Robert Graves yn yr un modd am ddramateiddio a lliwio'i atgofion yn ormodol, ond mae Paul Fussell yn llygad ei le wrth ddadlau fod y cofiant hefyd yn deip o ffuglen. Ynglŷn â *Goodbye to All That* dywed: 'If it really were a documentary transcription of the actual, it would be worth very little, and would surely not be, as it is, infinitely re-readable. It is valuable just because it is not true in that way.'[12] Yr un creadigrwydd yn union sy'n gosod hunangofiannau'r gŵr o Baradwys ar wahân i enghreifftiau eraill mwy confensiynol o'r *genre*.

Gwerinwr diwylliedig, prin ei addysg, yw Ifan Gruffydd, a does dim sy'n ymwybodol ddeallusol am ei sgrifennu; nid damcaniaethwr mohono ond dyn yn byw ar ei reddfau ac yn dwyn oddi ar ei brofiadau. Er ei fod wedi gwasanaethu mewn cyfundrefn gymdeithasol a chanddi ei hierarchiaeth bendant a'i goblygiadau gwleidyddol, gydag anwyldeb a hiraeth y cyfeiria at yr hen dylwyth elusengar gynt yn hytrach nag unrhyw wrthrychedd beirniadol. Nid gwrthryfelwr mohono: gŵyr ei le. Bron nad yw'n atgoffa dyn o greadigaeth nofelyddol fwy diweddar Kazuo Ishiguro, sef cymeriad Stevens yn *The Remains of the Day* (1989), gwas sy'n mynnu credu yn ddiysgog mai ei le yw cyflawni ei ddyletswydd i'w feistr ac a erys yn anfeirniadol o'r datblygiadau gwleidyddol o'i gwmpas. Achlysurol a phrin yw cyfeiriadau Ifan Gruffydd at wleidyddiaeth:

Pan fydd Cymru ryw ddiwrnod, gobeithio, yn blino ar guro twmpathau ac yn gwneud safiad gwirioneddol dros ei hawliau, a bod eisiau bataliwn o 'Storming Troops', ni wn i am unlle gwell i anfon y 'Recruiting Sergeant' iddo na Thonypandy, oblegid fe wn i na byddai dal arnynt nes llwyddo yn eu hymgyrch. (*GB*, 126)

Ie, rhyw bublicanod o bobol a fynychai'r 'hen le mawr yna' yn Llangefni yn ein golwg, rhai oedd yn ceisio dod i'w brenhiniaeth wrth ymhel â gwleidyddiaeth Seisnig. (*TS*, 124)

Ganed Lewis Valentine, fel Ifan Gruffydd, yn negawd olaf y bedwaredd ganrif ar bymtheg – tair blynedd yn unig oedd rhyngddynt – a hynny mewn cymuned uniaith Gymraeg i bob pwrpas. Gwelodd y ddau newid byd a'r rhyfel oedd y trosiad mwyaf dramatig ohono. Agwedd y ddau tuag at y newid hwnnw yw'r hyn sy'n eu gwahaniaethu oddi wrth ei gilydd: fe'i dehonglir fel bygythiad a dirywiad gan Ifan Gruffydd ond fel her a chyfle gan Lewis Valentine.

Fel yr awgrymwyd eisoes, roedd yna resymau personoliaethol a barodd fod Ifan Gruffydd yn chwennych sicrwydd. Does dim dwywaith chwaith fod amgylchiadau geni Lewis Valentine yn fwy ffafriol na rhai'r gwladwr o Fôn: yn fab i chwarelwr a bregethai ar y Sul, cafodd ei eni a'i fagu yn Llanddulas, Sir Ddinbych yn aelod o deulu lluosog ac ynddo saith o blant:

Yr oedd fy mywyd hyd hynny wedi bod yn wyrth o hyfrydwch – tad a mam o'r anwylaf; brodyr a chwiorydd oedd yn gyfeillion mawr; byw mewn tŷ teg hyfryd wedi ei adeiladu ar lecyn godidog; hen bentref bach annwyl; a phrydferthwch yr ardal yn llesmeiriol. Minnau, oherwydd cyfarwyddyd ac ysbrydiaeth gweinidog o Annibynnwr a ddaeth i fyw i'r pentref o Loegr, wedi cynllunio cwrs fy mywyd, – cwrs addysg ym Mangor, o Fangor i'r Almaen, ac efallai o'r Almaen i Ffrainc, ac o Ffrainc i ble? Bywyd cwbl ddigymylau. Ond dyma'r cwmwl rhyfel hwn.[13]

Yr aelwyd ddiwylliedig hon a'r cwrs addysg ffurfiol sy'n gosod Ifan Gruffydd a Lewis Valentine ar wahân. O ran ei gefndir, efallai y byddai ganddo fwy yn gyffredin â Manod Jones. Yn wir, fel y gwelir yn y man, mae 'Dyddiadur Milwr' yn deffro cymhariaeth gydag *Amser i Ryfel*, er na ddylai hynny ein synnu na'n blino gan mor annelwig yn aml yw'r ffin yn yr astudiaeth hon rhwng y deunydd cofiannol strêt a'r deunydd creadigol diamwys.

I Goleg Prifysgol Gogledd Cymru, Bangor yr aeth Lewis Valentine yn 1913 i ymgymhwyso ar gyfer y weinidogaeth gyda'r Bedyddwyr, ond rhoes y gorau i'w astudiaethau yn 1916 pan ildiodd – a hithau'n ' "argyfwng cydwybod" ' (6) arno – i berswâd ei ddau brifathro ar y pryd a mynd yn filwr. Yn fwy penodol, roedd yn un o dri myfyriwr diwinyddol o Goleg y Bedyddwyr yn y ddinas a ymaelododd â Chwmni Cymraeg o'r Corfflu Meddygol; Cynan oedd un o'r lleill. Tra oedd y cwmni o ryw ddau gant a hanner yn hyfforddi ar dir Prydain, un o ffrindiau pennaf Lewis Valentine oedd David Ellis, gŵr ifanc a raddiodd o Fangor gydag anrhydedd mewn Cymraeg cyn y rhyfel; er i'r awdurdodau milwrol addo cadw'r cwmni hwn ynghyd fe wasgarwyd ei aelodau ar hyd a lled y Ffrynt Orllewinol a'r Ffrynt Ddwyreiniol ac fe wahanwyd y ddau gyfoeswr a oedd ag union bum mis rhwng dyddiad eu geni: aeth y mab fferm o Langwm am Salonica a'i gyfaill o Landdulas am Ffrainc. Byddai'n Ionawr 1919 arno'n ailafael yn ei gwrs addysg ar ôl ei ryddhau o'r fyddin.

Y mae rhai o fanylion yr *identikit* bywgraffyddol a diwylliannol yn gyfarwydd: Seisnigrwydd ei addysg fore a'i chyflyriaeth imperialaidd; y cof plentyn am Ryfel y Boer ar droad y ganrif a'r enw drwg a oedd i swydd y milwr. Gwelsom gyfeiriadau tebyg yn hanes Kate Roberts ac Ifan Gruffydd. Ac yntau'n heddychwr wrth reddf, claear fu sêl filwrol Lewis Valentine o'r cychwyn cyntaf ac fe'i dadrithiwyd yn y fyddin ymhell cyn iddo groesi'r dŵr am Ffrainc. Fel Ifan Gruffydd, byddai euogrwydd ar ei ysgwyddau yntau megis pwn ymhen blynyddoedd:

> Dyddiaduron glaslanc a gredodd gelwydd y gwleidyddion am amcanion y rhyfel, – 'rhyfel i ddibennu rhyfel' a 'rhyfel i ddiogelu hawliau cenhedloedd bychain'. Yn fuan iawn yr argyhoeddwyd y glaslanc hwn yn ei yrfa filwrol nad oes yn y byd hwn gythreuldeb ffieiddiach na rhyfel. Os mynnwch cewch gredu bod cyhoeddi'r dyddiaduron hyn yn gyffes o edifeirwch am fy rhan yn y rhyfel hwnnw, ac yn gais i laesu peth ar f'ymdeimlad o euogrwydd a'm dilynodd byth er hynny. (2)

Ac eto, o gymharu ag Ifan Gruffydd druan na fynnai briodoli'r cyfrifoldeb i neb heblaw amdano ef ei hun, mae Lewis Valentine eisoes yn barotach nag ef i weld bai. Fwy na hynny ac er gwaethaf ei edifeirwch yn y man, ni fu ei brofiadau yn y fyddin yn gwbl ofer: 'Erbyn hyn y mae'n ofid gennyf nad oeddwn yn un o'r gwrthwynebwyr, ond y mae'n rhaid i mi gydnabod hefyd fod y gwersi a ddysgais yn filwr yn y rhyfel ymhlith y gwersi drutaf a ddysgais erioed.' (6) Er bod bwlch o dros hanner can mlynedd rhwng y ddau ddyfyniad yma – y cyntaf o lythyr at ei rieni o'r cyfandir Nadolig 1916 a'r ail o gyfweliad teledu a ddarlledwyd yn 1968 – yr un yw'r byrdwn:

'Collaist,' meddwch, 'flwyddyn werthfawr o'th yrfa golegol, nid oes a'i dyry hi iti drachefn.' Bid gwir hyn, enillais fwy. Gwn o hir dremio i safn angau beth yw'm cyflwr ysbrydol, ac o droi a throsi ymhlith pob math ar ddynion o amryw genhedloedd gwn eu hanghenion. A dyna sydd bwysicaf 'i weinidog da i Iesu Grist', gwybod anghenion dynion. Mil haws fydd pregethu wedi hyn. Pregethais gynt yn erbyn pechod heb wybod beth oedd, ond gwn yn awr canys gwelais ddigon a mwy na digon ohono. Pregethais hefyd ar i ddynion ymddiried yn Nuw heb ymddiried fy hunan, ond gwn yn awr beth yw ymaflyd yn ei law, onid Efe a'm gwaredodd yn y dywyll nos wedi i obaith ffoi. (247)

Gyrrwyd fi i Ffrainc i frwydrau cyntaf y Somme. Yno bechgyn yr East-End, Llundain, oedd fy nghyd-filwyr, y rhan fwyaf ohonynt, – rhegwyr athrylithgar, puteinwyr powld, lladron hy, ac 'adar creim' o bob math, ond dysgais eu hoffi'n fawr, a gwelais nad yw Duw bob amser ddim yn cael ei ffordd ei hun gyda'r gorau o ddynion, na'r diafol yn cael ei ffordd ei hun gyda'r gwaethaf. (257)

Ar y pen hwn ymddengys fod Lewis Valentine yn gwbl gyson a diwyro: nid gwastraff llwyr fu ei gyfnod yn y fyddin.

Yr olwg gyfansawdd a geir ar gymeriad Lewis Valentine o ddarllen 'Dyddiadur Milwr' yw un o ŵr llydan ei ddynoliaeth a Christion mawr ei integriti. Yn sicr, does dim sy'n bietistaidd nac yn sychdduwiol ynglŷn â'r portread. Enghraifft annodwedd-iadol yw sylw hunangyfiawn fel hwn lle cyfeirir at ddarlithoedd a roddwyd i'r milwyr ar lendid personol a chlefydau gwenerol:

Nid oedd neb yn annog y milwyr i ddiweirdeb . . . Diolch am esiampl a hyfforddiant aelwyd Anghydffurfiol lle dyrchefid y rhinweddau Cristnogol. Chwarddded a chwarddo, a gwawdied a wawdio, daeth miloedd o'n bechgyn yn ôl o'r rhyfel hwn yn ddilychwin eu cymeriadau. Yn ôl fy sylwadaeth i yn Ffrainc, y mae'r Saeson yn llawer iawn mwy masweddus na'r Cymry, ac yn arw aflan ac anfoesgar wrth gyfarch merched mewn caffïau a chantinau. (27)

Fe gofir mai fel arall yr oedd hi yn ôl Robert Graves! Pwy bynnag a oedd gywiraf, iachusol o brin yw sylwadau fel hyn sy'n priodoli rhyw foesoldeb uwch i'r Cymry; mwy cyffredin na'r carfanu hwn ar sail cenedl yw cyfeiriadau Lewis Valentine at *camaraderie* cyffredinol y milwyr. Cyfeiria, er enghraifft, at weithredoedd trugarog y Cocnis a oedd yn 'iawn digonol am eu llwon a'u rhegfydd'. (34) Nid oes prinder hiwmor na thynnu coes yn y dyddiadur chwaith: adroddir hanes y traethydd a chriw o'i ffrindiau yn ffugio afiechyd er mwyn cael tridiau o segurdod – hyd nes i'r uwchgapten ddeall eu gêm! Dro arall, bwyta bwyd wedi ei ddwyn yw ei bechod:

Buasai'n llwgfa fawr arnom y dwthwn hwnnw oni buasai am athrylith ladronllyd dau gocni oedd yn gyfrannog o'n pabell. Beth a ddywedai'r moesegwyr wrthym am i ninnau gyfranogi'n ddiolchgar o'u lladradau? Ceir gweld yn y Dyddiadur hwn gymaint a fu fy nyled i'r genedl ffraeth hon o Saeson. (26)

A thua diwedd y rhyfel fe gaethiwyd rhyw hanner dwsin ohonynt am ddeng niwrnod a cholli eu cyflog am bythefnos am iddynt ddianc o'r gwersyll milwrol i gyffiniau Ardal y Llynnoedd. Yn annisgwyl ond yn onest, y mae Lewis Valentine yn llai o sant na Manod Jones, ffactor gref o ran sicrhau nad yw ei atgofion yn dioddef o'r gwastadrwydd tempo a theimlad sy'n mynd yn fwrn ar adegau yn *Amser i Ryfel*.

Yn 'Dyddiadur Milwr' cyflyma'r atgofion a slofi ar yn ail, nodwedd sy'n golygu fod ambell bennod yn craffu'n reit fanwl ar ddigwyddiadau cyfnod byr a phennod arall yn crynhoi prif ddatblygiadau cyfnod hwy. O ganlyniad, cyffyrddiadau bras sydd yn y seithfed bennod – cwmpesir cyfnod o ryw chwe mis rhwng diwedd Rhagfyr 1916 a dechrau Gorffennaf 1917 – o gymharu â'r cywreinwaith yn y bennod ddilynol – creffir ar gyfnod o ddau fis rhwng dechrau Gorffennaf a Medi 1917. Nid yw'r ymdeimlad o undonedd mor gryf fan hyn ag yn nofel T. Hughes Jones, ond fe wna'r argraff oriog ac ansefydlog iawn am ei absenoldeb. Yr un fath gyda thymer deimladol y gwaith: awgrymir eithafion emosiynol Lewis Valentine. Daw'r darn yma ar ddiwedd mis pan gollodd rai o'i gyfeillion agosaf fel nad yw'n syndod ei fod â'i ben yn ei blu: 'Dyddiau o ddiflastod mawr, a chollais flas ac awch ar bopeth. Bore ddoe bûm yn eithaf dreng wrth gyfaill heb achos yn y byd. Rhaid i mi ddodi amgenach disgyblaeth arnaf fy hun.' (52) A chyflea'r darn yma hefyd sioc a ffieidd-dra ar ôl i ddau gyd-filwr a oedd wrth ei ymyl gael eu lladd dan ei drwyn:

O famau Ewrop, pam na ellwch chwi atal y bwystfileiddiwch hwn? Trugaredd â babanau eich bronnau fuasai difodi eu bywydau bach na'u magu ar gyfer y diawlineb hwn. O, yr wyf yn chwerw, chwerw pan feddyliwyf am rai arweinwyr yr Eglwys yng Nghymru a gyhoeddodd fod y rhyfel hwn yn grwsâd dros Gristnogaeth a bywyd gwâr. (58)

'Was it for this the clay grew tall?', holasai Wilfred Owen yn 'Futility', 'O what made fatuous sunbeams toil / To break earth's sleep at all?' Perthyn yr un dyfnder a thaerineb i'r holi fan hyn, sef awgrym o rwystredigaeth bur un a welodd bethau drosto'i hun. Sgrifennu o reng flaen profiad yw peth fel hyn. Dyma'r angerdd a reolwyd ac na ryddhawyd mohono yn *Amser i Ryfel*, sylweddoliad sy'n codi archwaeth ar ddyn am nofel lawer grymusach petai'r awdur wedi dewis ei sgrifennu o safbwynt goddrychol y person cyntaf yn hytrach nag o safbwynt gwrthrychol y trydydd person.

Down i adnabod Lewis Valentine tu chwith allan yn 'Dyddiadur Milwr': yn sicr, nid fersiwn sensoredig o atgofion y gweinidog mawr pan oedd yn llanc mo'r ddogfen. Yn wir, un o gocynnau hitio amlaf y traethydd yw crefydd swyddogol a'i chynrychiolwyr yn y fyddin. Pan yw'n ymadael â'r Rhyl, lle'r ymrestrodd yn Ionawr 1916, a hynny am Sheffield, 'ni wnaeth anogaeth y Parchedig John Williams, Prif Gaplan y Fyddin Gymreig, ond ychwanegu at fy nryswch. Yn wir, o'r funud honno bu gennyf ragfarn yn ei erbyn, a pharhaodd am flynyddoedd'. (9) Cyfeiria yn Ffrainc at bregeth gan gaplan diarth a chwerwodd y milwyr: 'Pregeth ddychrynllyd, ac ni chlywais y fath gabledd gan bregethwr erioed. Gwrandawsom nid ar was i Grist yn cyflwyno neges oedd yn "llosgi o fewn ei fynwes", ond ar swyddog milwrol yn llefaru wrth fodd ei arglwyddi rhyfel.' (56) Cyfeiria mewn man arall at gyfarfod coffa anffurfiol: 'Seiat o deyrngedau cywir a gweddïau dwysion, cyfarfod cynnes, answyddogol a drefnwyd gennym ni ein hunain ac nid gan gaplan na swyddog.' (50) Ymhen ychydig dudalennau daw cyferbyniad anorfod: 'Oedfa oer a dilewyrch, ond beth a ellid ei ddisgwyl o oedfa swyddogol, a gloywi lifrai a llathru botymau, a chyfarth a choethi swyddogion yn rhagymadrodd iddi.' (55) Daw'r esboniad ar agwedd ddirmygus Lewis Valentine tuag at y grefydd swyddogol hon mewn llythyr a anfonodd at ei rieni ar y pryd: 'Nid wyf yn chwennych caplaniaeth – mae egwyddor yn anwylach i mi nag anrhydedd. Sut y gall dynion godi eu llais am Ddatgysylltiad yr Eglwys ac eto aberthu egwyddor datgysylltiad trwy dderbyn caplaniaeth – nis gwn. Yr un yw egwyddor adeg rhyfel a heddwch.' (248) Mwy cyfaddawdol oedd agwedd Cynan, ei gyd-Fedyddiwr o Fangor: yn nodweddiadol efallai o un a ddeuai yn ffasiwn ŵr y sefydliad yn y man, daliodd ar ei gyfle ac fe'i codwyd yn gaplan yn ystod y rhyfel. O ran Lewis Valentine, ildio'i hannibynniaeth i'r wladwriaeth a wnâi crefydd o gydymddwyn â'r awdurdodau milwrol yn y fath fodd: 'Enbyd o wrthgiliad yw i'r Eglwys geisio cyfiawnhau rhyfel, a drud fydd y gost y bydd yn rhaid iddi ei thalu am hynny.' (47)

'Y berthynas rhwng yr ymrwymiad Cristnogol a'r ymrwymiad cenedlaethol yw un o'r themâu pwysicaf sy'n rhedeg drwy waith Lewis Valentine', yn ôl John Emyr, sylw sy'n atgoffa dyn mor anodd yw dosbarthu gwahanol agweddau ar ei fywyd i focsys bach ar wahân.[14] Cyfanrwydd ei weledigaeth a bwysleisiai ef ei hun ar ddiwedd ei oes: 'Cymru baganaidd, Cymru rydd baganaidd, 'does gen i ddim diddordeb ynddi o gwbl. Yr unig Gymru yr wyf fi wedi ei hadnabod, a'r unig Gymru sydd wedi bod i'm tyb i, yw'r Gymru Gristnogol. Onid y genhadaeth Gristnogol a wnaeth Cymru yn genedl ar y cychwyn?'[15] Wrth edrych yn ôl ar y Rhyfel Byd Cyntaf o bellter yr Ail Ryfel Byd, dywedodd fod dau beth wedi gwawrio arno, 'sef na allwn arddel Crist yn Arglwydd a bod yn ddall i'r caethiwed a oedd yn llethu fy nghenedl, ac na allwn gynnig i'm cenedl unrhyw wasanaeth heb i gariad Duw yng Nghrist fod yn rowndwal iddo'.[16] Cymru Gristnogol oedd ei bennaf consýrn pan ddychwelodd o'r fyddin, ac yn hyn o beth hefyd roedd yn ddi-ildio. Fel Ifan Gruffydd, fe'i dyrchafwyd yn swyddog yn fuan yn ei hanes, ac, fel yntau, cymerwyd y swydd oddi arno oherwydd ei aneffeithlonrwydd. Nid bod hyn yn ei boeni o gwbl – i'r gwrthwyneb yn wir:

. . . cytunodd y Cymry yn lled gyffredinol i ymwrthod â phob 'dyrchafiad'. Nid arwydd o hen daeogrwydd ein cenedl oedd yr ymwrthod hwn â swydd, ond arwydd o ddechrau ymglywed o'r newydd â rhywbeth a fygwyd gan gyfundrefn addysg Cymru yn bennaf, – ein cenedligrwydd. Cymry oeddym ni, nid Saeson, a rhyfel Lloegr oedd hwn fel pob rhyfel arall a fu yn Ewrop ers cenedlaethau, a gwanychu gafael ein pobl ar y genedl fyddai effaith y rhyfel hwn hefyd. (14)

'Onid rhywbeth cwislingaidd wedi'r cwbl oedd cymryd swydd ym myddin y Sais?' (*GB*, 137) – sylw tebyg gan Ifan Gruffydd, dim ond bod y cymal olaf yn y dyddiadur milwr yn ychwanegu dimensiwn gwleidyddol lletach at yr ymresymiad. Cynhyrfu Lewis Valentine i daro'n ôl yn erbyn gormes Lloegr a wnaeth ei ymwybod newydd o genedligrwydd, troi'r ymwybod hwnnw'n athroniaeth genedlaetholaidd weithredol.

Yr arwyr mawr ar aelwyd Lewis Valentine oedd y ddau Fedyddiwr a Rhyddfrydwr amlwg, John Clifford a Lloyd George, ond bu'r rhyfel yn gyfrwng iddo ymbellhau oddi wrth ferddwr Edwardaidd ei fagwraeth. Gwelodd yn ymarweddiad amryw swyddogion Saesneg tuag at y Cymry a'r Gwyddelod feicrocosm o draha a siofinistiaeth eu cenedl: 'Tuedd y swyddogion oedd edrych arnom ni'r Cymry fel dynion gwyllt o'r mynydd ac yn hanner gwâr, a thalasom ninnau'r pwyth yn ôl trwy dynnu blew o'u trwyn wrth ofyn cwestiynau wedi eu llunio'n ofalus gennym y noson cynt mewn iaith dra academaidd a dieithr.' (11) Yr oedd unrhyw arwydd o ddiwylliant yn anathema i rai swyddogion twp: erlidiwyd Lewis Valentine gan un ohonynt am ei fod 'wedi derbyn addysg coleg' a'i orfodi i 'gyflawni y tasgau bryntaf, megis carthu tai-bach'. (53) Yn y gwersyll hyfforddi yn Sheffield buan y rhoddwyd un preifat yn ei le wedi iddo gwyno bod ganddo boen yn ei '*abdomen*': 'a defnyddiodd y gair Lladin yn fwriadol er mwyn dangos ei fod yn ŵr o ddiwylliant – atebodd y sarsiant ef yn gwta, "Wel di," meddai, "gorau po gyntaf iti ddysgu mai *bol* sydd gan breifat, a *stumog* sydd gan sarsiant, ond gan swyddog yn unig y mae *abdomen*."' (10) Gwnaed hwyl am ben Manod oherwydd fod ei fam, yn ei balchder, yn mynnu rhoi 'BA' y tu ôl i'w enw ar amlenni ei lythyrau ato. Arwyddion unigolyddiaeth oedd cenedligrwydd gwahanol ac addysg golegol, a rhaid oedd eu dileu. Yn filwr ymladdol, derbyn y drefn hon a wnaeth Manod i bob pwrpas; yn *non-combatant*, gwrthryfela yn ei herbyn er mwyn cadw ei hunaniaeth yn fyw a wnaeth Lewis Valentine.

Yn aml iawn, pan fyddai ar fin colli arno'i hun, âi ati i englyna neu adrodd barddoniaeth yn uchel, ymarferiadau a'i 'cadwodd rhag gwallgofi yng nghanol y gethern uffern oedd o'n hamgylch' (40):

Y Saeson yn f'ysytried yn hanner gwallgof, y mae'n debyg, ond camp eu curo nhw ar wallgofrwydd. Pam y caf gymaint o ing wrth feddwl am Gymru a Chymraeg? Peth go newydd yn fy mhrofiad yw hyn. Y mae rhywbeth wedi digwydd i mi . . . Cyfathrachu â chenhedloedd eraill sydd wedi agor fy llygaid i adnabod Cymru'n iawn am y tro cyntaf, ac y mae ei rhyddid hi mor bwysig â rhyddid Iwerddon. Ond paham nad oes gennym asgwrn cefn y Gwyddel? . . . Duw a roddo nerth i'm penelin i helpu difa gwaseidd-dra fy mhobl, ac a ganiatao fod pethau dewr ac ysblennydd yn digwydd eto yng Nghymru. (42–3)

Bu'r rhyfel yn argyfwng hunaniaeth i Lewis Valentine, argyfwng a ddaeth ag ef adref yn wleidyddol. Digwydd y ddelwedd o garchar yn *Gŵr o Baradwys*: 'Ni chawn wared â'r ymdeimlad mai carcharor oeddwn o hyd' (*GB*, 119), ac fe'i crybwyllir tua dechrau'r dyddiadur hwn: 'Yr oeddym fel caethweision yn talu am yr hualau a'n carcharai.' (10) Yma fe ddatblygir yr ymdeimlad o gaethiwed a chlawstroffobia yn llawn mewn modd sy'n adleisio profiad llythrennol Myrddin Tomos o garchar yn *Plasau'r Brenin* ac yn cael mynegiant drwy'r isymwybod. A'r un yw'r ateb yn y ddau achos i'r broblem.

Rhwng 24 Medi 1916 a 21 Hydref 1917 y bu Lewis Valentine yn Ffrainc; ar ôl ei anafu fe'i hanfonwyd i ysbytai yn Lloegr a gogledd Iwerddon, ac yno daeth i gysylltiad â nythaid o Sinn Feiniaid. Fe'i hysbrydolwyd gan safiad gwrthryfelwyr Pasg 1916: 'O! na fuasai ymhlith y Cymry dipyn o ysbryd didaeogrwydd y Gwyddyl!' (71); fe'i tristawyd gan arweinyddiaeth Lloyd George 'y rhoesom mor hael o'n teyrngarwch iddo gynt' (70); a chadarnhawyd ei egwyddorion: 'Sibrydion yn ein gwersyll ein bod i'n danfon i Ddulyn rhag digwydd helynt yno Sul y Pasg. Penderfynu, os daw gorchymyn, i anufuddhau iddo, doed a ddelo.' (69) Gyda'r geiriau sobreiddiol hyn y daw'r dyddiadur i ben: 'Yr oedd y fawr waredigaeth a gafwyd yn dodi enbyd o gyfrifoldeb arnaf, ac ar bawb a gafodd waredigaeth debyg, – nid nyni mwyach oedd biau'n rhyddid. Ymdynghedais i ddal ar bob cyfle i wrthwynebu rhyfel.' (80–1) Nid geiriau ofer mohonynt: yng ngolygiad John Emyr o waith Lewis Valentine, sy'n dilyn patrwm cronolegol, daw adran ynglŷn â'i weithgaredd gyda Phlaid Cymru yn ystod y dauddegau – ei lywyddiaeth a'i ymgeisyddiaeth seneddol – yn union ar ôl 'Dyddiadur Milwr', ac yn y man 'Beddau'r Byw', hanes ei gyfnod yn Wormwood Scrubs. Fel yr awgrymir gan yr ymrwymiad i heddychiaeth a fynegir yn y frawddeg olaf a ddyfynnir uchod, yn nyddiadur 1916 hyd 1919 y canfyddir man cychwyn y daith a fyddai'n ei arwain yn 1936 i Benyberth. A dyma daro ar wahaniaeth pwyslais yn y modd y dehonglwyd y rhyfel gan awduron Cymraeg a Saesneg, gwahaniaeth a all esbonio'n rhannol pam nad oedd llenorion Cymraeg, yn ôl pob golwg, ar frys i sôn am effeithiau damniol y rhyfel: i lenor fel D. H. Lawrence, cau'r drws a wnaeth y rhyfel ar fethdaliad o Loegr, ond i lenorion fel Kate Roberts a Saunders Lewis a Lewis Valentine, agor y drws drwy gadarnhau drygioni imperialaeth a phrofi'r angen i gael gwared ohoni.

'Nid Llenyddiaeth sydd yma yn yr ystyr ddyneiddiol, ryddfrydol', rhybuddiodd John Rowlands ynglŷn ag *Yma o Hyd*, nofel Angharad Tomos ar ffurf dyddiadur carchar, ac 'nid fel Nofel y dylid ei thrafod'.[17] Tybed na ddylid dweud yr un peth am 'Dyddiadur Milwr'? Wedi'r cyfan, go brin fod dyn mor wleidyddol effro â Lewis Valentine yn anymwybodol o am-gylchiadau'r dydd ddiwedd y chwedegau pan ddechreuodd gyhoeddi'r bywgraffiad hwn yn *Seren Gomer*. O ystyried llwyddiant etholiadol Plaid Cymru yn isetholiad Caerfyrddin yn 1966, Arwisgiad 1969, ac ymyrraeth y fyddin Brydeinig yng ngogledd Iwerddon yn unig, oni fyddai perthnasedd newydd i sylwadau fel y rhain ar y pryd?

> Heddiw, cofiaf mewn dychryn mor aml yw gelynion Cymru, a chofiaf, mewn cywilydd, mor anffyddlon yw ei phlant ei hun iddi. Pa fodd yr aeth y genedl ddewr a bonheddig gynt yn wasaidd a thaeog? . . . Y mae'r Gwyddyl bob amser yn ceisio troi cyfyngder Lloegr yn erfyn i hybu eu rhyddid, a ninnau'n dilyn yn gibddall pan chwibiano Lloegr arnom. Gwn heddiw ym mêr fy esgyrn fod yn rhaid i mi fod byth mwy ynghlwm wrth achos Cymru. (43)
>
> A beth am Gymru? Gobeithio na bydd hi ddim yn ôl o genhadu dros Ymreolaeth wedi i'r rhyfel fynd heibio. Paham y'n cyfrifir ni'n

llai o genedl na'r Gwyddelod a'r Albanwyr? Ein gwaith cyntaf fydd cael gwared o'n Dic Siôn Dafyddion yn y senedd yna. Dim ond E. T. John a Llewelyn Williams sydd yn hidio dim am Gymru. (74)

Yn ogystal â chynnwys cyffes ffydd Lewis Valentine ei hun, ddiwedd y chwedegau roedd y dyddiadur yn ailgadarnhau'r agenda genedlaetholaidd drwy dynnu sylw at gychwyn y daith, yn atgoffa darllenwyr ar y pryd ynghylch purdeb y nod gwreiddiol. Fel y sylwodd Dyfan Roberts wrth baratoi ar gyfer ei sioe lwyfan *Val* ddiwedd yr wythdegau, ' "Mae neges cenedl-aetholdeb ar ei phura' yn Val" '.[18]

Cri o'r galon, felly, oedd 'Dyddiadur Milwr' ar un olwg. Ac eto, bychanu ei bwysigrwydd a wnaem drwy beidio â sylwi hefyd ar ragoriaethau penodol lenyddol gwaith a ddisgrifiwyd gan Gwynfor Evans fel y 'ddogfen lenyddol Gymraeg bwysicaf a gynhyrchwyd gan y rhyfel byd cyntaf'.[19] Fel y'n hatgoffwyd gan John Emyr, wedi'r cyfan, parchai Lewis Valentine y 'traddodiad llenyddol – fel y disgwyliem gan un a fynychodd ddarlithoedd John Morris-Jones'.[20] Dylid oedi, er enghraifft, gyda'r gair 'dyddiadur' i gychwyn:

> Y mae'n amlwg ar unwaith nad dyddiadur yn ystyr arferol y gair yw *Dyddiadur Milwr*, ond yn hytrach gyfres o ysgrifau . . . Y mae'n bwysig inni sylweddoli . . . nad pwyso'n unig ar ei gof eithriadol a wnaeth yr ysgrifwr. Defnyddiodd 'hen bapurach a llythyrau a dyddiaduron' . . .[21]

Sef union ddull T. Hughes Jones pan aeth ati i sgrifennu *Amser i Ryfel*, ffactor sy'n cyfiawnhau ymhellach drafod 'Dyddiadur Milwr' fel gwaith creadigol. Defnyddir ambell sylw gwreiddiol o'r dyddiaduron a gadwodd Lewis Valentine tra oedd yn filwr i brocio'r cof. Fel hyn y mae'n gweithio:

> '. . . Ymunais heddiw â'r R.A.M.C. yn y Rhyl' ydyw'r frawddeg foel yn y Dyddiadur. Dydd o gyffro mawr oedd hwnnw . . . (8).
>
> Trwy gydol y Dyddiaduron hyn y mae gweddïau byrion yn britho'r dalennau. Heddiw wrth ddarllen y rhain caf drafferth i gredu fy mod mor ddefosiynol â hyn y pryd hynny. (34)
>
> Gadael y Dyddiadur yma am dro i sôn am fy nghyfaill Frank Carless y cyfeirir ato uchod. (52)

Nid mater bach o atgynhyrchu ei ddyddiaduron rhyfel mohono, felly, hyd yn oed petai wedi dymuno gwneud hynny gan fod y rhan fwyaf o'r dyddiadur cyntaf drwy gyfrwng y Saesneg a'r ddau arall fwy na heb mewn Cymraeg ar eu hyd; o ganlyniad, bu'n rhaid cyfieithu talpiau o'r dyddlyfr cynharaf. At hyn, cynhwysir yn y cyfanwaith lythyrau a cherddi o'r cyfnod yn ogystal â dyfyniadau sylweddol gan awduron eraill ar ddechrau ambell bennod. Amhosib tynnu ffin eglur rhwng sgrifennu o lygad y ffynnon gan ddyn yn ei ddauddegau a dehongli mewn cyfforddusrwydd diweddarach gan henwr yn ei saithdegau. Y dull hwn sy'n esbonio ambell anachroniaeth, fel y ddau ddyfyniad o 'Eifionydd' Williams Parry, cerdd na chyhoeddwyd mohoni gyntaf tan 1924.[22] Ond fel y dywedwyd eisoes, does dim ôl stumio sylwadau cynnar i ffitio daliadau diweddarach ar y gwaith a rhaid derbyn y cynllun hyblyg a fabwysiadodd Lewis Valentine a'r cyfle a roes i'w ddychymyg.

Arddull uniongyrchol a diflewyn-ar-dafod Emrys ap Iwan (Robert Ambrose Jones), arwr Lewis Valentine a '[Th]ad y Blaid Genedlaethol' (84), chwedl yntau, a ddaw i'r meddwl yn aml wrth ddarllen y dyddiadur. Clywir droeon yr un math o ebychiadau a chwestiynau rhethregol ag a glywyd eisoes mewn darn fel hwn a sgrifennwyd tra ymleddid Rhyfel y Boer, sef yr un cyntaf, ddechrau'r 1880au:

> Nid oes gennyf i ddim parch i Wyddelod o'r fath yma, sydd yn ymwerthu i ryfela rhyfeloedd anghyfiawn Lloegr, yn lle arfer hynny o allu sydd ganddynt i geisio rhyddhau eu gwlad eu hunain oddi wrth iau estronol. O na chodid ail Napoleon, mwy rhydd-frydig na'r cyntaf, i wneud i genhedloedd gormesol dynnu eu crafangau atynt, fel y gallai Cymru, Iwerddon, Bohemia, Poland, yr Aifft, a'r Ind eto godi eu pen! Pa hyd y goddefir i un genedl gadw un arall yn gaeth yn erbyn ei hewyllys? Nid oes dim yn fwy poenus i ddynion cyfan na meddwl eu bod yn aelodau o genedl ddarostyngedig. Gall hanner dynion anghofio eu bod yn gaeth, ie, gallant fyned yn y man i anghredu hynny. Y fath yw dylanwad caethiwed![23]

Nid yn unig y mae'r dyddiadur yn driw i arddull darn fel hwn: y mae hefyd yn driw i'w ysbryd. O fewn y traddodiad hwn o sgrifennu yn erbyn rhyfel y gweithredai Lewis Valentine. Ceir yn aml ganddo hefyd gyffyrddiadau barddonol o ran eu crynoder awgrymog. Y *vignette* hon yn Albert, er enghraifft:

Yr oedd yr eglwys fawr yn sefyll, ond yr oedd y ddelw fawr o Fair Forwyn, a oedd ar ben y twr ar osgo mam gynt yn cyflwyno ei baban i'r nef, bellach, rhag iddi fod yn fantais i'r gelyn i leoli ei dargedau, wedi ei bwrw ar lorwedd nes ei bod yn debyg i fam yn bwrw ei phlentyn i'r llawr. Arswydus o ddameg! (31)

Wrth fynd heibio, dylid sylwi fod darn fel hwn yn dangos annibyniaeth meddwl Lewis Valentine: ni faidd borthi'r grefydd ofergoelus a fynnai lwytho delwau o'r fath ag arwyddocâd ysbrydol. Dro arall mae'r gweld yn ymylu ar y ffuglennol wyddonol: 'Gweld dau ddwsin a mwy o chwiloleuadau yn byseddu'r awyr, ac yn sydyn yn cau am un o awyrennau newydd yr Almaen oedd yn debyg i löyn byw anferth ariannaidd.' (50)

Eto i gyd, fe erys o leiaf un broblem na ddatryswyd mohoni yn yr atgofion, sef y broblem arddull y rhoddodd Gwyn Erfyl ei fys arni wrth adolygu *Dyddiadur Milwr a Gweithiau Eraill*:

Dewisodd Lewis Valentine gadw at yr un arddull lenyddol drwy'r cyfan – yr un yw ei ieithwedd wrth drafod rhyfel, cenedlaetholdeb a diwinyddiaeth . . . mae 'Dyddiadur Milwr' yn codi cwestiwn . . . Mae hi'n arddull ffurfiol ond o gadw at fynegiant felly drwy'r amser, beth bynnag ydy natur ac arwyddocâd y profiad, ei thuedd . . . ydy fy mhellhau a'm himiwneiddio, i raddau, oddi wrth y gwae dirdynnol y bu'r awdur drwyddo.[24]

Onid oes anghydweddoldeb rhwng y mynegiant caboledig ar y naill law a'r pethau di-raen y rhoddir mynegiant iddynt ar y llaw arall? Hynny yw, mater o oreuro gwae. Cyfeiria'r awdur ei hun at amgylchiadau digysur sgrifennu'r cofnodion gwreiddiol: 'Ysgrifennwyd y rhan fwyaf ohonynt mewn baracs a gwersylloedd, ac mewn *dug-outs* a ffosydd a murddunod, yng Ngwlad Belg, yn Ffrainc ac yn Iwerddon' (2), ac mewn llythyr at ei rieni crybwyllodd yr 'Awyrgylch ddigon diawen' (246) a oedd yn Sheffield. Disgrifiodd J. Llewelyn Hughes yntau, myfyriwr a ymunodd â'r un cwmni â Lewis Valentine ond a anfonwyd i Facedonia, amodau byw nad oeddynt yn debyg o sicrhau gwedd orffenedig ar ddim: 'Peidiwch â beirniadu llawer ar y rhigwm. Fel popeth ar "Active Service" dilun ac anghelfydd iawn ydyw . . . Yn iaith y fyddin "improvised" yw popeth, ac y mae cysgod y "rough and ready" ar ein holl weithrediadau.'[25] O ran ei natur, sgrifennu caboledig, ymwybodol lenyddol, yw sgrifennu'r dyddiadur yn ei hanfod; ni rydd y natur honno flas ar realiti amrwd amgylchiadau'r sgrifennu.

Er bod y ddau baragraff a ganlyn wedi eu lleoli y drws nesaf ond un i'w gilydd, ceir dwy olwg ynddynt ar sgrifennu rhyfel Lewis Valentine:

> *Gorffennaf 31*: Am bedwar o'r gloch y bore torrodd yr argae. Cyfarthiadau y gynnau mawr barus yn ddibeidio, chwyrniadau hirllaes y tânbelenni, a'r ddaear yn dirgrynu i gyfeiliant y cannoedd awyrblaniau. Cesig amryliw y môr tân yn ymrowlio, – yr ydym yn uffern, a dyma sioe dân gwyllt y diawliaid i'n difyrru. (49)

> *Awst 4*: Uffern! Uffern! Uffern! Y mawr drugarog Dduw, beth yw dyn? Gwae – gwaed – gwallgofrwydd. Lladd-dy ellyllon! Cannoedd lladdedigion yn y cleidir a'r 'lleufer yn eu llygaid'. Cnawd drylliedig, esgeiriau yn ysgyrion. Atal, Dduw, y dwymyn wallgof, atal boeredd y mallgwn! Boden dirion, a Fred Walker hoffus, a'r Bert Palmer hawdd ei garu, yng nghanol y crugiau cyrff, a minnau'n gorfod rhuthro heibio, a'r weddi a fynnwn yn swmp yn fy nglasog. (49–50)

Fel y mae'n digwydd, dibynnu ar ei gof yn gyfan gwbl a wna Lewis Valentine ar gyfer yr ail gofnod: rhwng 31 Gorffennaf 1917 ac 8 Awst 1917, ni chafwyd yr un cofnod yn ei ddyddiaduron ar y pryd gan ei fod ynghanol prysurdeb un o frwydrau'r Somme. Fel yr esboniodd mewn anerchiad a draddododd yn 1929:

> Fe'n hyrddiwyd i frwydro gyntaf a ffyrnig y Somme – y peth ffyrnicaf a fu yn ystod y rhyfel a chollasom rif enfawr o fechgyn – nid oes gennyf air yn fy nyddiadur am y rhyfel honno – ni chafwyd cyfle i sgrifennu dim, – yr oedd y lladdfa yn erchyll – ac nid oes gennyf gof am dani ond fel rhyw bythefnos o wallgofrwydd dibaid – hyd yn oed heddiw daw rhyw ddyryswch a phendrondod drosof wrth feddwl am y peth.[26]

Ar sail sylwadau Saesneg hefyd y sgrifennwyd cofnod dydd olaf Gorffennaf:

> The colossal bombing is in progress. But for the consciousness of the tragedy attached to it, it would be grand. The huge rolling balls of fire, the many hued flashes of the guns, the whizz of shells, the whirs of many aeroplanes reduce one to a state of coma.

Dyma brofi mai testun sy'n pendilio'n gyfrwys rhwng y cofiannol a'r ffuglennol yw 'Dyddiadur Milwr'.

A delio'n gyntaf â'r ail baragraff uchod, mae'r darn disgrifiadol hwn yn cofnodi teimladau'r adroddwr yn drawiadol ac yn cyfleu'r anhrefn a brofai ar y pryd; mae'r ebychiadau dramatig, yr ymbiliadau diymadferth, a'r brawddegau pytiog nodiadol oll yn cyfrannu at yr agraff a grëir. Ar y llaw arall, mae'r argraff honno y ceisir ei chreu yn un ddigymell – hynny yw, *spontaneous* – ond dofir yr union argraff gan y defnydd bwriadus o gyseinedd ac ailadrodd. Felly hefyd y defnydd meddylgar o gyfeiriadaeth lenyddol. Dros y tudalen, daw'r traddodiad barddol i'r adwy yn llwyddiannus mewn golygfa y cyfeiriwyd ati'n gynharach:

Gweld dau ddwsin a mwy o chwiloleuadau yn byseddu'r awyr, ac yn sydyn yn cau am un o awyrennau newydd yr Almaen oedd yn debyg i löyn byw anferth ariannaidd. Truan y dynged a dyngwyd iddi, amdani hithau hefyd y gellir dywedyd, 'Hi hen, eleni ganed' – chwyrndroi i'r llawr mewn ffrwydrad tanbaid, a diffodd. (50)

Mewn golygfa lai argyfyngus o'r fath – bron nad oes ynddi ryw hamddenoldeb swrreal – mae'r cyfeiriad at ganu Llywarch Hen yn tycio'n iawn a'r gwrthdaro'n gyffrous rhwng y newydd sbon a'r hynafol. Ond mewn golygfa lawn panig, pylu min yr ergyd a wna cyfeiriad at farwnad Owain ab Urien gan Taliesin sy'n cludo'r darllenydd bellter pedair canrif ar ddeg oddi wrth uniongyrchedd byw y sefyllfa. Yng ngeiriau Samuel Hynes, 'To represent the war in the traditional ways was necessarily to *mis*-represent it, to give it meaning, dignity, order, greatness'.[27] Drwg y dyfyniad o stordy llenyddiaeth glasurol yw rhoi rhith urddas ar flerwch y profiad cynhenid. Yn baradocsaidd, mae'r union draddodiad llenyddol a barchwyd gan Lewis Valentine ac a barodd ei fod yn sgrifennwr gwerth gwrando arno, yn yr achos yma o leiaf, yn profi'n rhwystr iddo.

Am yr ail ddyfyniad uchod, llwydda i gyfleu'n llawer mwy byw ymateb enaid artistig sensitif i'r danchwa o'i gwmpas. Gwir mai *façade* yw pob celfyddyd, ond mae'r paragraff hwn yn llwyddo i'n hargyhoeddi dros dro ynglŷn â'i wirionedd. Dychymyg yn gweithio drwy gyfrwng trosiadau a ddatgelir, rhywbeth sy'n dadlennu natur ddigynsail y rhyfel a drafodir ac sy'n profi fod y dulliau realaidd arferol mewn llenyddiaeth mor annigonol â'r ffurfiau cynrychioliadol confensiynol mewn arluniaeth i gyfleu'r newyddfyd hwn. Yn wir, wrth ddarllen y paragraff yma darlun yr artist rhyfel o'r Almaen, Otto Dix, sef *Signal Flare* (1917), a ddaw i'r meddwl, 'one of his most shocking wartime images', yn ôl Richard Cork.[28] Yr un beirniad a gyfeiriodd hefyd at y 'peculiar fusion of modernity and tradition which he, more than any other artist, required in order to expose the bestiality of the battle terrain',[29] sylw y gellir ei gymhwyso at y dyfyniad a grybwyllwyd gynnau bach o ddyddiadur Lewis Valentine sy'n cynnwys cyfeiriad at y canu englynol cynnar.

O gymharu â nofel fel *Lady Chatterley's Lover* (1928) D. H. Lawrence a gyhoeddwyd yn fuan ar ôl y rhyfel neu un fwy diweddar fel *The Shooting Party* (1980) Isobel Colegate, nid ymddengys fod thema'r trawsnewid cymdeithasol yr oedd y rhyfel yn ganolbwynt amseryddol iddo ac yn symbol cataclysmig ohono wedi cyffroi rhyw lawer ar nofelwyr Cymraeg. Addo mwy nag y mae'n ei gyflawni a wna *Sarff yn Eden* (1993) Geraint W. Parry, er enghraifft, yr unig nofel Gymraeg i'w sgrifennu o safbwynt un a fu'n gaplan yn y rhyfel. Yn ôl y broliant:

Nofel yw hon am fywyd gweinidog mewn pentref bychan yng nghefn gwlad Cymru yn y cyfnod rhwng y ddau ryfel byd. Gobaith Alun Morris wrth dderbyn galwad i Abergwerno yw troi cefn ar ei brofiadau erchyll fel caplan yn y fyddin ac ymdaflu i fywyd prysur ond pleserus cymdeithas amaethyddol glòs.[30]

Thema gyffrous, ond gwella o'i glwyfau seicolegol yw hanes y cyn-gaplan a mynd ati i ddatrys mân broblemau lleol. Nofel ddiddan yw hi, ac ni fentrwyd darlunio ynddi'r treialon a wynebodd Anghydffurfiaeth mewn cymdeithas ar newid rhwng y ddau ryfel. Fel y sylwodd un adolygydd, 'Mae'r hanes yn dechrau yn 1919, ychydig fisoedd ar ôl diwedd y Rhyfel Mawr, ond does dim awgrym bod y rhyfel hwnnw, a adawodd graith mor enbyd ar bob cymdogaeth arall ym Mhrydain, wedi cyffwrdd â bywyd yng Nghwm Gwernol o gwbl'.[31] Er mor arwynebol ei ymdriniaeth â'r pwnc, o leiaf roedd Glynfab yn *Gloewach Nen* yn ymwybodol o'r newidiadau cymdeithasol a brysurwyd gan y rhyfel a gorodd Ifan Gruffydd yn hir ar y mater. Ond er mor sylfaenol oedd y newid byd hwn a'i oblygiadau gwleidyddol a chymdeithasol unigryw Gymreig, does dim awgrym ei fod wedi tanio dychymyg awduron ffuglen Gymraeg. Yn 1960, cyhoeddwyd nofel W. Leslie Richards, *Cynffon o Wellt*, nofel a chanddi'r potensial i daclo'r thema gyffrous hon.[32] Ganed y prif gymeriad, Edward Gethin, yn 1890 yn fab i Syr John Gethin ac Emily Freda, deiliaid Plas y Castell Du. Cofnoda'r nofel yn y person cyntaf hynt Edward Gethin gartref yn y plas, yn swyddog yn y fyddin yn ystod y rhyfel, drannoeth y drin yn Llundain, ac yna ar ddiwedd ei oes ac yntau ei hun yn sgweier. Dyma olwg o'r tu mewn i furiau'r plas, felly, ar y boneddigion Cymreig, golwg ar bobl fawr Dorïaidd, filwrol o benllanw Fictoraidd eu ffyniant drwy ddydd eu dadfeiliad graddol yn ystod y ganrif hon. Rhyw fath o *Gŵr o Baradwys* a *Pigau'r Sêr* (1969) o chwith sydd yma: nid yn gymaint Ifan Gruffydd neu J. G. Williams yn tynnu darlun ail-law ond y sgweier ei hun yn cael dweud ei ddweud. Dyna, o leiaf, y posibilrwydd creadigol a wynebai W. Leslie Richards wrth fynd ati i sgrifennu'r nofel hon.

Magwraeth ddigon unig a digariad a gafodd Edward Gethin, ffactor sy'n cyfri'n rhannol am ei olwg unigolyddol, hunanol ar y byd a'i bethau. Dylanwedir arno yn llanc gan syniadau heriol Jos Davies, mab Abi'r meiswn, sy'n mynnu mai ofergoel yw crefydd:

> Os ofergoeliaeth ydoedd deuparth Cristnogaeth, fel y mynnai ef, os rhyw fod annelwig pell ydoedd y Duw a greodd y byd mewn rhyw fodd cyfrin, os hap a damwain ydoedd bywyd, i ba beth yr ymboenwn? Onid gwell fyddai derbyn pob heddiw fel y deuai, gan anghofio ddoe, ac anwybyddu yfory? Onid oedd y meddylwyr gorau (yn ôl Jos) yn cytuno ar bwrpas bywyd, a llawer yn gwadu fod iddo bwrpas o gwbl, onid y peth doethaf, yn wir, yr unig beth synhwyrol, ydoedd cydio'n dynnach yn yr hyn oedd eisoes yn fy nwylo? *Carpe diem* – dyna fyddai'r arwyddair imi mwyach. (50)

Mwynhau ei hun heb gyfri'r gost – dyna'i athroniaeth lywodraethol, ac yn driw iddi hi y gweithredodd pan ddatgelodd un o forynion y plas, Doris, wrtho ei bod yn disgwyl ei blentyn: fe'i llofruddiodd drwy ei gwthio ar amrantiad i'r afon. Toc, daeth y Rhyfel Byd Cyntaf a chyfle iddo ddianc rhag ei orffennol ysgeler. Yn wir, dyna daro ar thema ganolog y nofel ac arwyddocâd ei theitl: yn ôl dihareb Eidalaidd, *Chi ha la códa di paglia ha sempre paura che gli pigli fuoco*, – 'Y mae'r sawl sydd ganddo gynffon o wellt yn ofni beunydd y cydia tân ynddi'. (183) Yn unol â thraddodiad milwrol ei deulu, ymaelododd Gethin ar unwaith â'r Ffiwsilwyr Brenhinol Cymreig. Onid oedd ethos milwriaeth yn nhoriad bogail ei dad?

Swyddog milwrol ydoedd ym mhopeth a wnâi. Disgwyliai ufudd-dod digwestiwn gan bawb, ac yr oedd yn haearnaidd ei ddisgyblaeth ac yn afrywiog ei dymer. Ychydig o sylw a gawn i ganddo pan oeddwn yn faban, er imi ddeall yn ddiweddarach ei fod yn meddwl y byd ohonof fel aer i'r stad ac i'r enw Gethin. Pan ddeuthum i'w adnabod yn well, os adnabod yw'r gair iawn am y berthynas oer, filwrol rhyngom, gwelwn mai dyn i'w osgoi ydoedd ... (19–20)

Dyma gipolwg prin, felly, mewn nofel ddifri ar gyfer oedolion, ar Gymro'n ymuno'n ddibetrus â'r fyddin: 'Nid oedd unrhyw lwybr yn agored i ŵr ieuanc anrhydeddus bellach ond ymuno â'i gymrodyr i wneud ei ran dros yr hyn a elwid yn gyfiawnder a gwareiddiad.' (87) Nid gyda'r parodrwydd digwestiwn hwn yr ymunodd Lewis Valentine nac Ifan Gruffydd, ond go brin y byddai'r swyddog hwn wedi gallu ymuniaethu â'r un o'r ddau Gymro hynny: 'Yr oedd platŵn o Gymry yn fy ngofal, – cymysgedd anystywallt o lowyr De Cymru a llanciau didoriad cefn-gwlad o'r Gogledd. Yr unig beth cysurlawn i mi yn y gybolfa hon o bobl nad oedd gennyf fawr ddim yn gyffredin â hwy ydoedd fod Jos gennyf yn sarjant.' (88) Mae confensiynau'r berthynas meistr-a-gwas a fu rhwng Edward a Jos, bachgen deallus a oedd fymryn hŷn na'r llall, yn parhau yn y fyddin. Buan, serch hynny, y try cwmni teyrngar Jos yn her i'w feistr: pan geisia Capten Edward Gethin orchymyn Sarjant Jos Davies feddw i roi'r gorau i gwffio â'i gyd-filwyr, fe'i gwawdir yn hallt ac awgrymir iddo fod ei was yn gwybod yn iawn mai ef a lofruddiodd Doris gynt. Dyma fwmerang ei orffennol yn bygwth ei wanu. Mae'r gwrthdaro rhwng y ddau gyfaill hefyd yn arwyddo gwrthdaro rhwng gwerin eirwir a bonedd dwyllodrus, y naill yn faterol dlawd ond yn foesol gywir a'r llall yn faterol ffyniannus ond yn foesol bwdr. Wrth iddo lywio hynt ei gymeriadau, dyw rhagfarnau'r awdur yn erbyn pŵer y naill ddosbarth cymdeithasol ac o blaid buddiannau'r llall ddim yn anodd eu synhwyro. Pan gaiff gyfle, a hwythau ill dau mewn cyfyng-gyngor wedi eu cornelu gefn nos yn nhir neb, lleddir Jos gan Edward er mwyn achub ei groen ei hun.

Digwydd cyd-daro â chronoleg y nofel hon a wna'r Rhyfel Byd Cyntaf mewn gwirionedd a synhwyrir nad yn y rhyfel ei hun y mae gwir ddiddordeb yr awdur. Nid oedir yn hir iawn i drin a thrafod ei gymhellion, er enghraifft, ac fel y nododd John Rowlands wrth adolygu'r nofel, fe ymdrinnir yn bur newyddiadurol swta â'r cefndir hanesyddol.[33] Serch hynny, mae rhai o'r disgrifiadau llawn tyndra o antur y brwydro'n argyhoeddi. Yn ogystal, mae holl hunanholi a hunanamheuaeth Edward yn arwyddo'r anffyddiaeth a oedd ar gerdded cyn y rhyfel ac a gadarnhawyd yn arw yn ei sgil. Cafodd Edward gyfle i achub Jos glwyfedig a phwyso a mesur ei 'ddyletswydd':

Yr oedd yn ddyletswydd arnaf i'w ymgeleddu hyd eithaf fy ngallu. Eto gwyddwn yn eigion fy nghalon nad fy nyletswydd a gyfrifai fwyaf, ond yr ofn y cawn fy nal ped esgeuluswn hi . . . Y gwir noeth ydyw nad oeddwn yn ymwybodol o gwbl o ddyletswydd o'r fath. Yr oedd braidd yn eironig mai Jos ei hunan a ddyfnhaodd ynof yr argyhoeddiad mai rhyw fod pell a dihidio ydyw Crëwr hyn o fyd, ac nad oedd cosb yn rhwym o ddilyn pechod. Y peth pwysig i bawb ohonom ydoedd peidio â chael ein dal . . . paham y dylwn boeni am dynged Jos? Ei anlwc ef ydoedd iddo gael ei glwyfo. (115)

Haniaethau diystyr iddo yw dyletswydd a chrefydd, cyfeillgarwch a chariad. Yn y tirlun dinistriol y'i lleolwyd ynddo ar y pryd, gwnâi'r gwacter ystyr a brofai synnwyr rhesymegol iddo.

Effaith y rhyfel arno yw cryfhau ei olwg nihilaidd, fodernaidd, ddiganllaw ar bethau. 'Nid oes neb ohonom yn normal', meddai Lewis Valentine mewn un man yn ei ddyddiadur milwr, 'lledwallgofiaid ydym' (58), sylw y gellid bod wedi ei briodoli yn hawdd i brif gymeriad Cynffon o Wellt. Does dim yn sanctaidd yn ei dyb, a dilysu a dwysáu ei athroniaeth at fyw a wna ei brofiad o ryfel – fe â ati i hel merched yn hedonistaidd a diota yn ddi-hid. Yn wahanol i Ned Beynon T. Hughes Jones a Chocnis Lewis Valentine, does yna'r un bad achub wrth law i gludo'r pechadur hwn i'r lan. Hurtio a wna ei olwg ar fywyd bob gafael a ffarwelia â phob synnwyr:

Ond aethai bywyd yn rhy gyfyng i'r mwyafrif ohonom, ac nid oedd llawer o neb yn gweld gobaith y caem fyth ddychwelyd i'n gwlad yn fyw. Y syniad cyffredinol ydoedd y gallai'r rhyfel barhau am byth! Dyna lle byddai'r ddwy fyddin o fewn ychydig lathenni i'w gilydd yn saethu'n ysbeidiol am weddill y ganrif, ac wedi i ni oll gael ein medi deuai eraill yno i lanw ein lleoedd ac i gario ymlaen â'r gwaith! Y lwc fwyaf y gallai neb ei ragweld na'i ddymuno fyddai cael ei glwyfo'n ddigon difrifol, – colli braich neu goes, – a chael dychwelyd i '*Blighty*'. (91)

Drannoeth y rhyfel, yn 1919 bu farw mam Edward Gethin, yn dilyn cyfnod o wallgofrwydd cynyddol, afiechyd etifeddol o fewn y teulu. Mae hyn eto yn cadarnhau thema fodern y nofel, thema a archwiliwyd mewn sawl nofel Gymraeg arall ddiwedd y pumdegau a dechrau'r chwedegau.

Buan y try Edward ei olygon tuag at Lundain lle'r â i fyw ar ei gyfalaf a mwynhau ei hun. Yno, syrth mewn cariad â Linda, ond daw diwedd melodramatig i'r nofel pan ddateglir bod Linda, drwy gyd-ddigwyddiad Fictoraidd, yn hanner chwaer i Edward. Flynyddoedd ynghynt, roedd athrawes Edward, Miss Phillips, wedi gadael y plas dan gwmwl; erbyn deall, bu Syr John Gethin yn cyboli â hi a beichiogodd; ffrwyth y gyfathrach rhyngddynt oedd Linda. Dod i wybod am y garwriaeth rhwng y ddau Enoc a Susi yma, yn ôl a gasglwn, sy'n sbarduno hunanladdiad Syr John; dychwelodd bwmerang nerthol ei orffennol yntau. Daw Edward, y sgweier newydd, yn ddibriod ac yn ddietifedd, yn ôl i'r plas, ac yno y bu'n byw'n ddiffrwyth ac unig, yn hen lanc weddill ei oes. Fel yn *Y Wisg Sidan* (1939) Elena Puw Morgan, fe welwn yn y cefndir yr hen flas, y canolbwynt cymdeithasol cynhaliol gynt, yn mynd â'i ben iddo, ond ni ddaw'r un Mali deyrngar i'r adwy gyda'i chysur. Etifeddiaeth bwdr fu etifeddiaeth Syr Edward Gethin, ac mae ei ddadfeiliad moesol a chorfforol ef a'i dylwyth yn drosiad o erydiad cymdeithasol ac economaidd dosbarth cyfan.

Darlun o ddosbarth cymdeithasol ar ei wely angau sydd yn *Cynffon o Wellt*, ond fel yr awgrymwyd eisoes, damweiniol mewn gwirionedd yw'r darlun ehangach hwn; cefnlen cyffredinol ydyw i'r ddrama yn enaid terfysglyd Edward Gethin ei hun. Seicolegol rhagor cymdeithasegol yw diddordeb W. Leslie Richards, ac yn hyn o beth mae'n gwbl nodweddiadol o'r nofel Gymraeg. Fel y sylwodd Dafydd Glyn Jones: 'Nid yng ngwneuthuriad a ffurfiant cymdeithas y mae diddordeb pennaf y nofel Gymraeg, ond yn y bersonoliaeth unigol . . . Hen stori'r bererindod ysbrydol, dyma'r thema sydd wedi ei thrafod fwyaf llwyddiannus yn y nofel Gymraeg.'[34] A'r awdur yn ôl ei addefiad ei hun yn '[b]esimst o Gristion',[35] treulir rhannau helaeth o'r nofel yn mynegi amheuaeth gynyddol ac anffyddiaeth derfynol y prif gymeriad:

Am werth yr unigolyn cawswn ddigon o wersi yn y ffosydd. Yno yr oedd gwn yn llawer pwysicach na milwr, fel yr hoffai ambell swyddog ein hatgoffa, ac yn anos i lenwi ei le. Yno nid oedd nemor neb ohonom, ond y mwyaf ofergoelus, yn credu fod a wnelai Duw ddim â ni. Pa fodd y gallai tad trugarog ddioddef yr hyn a welem ni o'n cwmpas bob dydd? Pa dad a fynnai weld ei blant yn cael eu chwythu'n ddrylliau i'r pedwar gwynt? Pa synnwyr ydoedd mewn crefydd i ni, a welai'n cymrodyr yn llusgo'n y llaid a'u hymysgaroedd yn hongian wrthynt, a'u haelodau briwedig yn diferu gwaed? Pwy a feddyliai am enaid anfarwol creadur o ddyn yn gwingo yn ei boenau â hanner ei ymennydd ar wasgar yn y baw? (118–19)

Unigolyn a ymgaledodd yn llwyr ac a fethodd â meirioli ar ôl y rhyfel yw'r mab y plas hwn. Yn wahanol i fab y bwthyn Cynan, methodd â dychwelyd yn llwyddiannus o Lundain ddiberthynas i'w gynefin ac ailadeiladu ei fywyd yn ystyrlon. Yng nghyswllt yr astudiaeth hon, crewyd gwrtharwr pur ac absoliwt.

Un o'r nofelau a ddeilliodd o'r ornest am y Fedal Ryddiaith yn Abertawe yn 1964 yw *Bethel* J. D. Miller,[36] y gystadleuaeth gynhyrchiol ac amrywiol honno y gosodwyd *Ienctid yw 'Mhechod* (1965) John Rowlands yn ail ynddi i *Lleian Llan Llŷr* (1965) Rhiannon Davies Jones. Agwedd ddiddorol ar hanes ei hawdur yw mai ef yw'r unig un a chanddo brofiad milwrol o'r rhyfel, heblaw am T. Hughes Jones, i sgrifennu nofel yn rhannol amdano. Rhwng 1917 a 1918 gwasanaethodd yn yr awyrlu, ond i raddau'n unig y dylanwadodd hynny ar ddeunydd *Bethel* ac, o ganlyniad, un o'r cofnodion prin o brofiad un a welodd y rhyfel o gocpit awyren yw ysgrif W. M. Hughes a gyhoeddwyd yn 'Roeddwn I Yno.[37]

Cymdeithas a godwyd o gwmpas y capel sydd yn *Bethel*: egyr y nofel gyda golygfa ohono'n cael ei fomio yn ystod yr Ail Ryfel Byd, ac felly hefyd y daw i ben. Gwaith retrosbectif, felly, sy'n bwrw golwg yn ôl ar gymdeithas lofaol ddeheuol dros gyfnod o hanner canrif, o ddiwedd y bedwaredd ganrif ar bymtheg hyd ganol y ganrif hon. Yn nannedd pob anhawster, ymdrechir i gadw'r ardd drosiadol yn lân o chwyn: 'Gardd yw Bethel a ninnau'n flodau wedi ein plannu gan Dduw. Mr Lloyd sy'n ein trin a'n tendio a'n meithrin, fe a'r diaconiaid. Rhaid i ni dyfu'n brydferth, yn bur a santaidd ym Methel nes i bobl Trebont ein hadnabod wrth ein sawr, ein bywyd glân.' (20) Y nod yw parhau â thraddodiadau crefyddol unplyg yn absenoldeb hoelion wyth rhinweddol fel Modryb Mali, y fatriarch â'r 'sancteiddrwydd' (24) yn goleuo'i llygaid, a Mr Lloyd y gweinidog. Nid yn unig y daw Mr Jenkins yn fugail newydd ar Fethel y Bedyddwyr ond daw bygythiadau'r ugeinfed ganrif derfysglyd i fygwth y winllan Gristnogol.

Patrwm o'r teulu Cristnogol yw aelwyd Morgan Rees y traethydd, aelwyd ddarbodus, weithgar, a phawb yn talu ei ffordd. Os Morgan sy'n ymgorffori daioni Cristnogol o fewn y nofel yna ei gymheiriad, Rosser Richards, sy'n actio rhan y gŵr drwg. Ac mae'r polareiddio du a gwyn mor amrwd â hynny. Rhybuddir y ddau gan y gweinidog ifanc y profir eu ffydd ryw ddydd: ' " 'Dwn i ddim pa bryd y daw'r prawf i chi ond mae'n siwr o ddod os ydych yn parhau yn awyrgylch Bethel. Fe all ddigwydd y tu allan i'r eglwys fel y genir yr iâr-fach-yr-haf y tu allan i'r ardd. Ond yn yr un ardd mae'r lle gore iddi, ac ym Methel y cewch chi brofi ail-enedigaeth." ' (38) Y rhyfel fydd-ai'r prif faen prawf pan ddeuai, ond yn y cyfamser mae'r gymdeithas, fel Eden cyn y cwymp, yn bictiwr hamddenol o gydweithrediad a harmoni. Er bod glöwr fel John Puw wedi ei ladd yn y pwll, ni chwestiynir fawr ar hyn, dim ond dal ati i gredu a dilyn y patrwm – o briodas i gwrdd gweddi i oedfa a bedydd a thrip ysgol Sul i briodas – a gynlluniwyd gan y capel.

Asgwrn un gynnen gynnar rhwng Morgan a Rosser yw Sibli, merch y mae'r ddau â'u bryd arni. Dyw'r awdur ddim yn hollti blew gyda'i ddelweddaeth: ' "Wyt ti wedi cusanu Sibli, Morgan?" â'i wyneb fel wyneb diawl ynghanol fflamau uffern, gwyn ei lygaid a choch gwlyb ei wefusau satanaidd yng ngolau melyn y lampau.' (76) Mae cyfeiriad anfoesgar Rosser at 'chwarae â'r tethi tyner' (76) y ferch yn gwylltio Morgan yn gacwn ac fe â'n ymrafael rhyngddynt. Ond nid eiddigedd emosiynol sy'n cynhyrfu Morgan egwyddorol yn gymaint ag awydd sifalrïaidd i achub cam 'un mor bur' (77) ac ymhen chwe mis, a'r ddau ynghanol miri'r rhyfel, cyfeddyf Rosser mai celwydd fu'r cwbl: Ond chwarae plant yw'r ffrae bersonol hon o gymharu â'r gyflafan ryngwladol ar y gorwel.

Cyhoedda Dafydd Richards, dyn dros ei hanner cant a thad Rosser, yn y capel ei fod wedi ei benodi'n swyddog recriwtio yn Nhrebont ac yn eu tro anrhegir bechgyn y capel sy'n ymaelodi â'r lluoedd arfog â Thestament Newydd bob un. Ni chodir llais yn erbyn rhan y capel yn yr ymgyrch recriwtio – ond nid nofel sy'n mynd i'r afael ag ystyriaethau felly mohoni. Gwrthodir cais Rosser i ymuno â'r Gatrawd Awyr Frenhinol fel peiriannydd radio tra derbynnir Morgan ar gyfer yr un gwaith, cynnud pellach i'r elyniaeth rhyngddynt. Darlunnir y rhyfel fel ras rwystrau ysbrydol ac un o weision ffyddlonaf y diafol a ddaw i demtio Morgan amlaf yw'r butain. Er ei fod yn chwerthinllyd o araf deg yn sylweddoli proffesiwn y ferch pan ddaw i'w hudo yng Nghaerdydd – cof da am Manod ddiniwed yn Ffrainc – ymetyb fel dyn gwyllt yng ngŵydd y Jesebel hon:

Teflais yr hwch naill ochr.
'O'm ffordd – y slwt!' Gwaeddais a chiliais i fyny'r ffordd â chynddaredd yn fy ngyrru, yn syn fod y fath beth yn digwydd o fewn ugain llath o blisman. Diolchais i'r Bod Mawr am y nerth a gefais i ymwrthod â gwahoddiad un o deulu'r tywyllwch. (99)

Rydym yn ôl yn nhir mytholeg gynnar a gwrachod ar lun tywysogesau yn drysu ffordd yr arwr. Cyn pen ychydig dudalennau trewir sarjant y gardrwm yn anymwybodol gan Rosser mewn ffit feddwol ddialgar a chyhoedda Morgan, y corn siarad moesol: '"Nid dyna ffordd Bethel o goncro ofn."' (107) Eto i gyd, dyw 'ffordd Bethel' ddim yn ddigon pasiffistaidd i'w rwystro rhag rhyfela yn erbyn ei gyd-ddyn yn y lle cyntaf nac i waldio putain arall yn giaidd i'r llawr mewn caffi yn Ffrainc. Does dim syndod mewn gwirionedd fod John Gwilym Jones yn ei feirniadaeth ar y nofel wedi dweud fod 'hunangyfiawnder a maddeugarwch Morgan a'r ffordd y mae'n ei frolio ei hun drwy'r adeg yn gelyniaethu darllenydd'.[38] At hynny, mae cydymdeimlad dyn â Rosser yn cynyddu yn anfwriadol: pa mor feius bynnag a fo'r creadur, ni chaiff fawr o gyfle i gyflwyno'i achos yn wrthrychol gan mai drwy lygaid ei elyn pennaf yr adroddir yr hanes! Canwaith mwy diddorol fyddai nofel o safbwynt y Caliban hwn.

Dywedir bod y rhyfel 'yn lladd dynion yn foesol, yn feddyliol ac yn grefyddol' (127), ond cywirach fyddai dweud ei fod yn lladd Rosser yn foesol, yn feddyliol ac yn grefyddol. Tra portreedir Morgan yn cael y fath hwyl ar wrthsefyll temtasiwn darlunnir Rosser yn ildio i bob math o drythyllwch. Er gwaethaf perswâd Morgan arno i'r gwrthwyneb, daw'n llawiau â '[ch]lic o fechgyn garw, anfoesol, brwnt eu tafod, cwmni yn dychwelyd yn hwyr bob nos yn canu caneuon amwys ac yn gweiddi mewn iaith anweddaidd'. (102) Gydag iddo gyrraedd Boulogne, â Rosser i chwilio am yr hwrdy agosaf: 'yr oedd ffalster yn ei wên a thwyll yn ei lygaid' (118) ac wrth gydorwedd gyda'r Ffrances roedd 'wedi ysgwyd mantell Bethel oddi ar ei ysgwyddau'. (122) Yn groes i gyngor Morgan, nid yw Rosser yn ymwrthod â phechodau'r cardiau a'r canu hyd nes y sielir dau o'i gydnabod i farwolaeth. Ac yntau yn ei wendid, syrth yn daeogaidd ar ei fai gerbron Morgan hollalluog: ' " 'Dydw i ddim yn deilwng o Fethel . . . 'rwyf wedi penderfynu diwygio . . . 'Rwyf am fynd yn ôl i Drebont – yn lân – yn lân." ' (132) A ninnau erbyn hyn yn nhir melodrama, down at drobwynt y nofel: penderfyna fynd adref a phriodi cannwyll llygad Morgan, Sibli. Yn y man, daw yn ôl o'i egwyl gartref mewn hwyliau drwg a chyfaddef iddo dreisio Sibli yng ngwres ei chwant; yn ei gynddaredd yntau, ceisia Morgan ei saethu, ond metha o drwch blewyn.

Morgan yn y diwedd sy'n priodi Sibli gan addunedu ei charu ' "hyd yn oed os bydd mwy na mymryn o Rosser yn ein baban ni" '. (171) Mynegodd Caradog Prichard yn ei feirniadaeth yntau galon y gwir pan ddywedodd fod 'y ddadl ynghylch tadolaeth y mab . . . yn beryglus o agos i ffars'.[39] Yn ôl yn Ffrainc, a Rosser yn bygwth dweud wrth aelodau Bethel am y ' "Caru Mawr ar Ben-y-bryn" ' (176) rhyngddo ef a Sibli, ni all Morgan ddal rhagor: 'Yna, rhaid bod Duw wedi gadael Ei nefoedd am dro a'm rhyddhau o orchmynion y Nef . . . Profais yn y munudau hynny beth oedd dicter cyfiawn, dicter a wnaeth i mi anghofio popeth ond yr awydd i gosbi'r drwg . . . Sylweddolais yn fuan nad oedd llawer o ddaioni yn ei gymeriad, gŵr ymyl y cwpan.' (176–7) Ond nid dyna ddiwedd yr hanes. Llwfrgi yw Rosser na all wynebu'r frwydr, ond ni all Morgan chwaith faddau i'r rhyfel fel arwydd diriaethol o dreialon bywyd: ' "Rhaid i ti wynebu bywyd fel y mae, Rosser. Os medri di goncro dy ofn yma ar y Canal Bank, fe fyddi di'n ddyn hapus i wynebu Trebont." ' (180) Yn ei frwdfrydedd i gallio Rosser, rhagdybir ystyrlonrwydd a defnyddioldeb y rhyfel; a safbwynt yr awdur mor uniongred ddigwestiwn, bron nad awgrymir mai disgyblaeth Gristnogol ydyw. Rhaid dilyn yr ymresymiad hwn i'w ben draw: a smygrwydd Morgan mor llethol, nid oes digon o ddynoliaeth ar ei gyfyl i gydnabod meidroldeb Rosser yn ei saethu ei hun er mwyn cael mynd adref ond defnyddir y digwyddiad i gadarnhau ei lwfrdra yn derfynol. O un a gymerodd ran yn y rhyfel ei hun ac a oedd yn sgrifennu amdano pan oedd y dehongliad negyddol ohono wedi hen ymsefydlu'n fyth, mae hon yn agwedd annisgwyl. Yn 'S.I.W.', cyfeiriodd Wilfred Owen at ymgais milwr i'w anafu ei hun yn fwriadol a aeth o chwith, gan gyferbynnu ei weithred ymarferol gyda syniadau rhamantus ei dad gartref ynglŷn â marw'n anrhydeddus – ' "Death sooner than dishonour, that's the style!" ':

> It was the reasoned crisis of his soul
> Against more days of inescapable thrall,
> Against infrangibly wired and blind trench wall
> Curtained with fire, roofed in with creeping fire,
> Slow grazing fire, that would not burn him whole
> But kept him for death's promises and scoff,
> And life's half-promising, and both their riling.[40]

Sgrifennu gydag empathi cyd-filwr a wna Wilfred Owen, ond agwedd anghymhleth y sifiliad sy gan J. D. Miller. ' 'Doeddwn yn neb pwysig; nid oeddwn yn arwr' (196) – ffugwyleidd-dra Morgan pan ddaw'n ôl yn groeniach o'r rhyfel: os iselhawyd Rosser yn gachwr gan yr awdur, fe ddyrchafwyd Morgan yn arwr.

Prawf ysbrydol fu'r rhyfel, felly, ac fe ddaw cymeriadau'r nofel dros ei ansefydlogrwydd yn y man. Erbyn rhan olaf y nofel y mae pethau ar i fyny o'r newydd a Morgan a Sibli wedi ymgartrefu gyda'u plant ar aelwyd ddelfrydol Modryb Mali. Ond deil un sgerbwd go nobl i lercian yn y cwpwrdd o hyd ac, er mwyn i'r awdur gael ei gladdu unwaith ac am byth, daw Rosser yn ôl ymhen blynyddoedd fel partner i Morgan yn y pwll glo. Satan yw hwn o hyd: 'Creadur afradlon yn wir ac aflan wedi paentio llacrwydd yn ei wyneb a llygredd yn ei lygaid.' (209) Ni chafodd wared o'i hen gastiau: er bod yr awdur wedi pwysleisio droeon wrth y darllenydd fod y mab nid yn unig o'r un enw â Morgan ond yr un ffunud ag ef hefyd, dechreua Rosser hau ensyniadau ynglŷn â thadolaeth y bachgen. Am yr eildro, ceir ffrwgwd danddaearol rhwng y ddau elyn: mewn golygfa gothig, cleddir Rosser dan lwyth o rwbel mewn damwain ddiwydiannol pan gracia'r pyst. Bryd hynny hyd yn oed, a Rosser o'r diwedd yn cael ei haeddiant, ni all Morgan ymatal rhag pregethu tân a brwmstan uwch ei ben: ' "Wyt ti'n clywed sŵn barn yn cracio uwch dy ben?" ' (216) Pwy bynnag yw ei dad biolegol, cyn diwedd y nofel lleddir Morgan yn yr Ail Ryfel Byd a'i farwolaeth aberthol yn cymharu'n ffafriol iawn â stranciau diurddas Rosser.

Ychydig o ofod penodol a neilltuir i ddisgrifio'r rhyfel fel presenoldeb corfforol a dibynnir ar arddull delegraffig: 'Colli tir o flaen Pilkem Ridge; dal ein tir ar y Canal Bank. Perygl yn bygwth ar y dde.' (187) Effaith hyn yw bychanu holl aruthredd y rhyfel, ond yr un fath ag W. Leslie Richards, yn nhaith y pererin modern drwy anialdir yr ugeinfed ganrif y mae pennaf diddordeb J. D. Miller. Serch hynny, mae'r awdur yn dra awyddus i ddefnyddio'r rhyfel fel man i brofi arwriaeth Morgan a llwfrdra Rosser gan gyfystyru dewrder corfforol â dewrder ysbrydol. Petai nofel a goleddai'r fath syniadaeth â hon wedi ei chyhoeddi gan sifiliad yn fuan ar ôl y rhyfel ni fyddai dyn wedi synnu gormod; peth arall yw nofel gan un a frwydrodd yn y rhyfel yn hyrwyddo'r fath athroniaeth ac yn gweld golau dydd yn ystod y chwedegau.

Gwelodd nofel wahanol iawn olau dydd yn Rhagfyr 1965 hefyd, sef *Gwaed Gwirion* Emyr Jones.[41] Ym mlwyddyn gynta'r rhyfel y'i ganed ym mhentre'r Waun-fawr yn Arfon; gadawodd yr ysgol yn bedair ar ddeg a mynd i weithio i chwarel Dinorwig, rhwng 1929 a 1939; gwasanaethu wedyn yn y fyddin am chwe blynedd yn ystod yr Ail Ryfel Byd, cyn ei throi hi yn 1946 am Goleg Cartrefle yn Wrecsam i hyfforddi'n athro. Tynnai am ei hanner cant pan ddaeth i'r amlwg fel llenor, yn gymharol hwyr yn ei hanes ond yn llwythog o brofiad. Teyrnged i hen chwarelwyr Dinorwig oedd *Canrif y Chwarelwr* (1963), cyfrol yn rhoi ar gof a chadw eu hanes rhwng 1840 a 1940, ac yna, ymhen dwy flynedd, daeth math arall o deyrnged o'r wasg ond un ar lun nofel y tro hwn, *Gwaed Gwirion*. Ymelwodd ar ei brofiad fel chwarelwr a chyn-filwr i sgrifennu nofel am y Rhyfel Byd Cyntaf o safbwynt dyn llnau caban a'i profodd drosto'i hun. Plant y werin a ymddyrchafodd yn gymdeithasol, drwy gyfrwng addysg brifysgol, yn aelodau o'r dosbarth canol yw Manod yn *Amser i Ryfel* a Lewis Valentine yntau. Ond fel yr esbonia Emyr Jones yn ei ragair i'w nofel, gwerinwr oedd adroddwr *Gwaed Gwirion* cyn iddo ymuno â'r fyddin a gwerinwr pan ddaeth ohono:

'Dyn llnau caban' oedd 'Rhen Sarjant. Ei enw priodol oedd Daniel Roberts . . . Wedi ei ryddhau o'r fyddin ar fymryn o bensiwn cawsai ddod yn ôl i'r chwarel, ond yr oedd tynnu'r graig a rhaffu yn ormod o dasg iddo. Ni allai ddal ati o ddiffyg gwynt gan fod y nwy gwenwynig a anadlodd yn Ffrainc wedi andwyo ei ysgyfaint. Pan godai ei botyn at ei enau crynai nes colli'r te dros ei law, ac wrth lenwi'r ffowntans collai lawer o ddŵr ar y stôf boeth gan beri hisian ffyrnig, a phrin y gellid gweld 'Rhen Sarjant yn sefyll yn ddigyffro yng nghanol cwmwl o stêm gwyn. Eto, er gwaethaf effeithiau'r 'shellshock', byddai'r caban bob amser yn lân a threfnus, a'r ddwy stôf wedi cochi gan wres cyn caniad bob bore. Câi orffwys yn y prynhawn ar ôl clirio'r byrddau, a chymerai gyntun ar y fainc â'i sach dros ei war. 'Hen sowldiwr' i'r carn ydoedd, a khaki yn ei waed. Ymfalchïai yn hyn, ond nid oedd yn un a glodforai ryfel. Adroddai ei straeon yn wylaidd a diymffrost, a'i fyrdwn fyddai, 'Uffarn o le o'dd y ffosydd, a gobeithio na welwn ni ddim byd tebyg byth eto' . . . (5–6)

Petai ond am resymau cymdeithasegol yn unig, byddai hon yn nofel bwysig. Oherwydd nofel sy'n rhoi llais i brofiad y miloedd bechgyn cyffredin, y mwyafrif di-ddysg a adawodd yr ysgol yn bedair ar ddeg neu'n bymtheg oed a mynd yn chwarelwyr neu'n lowyr neu'n weision fferm – nofel amdanyn nhw a honno wedi ei sgrifennu o safbwynt un ohonyn nhw yw *Gwaed Gwirion*.

Nid na heidiodd beirniaid dysgedig fel gwenyn am bot jam i'w chlodfori, nid yn unig fel nofel ryfel ond fel enghraifft nodedig o *genre* y nofel yn Gymraeg. Yn ei arolwg o hanes y nofel yn ystod yr ugeinfed ganrif, cyfeiriodd Glyn Ashton ati fel 'un o nofelau mwyaf nodedig y ganrif . . . Ceir llawer i nofel lle y digwydd darnau gwych a threiddgar, ond nid oes ond ychydig iawn wedi cynnal y fath safon syfrdanol â hon yn ddi-gwymp'.[42] Nid oedd Saunders Lewis chwaith yn llai gorawenus yn ei chylch: 'Mi gredaf i fod *Gwaed Gwirion* yn nofel fawr ac yn nofel bwysig . . . O'r diwedd, o hir ddiwedd, dyma ryfel 1914–18 wedi cael ei epig yn Gymraeg.'[43] Wrth ddyfarnu i'w hawdur wobr Griffith John

Williams ar ran yr Academi Gymreig yn 1966, daliai Islwyn Ffowc Elis fod *Gwaed Gwirion* yn 'llyfr nodedig, yn gampwaith o'i fath, yn gyfraniad newydd i lenyddiaeth Gymraeg o ran deunydd a dull'.[44] Campwaith 'wrth unrhyw safon ac mewn unrhyw iaith' oedd y nofel ym marn Harri Gwynn,[45] ac roedd D. Tecwyn Lloyd yntau o'r un farn yn union: 'Nid yn aml y gall dyn ddweud fod awdur wedi llenwi bwlch pwysig yn llenyddiaeth ei genedl. Ni phetrusaf ddweud hynny am *Gwaed Gwirion*: dyma wir arwrgerdd.'[46]

Prin yw'r nofelau Cymraeg diweddar a ddenodd y fath unfrydedd barn, un ai fel nofel neu fel nofel ryfel. Dichon fod rheswm am hynny: dyma'r gwaith cyntaf o'i fath yn Gymraeg i roi ystyriaeth gyfartal i'r ddwy elfen er mwyn sicrhau cyfanwaith artistig – y nofel a'r rhyfel, y creadigol a'r ffeithiol, y cynllunio a'r croniclo. O gymharu ag *Amser i Ryfel*, mae mwy o ôl byw, dirfodol a dilys, ar *Gwaed Gwirion*, cryfach argraff o fywyd yn cael ei brofi yn fudr ac yn flêr. Ond tybed nad oedd hi'n haws i Emyr Jones nag i'w ragflaenwyr yn y maes, a'i gof plentyn yn unig o'r rhyfel nid yn hindrans ond yn help? D. Tecwyn Lloyd, a aned yn yr un flwyddyn yn union ag Emyr Jones, a ddywedodd mai profiad 'dirprwyol oedd gennym ni o 1914–18, ond y mae un fantais i brofiad felly bob amser sef ei bod yn haws ei foldio a'i ffurfio'.[47] Does dim syndod chwaith fod rhai o'r adolygwyr yn 1966 yn hau cymariaethau â Robert Graves, Erich Maria Remarque a Frank Richards, ac Emyr Jones wedi gallu manteisio ar eu dulliau nhw o drin a thrafod y rhyfel yn greadigol. O gymharu â T. Hughes Jones hefyd roedd traddodiad rhyddiaith y ganrif hon yn gryfach i adeiladu arno a'r nofel yn dal i dorsythu ar ôl yr hyder a chwistrellodd Islwyn Ffowc Elis i'w gwythiennau dros ddeng mlynedd ynghynt. Dyna pam y gallodd Saunders Lewis, er enghraifft, awgrymu fod *Un Nos Ola Leuad* 'yn batrwm iddo o'r modd y gellir nofel gref mewn tafodiaith, ac i'r nofel feistraidd honno ddysgu llawer iddo'.[48] At hynny, roedd ffrwyth dros hanner canrif o gelfyddyd fodernaidd, celfyddyd y bu gan y rhyfel ran fawr ym mhennu ei natur a'i chywair, ar gael i Emyr Jones ei flasu a'i dreulio. Fe wnâi'r ffaith mai yn ystod degawd goddefgar y chwedegau y cyhoeddwyd *Gwaed Gwirion* ryw lun o synnwyr, ac eto, fe gynigiodd ei ddarluniau realaidd o wacter ystyr wrthbwynt i amryw ddarluniau academaidd o'r cyflwr hwnnw yn rhai o nofelau'r cyfnod yn ogystal â phrofi'r angen ymarferol i ailsefydlu bywyd ystyrlon drannoeth y drin. Argyfwng o'r iawn ryw sy gan Emyr Jones, nid pos y gall cymeriadau o'r dosbarth canol wag-athronyddu a malu awyr yn siwdaidd uwch ei ben. Ar y llaw arall, rhwng Freudiaeth a'r rhyfel ddechrau'r ganrif, fe agorwyd bocs Pandora a dilyswyd y cyflwr modern diganllaw, ac oni bai am y ddeubeth, oni fyddai llawer o ffuglen y chwedegau, sy'n gori ar syrffed byw bob yn ail â chyplu'n ffrenetig, yn annichonadwy?

'Gadawn iddo ef ei hun adrodd ei stori' (6), meddai Emyr Jones yn ei ragair i *Gwaed Gwirion*, ond gwrthodai ambell ddarllenydd gredu mai rhoi ffurf nofelyddol ar atgofion real cymeriad go iawn a wnâi – yn union fel petai'r rhagair hwnnw mor ffug â rhagarweiniad Daniel Owen i *Rhys Lewis*:

> Yn ystod y gaeaf diwethaf, clywais lawer o drafod ar y llyfr gan hwn a'r llall, a daliai un neu ddau mai dychymyg hefyd yw'r 'Hen Sarjant' ac mai gwaith digymorth yr awdur ei hun yw'r cyfan – y Rhagair a'r nofel. Gallai hyn fod yn wir, ond os yw, yna mae gennym awdur o allu creadigol a dychymyg cwbl arbennig. Clywais un hen filwr a fu'n trin y drylliau Vickers yn haeru ei fod ef yn gwybod am yr union fannau a grybwyllir yn y stori a'i fod yn adnabod yr union gatrodau a chyrchoedd y sonnir amdanynt.[49]

'Dyma'r unig wir nofel (os nofel yw'r priod ddisgrifiad) am ryfel yn Gymraeg', meddai D. Tecwyn Lloyd ymhellach, gan amau digonolrwydd y term 'nofel'.[50] Cofiant ynteu nofel, felly, gwir ai gau? Mae'r dadlau yma'n atgoffa dyn am *genre* llenyddol a ddaeth yn ffasiynol yn ystod ail hanner y chwedegau a thrwy gydol y saithdegau dan amryw deitlau – 'non-fiction novel, new journalism, "faction" '.[51] Marchnatwyd yr epig am yr Ail Ryfel Byd, *Schindler's Ark* (1982) gan Thomas Keneally, er enghraifft, fel llyfr ffeithiol yn America ond enillodd wobr Booker am ffuglen ym Mhrydain. Mewn sgrifennu o'r fath, 'the novelistic techniques generate an excitement, intensity and emotive power that orthodox reporting or historiography do not aspire to, while for the reader the guarantee that the story is "true" gives it a compulsion that no fiction can quite equal'.[52] Cyfeiriodd Tom Wolfe at bedair techneg a fenthyciodd Newyddiaduraeth Newydd oddi wrth y nofel:

> (1) telling the story through scenes rather than summary;
> (2) preferring dialogue to reported speech; (3) presenting events

from the point of view of a participant rather than from some impersonal perspective; (4) incorporating the kind of detail about people's appearance, clothes, possessions, body language, etc. which act as indices of class, character, status and social milieu in the realistic novel.[53]

Cymeriad gwneud oedd ffrind pennaf Dan Roberts, Meic Lloyd o Aberdâr, meddai Emyr Jones un tro.[54] Pa mor agos bynnag yw *Gwaed Gwirion* at hanes yr Hen Sarjant gwreiddiol, y ffaith bwysicaf oll yw fod yr awdur yma wedi mynd at ei dasg fel nofelydd o'r iawn ryw.

'Yr Hen Sarjant ei hun sy'n siarad drwy gydol y gwaith', meddai Islwyn Ffowc Elis, 'does yma ddim tinc "awdurol" na llenyddol i dorri ar y rhith',[55] sylw a ategwyd gan D. Tecwyn Lloyd a fynnodd nad oedd '[d]im ymgyrraedd "llenyddol"' ar gyfyl y nofel.[56] Ymgodymu â phroblem lenyddol ynglŷn â pha ddull a weddai i'w fater a wnâi Emyr Jones wrth sgrifennu'r nofel, a dim ond ar y trydydd cynnig y llwyddodd. Sylweddolodd fod y drafft cyntaf, lle'r adroddwyd yr hanes yn y trydydd person, yn cyfleu argraff ail-law o brofiadau'r Hen Sarjant a'r ail ddrafft, lle'r adroddwyd yr hanes gerbron criw o chwarelwyr yn y caban – dyfais nid annhebyg i un Gwilym Hiraethog (William Rees) yn *Aelwyd F'Ewythr Robert* (1853) – hefyd yn amharu ar uniongyrchedd y profiad:

> Beth oedd o'i le? Popeth. Gormod o ôl ymdrech, arddull or-lenyddol, anystwythder . . . Sylweddolais fod yn rhaid anghofio popeth am sgrifennu 'llenyddol' ac 'awdurol' wrth gyflwyno'r math yma o stori. Gwelais nad oedd obaith, i mi beth bynnag, i roi'r stori ar bapur mewn iaith lenyddol, or-gywir. 'Roedd y 'llais bach tu mewn' yn dal i ddweud wrthyf, ' 'Fasa 'Rhen Sarjant byth yn siarad fel yna'.[57]

Yng nghyd-destun yr astudiaeth bresennol, dyma'r unig dystiolaeth a feddwn o artist yn holi cwestiynau sylfaenol ynglŷn â sut orau i fowldio a chyflwyno'i ddeunyddiau. Fel y gorfodwyd Ellis Wynne yn *Gweledigaetheu y Bardd Cwsc* neu Angharad Tomos yn *Yma o Hyd*, felly hefyd y gorfodwyd Emyr Jones yn *Gwaed Gwirion* i yrru drwy ambell wrthglawdd llenyddol. Yr anufudd-dod hwn yn wyneb rhagdybiau ynghylch beth yw 'arddull dda', y parodrwydd yma i dorri rheolau lle roedd angen, yr agwedd heriol a gwrthrychol hon a barodd fod *Gwaed Gwirion* yn nofel fwy cynhyrfus o'r hanner nag *Amser i Ryfel*. Yn *Gwaed Gwirion* fe deflir y darllenydd yn bendramwnwgl i ganol *dystopia*. Yng ngeiriau Bobi Jones, 'Ymweliad y dieithryn ag uffern, tro i Annwfn' – dyna yw'r nofel.[58] Yn *Amser i Ryfel*, o gymharu, fe dywysir y darllenydd gan bwyll bach yn llaw Manod o gynefindra cefn gwlad Cymru i'r swyddfa recriwtio i'r gwersyll hyfforddi a thros y sianel i Ffrainc a'r Ffrynt Orllewinol. Dyw'r darllenydd ddim yn cael cyfle i gael ei wynt ato o gwbl yn *Gwaed Gwirion*: fe'i gollyngir yn Calais, 'yn disgwyl ordors i symud i fyny i'r ffrynt' (7), yn y frawddeg gyntaf un ac ni wêl Gymru o gwbl tan y tair brawddeg gwta sy'n cloi'r nofel. Yn wir, mae'r cyfeiriadau at fywyd gartref mor achlysurol nes ychwanegu rhyw elfen afreal at y nofel:

'Ro'dd hi fel Ffair Borth yno, ac mi wyddan fod y fataliwn wedi cyrra'dd. (89)

'Ro'dd 'na fflŷd o loris yn 'n disgw'l ni'n y fan honno, ac wedi i bawb gymryd 'u lle i ffwrdd â ni dan chwerthin a chellwair fel trip Ysgol Sul yn cychwyn am Landudno. (96)

Dim o hiraethu moethus a phwyllog Cynan – ' 'doedd dim amser i hel meddylia' (34), chwedl y traethydd, dim ond cyfeiriadau prin at wareiddiad sy mor bell oddi wrth fyd y nofel fel nad yw'n ystyrlon. ' "Uffarn o le o'dd y ffosydd" ' (6), meddai'r Hen Sarjant ac mae darllen ei hanes fel ymweld ag uffern yr offeiriad o'r Lasynys heb unrhyw Fardd Cwsg wrth law i hebrwng dyn a'i ddanfon yn ôl at fywyd normal.

Cyflwynir y rhyfel fel cyflwr hunangynhaliol, byd a chanddo'i *rationale* ei hun. Hanfod y *rationale* hwnnw yw anhrefn, diffyg ystyr, afreswm. Gwagle moesol ydyw: 'War has disturbed the familiar world of values and meanings, leaving only contradictions, denials, conflicts, tensions, incoherences. Irony does not resolve these confusions, it simply acknowledges them, leaving the whole idea of values in question.'[59] Am ddwy ran o dair o'r nofel, o'r tudalen cyntaf un, mae'r Hen Sarjant, Dan Roberts, a'i fêt Meic Lloyd, yn un o gant o filwyr sydd wedi colli eu bataliwn ac ar goll: 'Duw a ŵyr pa mor bell y daru ni drampio

– milltiroedd ar filltiroedd – a cholli'r ffordd sawl gwaith.' (7) A dyna hanes y ddau bererin hyn am dudalennau bwy'i gilydd, symbolau o wareiddiad colledig y ganrif: ''Doedd gan neb ohonom ni fawr syniad o'r sefyllfa ar y pryd' (10); 'Yr un oedd y stori yma eto – adfeilion ac anhrefn ym mhobman' (13); 'Dyma ddechra' cerddad wedyn nes dŵad i ryw ffordd oedd yn arwain i – Duw â ŵyr b'le. 'Doeddan ni ddim yn gw'bod, nac yn malio 'chwaith erbyn hyn' (16); ''Doedd neb yn gw'bod am be' 'roeddan ni'n disgw'l' (17); ''Dwn i ddim am ba hyd y buon ni'n trampio ym mherfadd y nos, heb syniad i b'le 'roeddan ni'n mynd na be' i'w ddisgwyl nesa'. 'Roeddan ni ar goll, a'r cwbwl a wyddan ni i sicrwydd oedd 'n bod ni'n rhwla yn Ffrainc.' (26) Un o'r trosiadau mwyaf cofiadwy am y byd diamcan a digyfeiriad hwn yw'r un yma, sy'n darlunio sifiliaid a sowldiwrs wedi eu dal yn rhwyd y rhyfel:

Wedi cyrraedd y ffordd 'doedd petha' fawr gwell. 'Roedd tylla' anfarth ym mhobman lle'r oedd y siels wedi disgyn, a phawb hefo'r un syniad nes bod y ffordd wedi tagu hefo pobol – sowldiwrs a 'civvies'. 'Rydw' i'n cofio gweld teulu o Ffrancod – tad a mam a dwy o genod bach – yn cerddad yn araf i lawr y ffordd; y fam yn t'wysu dwy fuwch a'r tad yn gwthio rhyw fath o gert â chyfar drosto fo. 'Roedd gan un enath fach fabi dol o dan 'i chesa'l, a'r ddwy yn cario basged a dau ne' dri o fwndeli bychain. 'Doeddan' nhw i'w gweld yn malio dim yn y siels ac 'roedd golwg wag, syfrdan ar 'u hwyneba' fel 'roeddan nhw'n mynd – mynd i rywla heb wybod i b'le. 'Roeddan nhw wedi colli'r cwbwl. Yn y cert, o dan y cyfar, 'roedd corff eu merch hynaf – wedi'i lladd pan drawyd eu cartre' gan siel y bore hwnnw. (13)

Cameo trawiadol. Yn gyntaf oll, dyw'r teulu Ffrengig yma sy'n cerdded dow-dow ar hyd y ffordd ddim yn ffitio. Y mae pawb arall ar ras wyllt, pawb heblaw amdanyn nhw. Maen nhw'n perthyn i ryw ddimensiwn amgen, i fyd arafach ei dempo. Dyma'r byd diniwed bugeiliol benben â'r newyddfyd rhemp modernaidd – yr un fath yn union â gwrthdrawiad rhwng un o ddarluniau llawn harmoni John Constable ac un o gynfasau grotésg Francis Bacon. Dyma bortread gweledol o'r rhyfel ei hun ar gerdded, ysglyfaeth sy'n llyncu diniweidrwydd, sensitif-rwydd, a chlymau tylwyth. Dynoda drobwynt rhwng dau fyd. Ond mae bywyd y Ffrancod wedi ei ddileu o golli eu merch, nodwedd arall sy'n golygu eu bod yn absŵrd a digyswllt. Tra bo pawb yn lladd ei gilydd fel ffyliaid cyn rhedeg yn wallgof am loches, tra bo marwolaeth ar wastad torfol a neb yn oedi i sylwi, dyma gloc bywydau'r rhain yn peidio oherwydd un farwolaeth. Fe'u diwreiddiwyd yn llwyr.

Nid yn unig y mae Dan a Meic ar goll, y maen nhw hefyd yn ffoaduriaid sy'n cael eu herlid yn ddidostur. Am y rhan fwyaf o hanner cyntaf y nofel, encilio a wna'r Prydeinwyr yn wyneb ymosodiad yr Almaenwyr, a dim ond ymyrraeth yr American-wyr – o Ebrill 1917 ymlaen, fel y mae'n digwydd, er na ddywedir hynny'n blaen yn y nofel – sy'n troi'r llanw. Y mae'r ffaith fod y ddau bartner fel pypedau yn cael eu tynnu bob sut gan fympwy'r Almaenwyr yn cryfhau'r argraff negyddol o'r rhyfel: ''i heglu hi i lawr y lein' (24); 'fel llygod mewn trap' (32); 'dynion ym mhobman yn rhedag am 'u bywyda' – pawb drosto'i hun' (48-9); 'Hwyrach y medrwn ni ddengid i rywla' (49); 'Jerri ar ein gwartha ni'. (50) Ymddengys y nod hefyd yn amhosib: 'Er i mi ladd cannoedd 'roeddan nhw fel 'tasan nhw mynd yn fwy o nifar o hyd – a ninna'n mynd yn llai.' (12) Cythru mewn cylchoedd gan fethu'n lân â chyrraedd targed annelwig a gelyn diwyneb ar eu holau'n dragwyddol – hunllef Kafkaidd, onidê?

Byd eironig yw hwn, byd o eithafion lle clywir sŵn y gynnau yn tanio am y gorau un funud a sŵn ehedydd bach yn canu uwchben gydag i'r twrw hwnnw dewi. Gwydrowyd gwerth-oedd y byd yma'n llwyr: yf Dan *champagne* i dorri ei syched, y tro cyntaf iddo brofi'r gwin dethol. Derbyn amodau arisel ei fyw a wna'r traethydd gan amlaf, ond fe sylweddola, ar adegau, natur baradocsaidd pethau: ''Roeddan ni wedi'n meddiannu gan ryw gasinab ffyrnig tuag at Jeri ac 'ro'dd ynta'n 'n casáu ninna'. 'Roeddan ni'n benderfynol o'u lladd nhw bob un er mwyn cyfiawndar, ac 'roeddan' nhw'tha'n benderfynol o'n lladd ninna' bob un – er mwyn cyfiawndar.' (54) Hen fyd hurt! Wrth iddyn nhw fynd i fwy o gors, â'r ddau ffrind yn futrach ac yn flerach bob gafael:

Mi ellwch feddwl bod golwg fel tramps arnon ni erbyn hyn hefo'n dillad yn fwd i gyd a'r botyma' wedi troi'n dduon. Heb siêf ers diwrnodia', 'roedd pawb wedi tyfu barf, ac wrth fod Meic o bryd tywyll naturiol 'roedd o'n dangos yn waeth, a 'fedrwn i ddim peidio â gwenu wrth edrach arno fo. (22)

'Roeddan ni fel dau dramp yn perthyn i neb ac ar goll i bawb unwaith eto. (76)

Dwy gymhariaeth sy'n dod i'r meddwl: tramp hoffus ond anarwrol Chaplin a gipiodd galonnau sifiliaid a milwyr yn ystod y rhyfel, a'r ddau brif gymeriad yn *En attendant Godot* (1952), drama Samuel Beckett a gyfieithiwyd o'r Ffrangeg i'r Gymraeg gan Saunders Lewis yn 1970. Yn wahanol i nofelau rhai o awduron iau y chwedegau, yn gwbl ddi-straen a diymhongar y deffry *Gwaed Gwirion* y gyfeiriadaeth hon ym meddwl y darllenydd. Y mae'r ymdeimlad o afreswm mor gryf yn y nofel nes sicrhau nad ffansi'r dychymyg mo'r creadigaethau hyn ond cymeriadau dichonadwy.

Ond efallai nad byd dynion ond byd anifeiliaid yw hwn. Yn yr un modd ag y mae Cynfardd fel Aneirin yn meddwl drwy gyfrwng trosiadau anifeilaidd yn *Y Gododdin*, felly y meddylia Emyr Jones drwy gyfrwng cyffelybiaethau anifeilaidd yn *Gwaed Gwirion*. Ond fel yr awgryma mwysair cyfoethog y teitl – yn ôl *Geiriadur Prifysgol Cymru*, golyga 'gwirion' '[B]ur, dibechod, di-fai, diwair; cywir, ffyddlon, geirwir; dieuog, diniwed, syml, diddrwg' yn ogystal â '[Ph]enwan, ynfyd, ffôl, hurt, dwl, annoeth' – nid cynnal unrhyw ddelfryd arwrol mo'i fwriad ef. Brithir y nofel gan gyffelybiaethau o'r fath, cymaint felly nes mynd yn rhan o'i hanfod, a phwysleisir drwyddynt natur elfennol bywyd: 'miloedd o ddynion yn tyllu i'r ddaear fel cwningod' (9); ''Roeddan ni'n wlyb fel dyfrgwn' (16); 'Ffwrdd â ni fel llygod' (24); 'Dal yn bengalad fel mul 'roedd Meic' (25); 'wedi'n hel at 'n gilydd fel defaid' (52); ''Roeddan' nhw'n mynd i lawr fel pryfaid' (53); 'Mi fuon yno am hydo'dd yn lleibio a llyncu allan o'r tunia' fel bleiddiaid' (62); 'Er i'n hogia' ni fod wrthi fel teigrod yn trio 'u dal nhw'n ôl hefo'u baionets'. (68) Atgyfnerthir yr argraff fwystfilaidd hon gan y 'bisgedi cŵn' (62) y gorfodir Dan a Meic i'w bwyta, y '[t]rycia' gwartheg' (7) y teithiant ynddyn nhw, a'r twlc mochyn a feddiennir ganddynt. Fel anifeiliaid, maen nhw ar eu cythlwng bron drwy'r amser ac yn defnyddio'u bidog fel arf i ladd ac fel fforc i'w bwydo. Dyma agwedd bellach ar y nofel sy'n cyfiawnhau ei hystyried yn enghraifft o ffuglen fodern: David Lodge sy'n cyfeirio at un o nodau amgen rhyddiaith felly, sef 'repetition-with-variation of motifs, images, symbols, a technique often called "rhythm", "*leitmotif*", or "spatial form"'.[60]

Byd cwbl faterol a *macho* a ddarlunnir: oni bai am ambell gyfeiriad pegynol at ferched – mam Dan ar y naill law, puteiniaid ar y llall – dynion biau pob erw a dramwyir a'u hunig gwmni byw yw'r llygod mawr a'r llau melltigedig. Rheolau anysgrifenedig yng nghôd milwrol y dynion hyn yw fod 'pawb drosto'i hun' (16) a'i bod hi'n iawn 'ysbeilio'r marw er mwyn y byw'. (16) Er mwyn i Dan a Meic allu dianc o dŷ lle'u cornelwyd gan Almaenwr, rhaid defnyddio corff eu cyfaill marw yn abwyd i dynnu'r gelyn i'r golwg: 'Syniad cythreulig, ond unwaith eto 'roedd yn rhaid i'r marw helpu'r byw.' (32) Yn wahanol i Manod, ni wna Dan unrhyw ymdrech i'w gyflwyno'i hun fel gŵr eangfrydig a chytbwys. I'r gwrthwyneb, y mae'n hiliol wrth reddf: ' "blydi Arab" ' (22); ' 'Ro'dd 'na hyd yn oed "Chink" yn 'u plith nhw – hen sgaflog mawr melyn a seimlyd.' (84–5) Mae dwy olygfa ym mhennod olaf ond un y nofel yn enghreifftio'n glir eithafion ac oriogrwydd bywyd y milwr. Pan leddir y cyfaill Chopper fe wna Dan a Meic un penderfyniad: 'y basan ni'n saethu pob blydi German ar yr olwg gynta' o hynny 'mlaen'. (127) Drannoeth, mewn golygfa dros y ddalen, cyfeirir at rai o fechgyn y Groes Goch a fentrodd nôl corff clwyfedig yn wyneb peryglon enbyd: 'Gwallgofrwydd ynta' gwroldab? Tipyn o'r ddau 'faswn i'n 'ddeud.' (128) Yr hyn sy'n gwir ennyn edmygedd Dan yw'r ffaith fod yr Almaenwr wedi atal ei saethu er mwyn gadael i'r ddau a gariai'r strestiar fynd heibio: 'Hyd heddiw, pan fydda' i'n clywad pobol yn deud mai'r unig Jeri da ydi'r un marw, mi fydda' i'n cofio am y Jeri bach hwnnw. Camgymeriad mawr o'dd meddwl fod pob Cristion ar 'n hochor ni i'r lein.' (128) Golygfa arall lonydd ynghanol yr holl gynnwrf yw hon:

Ym mhen pella'r ffos, mewn dygowt bychan, mi welson ni offisar ifanc yn gorwadd yn farw a chas ffidil yn'i law o, ac i mewn yn y cas hefo'r ffidil 'ro'dd bwndal o bapur miwsig. 'Ro'dd 'na dudalenna' lawar o gerddoriaeth wedi'i sgwennu mewn inc – 'i waith o'i hun, ma'n siwr. Mi ddoth i 'meddwl i ar y pryd – pwy o'dd hwn tybad? Hwyrach, 'tasa fo wedi ca'l byw y basa' fo heddiw 'mysg cyfansoddwrs mawr y byd. Pwy bynnag o'dd o 'ro'dd gynno fo feddwl mawr o'i ffidil i ddwad â hi hefo fo i'r ffrynt fel hyn. Beth o'dd gwerth y ffidil honno? Canno'dd? – milo'dd hwyrach. 'Doedd hi'n werth dim i mi. A beth am y gerddoriaeth? – 'Unfinished' arall, achos 'welodd honno ddim gola' dydd. 'Chawn ni byth w'bod be' gostiodd y rhyfal mewn petha' felly. (122)

Na, ni fferrwyd dynoliaeth Dan yn llwyr o bell ffordd. O bryd i'w gilydd fe ddyneiddir drachefn y cnawd a wnaethpwyd yn ddur. Yn y drydedd bennod, er enghraifft, meddiennir fferm gan y milwyr ac, ar gorn ei wybodaeth amaethyddol, ceir cip ar Dan a chanddo gyswllt â byd arall:

'Roedd 'na res o gytia' moch yn y cefn a phob cwt yn llawn o foch gwynion o wahanol faint, yn berchyll, stôrs a hychod magu . . . Ym mhen draw'r rhes 'ro'dd 'na sied, ac mi wyddwn odd'wrth y brefu mai lloea' oedd yn honno. Pan es i yno mi ruthron at y drws – pedwar ne' bump o'r petha' bach clysa' 'welsoch chi – bron llwgu ac yn disgw'l i mi'u bwydo nhw, ma'n debyg. 'Roedd 'no stoc o ffowls gwerth chweil yn cerddad o gwmpas, ac mi sylw'is mai ceiliogod ifanc ar 'u prifiant o'dd llawar ohonyn' nhw . . . Mewn cae bychan heb fod ymhell o'r tŷ 'ro'dd 'na ryw bymthag ne' ragor o wartheg – gwartheg godro – a'u pyrsia' bron at 'u traed, heb 'u godro ers dyddia' 'nol pob golwg, a'r llaeth yn diferu o'u tethi nhw. (37)

Nofel fer o gwta gant a deugain o dudalennau yw *Gwaed Gwirion* a honno wedi'i rhannu'n ddeuddeg pennod; rhyw un tudalen ar ddeg yw hyd y penodau hynny ar gyfartaledd a'r hyd yn gweddu i'r dim i naws gwta, dynn a nerfus y nofel. Ond mewn enghraifft fel hon y mae fel petai Dan yn dod o hyd i ryw wareiddiad coll: tynera ei iaith a llacia ei rythmau. Gweld afon sy'n deffro ei ddynoliaeth bryd arall:

Mi welson hefyd fod brithylliaid yn heigio yn'i hi. 'Roeddan' nhw'n codi'n lluo'dd at y gwybed gan ada'l cylcho'dd ar wynab y dŵr ym mhobman. Mi ddoth i 'meddwl i – tybad sut y basa' rhain yn cymryd at goch-y-bonddu ne' betrisan corff gwin? Ond 'doedd waeth i mi heb a meddwl a 'ngenwa'r 'split cane' i adra'n y rŵm ffrynt. 'Ro'dd 'na naid ardderchog ar y pryd a finna'n gorfod sefyll i edrach arnyn' nhw heb fedru g'neud dim ond breuddwydio a dyheu am yr amsar y cawn i 'sgota pluan yn Afon Hwch unwaith eto. (97)

Mor gryf yw gafael yr hen fywyd hwn arno fel na all eilio awydd Meic i saethu'r pysgod: 'Fel pob 'sgotwr iawn 'roeddwn i'n ffieiddio'r fath syniad anwaraidd, ac mi ddeud'is na faswn i'n dragywydd yn 'mostwng mor isal. Mi fasa'n llawar haws gin i chwythu dipyn o Jeris i fyny.' (97) Dyw trin pysgod mewn ffordd mor dan-din ddim yn rhan o'r ddealltwriaeth gudd rhyngddo a nhw; ni pherthyn i reolau'r gêm.

Dwyn cerddi rhyfel Cynan ar gof a wna darnau telynegol fel y rhai uchod, a'r un fath gyda'r cyfeiriadau yma a'r traethydd yn cael ei gludo mewn lori draw o sŵn yr ymladd: ''Ro'dd pob milltir 'rŵan yn mynd â ni ymhellach o ffosydd uffarn a sŵn y gynna', ac yn nes i baradwys . . . 'Ro'dd y peth fel breuddwyd a 'fedrwn i ddim dŵad drosto fo, ac 'rydw' i'n cofio gofyn i mi fy hun – Tybad 'fuo fi drw'r fath Gehenna – ynta' ryw hunlla' ofnadwy o'dd y cyfan?' (96) 'A fyddwch chi'n gofyn, hogia', / Ai hunllef fu'r cwbwl i gyd?', chwedl Cynan.⁶¹ D. Tecwyn Lloyd sy'n cymharu camp Emyr Jones mewn rhyddiaith gyda champ Cynan mewn barddoniaeth:

. . . [dewisodd] iaith a rhithmau llafar nad oes berygl iddynt awgrymu melodrama na ffurfioldeb 'llenyddol' o'r math a geir mewn ysgrifau a chymaint o ryddiaith arall Gymraeg. Petai Hen Sarjant y nofel wedi dewis dweud ei stori ar fydr, rhywbeth tebyg i un Mab y Bwthyn fyddai hwnnw, a phetai Cynan wedi dweud stori Mab y Bwthyn mewn rhyddiaith byddai yntau wedi ei hadrodd yn null yr Hen Sarjant. Prun bynnag, bu'n rhaid i'r ddau awdur (bob un yn ei gyfnod) gael gwared o gonfensiynau a ffurfioldeb marw cerdd dafod yn ogystal â chrefft rhyddiaith.⁶²

Soniodd Emyr Jones ei hun am boblogrwydd 'Mab y Bwthyn' fel darn adrodd ymhlith y chwarelwyr yn eu heisteddfodau yn ystod y tridegau ac at y cyferbyniad rhwng y telynegol a'r hagr a nodweddai'r bryddest.⁶³ Er mwyn cyfleu iaith y fyddin yn driw i idiom yr Hen Sarjant, dewisodd Emyr Jones gyfeirio at *'gas'* a *'machine guns'* a *'tents'* a *'no man's land'*, ac arwydda'i benderfyniad ei hyder fel llenor. Gyda medrusrwydd cerflunydd, y mae Emyr Jones yn tocio ac yn talfyrru ffurfiau'r Gymraeg i'w ddiben ei hun. Ac eto, yn gymysg ag olion bratiaith fel 'straglars' neu '[f]yndlo' neu 'fforinars' neu 'ecseitio', fe glywir weithiau sŵn priod-ddulliau a chyffelybiaethau sy'n ddigon o ryfeddod: 'mi fasa' wedi medru torri trwodd fel cyllall trw' fenyn' (21); ''roedd 'n "Lewis gun" ni'n 'u medi nhw i lawr' (23); ''Roedd golwg ddychrynllyd ar 'i wynab o – yn waed drosto, a thwll cym'int ag afal yn 'i dalcan o' (34); ''ro'dd darn o "shrapnel" cym'int a sosar de wedi mynd drw'i helmet o'. (72) Daw llinellau cyntaf un o gerddi gŵr arall a fagwyd yn ardal y chwareli, Gwyn Thomas, cerdd a gyhoeddwyd, fel y mae'n digwydd, yn yr un flwyddyn yn union â *Gwaed Gwirion*, i feddwl dyn: 'Fe aeth carreg â hanner ei ben o / A'i holl fywyd o fel'na.'[64] Dim ond un a fagwyd mewn cymdeithas lle roedd yr iaith yn gyfrwng idiomatig byw ar yr aelwyd ac yn y lle gwaith a allai arfer cyffelybiaethau mor naturiol, mor uniongyrchol â hyn sy'n harneisio'r cartrefol i drin yr angheuol mewn modd ysgytiol. Ar adegau ynghanol byd sy'n ei lefelu'n ieithyddol yn ogystal â phersonoliaethol, llwydda'r Cymreigiwr yn Dan i oresgyn pob rhwystr.

Ond y mae yna ben draw i'r gymhariaeth â Cynan. Fel y dywedwyd eisoes, yn groes i'w ragflaenydd a'i gyn-ddarlithydd, T. Hughes Jones, awdur a ddilynodd batrwm Cynan, dyw'r rhyfel yn *Gwaed Gwirion* ddim wedi ei fframio'n daclus. Saif ar ei ben ei hun yn ei ofnadwyaeth lawn ac ni wnaed ymdrech i'w gyflwyno wedi ei glustogi rhwng golygfeydd cychwynnol a therfynol o Gymru. Darlun llai cymodlon a chyfaddawdol yw un Emyr Jones o ganlyniad. At hynny, fel y profa ambell ystrydeb – 'Duw â ŵyr b'le' (16) – neu gyfeiriad cellweirus – ' "Cerwch i uffarn cyn i mi ddŵad allan atoch chi." Mi euthon ninna' – nid i'r lle y deudodd o wrthan ni er y basan ni'n medru g'neud hefo tipyn o wres' (88) – olion diwylliannol a adawodd yr etifeddiaeth Gristnogol ar Dan a'i gyd-filwyr yn bennaf. 'Ychydig oedd diddordeb y rhan fwyaf o'r milwyr mewn crefydd' (35), yn ôl Lewis Valentine, ac yn *Gwaed Gwirion* rydym ni yng nghwmni'r 'rhan fwyaf' ddigrefydd, dynion na thormentir mohonynt gan boenau cydwybod nac argyfyngau ffydd. Y stori hon yw'r un gymysg o obaith ac amau y rhwystrwyd un fel Ifan Gruffydd, oherwydd swildod a chywilydd, rhag adrodd dim ond yr agweddau hwyliog ohoni a chrybwyll gweddill yr hanes yn ymatalgar. Cymeriad hirben, nobl a diragrith yw'r Hen Sarjant; mae'n smocio ac yn yfed a daw ambell 'blydi' a 'bastard' dros ei wefusau. Ac yntau ei hun yn flaenor gyda'r Methodistiaid, teyrnged i deyrngarwch Emyr Jones i'r Hen Sarjant yw na fynnodd ymyrryd dim â'i seciwlariaeth. Fe'i caledwyd gan ei brofiadau yn y rhyfel – gellir ei ddychmygu yn adrodd cerdd giaidd Gwyn Thomas, '1914–1918', sy'n sôn amdano'i hun yn 'chwydu rhag drewdod cachu / A chyfeillion oedd wedi eu malu i'r baw gan angau. / 'Does dim aur ar fedal f'atgofion.'[65] Does dim aur ar fedal atgofion yr Hen Sarjant chwaith, dim ond cof am ddyfalbarhad y rhai a oroesodd ac am wastraff y rhai a gollwyd. Fe aned Emyr Jones ryw hanner ffordd rhwng Cynan ddiwedd y ganrif ddiwethaf a Gwyn Thomas yn nhridegau'r ganrif hon, ond y mae agwedd ddiramant a dadrithiedig yr Hen Sarjant yn nes at gywair y bardd o'r Blaenau y bu'r Ail Ryfel Byd yn ffasiwn ysgytiad iddo. Milwr yn y rhyfel hwnnw oedd Emyr Jones, cofier, ac er mai drwy lygaid yr Hen Sarjant y gwelodd y Rhyfel Byd Cyntaf profodd ystyr rhyfel drosto'i hun yn ystod y pedwardegau. Does dim syndod bod golwg *Gwaed Gwirion* ar ryfel yn fwy di-ildio: fel yr awgrymai'r rhyfel yn Korea yn y pumdegau a'r un yn Vietnam yn y chwedegau, nid ymgymerwr angladdau mo'r Rhyfel Mawr a fyddai'n claddu rhyfel am byth ond rhagredegydd cyfnod modern pan ddeuai rhyfel fwyfwy yn rhan o'r norm. Dyna esbonio'r llais diemosiwn, mater-o-ffaith yn 'Korea' Gwyn Thomas, llais un sy wedi hen gynefino â chyffredinedd rhyfel:

'Roedd y rhyfel yno yn un o gyfres
A gynhyrfodd y bobl, ac a anghofiwyd, –
Ymladdwyd, collwyd bywydau
A chafodd rhai eu hanrhydeddu am eu gwroldeb.'[66]

Efallai mai profiadau'r Rhyfel Byd Cyntaf sydd yn *Gwaed Gwirion*, ond eiddo'r Ail Ryfel Byd yw'r hydeimledd.

Stoic yw'r Hen Sarjant, un sy'n derbyn ei dynged ac yn ymaddasu i'w sefyllfa heb holi cwestiynau'n barhaus ynglŷn â'r rhyfel na strancio yn ei gylch. Y mae ei hanes yn profi i'r dim gywirdeb geiriau John Ellis: 'even in the midst of previously inconceivable conditions, men were able to formulate routines, rules and codes of conduct that could create some kind of order, some kind of meaning in the midst of Chaos itself. For all were agreed that they lived on the very threshold of Hell.'[67] Gwaith diymffrost sydd eto'n deyrnged i ymdrechion y corff a gallu'r ysbryd i oroesi. Ac yn yr ystyr yna'n unig y mae'n arwrgerdd. Dyrchefir Dan yn sarjant a Meic yn gorporal pan yw'r nofel yn prysur dynnu tua'i therfyn: 'Mi fuo bron i Meic a finna' ga'l ffit. Dyna un peth na ddaru mi 'rioed freuddwydio amdano fo –

sarjant wir! . . . Chwerthin ddaru Meic a g'neud yn ysgafn o'r holl beth.' (123) Yn wahanol i Ifan Gruffydd a Lewis Valentine a ystyriai dderbyn swydd o'r fath yn groes i'w cenedligrwydd, ei derbyn yn wylaidd a di-lol a wna Dan a Meic. Ni roddir llais i genedligrwydd yr un o'r ddau drwy gydol y nofel, ac mae eu stans anwleidyddol yn atgoffa dyn am sefyllfa debyg trwch y chwarelwyr yn *Traed Mewn Cyffion*. Am drigolion y gymdeithas chwarelyddol honno y dywedodd Kate Roberts: 'Bu'n fyd drwg arnynt lawer gwaith. Dioddefasant gamwri ac anghyfiawnder yn y chwareli; gormes meistr a pherchennog, gormes ffafriaeth a llwgr-wobrwyo. Gwelsant ladd eu cyfeillion a'u plant wrth eu gwaith, ond ni welsant erioed fyned â'u plant oddi wrthynt i'w lladd mewn rhyfel.'[68] Er na chafodd mo'r manteision addysgol a'i galluogai i ddadansoddi amodau byw ei bobl gartref â'r fath huodledd, un o'r plant hynny oedd Dan, un nad oedd ganddo fawr o reolaeth ar ei ffawd.

Safbwynt gwahanol iawn a arddelai un o gyhoeddiadau'r *Western Mail*, corn siarad y Ceidwadwyr yn ne Cymru, drannoeth y rhyfel:

> The reason why South Wales literally 'put its back' into the great struggle, now happily over, is not far to seek. Wales was, as the immortal poet Milton said, 'an old and haughty nation, proud in arms', and though South Wales has with its increasing development undergone many changes within the last few decades, the old martial spirit of the Welsh still lives in its People.[69]

Mae'n gwestiwn ai felly'n union y byddai rhai o lenorion y de diwydiannol, boed Jack Jones, Lewis Jones neu Gwyn Thomas, wedi ei gweld hi. Ond er gwaetha'r egni gwleidyddol a'r cynnwrf cymdeithasol a gofnodir yn *Unfinished Journey*, dyweder, neu *Cwmardy*, yr hyn sy'n eisiau yn y panorama yw mynegiant o hynt a helynt y Gymraeg. Cymwynas fwyaf Rhydwen Williams o'r herwydd fu iddo adfeddiannu rhan allweddol o hanes Cymru yn ystod y ganrif hon gogyfer â ffuglen Gymraeg. Trioleg o nofelau yw *Y Briodas* (1969), *Y Siôl Wen* (1970) a *Dyddiau Dyn* (1973), cyfres yn mapio hanes un teulu Cymraeg sy'n symud o Ddyffryn Nantlle i Gwm Rhondda ar droad y ganrif.[70] 'Nofel fywgraffyddol mewn tair rhan' – felly y disgrifir *Cwm Hiraeth*, teitl cyfansawdd y gyfres, sy'n cyfateb yn agos i hanes tylwyth yr awdur ei hun a aned yn 1916. Ond os oedd nofel ei gyfoeswr Emyr Jones yn anwleidyddol ei naws, nofel wedi ei sgrifennu o safbwynt cenedlaetholwr ymrwymedig sydd gan Rhydwen Williams o gymharu. Fe gofir mai difrawder gwleidyddol ei gyd-chwarelwyr oedd un o'r pethau a anfonodd Wiliam i'r de yn *Traed Mewn Cyffion*, a does dim syndod gweld mwy o fin milwriaethus ar wleidyddiaeth yn y gwaith yma. Unigolion ar drugaredd y drefn gyfalafol a ddarlunnir yma eto, ond bod y bobl hyn yn fwy ymwybodol o anghyfiawnder y drefn honno ac yn barotach i daro'n ôl. Yn ail nofel y gyfres, *Y Siôl Wen*, y trafodir cyfnod y rhyfel, cyfnod a ddynodai gefndeuddwr yn hanes cymdeithas y Rhondda. Profwyd ar y pryd oruchafiaeth gwleidyddiaeth consenws Ryddfrydol ar wleidyddiaeth gwrthdaro sosialaidd, ac roedd Cymreictod yn un o'r clwyfedigion yn y frwydr rhyngddynt:

> On the eve of the First World War the Rhondda Valleys were on the threshold of a profound sociological upheaval. On the one hand the majority were still staunchly attached to the cultural and social values of their closely-knit Welsh Nonconformist environment. On the other, the younger and more aggressive miners had abandoned the old traditions and turned to new values and wider loyalties. To them, inspired by the propaganda of the Independent Labour Party and the Pleb's League, the future lay in spreading the principles of Socialism with an appeal to class rather than to community interests. It was through their influence and not through liberal Nonconformity that the First World War was to make such a vehement impact on Rhondda Society.[71]

Yn wahanol i Emyr Humphreys yn y gyfres *Bonds of Attachment* (1971–91), awgrymir gan feirniadaeth Kate Roberts ar *Y Siôl Wen* – fod y stori 'yn fwy o stori am Gwm Rhondda nag am y bobl, neu o'r hyn lleiaf, mae'r disgrifiadau o'r Cwm a'r symudiadau a'r newid a ddigwyddai yno ar y pryd yn gadael mwy o argraff ar y darllenydd na'r bobl' – na ddaeth Rhydwen Williams o hyd i gydbwysedd cwbl foddhaol rhwng yr hanesyddol a'r cymeriadaol.[72] Ac eto, yng ngweithredoedd ei gymeriadau yr ymddiddora'r nofelydd, eu symudiadau o fewn tirlun hanesyddol sy weithiau mor ddigwyddlawn nes bygwth eu gorchuddio.

Cryfder mawr *Y Siôl Wen* yw ei hymwybod cryf â lle ac amser, a go brin ei bod ar ei gorau fel nofel pan yw'r awdur yn mentro tu hwnt i'w filltir sgwâr. Daw hynny'n amlwg pan drafodir y rhyfel: disgrifiadau cyffredinol a geir o faes y gad a dyma'n wir ddarnau lleiaf argyhoeddiadol yr holl nofel. Y mae gafael yr awdur ar ei fater yn gwanhau, ac yn hytrach na mynd dramor gyda Tomos byddai'n rheitiach petai'r awdur wedi dilyn esiampl Kate Roberts yn *Traed Mewn Cyffion* a Lewis Jones yn *Cwmardy* ac wedi aros gartref. Yn groes i ddymuniad Maggie, ei wraig feichiog, a thrwy berswâd ei bregethwr yr ymaeloda Tomos â'r fyddin, ond buan y gwisga'i syniadau dyrchafedig ynglŷn â rhyfel cyfiawn yn denau. Fe'i portreedir yn driw i ddisgrifiad Hywel Francis o ymateb amodol y glöwr i'r rhyfel:

Even though the South Wales miners were by no means exempt from the rush to colours in 1914, it has been argued . . . that the response was motivated less by a sense of patriotism and more by a spirit of adventure and an escape from the cramped mental, social and economic conditions in so many of the valleys.[73]

Gartref, derbynnir neges yn dweud bod Tomos ar goll; dramor, dihuna'r claf mewn stabal nid nepell o Ypres. Pan ddaw ato'i hun, sylweddola mai Cymraes gyfarwydd iddo sy'n ei nyrsio, cyd-ddigwyddiad a fyddai'n gweddu'n well i un o'r rhamantau merched y buwyd yn eu trafod mewn pennod flaenorol a golygfa sy'n tolcio hygrededd y nofel hon. Portread ystrydebol yw hwnnw o Tomos ac yn ei gyferbyniad â hanes Siôn y mae ei werth: Tomos yw'r norm, cynrychiolydd yr hen do y gwrthryfela Siôn, cenedlaetholwr sosialaidd ifanc, yn ei erbyn. Yn y portread o Siôn y manteisia Rhydwen Williams fwyaf ar ei ryddid creadigol: ' "Wyt ti'n meddwl y cawn ni heddwch allan o'r barbareiddiwch ma o daflu dynion dros y dibyn fel moch Gadara? Dim byth! Dim b-y-y-yth! Ond dyna'r gwaetha ohono ni fel Cymry, wsti, mi ryda ni mor wan fel pobol, mor ddi-asgwrn-cefn, mor daeog . . ." ' (18) Llais rhy groyw o bosib ac un mwy nodweddiadol o genedlaetholdeb diffiniedig y dauddegau. Ond ta waeth am hynny, rhydd i'r nofelydd hanesyddol fod yn ddehonglwr yn ogystal â chroniclydd. A phrun bynnag, oni chofnododd cyd-Fedyddiwr Rhydwen Williams, Lewis Valentine, syniadau digon adleisiol oddeutu'r un pryd yn ei ddyddiadur milwr?

Os oes unrhyw arwr ymhlith cast *Y Siôl Wen*, felly, Siôn yw hwnnw: ef sydd â'i lach ar grefydd gyfundrefnol y dydd ac sy'n lleisio safbwynt y gwrthwynebydd cydwybodol; ef sy'n cyplysu parodrwydd y Cymry i godi arfau gyda'u diffyg grym fel cenedl. Er mai Rhobet Esmor, seren *Dyddiau Dyn*, sy'n cyfateb agosaf i Rhydwen Williams ei hun, does dim dwywaith ynglŷn â'i gydymdeimlad greddfol fel awdur â chymeriad Siôn yntau. Llwydda i dyrchu dan yr eisin diwylliannol y porthai cynifer o'i gydwladwyr arno a chael gafael ar yr hanfod gwleidyddol: 'Nid mewn geiriau a mesurau yr oedd ei farddoniaeth mwyach, ond yn nhristwch a gofid a gorthrwm cenedl.' (63) Arwydd o'i genedligrwydd ynghyd â'i benderfyniad i beidio â chymryd rhan mewn rhyfel dros gyfalafiaeth yw ei ymweliad ag Iwerddon i gynorthwyo â Gwrthryfel y Pasg ganol 1916. Yr un fath ag yn *Plasau'r Brenin, Y Llwybr Unig, Tegwch y Bore* a 'Dyddiadur Milwr', felly, mae safiad y Gwyddelod yn destun edmygedd. Ond fe â Rhydwen Williams gam ymhellach na'r un o'r gweithiau hynny a throsi'r gefnogaeth ddamcaniaethol yn weithredoedd ymarferol drwy ddarlunio Siôn yn cymryd rhan yn y gwrthryfel:

'Doedd yr hen Wyddelod bach wedi bod yn casglu arfa a mwnisiwn ers misoedd – doedde-nhw wedi bod yn blyffio'r polîs – doedd y wlad a'r ddinas yn barod am dipyn o sbri a jolihoetio a dim ges gan neb bod y *Citizen Army* a'r *Sinn Fein* a'r *Hibernian Rifles* yn mwstro pan ddechreuodd ychydig o'r rebals gerdded yn ddeuoedd a thriawda i'r manna-gosod. Ond – hogia garw ydy'r Gwyddelod – hen gachgwn yda ni'r Cymry wrth u hochra nhw – mi gymrith ddwy ne dair cenhedlaeth eto cyn y byddwn ni'n stwrian . . . (48)

Enghraifft o ailysgrifennu hanes, efallai, sy'n mentro tu allan i ffiniau confensiynol y nofel hon.

Pa mor hanesyddol gywir yw'r episod uchod sydd eto'n gwestiwn. Cyfeiria Hywel Francis, er enghraifft, at ddyrnaid o lowyr o'r Rhondda ac Abertyleri yn osgoi consgripsiwn ym myddin Prydain drwy fynd i Iwerddon ac ymuno â *Citizen Army* James Connolly. Arthur Horner, yr undebwr Comiwnyddol, oedd y rebel amlycaf o'r criw bach yma, a'r gefnogaeth i frwydr y Gwyddyl dros annibyniaeth yn arwyddo '[a] growing internationally-orientated proletarian consciousness' ymhlith glowyr y de.[74] Yr hyn sy'n gosod Siôn ar wahân i'r cwmni hwn yw ei fod wedi uniaethu â'r un frwydr fel cenedlaetholwr o Gymro yn ogystal. Ymdrechion seithug fu'r rheini yn ystod chwarter cyntaf y ganrif hon i sefydlu plaid radicalaidd a roddai ystyriaeth flaenllaw i hawliau Cymru o fewn ei hagenda. Yng ngeiriau John Davies, 'ni fagodd Cymru – fel y gwnaeth yr Alban gyda Maclean neu Iwerddon gyda Connolly – sosialwyr a ystyriai ryddid eu cenedl fel rhan o strategaeth gyfannol yn erbyn cyfalafiaeth ac imperialaeth'.[75] Tybir mai delfryd yw Siôn, felly, rhyw gymeriad-beth-petai, a'r awdur yn dilyn llwybr y posib yn hytrach na'r tebygol. Ac eto, y mae'r ysbryd heriol hwn yn ychwanegiad gwerthfawr at oriel y cymeriadau Cymraeg ynglŷn â'r rhyfel: fel y profa'i gefnogaeth i'r Gwyddyl, does dim sy'n oddefol am ei wrthwynebiad i'r rhyfel. Gallai Siôn amenio'n hawdd sylwadau Mary ar ddiwedd *Cwmardy*: ' "We are ourselves responsible for what happens. The pity is that we follow events instead of trying to determine and mould them. Our fate is in our own hands." '[76] Ond llais mwy cyfarwydd, un ffatalaidd os anniddig, a glywir yn *Dyddiau Dyn* pan yw'r teulu bach wedi gorfod codi gwreiddiau o'r newydd a'i throi hi am ddinas Caer:

'Yr hyn a filwriaf yn ei erbyn fwyaf yn ein mudo o'r Cwm yw'r syniad sy'n glynu ynof fel draenen yn fy nghnawd mai gorfodaeth ydoedd. Faint o ddewis a oedd gennym yn y pen draw? . . . Dim ond y meirwon fydd ar ôl. Mae'r byw yn gorfod hel eu pac a mynd i ba gyfeiriad bynnag y mae Tynged wedi llunio ar eu cyfer.' (88)

Dyna ddiwedd y gân yn nofel glo *Cwm Hiraeth*, ond yn ail nofel y gyfres nid cenedlaetholwr Ymneilltuol uniongred mo Siôn sy'n dilyn ei wrthwynebiad i'r rhyfel gam ymhellach drwy wrthwynebu rhyfel yn absoliwt: fel T. E. Nicholas, roedd yn fodlon cefnogi brwydr arfog os cytunai gyda'r nod.

O safbwynt cenedlaetholwr modern y sgrifennwyd *Cwm Hiraeth*. Os yw *Marged* (1974) yn rhoi coel ar unrhyw gredo wleidyddol, yna credo'r ysgol hap a damwain yw honno.[77] Byddai darlleniad hanesydd fel Gwyn A. Williams, awdur *When Was Wales?* (1985), yn dra ẹiddorol ohoni fel nofel: cyflwynir ynddi ddwy werin, y naill yn fucheddol, barchus a'r llall yn arw, goman, ond ffrwyth damweiniol yr ieuo anghymharus rhwng y ddwy sy'n sicrhau dyfodol amgen i Gymru. Datgelir hynny mewn epilog i'r nofel a ddyddiwyd 1972: cyfeirir at '[w]leidydd mwyaf addawol Cymru heddiw' (11), sef Robin Edwards, ŵyr Robat-jon ac Anna Edwards, y ddau'n ddibriod pan genhedlwyd ei dad ac yn cynrychioli haenau cymdeithasol gwahanol. Mab llwyn a pherth a aned, nid yn Sir Fôn ond yn Nyffryn Clwyd, oedd rhiant y Robin Edwards hwn: bu farw ei daid ar y Somme a'i nain yn fuan ar ôl geni ei blentyn. Nofel fawreddog ac ynddi bedwar cant a hanner o ddudalennau yw *Marged* a phontir y blynyddoedd rhwng 1872 a thua 1918, cyfnod sy'n cyfateb yn glòs i *Traed Mewn Cyffion*. Ond os Kate Roberts a gyflwynodd y fersiwn swyddogol o hanes y werin Gymraeg rhwng diwedd oes Fictoria a dechrau'r ugeinfed ganrif, yna T. Glynne Davies sy'n cyflwyno'r fersiwn answyddogol. Er ei bod yn fwy ufudd i gynllun cronolegol arwrgerdd Dyffryn Nantlle, yn debycach i *Un Nos Ola Leuad* does affliw o ddim yn gysegredig ynddi. Os oedd Kate Roberts yn gorffen ei nofel hi, a gyhoeddwyd ym mlwyddyn llwyddiant poblogaidd ei phlaid yn 1936, gyda rhyw lun o awgrym ynglŷn â'r waredigaeth wleidyddol i'w gwlad, dengys T. Glynne Davies, bron ddeugain mlynedd yn ddiweddarach, na weithiodd y cynllun yn unol â'r bwriad. Fel yn *Cymru Fydd* (1967), proses flêr a diramant a esgorodd ar y Gymru newydd.

Parhau â'r broses o ddadfytholegu'r werin Gymraeg, proses y rhoddwyd hwb aruthrol iddi yn y chwedegau rhwng nofelau Caradog Prichard ac Emyr Jones un unig, a wna *Marged*. A hithau wedi cymryd dros gan mlynedd i dreulio drwgeffeithiau Brad y Llyfrau Gleision ar ein diwylliant, does dim byd amddiffynnol nac ymataliol am y darlun a dynnir nac unrhyw ymdrech i ddarlunio'r Cymry fel cenedl yn meddu ar foesoldeb uwch. Nofel ryddfrydig, nofel foesol ymlaciedig, nofel onest â bywyd yw nofel T. Glynne Davies:

Arwrgerdd, meddwn innau am *Marged*, ond rhaid ychwanegu ei bod yn arwrgerdd wahanol o ran naws i'r rhan fwyaf o lyfrau sydd gennym yn moli'r 'hen ffordd Gymreig o fyw', am fod budreddi a chaledi Sgot (slym Llanrwst), ynghanol y darlun y tro hwn, yn hytrach na bod ar yr ymylon fel Buarth Jenkins yn *Y Dreflan* (Daniel Owen).[78]

Doedd dim dwywaith ym meddwl ei hawdur ynglŷn ag arwyddocâd y Rhyfel Byd Cyntaf:

Rydyn ni'n byw mewn cymdeithas sydd wedi tyfu allan o gyfnod lle roedd pobol gyffredin yn dechrau cael y cyfle i'w datblygu eu hunain – er nad oedden nhw ddim bob amser isio manteisio ar y ffaith honno. Y Rhyfel Byd Cyntaf oedd y trobwynt mwyaf y medraf i feddwl amdano fo yn holl hanes Prydain. Fe aeth pobol fel Royston Edwards yn y nofel – pobol oedd wedi cael eu meithrin yn sŵn Cristionogaeth – allan i Ffrainc i weld eu mêts nhw'n disgyn yn farw yn eu dwsinau o'u cwmpas nhw, a gorfod mynd yn ôl i Gymru fach wedyn, a ffeindio mai myth neu chwedl oedd holl seiliau'r gymdeithas yr oedden nhw wedi ei hadnabod o'r blaen. O hynny ymlaen, fe ddatblygodd y gymdeithas rydyn ni'n ei hadnabod heddiw – heb sylfeini a heb egwyddorion cydweithredol sylfaenol.[79]

A dyna, ar un olwg, yw *Marged*: ymgais i roi cnawd ac esgyrn am y ddamcaniaeth hon. Arwydd o bwysigrwydd y pedair blynedd rhwng 1914 a 1918 o fewn y nofel a'u goblygiadau i fywyd yng Nghymru yw fod dros ei hanner wedi ei neilltuo i drafod cyfnod y rhyfel.

Trwy lygaid y postmon diniwed, Robat-jon, y down ni i brofi'r tro ar fyd a ddaeth i ran cymuned fach drefol fel Llanrwst ddechrau'r ganrif hon. Magwraeth ddigon cysgodol a gafodd:

Gwenai Siân Thomas ynddi ei hun, gan glywed ei gân yn datchwyddo wrth iddo fartsho yn ei flaen yn dalog â'i bwn ar ei ysgwydd:

'Goodbye, Piccadilly; farewell Leicester Square!
It's a long, long way to Tipperary.
But my heart . . .'

Robat-jon, druan! Nid oedd erioed wedi arogleuo *Piccadilly*, hyd yn oed o bell, nac wedi rhynnu ar gyrion *Leicester Square*. Ac ymhle yn y byd yr oedd *Tipperary*? (256)

Hogyn y capel ydoedd o'i gorun i'w sawdl:

Y gwir oedd bod y capel a'i fam rhyngddyn'-nhw wedi codi ofn merched arno-fo. Mi fyddai'n ddiwedd arno-fo pe bai Megan neu unrhyw ferch arall yn cael babi ar ei draul o, nid yn unig am y byddai ei fam yn marw o gywilydd a'r capel yn ei dorri allan a phawb yn ei drin fel yr hwrgi mwyaf a welodd y dyffryn erioed, ond oherwydd y teimladau dychrynllyd y buasai o ei hun yn eu dioddef ar hyd ei oes. Eto, yr oedd yn bump ar hugain oed, a'r rhan fwyaf o fechgyn ei oed-o'n magu llond tŷ o blant yn barod. (258)

Ar y cyfan pwysleisiwyd mewn ffuglen flaenorol fod canllawiau'r capel a'r gydwybod unigol wedi gwared rhai fel Robat-jon rhag drwg yn y rhyfel. Dyna fu hanes Manod a Lewis Valentine, er enghraifft, ac er bod yr Hen Sarjant yn ymbalfalu mewn diffeithdir di-foes, pechadur digon cymedrol yw yntau yn y bôn. Cyfeddyf Ifan Gruffydd ei fod wedi llithro oddi ar y llwybr cul droeon, ond myn mai ei fai ef oedd hynny ac nid yw'n ymhelaethu ynglŷn â'i grwydriadau. Anifail gwahanol yw Robat-jon.

Yn *Cynffon o Wellt* darluniwyd prif gymeriad milwrol llac ei foesau, ond golwg feirniadol a hunangyfiawn gwerinwr ar fonheddwr llwgr a gafwyd yn yr achos yna. Ymdrinnir â Robat-jon â llawer mwy o gydymdeimlad a dealltwriaeth. Fe â ar gyfeiliorn yn llwyr ar ôl ymrestru: nid yn unig y caiff gyfathrach rywiol gydag Anna wyllt a chnawdol, yn hytrach na Megan ddesant a bregus, ond cysga hefyd gyda phutain yn Ffrainc. Y mae'n werth oedi gyda'r agwedd a amlygir at ryw gan ei bod yn cadarnhau penderfyniad T. Glynne Davies i drin ei gymeriadau fel meidrolion ac nid fel saint. Dyma olwg hanesyddol ar bethau:

It is not unreasonable to postulate . . . that the frantic conditions of war, the disturbances to family life, the taking of young men out of the home enviroment, and the doom-laden partings of sweethearts, led to a loosening of traditional constraints upon sexual behaviour. A Royal Commission on Venereal Diseases had been set up in Britain just before the war; but in the general wartime atmosphere of national crisis, of the need to face realities, to call a spade a spade, the whole subject was discussed much more openly than it would have been in pre-war days when the Commission reported in 1916. There was also much frank discussion of the plight of unmarried girls, pregnant by soldier boyfriends serving at the front.[80]

O hyd braich y cyfeiria ein hawduron rhyddiaith at filwyr a ddioddefai o'r clwyf gwenerol ac ni cheir unrhyw enghraifft – ddim hyd yn oed Rosser gondemniedig yn *Bethel* – o filwr Cymraeg wedi ei heintio; roedd y cyn-filwr Saunders Lewis ar ei ben ei hun yn ei ymdrechion i drafod y cyflwr yn *Monica* yn 1930, a bach o ddiolch a gafodd am ei drafferth. Fe gafwyd eisoes yn *Creigiau Milgwyn* ferch yn beichiogi ar ôl cysgu gyda milwr, ond fe ofalwyd cyfiawnhau ei gweithred yn foesol drwy gyfeirio at ei haberth anhunanol i'w chariad. Y mae hanes Anna hithau yn argyhoeddi: yn ystadegol yn ystod y rhyfel, er enghraifft, roedd gwragedd dibriod ddwywaith cyn debyced â gwragedd priod o farw wrth esgor ar blentyn.[81] Ni thrafferthir i esgusodi cnawdolrwydd Robat-jon ac yng nghyd-destun yr astudiaeth bresennol, *Marged* yw'r ymdriniaeth fwyaf rhywiol agored. Do, fe aeth dros hanner canrif heibio cyn datgelu rhai o gyfrinachau rhyw ac edrych ym myw llygad rhai o wironeddau'r rhyfel.

Yn sgil ei brofiadau yn y fyddin ymleda gagendor rhwng Robat-jon a'i orffennol fel sifiliad:

> Dim sôn am y llygod mawr yn y tir-neb yn bwyta cyrff, rhai ohonynt cyn iddynt droi'n gyrff, a neb yn meiddio eu saethu rhag tynnu sylw'r gelyn ddeugain llath i ffwrdd yn y ffos gyferbyn â safle'r bechgyn yn y ffos. Dim sôn am yr hŵrs a'r chwain. Dim sôn yn y *Weekly News* na'r *Rhedegydd* amdano ef ei hun yn ei hwrio hi am y tro cyntaf yr wythnos gynt. Canys ffos ddofn yw putain, a phydew cyfyng yw y ddieithr. (406)

Ond fel y datgelir gan y cyfarwyddiadau llwyfan, sowldiwr drama yw Robat-jon yn y bôn:

> ' 'Rarglwydd Mawr!' meddai Robat-jon: rheg *wneud* oedd hon'na i ddangos i Roy fod y ddau yn yr un byd, a'r un teip â'i gilydd. ' 'F'aswn i byth yn medru saethu pobol fel 'na!' (318)

> 'Mae'r blydi lle yma yn drewi ohonyn'-nhw!' meddai Robat-jon, gan deimlo fel Royston Edwards. (346)

> 'Mi 'neith hynny dd'ioni iddo fo am fod mor stiwpid,' meddai Robat-jon gan wneud sŵn dyn wrth yfed ei de. (347)

A dynwared campau Royston a wna gyda'i ' "Ddim blydi bwli bîff, ac nid blydi tyrci pei" ' (346) a'i ' "Dwi'm isio blydi cinio!" ' (351) brwnt wrth ei fam. Royston Edwards, brawd Anna, yw ei gyfarwyddwr, ond greddf gŵr, oed gwas yw hi yn ei hanes o hyd.

Nid argyhoeddwyd ambell feirniad fod y newid a ddarlunnir ym mhersonoliaeth Robat-jon yn argyhoeddi'n llwyr: 'a yw'r newid trawiadol ynddo yn argyhoeddi? Nid yw'n syndod o gwbl i Anna ei gyffroi'n rhywiol, ond mae ei glywed yn sôn am Megan fel "yr hogan ddiawl arall yna" yn dipyn o sioc, a rywsut nid yw ei siarad rheglyd fel pe'n gydnaws â'r Robat-jon a adwaenem gynt.'[82] Ond diniweityn hawdd dylanawdu arno yw'r cymeriad a phrawf o hynny yw ei ymarweddiad tuag at Royston. Buan y sura ei frwdfrydedd ifanc ar ôl ymuno â'r fyddin a siniciaeth canol oed yn dod yn ei le. Enghraifft o hynny yw'r modd yr â ei syniadau siwgr-candi am gariad i'r gwellt ar ôl cyfnod o hyfforddiant: ' " 'Wyt ti'n meddwl y byddi di'n licio-fi fwy ar ôl imi fynd i ffwr'?" ' (323) oedd cwestiwn Megan iddo cyn ymadael. Dyma'r trawsnewidiad:

> Yr oedd Roy wedi sôn unwaith fod cusanu hwr fel 'cusanu tama'd o blydi iau', a dyna'r union deimlad y byddai Robat-jon yn ei gael ambell waith wrth gyfarch Megan, neu ganu'n iach iddi dros dro.
> . . .
> 'Hogan neis gynddeiriog ydi Anna!'
> 'Ia! Rôn-i'n ama rwbath fel'na . . . y b'asat ti'n meddwl 'i bod hi'n *good kid*. Croeso iti ei blydi ca'l-hi was! Mi f'asa'-hi'n well iti o beth uffarn na'r blydi fyrjin yna sy gynnat-ti yn y topia' 'na!' (374–5)

Mae'n ddiddorol sylwi wrth fynd heibio, nid yn unig ar Gymreigiadau Royston o eiriau Saesneg, ond hefyd ar yr ymadrodd Americanaidd a ddefnyddia, dwy ffactor sy'n awgrymu'r newyddfyd diwylliannol y prysurwyd ei ddynesiad gan y rhyfel. Yn sgil y rhyfel hefyd y rhoddwyd hygrededd cymdeithasol i giaridyms a rapsgaliwns Sgot: oherwydd fod Royston yn y fyddin, tynnwyd hetiau i ffwrdd er parch i gyfarch ei fam neu ei chwiorydd ar strydoedd Llanrwst: 'Yr oedd y pared plastr hwnnw – na, y mur trwchus hwnnw – rhwng y Plant Da a'r Plant Drwg wedi ei ddymchwel. Yr oedd y rhyfel wedi rhoi ei gyfle i'r Plant Drwg fod yn gyflawn aelodau o'r gymdeithas.' (316) Democrateiddiwr mawr yw'r rhyfel yn hyn o beth.

Os lefelwr cymdeithasol yw'r rhyfel y mae hefyd yn gosmopolitaneiddiwr diwylliannol. Nid yw cyfarfyddiad Robat-jon, er enghraifft, â chriw o Gymry ynghanol anialwch y Somme yn codi dim ar ei galon:

'There's a load of Taffs over there, mate! Why don't you go and have a natter?'
Ymlwybrodd Robat-jon atynt: ei Gymry cyntaf ar y tir estron yna a rhai o'r Gogledd oeddent hefyd. Ond wrth iddo sefyll a gwrando, ar ôl y cyfarchiadau cyntaf a'r *'O ble ti'n dwad?,'* milwyr oedd y rhain hefyd yn siarad iaith milwyr a blas a lliw ac aroglau lluddi – y *lyddite* – yn dew ym monau magnelog eu cyrn gyddfau. (418)

Cysyniad digysur yw cenedligrwydd fan hyn – milwyr yw pawb a'u busnes yw lladd. Dywedwyd gynnau mai trwy hap a damwain y sicrheir Cymru fydd. Y gwir amdani yw fod Robat-jon wedi chwerwi i'r fath raddau at ei hen gynefin fel na fyddai, petai wedi cael byw, wedi dychwelyd yno i fyw drannoeth y drin:

Nid oedd yn teimlo y gallai fyth eto fynd yn ôl i'w rigolau yn Llanrwst, yn cario post i hen ferched a'u clywed yn byw yn eu byd bach, yn sôn am y farchnad a'r tywydd bob munud.
Mi fyddai'n symud i Lundain neu Lerpwl a byw bywyd llawn. Byw yn Llanrwst eto, a gwrando ar ei mân-feirdd yn crawcian a'i phregethwyr yn bwhwman a gwylio'r blaenoriaid yn ffromi ac yn siarad yn sidêt? Dim ffiars o beryg! (411–12)

Nid Cynan mo hwn yn hiraethu am Ben Llŷn, nid Manod yn dyheu am gael mynd adref. Dyna'r patrwm cyfarwydd, o 'Mynd Adref' R. Hughes Williams hyd *Traed Mewn Cyffion*, sef cydymdeimlad a chyd-ddealltwriaeth rhwng sifiliaid a milwyr Cymraeg. Nid felly mohoni fan hyn. Gwyrdroir y rhag-dybiaethau a'r gwerthoedd blaenorol yn *Marged* ac o ganlyniad, drwgdeimlad, dicter a gelyniaeth a deimla Royston a Robat-jon tuag at y bobl gartref. O gymharu â'r lleiafrif a ymdynghedodd i ddiwygio'r hen drefn ar sail eu profiad o'r rhyfel – rhai fel Saunders Lewis, Lewis Valentine a Kate Roberts – pa mor nodweddiadol oedd ymddieithriad llwyr un fel Robat-jon oddi wrth y drefn honno? Onid oes yn ei hanes dig ddameg am y miloedd bechgyn y collodd Cymru – ei hiaith a'i diwylliant – eu cyfraniad am byth ar ôl y rhyfel, un ai oherwydd eu marwolaeth neu oherwydd eu hadwaith yn erbyn yr hen werthoedd? Ac os felly, onid ysgwyddai'r diwylliant hwnnw beth o'r bai am y chwalfa gymdeithasol a ddilynodd y rhyfel?

Wrth drafod *Y Siôl Wen* awgrymwyd y byddai'n well petai'r nofelydd wedi ymatal rhag darlunio maes y gad, a dyna hefyd farn Kate Roberts am *Marged* – am mai 'nofel am Lanrwst ydyw'.[83] I'r gwrthwyneb, ddywedwn i, a hynny, os rhywbeth, am mai nofel am Lanrwst ydyw. Nid yr un fyddai'r dref honno ar ôl y rhyfel a dyw hi ond yn iawn dangos yn ei gyfanrwydd y peiriant estron a gynhyrchodd y fath newid. Dyna a wneir mewn adrannau rhyfelgar fel y rhai a ganlyn – cyfleu mewn arddull uniongyrchol, sinematig erwindeb y brwydro gan esbonio, yn y fargen, pam na allasai Robat-jon ddychwelyd i'w gynefin yn ddifeddwl:

> Un yma a thraw oedd yn crynu, a bellach yn gweiddi *I can't! I can't!* neu *For Christ's sake!* Yn eu plith fe sylwodd Robat-jon ar un neu ddau oedd wedi bod yn ddigon uchel eu cloch y noson gynt ynglŷn â'r hyn y byddent yn ei wneuthur i unrhyw Almaenwr a ddigwyddai fod yn eu llwybr. Dim sarhad arnynt hwythau. Plant oedd pawb. Plant heb fod nac yn blant drwg nac yn blant da. Plant. *There you are son!*
> Corporal trugarog yn dod â llond jar o *rum.* Y nadu'n peidio wrth i'r dannedd gau am ddur caled y llwy, yna'n cychwyn eto. *You'll have to go sonny.* Crefu am ragor o *rum. There you are! You'll be all right. Remember it's for King and country, lad, and for your mother too.* (421–2)

Ni welwyd yn yr un nofel Gymraeg am y rhyfel o'r blaen ddisgrifio mor ddigyfaddawd â hyn heb sôn am ddefnydd mor ddilyffethair o iaith arw a rhegfeydd: 'cwd; ceilliau; blydi; diawl; uffarn; fyrjin'. Epig gymdeithasol realaidd galed yw *Marged.* Manteisiwyd i'r eithaf ar y rhyddid creadigol a ddeilliodd o ddileu deddfau sensoriaeth, digwyddiad a olygai fod modd datgelu am y tro cyntaf, fel y sylwodd Paul Fussell, enbydrwydd llwyr y rhyfel.

Gwasanaethodd T. Glynne Davies gyda'r fyddin ym Malta yn ystod yr Ail Ryfel Byd, cyfnod y deilliodd y gyfrol *Cân Serch a Storïau Eraill* (1954) ohono. Fel Emyr Jones o'i flaen, ymgaledodd ei olwg yntau ar ryfel yn sgil ei brofiadau. Yn ystod yr un rhyfel gwrthwynebydd cydwybodol a fu'n gweithio gyda'r gwasanaeth ambiwlans oedd Rhydwen Williams, awdur *Gallt y Gofal* (1979), a *Bevin Boy* a fu'n gweithio ym mhwll y Parlwr Du oedd T. Wilson Evans, awdur *Y Pabi Coch* (1983). Gyda'r ddau destun yma y dirwynir yr astudiaeth hon i ben, a phriodol hynny gan eu bod yn ddwy nofel fer negyddol, nihilaidd eu naws a phob diferyn o arwriaeth filwrol wedi ei wasgu ohonynt. Yn raddol bach a chyndyn yn ystod y ganrif hon y gollyngodd llenorion Cymraeg eu gafael ar yr hyn a eilw Northrop Frye yn *'low mimetic mode'* – pan fo grym yr arwr yn gyfartal â grym ei ddarllenwyr – a mabwysiadu'r modd eironig – pan fo grym yr arwr yn llai na grym ei ddarllenwyr: 'If inferior in power or intelligence to ourselves, so that we have the sense of looking down on a scene of bondage, frustration, or absurdity, the hero belongs to the ironic mode'.[84] Dyna union argraff dyn wrth ddarllen y ddwy nofel fodern yma.

Un o anffodusion y ddaear yw Job Cornog, prif gymeriad *Gallt y Gofal*, creadur nad yw byth cweit yn llwyddo i gyrraedd y nod er ymbalfalu'n drist tuag ato.[85] Cymeriad tebyg i J.T., y pregethwr yn *Outside the House of Baal* (1965), felly, neu Goronwy Jones ddifenter yn *Jones* (1984), ac yn dechnegol yn ogystal â thematig, fe ddaw dwy nofel Emyr Humphreys i'r meddwl wrth ystyried y nofel hon: egyr yn y presennol diffrwyth cyn bwrw golwg yn ôl dros hynt y prif gymeriad yn y gorffennol ac yna dychwelyd i gloi i'r presennol. Plentyn siawns nad arbedwyd fawr o gariad arno yw Job a ffugarwrol yw cywair y nofel ar ei hyd – yn union fel pe na bai gan hyd yn oed draethydd y nofel fawr o ffydd yng ngwrthrych ei hanes! Dyw bywyd ddim wedi ei gymryd o ddifri: yn fachgen ifanc fe â plismon i'r afael ag ef yn rhywiol a lladrata ei dipyn eiddo ac fe'i chwipir gan sipswn am iddo garu gyda'i ferch. Does dim sy'n arhosol yn ei brofiad: cwta flwyddyn wedi iddo briodi bu farw ei wraig tra oedd yn esgor ar eu plentyn marwanedig. Ar ôl ei fethiant pathetig i wneud amdano'i hun yr ymuna'r truan â'r fyddin yn 1914 er mwyn ceisio llenwi'r gwacter sy'n ei lethu: 'Gall nad oedd dim gwell y medrai wneud â'i einioes ddigysur, amddifad.' (133) Cynigiai'r fyddin fodd i ddianc rhag ei dynged benstiff trwy lithro yn hyderus i blith y dorf gymysg. Hyd yn oed wedyn, go brin ei fod yn perthyn: 'Er y graen a'r gogoniant militaraidd, nid oedd y siwt na'r sefyllfa yn gweddu'n gwbl esmwyth rywsut. Ni fedrai yn ei fyw gredu yr edrychai'n sowldiwr, dim ond yn llanc o'r wlad neu goliar bach o'r cwm wedi newid byd.' (139) Ac yntau'n ffigur mor ddigyswllt caiff Job hi'n haws cyfathrebu gydag anifeiliaid na chyda'i gyd-ddynion a chymer at hen geffyl o'r enw Briwt yn arw: 'Briwt oedd ei gyfaill mwyaf mynwesol a chyson cyn pen fawr o dro.' (147) Symbol eithaf o'r erledigaeth ar Job yw marwolaeth giaidd Briwt ar feysydd y Somme a'r weiren bigog yn glymau amdano: 'onid oedd ymadawiad y creadur amyneddgar hwnnw, Briwt, yn selio pob dadl nad oedd ganddo siawns i gadw'r un trysor dan yr haul?' (150) O'r crud i'r bedd, methiant fu Job.

Gyda chyhoeddi nofel T. Wilson Evans, *Y Pabi Coch*, down wyneb yn wyneb â Twm, gwrtharwr sy'n ymdebygu fwy i Arthur Seaton *Saturday Night and Sunday Morning* (1958) nag i Hedd Wyn.[86] Trewir y cywair comig, arisel o'r paragraff cyntaf un gyda'i ddelweddaeth anifeilaidd gref:

> Wedi cyrraedd y camp troesom o fod yn ddynion ieuanc yr oedd y wlad yn frod ohonom, i fod yn greaduriaid is na'r anifeiliaid mewn chwinciad llygaid llo bach, a bûm yn ddigon ffôl i ateb y sarjant yn ôl pan alwodd ryw enwau ffiaidd arnaf. Nid oeddwn yn sicr o'u hystyr chwaith, ond medrwn ddweud ar ei ymddygiad nad oeddwn i wrth fodd ei galon rywsut, ac mi ddywedais innau mewn Saesneg digon bratiog nad oedd o wrth fodd fy nghalon innau chwaith. Gwae imi fy meiddgarwch! Credwn fod i bob dyn ei urddas, ond dysgais yn sydyn mai milwr oeddwn ac nid dyn. Gwnaeth y sarjant yn sicr fod y barbwr yn cneifio pob blewyn o wallt oddi ar fy mhen. (5)

Y mae'r agwedd ddi-hid a thrwsgl yn nodweddu ymarweddiad Twm wrth iddo fustachu o'r naill helynt i'r llall gan dynnu swyddog ar ôl swyddog yn ei ben. Pan yw'n dianc adref dros y Sul, dywed gelwydd am fywyd braf y fyddin er mwyn ennill clust ac edmygedd. Ond yn wahanol i'r genhedlaeth o ddynion ifanc dig a di-feind a bortreadwyd yn ystod y pumdegau a'r chwedegau gan awduron megis Alan Sillitoe, John Braine a Stan Barstow, sef union gyfoeswyr T. Wilson Evans a aned yn y dauddegau, mae Twm yn crynu yn ei sodlau gan ofni barn Duw. Yr ofn hwnnw sy'n ei orfodi i'w throi hi'n ôl am y gwersyll yng Nghroesoswallt ar ei feic: 'Ped anfonid fi i'r Ffrynt Lein ni byddai ond teilyngdod, a chan mil gwell na dialedd fy Nuw.' (8) Yn benyd fe'i gorfodir i balu gardd am fis crwn 'ond roeddwn yn berffaith hapus oherwydd gwyddwn bellach nad oedd dialedd Duw Bethania yn cyrraedd cyn belled â Chroesoswallt, a 'mod i'n ddiogel oddi wrtho tra oeddwn yn y Rhyfel Mawr.' (9) Dyw hi'n ddim syndod ei fod yn saethu mul ar gam yn Ffrainc gan dybio mai Almaenwr ydoedd, a diwedda'r rhyfel gydag yntau yn ôl yn y gardrwm o'r newydd. Er bod y digwyddiadau'n fwy ffarsaidd nag yn *Marged*, yn eu diniweidrwydd heintus cynnar a'u dadrith ysgol diweddarach mae Robat-jon a Twm yn frodyr maeth.

Nofel sardonig yw *Y Pabi Coch* drwyddi draw wrth i Twm addasu ei athroniaeth ddidostur o hunangar gogyfer â'i amgylchfyd milwrol: 'Dysgais fod Duw wedi newid ei feddwl am reolau'r Rhodd Mam a'r Deg Gorchymyn, ac mai i adegau heddwch ar y ddaear yn unig y bwriadodd O'r Bregeth ar y Mynydd. Rhyfedd sut mae dyn yn medru cyflyru ei feddwl i dderbyn diwinyddiaeth newydd pan fo Duw yn ei arwain!' (10) Daw'r ethos a ddatblyga yn y fyddin yn ethos ar gyfer ei holl fywyd: 'roedd y "fi" mewnol yn sinistr oer gynllwyngar yn ceisio gwyrdroi pob amgylchiad i'w fantais ei hun' (11); 'Nid oedd dim yn bwysicach na chadw'n fyw, doed a ddelo, a phob dim arall yn ddarostyngedig i'r sylfaen hon.' (13) Try'n filwr caled dideimlad, 'fel darn solat o sment'. (14) A'r nofel wedi ei chyhoeddi yn ystod hanner cyntaf yr wythdegau, y mae'r Twm unigolyddol, gwrthgymdeithasol yn ymgorfforiad amserol o Thatcheriaeth. Yn hollol groes i'r milwyr blaenorol a soniodd am y gwerthoedd dyneiddiol a amlygwyd yn ystod y rhyfel, y cieidd-dra sy'n mynnu glynu yng nghof Twm: 'Os edrychwn ar y peth mewn gwaed oer rhaid yw dweud fod y Rhyfel Mawr wedi dangos tlodi ysbryd dyn yn fwy o lawer na'i hawddfrydigrwydd o.' (13) Drwodd a thro, gweledigaeth cyn ddued â bol buwch a amlygir ac ni fentrir, er gwaethaf pob drygioni, ddyrchafu unrhyw eiliadau o ddaioni a bwrw pleidlais gadarnhaol o blaid bywyd.

Mynegwyd agwedd ddiraddiol y milwyr tuag at y boblogaeth ddiarwybod gartref droeon o'r blaen, ond cyff gwawd yw'r sifiliaid fan hyn. Negyddwyd hyd yn oed ryddhad Twm o gyrraedd adref:

> Fi oedd un o'r rhai olaf i gyrraedd adref a phawb wedi blino disgwyl amdanaf gan mor eiddgar oeddynt i gynnal eu Te Parti a'u Cyngerdd Mawreddog . . . nid y fi ydoedd hoff sowldiwr Prydain Fawr, ac felly roeddwn dros bythefnos ar ôl y lleill yn cyrraedd Nirfana, gyda'r hwyl a'r sbri wedi llugoeri, a dweud y lleiaf. Ni welais neb, ac ni welodd neb fi chwaith, wrth imi gamu'r ffordd er

mwyn codi dipyn o stêm. Edrychai'r tai yn dlodaidd wrth iddynt grafu byw gerfydd eu hewinedd ar erchwyn y ffordd fawr, a'r ffordd fel petai'n brysio i gael allan o'r lle yn sydyn ar drofa'r Gladir. (18–19)

Oeraidd, diddiolch a cheryddgar yw ei dad ar ei ddychweliad am na chyflawnodd unrhyw wrhydri – ac eithrio'i gamp yn cael ei lusgo gerbron ei well. Dim ond drwy ystryw y llwydda i gael swydd yn y pwll glo ar ôl dychwelyd o'r rhyfel oherwydd fod pawb yn gwybod am ei aneffeithiolrwydd fel milwr. A dyna sy'n nodweddu milwyr *Marged, Gallt y Gofal* ac *Y Pabi Coch* – cymeriadau hunangar, myfiol, gwrtharwrol sy'n llwyddo i wyrdroi rhagdybiaethau amryw o'u rhagflaenwyr. Er nad testunau ymrwymedig mohonynt, cofier mai dau genedlaethol-wr a sgrifennodd y ddwy nofel ddiwethaf, ffaith a fyddai'n rhwym o lywio eu dehongliad o'r rhyfel. Yn greadigol yn ogystal â gwleidyddol, rhyddhawyd yr awduron hyn: yn amseryddol, ymbellhawyd yn ddigonol oddi wrth gyfnod y rhyfel i allu mynegi'r caswir amdano heb ofni dim ynglŷn â brifo teimladau teuluoedd y rhai a gollwyd yn y gyflafan neu bechu'n erbyn yr hen filwyr a'i goroesodd. Roedden nhw'n rhydd i ddweud eu dweud. Yn y gweithiau hyn, o'r herwydd, cyrhaeddwyd gwael-od isaf y ffos: ar y gorau, trychineb amherthnasol fu'r Rhyfel Byd Cyntaf; ar y gwaethaf, jôc ddu fu'r cyfan.

Wrth gloi, mae'n anodd peidio â chymharu negyddiaeth ddi-ildio'r ddau awdur olaf wrth iddyn nhw drafod y Rhyfel Byd Cyntaf, a hynny mor ddiweddar â'r saithdegau, gydag agwedd adeiladol a chymodlon Islwyn Ffowc Elis, mor gynnar â'r pumdegau, tuag at yr Ail Ryfel Byd. Yn nofelau Lleifior, *Cysgod y Cryman* (1953) ac *Yn ôl i Leifior* (1956), angel gwarcheidiol Greta Vaughan yw'r carcharor rhyfel o'r Almaen, Karl Weissmann, tangnefeddwr o gymeriad ac un cwbl wahanol i Paul Rushmere, y Sais imperialaidd ac atgas a fu'n ŵr cyntaf iddi. Ymwybod aeddfetach â chenedligrwydd a esgorodd yn ei dro ar wrthwynebiad Cymreig mwy diffiniedig i ryfel – dyna a barodd fod senario ffuglennol mor hyderus ac annibynnol â hynny'n ddichonadwy. Ond stori arall, am ryfel arall, yw honno.

Nodiadau

[1] W. Jones-Edwards, *Ar Lethrau Ffair Rhos* (Aberystwyth, 1963); J. M. Davies, *O Gwmpas Pumlumon* (Aberystwyth, 1966).

[2] E. Beynon Davies, *Ar Orwel Pell* (Llandysul, 1965), 56.

[3] 'Dyddiadur Milwr', yn John Emyr (gol.), *Lewis Valentine: Dyddiadur Milwr a Gweithiau Eraill* (Llandysul, 1988), 46.

[4] Adolygiad ar *Tân yn y Siambar*, *Western Mail* (24 Medi 1966).

[5] Ifan Gruffydd, *Gŵr o Baradwys* (Dinbych, 1963); *Tân yn y Siambar* (Dinbych, 1965).

[6] 'Llenyddiaeth yn Gymraeg', yn Meic Stephens (gol.), *Y Celfyddydau yng Nghymru 1950–75* (Caerdydd, 1979), 196.

[7] 'Rhai Cyfarwyddiaid', *Llenyddiaeth Gymraeg 1936–1972* (Llandybïe, 1975), 299.

[8] Mair Saunders Jones, Ned Thomas, a Harri Pritchard Jones (gol.), *Letters to Margaret Gilcriest* (Caerdydd, 1993).

[9] *Western Mail* (24 Medi 1966).

[10] 'Cofiannau ac Atgofiannau', yn Geraint Bowen (gol.), *Y Traddodiad Rhyddiaith yn yr Ugeinfed Ganrif* (Llandysul, 1976), 161.

[11] Bedwyr Lewis Jones, 160–1.

[12] *The Great War and Modern Memory* (Rhydychen, 1975), 207.

[13] Lewis Valentine, 'Dyddiadur Milwr', 4–5.

[14] 'Rhagymadrodd', *Lewis Valentine: Dyddiadur Milwr a Gweithiau Eraill*, xli.

[15] Lewis Valentine, yn John Emyr (gol.), *Lewis Valentine yn Cofio* (Dinbych, 1983), 52.

[16] 'Fy Nyddiadur', yn J. W. Jones (gol.), *Tystiolaeth Cyn-filwyr*, 'Pamffledi Heddychwyr Cymru', rhif 6 (Ail Gyfres) (Dinbych, d.d.), 9.

[17] '*Yma o Hyd* gan Angharad Tomos', *Ysgrifau ar y Nofel* (Caerdydd, 1992), 288 a 289. Fel y mae'n digwydd, bu cynhyrchiad llwyfan o waith Lewis Valentine a nofel Angharad Tomos yn cyd-deithio o gwmpas theatrau Cymru ddiwedd yr wythdegau a dechrau'r nawdegau. Gw. Hywel Teifi Edwards, '. . . Sydd yn Gelwydd Oll?', *Golwg*, 2 (20, 1 Chwefror 1990), 21.

[18] Dyfynnwyd yn Menna Baines, '"Dros Gymru'n Gwlad . . ."', *Golwg* (1 Chwefror 1990), 20.

[19] 'Rhyfel, Carchar a Chapel', adolygiad ar *Lewis Valentine: Dyddiadur Milwr a Gweithiau Eraill*, *Barn*, 314 (Mawrth 1989), 40.

[20] Rhagymadrodd, *Lewis Valentine: Dyddiadur Milwr a Gweithiau Eraill*, xl.

[21] John Emyr, xvii. Wrth fynd ati i baratoi ei sioe lwyfan *Val*, porodd Dyfan Roberts yn fanwl yn ysgrifeniadau Lewis Valentine: 'Roedd dau ddyddiadur rhyfel – un wedi'i gadw ar ffurf argraffiadau cryno ar y pryd o fywyd yn y ffosydd, y llall yn fyfyrdod llawnach wrth edrych yn ôl.' Gw. Menna Baines, '"Dros Gymru'n Gwlad . . ."', *Golwg* (1 Chwefror 1990), 19. Y mae tri dyddiadur o gyfnod y rhyfel ar gadw ymhlith Papurau Lewis Valentine yn Llyfrgell Genedlaethol Cymru (LlGC) (eitemau 23–5).

[22] Cyfeirir at ' "enaid hoff cytûn" ' ar dudalen 31 ac at ' "[l]onydd gorffenedig y Lôn Goed" ' ar dudalen 45.

[23] Emrys ap Iwan, cyhoeddwyd gyntaf yn *Y Faner* (11 Hydref 1882); ailargraffwyd yn D. Myrddin Lloyd (gol.), *Erthyglau Emrys ap Iwan: I* (Y Clwb Llyfrau Cymreig, 1937), 86.

[24] Adolygiad ar *Lewis Valentine: Dyddiadur Milwr a Gweithiau Eraill*, yn *Llais Llyfrau* (Gwanwyn 1989), 13.

[25] Llythyr a argraffwyd gyntaf yn *Y Cymro* (15 Awst 1917) ac a ailgyhoeddwyd yn R. R. Williams, *Breuddwyd Cymro Mewn Dillad Benthyg* (Lerpwl, 1964), 63.

[26] 'Digwyddiadau ym Mywyd Milwr', Papurau Lewis Valentine 26, LlGC. Ynglŷn â'r cyfeiriad at frwydr y Somme, ymddengys fod John Emyr yn gywir pan yw'n bwrw amheuaeth arno: 'Dywedwyd ambell dro, gan Lewis Valentine ac eraill ar ei ôl, ei fod wedi profi brwydrau *cyntaf* y Somme. Nid ymddengys fod hynny'n gywir gan mai 1 Gorffennaf 1916 oedd diwrnod brwydr gyntaf y Somme, ond ar 24 Medi 1916 yr oedd Valentine yn cyrraedd Ffrainc. Ond parhaodd brwydrau'r Somme tan fis Tachwedd 1916 . . .' Gw. 'Rhagymadrodd', *Lewis Valentine: Dyddiadur Milwr a Gweithiau Eraill*, xviii.

[27] *A War Imagined* (Llundain, 1990), 108.

[28] *A Bitter Truth* (New Haven a Llundain, 1994), 158; llun ar dudalen 159. Am ragor o argraffiadau Otto Dix o'r rhyfel, gw. Keith Hartley, 'First World War 1914–1918', yng nghatalog Oriel Tate, *Otto Dix* (Llundain, 1992), 77–88.

[29] Richard Cork, *A Bitter Truth*, 10.

[30] Geraint W. Parry, *Sarff yn Eden* (Llandysul, 1993).

[31] Geraint V. Jones, 'Stori sy'n Gafael', adolygiad ar *Sarff yn Eden*, *Barn*, 373 (Chwefror 1994), 27.

[32] W. Leslie Richards, *Cynffon o Wellt* (Dinbych, 1960).

[33] 'Os ydych yn Hoffi Stori Dda', *Y Faner* (28 Ebrill 1960).

[34] 'Tueddiadau yn ein Llên Ddiweddar', *Y Traethodydd*, 127 (543, Gorffennaf 1972), 176.

[35] Gw. Dyfnallt Morgan, 'Cofio Les', *Barn*, 327 (Ebrill 1990), 34; 'Pesimyddiaeth Gristnogol' oedd ei ymateb pan holwyd ef am 'Athroniaeth Llenyddiaeth' gan John Maxwell Jones yn *Cyfarwyddiadur Awduron Cymraeg Cyfoes* (Philadelphia, 1970), vi.

[36] J. D. Miller, *Bethel* (Llandybïe, 1965).

[37] Gw. 'Per Ardua Ad Astra', yn William Morris (gol.), *'Roeddwn I Yno: Casgliad o Straeon Profiad* (Caernarfon, 1966), 126–43.

[38] Beirniadaeth y Fedal Ryddiaith, yn E. Lewis Evans (gol.), *Cyfansoddiadau a Beirniadaethau Eisteddfod Genedlaethol Abertawe a'r Cylch 1965* (Llandysul, 1965), 129.

[39] *Cyfansoddiadau . . . 1965*, 110.

[40] C. Day Lewis (gol.), *The Collected Poems of Wilfred Owen* (Llundain, 1963), 74–5.

[41] Emyr Jones, *Gwaed Gwirion* (Lerpwl, 1965). Cyfeiriodd yr awdur at ddau wall printio yn yr unig argraffiad hwn o'r nofel: fel hyn y dylai'r

frawddeg ar waelod tudalen 96 ddarllen: 'Rydw i'n cofio tywydd mor braf oedd hi, y caeau'n glasu a blodau'r gwanwyn yn 'u gogoniant, a'r gwrychoedd yn ddigon o bictiwr o dan gwrlid o flodau drain gwynion'; ar dudalen 104, ' 'Ro'dd lein ffrynt Jeri ryw fil o *lathenni* i ffwrdd' sy'n gywir yn hytrach na 'rhyw fil o *filltiroedd*'. Gwybodaeth gan yr awdur.

42 Glyn Ashton, 'Y Nofel', *Y Traddodiad Rhyddiaith yn yr Ugeinfed Ganrif*, 125.
43 'Rhyfel 1914–18', adolygiad ar E. Beynon Davies, *Ar Orwel Pell* ac Emyr Jones, *Gwaed Gwirion*, *Western Mail* (29 Ionawr 1966). Ategodd Saunders Lewis ei sylwadau'n breifat yn yr ohebiaeth rhyngddo a Kate Roberts: 'Yn fy marn i y mae cryn gamp arni, peth dieithr ddigon y dyddiau hyn', a chredai Kate Roberts fod pennod gyntaf y nofel 'yn darllen yn hollol naturiol'. Gw. Dafydd Ifans (gol.), *Annwyl Kate, Annwyl Saunders* (Aberystwyth, 1992), 220.
44 Dyfynnwyd yn 'Gwobr yr Academi i Nofel gan Athro', *Y Faner* (4 Awst 1966).
45 Adolygiad ar *Gwaed Gwirion* yn *Y Cymro* (19 Chwefror 1966).
46 'Yr Arswyd Mawr . . .', adolygiad ar *Gwaed Gwirion*, *Taliesin*, 12 (Gorffennaf 1966), 78.
47 'Llenyddiaeth Cyni a Rhyfel: 1914–1939', *Llên Cyni a Rhyfel a Thrafodion Eraill* (Llandysul, 1987), 42.
48 'Rhyfel 1914–18', *Western Mail*.
49 D. Tecwyn Lloyd, 'Yr Arswyd Mawr . . .', 6. Mewn erthygl ddiweddarach – 'Gwaed Gwirion (II)', *Barn*, 80 (Mehefin 1969), 220 – dywed yr un awdur mai 'adrodd stori neu atgofion dyn arall, "Rhen Sarjant", y mae. Dywedodd Mr. Jones ei hun wrthyf un tro nad cymeriad dychmygol oedd hwn. Bu fyw tan yn weddol ddiweddar ac yr oedd wedi bod drwy'r cwbl y mae'r llyfr yn sôn amdano'. Mewn sgwrs a roddodd i ddosbarth 'Llenyddiaeth Rhyfel' yn yr Adran Gymraeg, Prifysgol Cymru, Bangor (17 Chwefror 1992), datgelodd Emyr Jones mai Twm Tolman oedd enw priod cymeriad yr Hen Sarjant a weithiai yn y caban yn ystod y tridegau – hynny, er iddo yn y rhagair i'r nofel ddweud mai 'Ei enw priodol oedd Daniel Roberts'. (5)
50 'Yr Arswyd Mawr . . .', 72.
51 David Lodge, 'The Non-Fiction Novel', *The Art of Fiction* (Harmondsworth, 1992), 203.
52 David Lodge, *The Art of Fiction*, 203.
53 David Lodge, 204.
54 Emyr Jones yn sgwrsio am *Gwaed Gwirion*, 17 Chwefror 1992.
55 *Y Faner* (4 Awst 1966).
56 'Yr Arswyd Mawr . . .', 6.
57 Emyr Jones, 'Rhyfel 'Rhen Sarjant', *Llais Llyfrau*, 6 (Gaeaf 1966), 12.
58 *Llenyddiaeth Gymraeg 1936–1972*, 306.
59 Samuel Hynes, *A War Imagined*, 426.
60 'The Language of Modernist Fiction: Metaphor and Metonymy', yn Malcolm Bradbury a James McFarlane (gol.), *Modernism: A Guide to*

European Literature 1890–1930 (Harmondsworth, 1976; ailarg. 1991), 481.

[61] 'L'Envoi', *Telyn y Nos* (Caerdydd, 1921), 81.

[62] 'Llenyddiaeth Cyni a Rhyfel: 1914–1939', *Llên Cyni a Rhyfel a Thrafodion Eraill*, 38.

[63] Sgwrs am *Gwaed Gwirion*, 17 Chwefror 1992.

[64] 'Pethau ar eu Hanner', *Y Weledigaeth Haearn* (Dinbych, 1965), 26.

[65] '1914–1918', *Chwerwder yn y Ffynhonnau* (Dinbych, 1962), 37.

[66] 'Korea', *Chwerwder yn y Ffynhonnau*, 28.

[67] *Eye-Deep in Hell: Life in the Trenches 1914–1918* (Llundain, 1976; arg. 1977), 5.

[68] *Traed Mewn Cyffion* (Aberystwyth, 1936), 173.

[69] E. Lloyd Dobbins, *South Wales as the Chief Industrial Centre of the United Kingdom: Her Part in the Great Victory War* (Caerdydd, 1922), 169.

[70] Rhydwen Williams, *Y Briodas* (Llandybïe, 1969); *Y Siôl Wen* (Llandybïe, 1970); *Dyddiau Dyn* (Llandybïe, 1973).

[71] E. D. Lewis, 'Population Changes and Social Life 1860–1914', yn K. S. Hopkins (gol.), *Rhondda Past and Future* (Y Rhondda, 1975), 126–7.

[72] 'O Gwm Rhondda', adolygiad ar *Y Briodas*, *Barn*, 89 (Mawrth 1970), 132.

[73] Hywel Francis, *Miners Against Fascism: Wales and the Spanish Civil War* (Llundain, 1984), 36.

[74] Hywel Francis, 37.

[75] *Hanes Cymru* (Llundain, 1990), 521.

[76] Lewis Jones, *Cwmardy* (Llundain, 1937; ailarg. 1978), 310.

[77] T. Glynne Davies, *Marged* (Llandysul, 1974).

[78] John Rowlands, '*Marged* T. Glynne Davies', yn J. E. Caerwyn Williams (gol.), *Ysgrifau Beirniadol XI* (Dinbych, 1979), 265.

[79] 'T. Glynne Davies yn sgwrsio am *Marged*', *Barn*, 182 (Mawrth 1978), 114–15.

[80] Arthur Marwick a Bill Purdue, *War War I and its Consequences* (Buckingham, 1990), 110.

[81] Gw. Steve Humphries, *The Secret World of Sex* (Llundain, 1988), 92:

> because of the difficult circumstances they found themselves in, the mothers and their new babies had a much greater chance of dying in childbirth. Around the time of the First World War it was statistically twice that of those who were married. Those babies who survived would often be brought up by their young mother's parent, a married sister, an aunt or other relative.

Onid dyna i bob pwrpas hanes tad Robin Edwards yn *Marged*?

[82] John Rowlands, '*Marged* T. Glynne Davies', 276.

[83] Adolygiad ar *Marged*, *Barn*, 147 (Mawrth/Ebrill 1975), 620.

[84] Northrop Frye, *Anatomy of Criticism* (Princeton, 1957), 34.

[85] Rhydwen Williams, *Gallt y Gofal* (Abertawe, 1979).

[86] T. Wilson Evans, *Y Pabi Coch* (Llandysul, 1983). Dyfarnwyd y Fedal Ryddiaith am y nofel: gw. beirniadaeth Islwyn Ffowc Elis, Geraint

Gruffydd a Branwen Jarvis ar 'Gŵr y Graith', yn T. M. Bassett (gol.), *Cyfansoddiadau a Beirniadaethau Eisteddfod Genedlaethol Cymru Ynys Môn 1983* (Llandysul, 1983), 113–19.

Atodiad*

T. Gwynn Jones, 'Y Tu Draw' (1915)*, Casgliad T. Gwynn Jones, Llyfrgell Genedlaethol Cymru.

Daethai yr awr. Ac nid oedd ynddi na rhamant na gogoniant. Gartref y bydd y pethau hynny, ar gadair esmwyth ac mewn papurau newydd yn unig. Yn fy nghyffro, syrthiais, fel yr oeddem yn rhedeg. Er na bûm ar lawr ond ychydig eiliadau, yr oedd y dynion eraill, erbyn i mi gyfodi ar fy nhraed, yn cyrraedd at y gelyn. Yr oeddynt yn gweiddi yn arswydus. Pob math o bethau – rhegfeydd, darnau o gerddi digrif, darnau o weddïau. Hyd lawr rhwng y lle 'roeddwn i a'r lle'r oeddynt hwythau, yr oedd dynion, rai wedi marw, eraill wrthi yn marw. Sylwais ar yr holl bethau hyn ar drawiad. Yna dechreuais innau redeg ar ôl y lleill. Dyma'r tro cyntaf i mi fod mewn rhuthr gyda'r fidog. Ni buaswn yn ei gwthio i ddim byd byw cyn hynny. Yr oedd arnaf arswyd. Dyna'r gwir noeth. Er hynny, rhedais. I rywle. Am fod pawb yn rhedeg. Wrth wneud hynny, meglais eilwaith ar draws corff dyn, a syrthiais. Cyfodais drachefn. Wrth gyfodi, sylwais mai yn erbyn corff Wil Owen yr oeddwn wedi maglu. Cofiais, fel ergyd, am yr amser yr oedd Wil a minnau'n chwarae gyda'n gilydd yn hogiau bach. Ac mor ddiniwed ydoedd. Hogyn bach tew, a gwallt melyn cyrliog. Teimlais fy nghalon yn llosgi fel tân ynof. Y funud nesaf, deellais nad oedd arnaf ddim ofn mwy. Wn i ddim yn iawn pa beth a ddigwyddodd wedyn am dipyn. Cael y llafn dur hwnnw i mewn i rywbeth oedd fy unig amcan. Efallai i mi ei gael lawer gwaith, ond nid wyf yn cofio dim ond rhedeg a gweiddi â'm holl egni. Y peth cyntaf yr wyf yn ei gofio yn glir yw cael golwg sydyn ar ddyn yn rhedeg o'm blaen, a'i wn yn ei law. Ni wn o ba le y daeth, na pha mor agos oeddwn iddo pan ddechreuodd redeg rhagof. Meddyliwch eich bod yn deffro'n sydyn o'ch cwsg, ac yn gweled dyn yn rhedeg o'ch blaen ar unwaith. Felly y mae'r cof sydd gennyf fi am weled y dyn.

Heb feddwl dim arall yn y byd, ond mor gas ydoedd, yr un dyn hwnnw, ar ei ôl â mi, fel gwaetgi. Rhedodd yntau gryn bellter, ond yr oedd yn ddyn trymach na mi, ac yr oeddwn yn ennill arno. Troes o'r golwg am ddarn o fôn gwrych. Erbyn fy mod innau yn y tro, yr oedd y dyn yn fy wynebu, a'i wn yn ei ddwylaw. Gwelais wyn ei lygaid, a'i ddannedd gwynion wrth

*© Ystad ac etifeddion T. Gwynn Jones. Cedwir pob hawl. ℗

iddo ysgyrnygu arnaf. Dyna'r cwbl. Ymfwriais yn ei erbyn.
Clywais y fidog yn ymgladdu mewn rhywbeth meddal. Clywais
reg a chlec ar unwaith, a rhyw ias fel gwaell boeth yn mynd trwy
fy ysgwydd. Tybiais fod y byd yn mynd yn ddarnau.

*   *   *

A fuoch chwi yn breuddwydio rywdro eich bod yn rhedeg, neu
yn medru neidio yn uwch na'r coed a'r tai o'ch cwmpas, gan
hofran yn yr awyr? Felly y teimlwn i – cyn ysgafned â hedyn
ysgallen ar adain y gwynt. Meddyliais mai newydd ddeffro yr
oeddwn, a cheisiais gofio pa beth a ddigwyddasai i mi. Yn
sydyn, o'm blaen, gwelwn ryw fod arall, tebyg i ddyn, ond fel pe
buaswn yn gweled golau trwyddo. Creffais arno, a gwelais wyn
ei lygad, a dwy res o ddannedd gwynion. Cofiais y cwbl, a
rhyfeddwn fy mod mor dawel, a bod y llall yntau mor dawel.
Paham y mynaswn i ei ladd? Nid oedd yntau mwy fel pe buasai
am fy lladd innau. Cododd ei fys arnaf, a chiliodd ychydig draw,
fel y gwelsoch gysgod yn symud. Euthum innau ar ei ôl yn araf,
a sefais yn ei ymyl. Yr oedd hi yn nos, ond yr oeddwn yn ei
weled yn iawn, ac yn gweled popeth o'm cwmpas – y bôn
gwrych, coeden neu ddwy, a dau gorff ar lawr yn llonydd, un â
gwn yn ei ddwylaw a'r fidog trwy galon y llall. Sylwais mai myfi
fy hun a'r dyn y rhedaswn ar ei ôl oeddynt, ond ni pharodd
hynny na syndod na braw na chas imi mwy. Edrychais ar y ddau
gorff llonydd, a theimlais fod yn ddrwg gennyf drostynt, a
dyna'r cwbl. Safai'r bod arall yn fy ymyl. Edrychai yntau ar y
cyrff yr un fath â mi. Ymgroesodd. Estynnodd ei fys atynt, a
gwenodd, yn debyg fel y gwelsoch ddyn yn gwenu ar beth ofer.
Ond ni welswn i erioed wên fel honno o'r blaen. Yna, cododd ei
fys arnaf eilwaith, a symudodd ymaith. Symudais innau ar ei ôl.

Ni chlywn ddim sŵn. Ond hyd lawr, yr oedd cannoedd o gyrff
yn llonydd, yr un fath â'i gorff ef a minnau. Aeth yn ei flaen am
bellteroedd annirnadwy, fel y tybiwn, dros ddaear lom, gochddu
fel gwaed wedi hen geulo, a myrddiynau o gyrff hyd-ddi ymhob
cyfeiriad. Ymgroesai ac estynnai ei fys atynt o hyd, ond ni
ddywedai ddim. Gwenai'r wên dosturus honno o hyd. Ac
ymgroeswn a gwenwn innau yr un fath. Un byd aruthr o gnawd
briw. Un eigion anferth o waed wedi ceulo. Pennau, breichiau,
coesau, darnau o gyrff ar chwâl ymhob cyfeiriad. Sylwais fod y

tir yn mynd ar i waered. Disgynasom ninnau gyda'n gilydd, i lawr ac i lawr o hyd, o hyd. Yr un olygfa o hyd, o hyd. Un byd aruthr o gnawd briw. Un eigion anferth o waed wedi ceulo. Pennau, breichiau, coesau, darnau o gyrff ar chwâl ymhob cyfeiriad.

Daethom i le gwastad ar ymyl dibyn du. Yno, yr oedd pyramid aruthr o benglogau a phob math ar esgyrn dynol yn gymysg ag arfau dur ac addurnau aur ac arian. Ar frig y pyramid hwnnw yr oedd gorsedd o benglogau ac esgyrn plant bychain. Ac ar yr orsedd, eisteddai peth ar lun dyn, a choron ar ei ben a gwialen yn ei law. Ar gapan yr orsedd uwch ei ben, wedi ei weithio o esgyrn bysedd miliynau o blant, yr oedd y gair 'Ymerodraeth'. Ar bost de'r orsedd, wedi ei weithio yr un modd, yr oedd y gair 'Diplomyddiaeth'. Ac ar y post chwith yr oedd 'Milwriaeth'. Oddi tanodd, gwelwn y gair 'Gogoniant'. Ac nid oedd yno sŵn na symud.

Gan ymgroesi o hyd, estynnodd fy nghydymaith ei fys at yr orsedd a'r llun a eisteddai arni. Ac ni chlybûm air nac unrhyw sain o'r byd, eithr gwelais y wên dosturus honno ar ei wyneb, a gwenais innau hefyd wên dosturus. Yna pellhaodd fy nghydymaith, ac yn y düwch y tu draw i'r orsedd, collais olwg arno. Mynaswn ei ganlyn, ond ni fedrwn symud. Paham y'm gadawsai? Ef, yr unig un . . . ?

*   *   *

Gwybûm fod dolur anaele yn fy mraich. Yr oedd fy llygaid hefyd yn brifo. Agorais hwy. Tywynnai golau claer o gwmpas fy mhen, a gafaelai rhywun yn fy mraich. Yna gwelais wyneb dyn – wyneb gwelw, gwelw – wyneb fy nghydymaith? Nage. Nid oedd y wên dosturus arno. Gwelais groes goch ar ei fraich. Deellais. Meddyg ydoedd, a lamp yn ei law. Yng ngoleuni'r lamp honno, gwelais gorff marw yn fy ymyl, a'm bidog innau drwy ei galon.

Y peth nesaf yr wyf yn ei gofio yw fy nghael fy hun mewn ysbyty. Dywedwyd wrthyf fod y meddyg wedi fy nghael yn union mewn pryd i achub fy mywyd. Difesur oedd ei garedigrwydd. Ond ni wyddai pa beth a wnaeth. Fe wn i.

E. Tegla Davies, 'Jac fy Mrawd yn mynd i'r Fyddin: gan Tomi Sarah Jones', Y Beirniad, 7 (1, Gwanwyn 1917), 45–54.

"Jac," medde Mam un noswaith pan ddaeth Jac heibio ar y ffordd i'r efel, "sut mae dy ffêr di rŵan dywed?"

Er mwyn i chi ddallt, 'roedd Mam wastad yn gofyn i Jac pan alwai heibio rywbeth ynghylch 'i iechyd, – oedd o wedi cael annwyd yn chwys y ceffyl amser tynnu'r injian ddyrnu neu rywbeth felly, ond 'fynnodd hi 'rioed iddo o'r blaen ddim byd ynghylch 'i ffêr.

"Ffêr?" medde Jac, "Does dim byd ar fy ffêr i, be wnaeth i chi feddwl?"

"Wyt ti ddim yn cofio stalwm," medde Mam, "iti syrthio o ben y pren eirin, a mynd yn gloff, a methu mynd i'r ysgol y diwrnod hwnnw? Ac wrth feddwl, 'roeddwn i'n credu dy fod di'n siarad dipyn bach yn dew hefyd, ydi dy drwyn di'n iawn rŵan dywed?"

Fe drawodd y cwestiwn Jac a fi yn un od, ond wedi cofio mi ddechreuodd gole ddwad. 'Roedd Jac un bore cyn mynd i'r ysgol, er cyn co i mi, wedi meddwl cael dipyn o eirin hefo fo, ac i ffwrdd â fo i dop y pren eirin i hel rhai, ac yr oedd caenen ysgafn o eira neu farrug go dew ar y gangen. A phan oedd o yn eiste arni yn prysur fwyta un, pwy wele fo'n dwad heibio cornel y cut mochyn ond Mam. Mi gafodd gymaint o fraw nes iddo syrthio'n bendramwnwgl i lawr, â charreg eiren yn ei geg. Mi lyncodd y garreg i fyny ei drwyn rywsut, ac yno y bu hi am wythnose. Ond y gwaetha fu iddo syrthio ar ei eistedd ar ei ffêr nes ei fod o'n methu stendien oddyno. A dene Mam i'w war o. Rhwng 'i ffêr a'i drwyn a Mam 'roedd hi'n ddigalon ar Jac. Fedre fo ddim dianc, na deud beth oedd arno fo. O'r diwedd mi ddoth yn rhydd, ac i ffwrdd â fo trwy'r gwrych i'r mynydd, ac yno y bu am y diwrnod, gan gymryd arno pan ddaeth o adre mai yn yr ysgol y bu o. Bu'n gloff iawn ac yn siarad yn dew am ddyddie, a Mam yn cymryd arni beidio â gweld fod dim o'i le. A'r ffisig gore i blant, mi sylwes hynny lawer gwaith, ydi peidio â chymryd arnoch eu bod nhw'n sâl. 'Dydi bod yn sâl ddim yn ddifyr o gwbwl yn ein tŷ ni, o achos does neb yn gwerthfawrogi'ch gwaith chi, rywsut. Daswn i'n lle Jac y Foel, faswn i byth yn iach, o achos lle da i fynd yn sâl ynddo ydi cartre Jac. Ond am yn tŷ ni, mae hi'n wahanol, ac am hynny mi fendiodd Jac yn fuan, ac ni chlywodd byth air o sôn am y peth tan y noswaith yma. Ac y mae o'n llanc erbyn hyn, o achos 'rydw i'r peth fasech chi'n 'i alw'n hoglanc, ne ryw las beth fel y dywed pobol weithie. Wedi cael tamed tra 'roeddwn i'n dal y gaseg, mi gychwynnodd, a minne efo fo. Mynd i'r efel yr oedd o, ac yr oeddwn inne'n rhydd i fynd hefo fo, am fod y siopa'n cau ar ddydd Mercher. O! ia, mewn siop grosar yr ydw i, ond does gen i ddim amser i sôn am hynny.

"Be oedd ar Mam, dywed, yn holi am fy ffêr i?" medde Jac, "Achos feddylies i ddim am y peth, byth. Ond mae ene rywbeth yng nghropa'r hen wraig yn siŵr i ti; glywodd hi am y tro hwnnw rhynga i a Jane y Felin tybed?"

"Jane y Felin be?" medde finne mewn tipyn o syndod, o achos 'doeddwn i wedi clywed dim byd.

"Fedri di gadw *secrets*?" medde Jac.

Mi 'dryches yn syth mor debyg i fedd ag y medrwn i, o achos dene'r peth gora am gadw *secrets*, medden nhw.

"Wel," medde Jac, "tipyn yn hwyr oedd hi arna i allan nosweth y niwl hwnnw, a pheth iawn am neud dy lais di'n dew ydi niwl wyddost, ac mi ges ryw dro bach hefyd wrth neidio tros ffos y felin. Ac hwyrach mai trio dreifio at y ddau beth ene i edrych a gochwn i 'roedd Mam wrth sôn am ffêr a thrwyn a llais tew, o achos stori ddi-groen iawn oedd gyni hi, yntê?"

"Bedi stori Jane y Felin?" medde fi.

"Wel," medde fo, "chlywest ti ddim? Waeth un gair na chant 'rydwi'n leicio Jane, ond ches i ddim llawer o le i gredu fod Jane yn fy leicio i. Mi dries lawer gwaith fynd hefo hi adre, ond fase waeth imi heb. Bob tro y gwelwn i hi'n y llan, mi fydde'n siŵr o'i gneud hi adre o mlaen i, ne aros ar f'ôl i. Wel iti, pan oeddwn i efo'r ffariar y nosweth honno dros mistar ac yn gorfod aros am y ffisig, mi weles gôt ucha Morgans y Crown – honno ddaru'r hwch 'i chnoi pan oedd o'n cysgu yn 'i ddiod erstalwm pan oedden ni yn yr ysgol, – yn hongian wrth ddrws y stabal, ac mi wyddwn fod Morgans uwchben 'i ddigon. A pheth iawn ydi cariad wyddost am roi eidïa iti." (Ac yn ddistaw bach felly, 'rydwi'n dechre ei gredu o. Mae Myfanwy'r Llan wedi smartio'n arw yn ddiweddar yma. Mae ganddi fwcwl ar ochor 'i phen ac wedi dechre gneud 'i gwallt hanner i fyny a hanner i lawr, fel y maen nhw yn yr oed ene; ond 'does yr un, rywsut, yn medru 'i neud o 'run fath â hi. Ond Jac oedd yn siarad.) "Wedi gweled yr hen gôt, – 'Iawn' medde fi, ac i ffwr â fi ar flaene 'nhraed i'w nhôl hi. Mi wyddwn yn iawn fod Jane yn y Llan, 'roeddwn i wedi 'i gweld hi'n dwad i lawr. Mi gymeres y gôt a llenwes hi â baich o wellt a weles i ym muarth y Ddôl, ac mi cuddies hi nes i'r ffisig fod yn barod, gan fawr obeithio na fase Jane yn mynd adre o mlaen i. Wedi cael y ffisig, i ffwr â fi, nes dwad at Goed y Llan, lle tywyll liw dydd, fel y gwyddost, ac mi osodes y gôt fel dyn wedi meddwi ar y swp cerrig yn yr hafn honno rhwng y ddwy goeden lle mae tipyn o ole, ac mi guddies fy hun ryw ganllath is i lawr. Mi wyddwn nad oedd Jane ddim wedi dwad. Toc, pwy welwn i ond hi. Cyn gynted ag iddi basio, mi ddois allan o'r gwrych, a mynd ar 'i hôl hi'n ara. Dene weiddi yn y man, a Jane yn dwad yn 'i hôl am 'i bywyd. A phwy gwarfodd hi ond fi. 'Be sy'n bod?' medde fi. 'Hen ddyn wedi meddwi,' medde Jane, 'Be na i? Be na i? Ac 'rydwi'n hwyr yn barod.' 'Beth pe bawn i'n dwad yn gypeini i chi ar hyd llwybyr y coed?' medde finne; ac wrth gwrs doedd ganddi hi ddim byd arall i neud ond gadel imi.

"Wyddost ti be, 'radeg honno y dechreuodd fy nhrwbwl i. 'Dwyt ti ddim wedi dechre mynd hefo neb a wyt ti? Y drafferth, fachgen, ydi cael rhywbeth i ddeud wrthyn nhw. Wedi mynd am ryw bum munud dan chwilio a chwalu am rywbeth i ddeud, a hithe'n chwythu'n fyr, o'r diwedd mi gofies mai mis Tachwedd oedd hi. 'Mae'r dydd yn byrhau,' medde fi, toc, er 'i bod wedi nosi ers teirawr solet. 'Ydi,' medde hithe, a'i gwynt mor fyr ag erioed, ac mi dyngwn pe bawn i'n gweld 'i boche 'u bod nhw fel dau afal coch. Mi aeth y 'gom yn fflat wedyn, ac mi aethon iti am ryw ddeng munud yn ddistaw. Erbyn hyn 'roedd y niwl wedi dechre dwad nes na welet ti mo dy law. Mi feddylies am rywbeth arall diddorol yn ôl fy meddwl i. 'Mae gen fuwch ddu'r Hafod acw lo,' medde fi. 'Llo,' medde hithe, 'faint sy acw rŵan?' Ddeudodd hi ddim chwaneg, ond mi wrides i'm sgidie. Mi dybies fod rhyw dôn od yn 'i llais hi wrth ofyn y cwestiwn. Mae gen i ofn, wyddost, mai leicio Shôn Tu Draw y mae hi, am 'i fod o'n sowldiwr; mae gen inne flys yn fy nghalon mynd yn sowldiwr weithie.

"O'r diwedd mi ddeuthom at y tŷ, a dyma ni'n sefyll yn y twllwch, ac yr oedd hi mor dywyll erbyn hyn nes imi 'i chlywed yn rhyw glosio ata i. Mae cypeini llo (a chaniatáu mai dene oedd hi'n feddwl) yn well na bod heb neb, yn y twllwch, wyddost. Mi ymwroles ar hyn, a phan ar fin tynnu fy hun at 'i gilydd i gael tipyn o gusan, dene floedd annaearol gen 'i thad hi, ac mi rois un neid tros ffos y felin. Mi frifes dipyn ar fy ffêr, a synnwn i ddim na waeddes i dipyn hefyd. Ac yn siŵr i ti mai rhyw stori fel ene a glywodd Mam. Dawn i byth o'r fan yma, 'rydwi'n flys mynd yn sowldiwr. Does ene fawr o obaith am Jane heb hynny."

Mi glywsoch am yr hen air – yr euog a ffy heb neb yn ei erlid. Dene oedd gwendid Jac, fel y gwelson ni'n union deg. Pwy a'n pasiodd ni tua'r adeg honno ond Mistar Williams y Siop a Pirs y Stiward, ac er yn syndod, mi gwelem nhw'n mynd i dŷ'r hen Fari Huws – mynd yno o bobman. Mi fuom yn cysidro peth, ac i ffwrdd â ni er mwyn dwad yn yn hole, o achos mi aethon o dŷ Mari Huws i dŷ Jâms Pitars. "Bedi 'u neges nhw tybed?" medde Jac, "Maen nhw'n siŵr o fynd i'n tŷ ni. Tyrd oddne er mwyn inni ddwad yn yn hole rhag ofn yr ân' nhw acw."

Toc mi ddeuthon yn ôl, a phan oedden ni'n agor y drws pwy welem ni ond Williams a Pirs, a Mam cyn wynned â'r galchen ac yn deud wrthyn nhw, â'i dwylo ar 'i glinie a phletio'i cheg, "Mae ene donsls yn 'i drwyn o, ac asgwrn o'i le yn 'i ffêr o, er pan oedd o'n blentyn."

Mae'n debyg fod "tonsls" yn swnio'n fwy crand a dychrynllyd i bobol ddiarth na charreg eiren, ac 'roedd Mam wedi clywed y gair pan oedd plant Williams y Siop yn yr Hospital.

Wrth glywed y drws yn agor mi drodd y ddau ddyn, ond 'roedd Mam wedi clywed sŵn yn traed ni yn y ffordd, a phan oedd cefne'r dynion ati mi wnaeth ysdumie ar Jac a fi – ac 'ryden ni'n nabod ysdumie Mam. Ystyr y rhai neilltuol hyn oedd am inni ofalu bod o'r un farn â hi beth bynnag oedd y pwnc dan sylw. Ac mi ddechreuodd gole ddwad ynghylch yr holi am ffêr a thrwyn Jac. Rhaid fod Mam wedi troi ymweliad y ddau ddyn yma yn 'i meddwl ers tro. Mi safodd Jac yn syth ar ganol y llawr fel sowldiwr, ac mi sefes inne fel Jac, a'r stiward yn yn llygadu ni.

"Wyddoch chi be, John," medde fo, "chi gneud soldiyr campus."

"Ffêr wan, syr," medde Jac, a'i fys wrth ei gap, gan edrych ar Mam, a dene hithe'n dechre porthi'r gwasanaeth, fel y maen nhw yn y capel pan fyddan nhw dan deimlade.

"Does dim wrong ar cerdded chi beth bynnag," medde'r stiward.

"Tonsls, syr," medde Jac. Mae Jac a fi'n debyg i'n gilydd yn hyn, – rhyw un gair ar unweth fedrwn ni ddeud wrth bobol fawr. 'Ryden ni'n siarad efo nhw bob amser fel potel jinjir bïar.

"Ia, siŵr," medde Mam, "rydech chi'n gweld y'ch hun syr, rŵan."

"Ond," medde'r stiward, "nid efo trwyne nhw ymladd, wyddoch. Welwch chi, John," medde fo, gan droi at Jac, "daru Belgium dim deffro rhwbeth ynoch chi? A cewch dillad crand a martshio ar ôl y band, a hynny gwell na martshio ar ôl catel a lloue."

Mi gochodd Jac at 'i glustie pan glywodd o sôn am loue. Mi feddyliodd am Jane a'i chariad hi at Shôn Tu Draw.

"Chaiff o moni hi dawn i byth o'r fan yma," medde fo wrtho'i hun; ond ddeudodd o ddim gair wrth neb arall ar y pryd – 'roedd Mam yn 'i lygadu o. Dene lle 'roedd y pedwar – y stiward yn meddwl am stad 'i fistar yn siŵr i chi, ac yn 'i galw hi yn Belgium, y siopwr yn meddwl am gwsmeriaeth yr un dyn, a galw hwnnw'n Belgium, a Mam yn meddwl am Jac ac yn 'i alw yn John, fel y gwna hi bob amser ar ryw adeg fel hyn, a Jac yn meddwl am Jane ac yn deud dim byd. Châi'r ddau ddyn oedd yn canfisio ddim rhych na gwellt o neb yn y tŷ, beth bynnag, ac i ffwrdd â nhw. Mi anadlodd pawb yn rhydd, ac mi aeth Jac i'r Hafod.

Nos trannoeth 'roedd y seiat, ac ynte wedi addo bod yno, ond ddaeth o ddim, a dene lle 'roedd Nhad a Mam yn siarad, a phryderu, a siarad, ac yn methu dallt lle 'roedd o. Chysges i ddim trwy'r nos, am fod Mam yn methu, ac yn fy neffro i trwy ddeud wrth Nhad 'i fod o'n 'i rhwystro i gysgu trwy chwrnu. Chlywes i 'rioed mo'r gŵyn o'r blaen, ac y mae Nhad wastad fel injian ddyrnu trwy'r nos, ac 'ryden ni wedi arfer cymaint efo fo, fel, os digwydd iddo fo beidio â chwrnu, fod pawb yn deffro, fel y mae pobol yn deffro pan stopiff y cloc.

Ond bore drennydd 'roedd acw helynt, pwy ddaeth acw ond mistar Jac, i ofyn lle 'roedd o – 'i fod o wedi gadael y cae ar ganol chwalu tail, ac wedi diflannu. Wel, mi feddylies y base Mam yn drysu, a naeth Nhad ddim trwy fin nos, wedi dwad adre, ond rhythu i'r tân, ac mi rythodd mor ofnadsen nes anghofio cadw dyletswydd y nosweth honno. Mi anghofies inne hefyd ddeud fy mhader, a rhag dangos hynny i neb mi deudes hi ar fy hun yn fy ngwely – ffordd reit gysurus o neud y gwaith ar nosweth oer fel honno. Synnwn i ddim na thriwn i'r peth eto mewn cyfyngder. Ac y mae'n rhaid nad ydi'r dull yma ddim yn un drwg, o achos mae o wedi gneud imi gofio adnod rŵan – "cymorth hawdd 'i gael mewn cyfyngder".

Diar annwyl, dene ddiwrnod oedd drennydd! Wnaeth Mam ddim byd trwy'r dydd ond watshio'r drws, a phob sowldiwr fydde'n pasio, gan rythu arno fo'n ofnadwy, o achos 'roedd rhywbeth yn deud wrthon ni lle 'roedd Jac. Rywbryd yn ystod y nos honno, wedi bod yn cysidro'n hir, mi oleuodd Mam fatshen, ac mi neidiodd o'r gwely'n syth. "Wyddoch chi be, Tomos," medde hi wrth Nhad, "mae'r hen flac bîtls yma wedi dechre dwad i'r siambar, dacw ddwy ar y wal." Cipio'r brwsh gwallt, ac yno â hi, ond 'doedden nhw ddim yno. Pethe buan ar 'u traed ydi blac bîtls, a 'doedd dim gwell na chefn brwsh gwallt ne slipren am noled iddyn nhw, – ond 'does ene neb yma'n gwisgo slipars. Mi gadwodd Mam y gannwyll yn ole yn hir rhag ofn i chwaneg o flac bîtls ddwad.

Bore drannoeth dene lythyr oddi wrth Jac yn deud 'i fod o'n dwad yn ôl ymhen deuddydd i ddangos 'i hun fel sowldiwr, – sowldiwr o bopeth. 'Doedd ene neb yn y llan, tan yn ddweddar, wedi bod yn sowldiwr, ers cyn co, ond Wil y Saer, a 'doedd yr un gwaeth na fo'n cerdded y ddaear. Fel yr oedd pethe'n bod, pwy basiodd y pnawn hwnnw ond Wil, a golwg fel arfer arno fo. Wrth y bwrdd swper, y nosweth honno, dyma Mam yn troi'n sydyn at Nhad – "Wyddoch chi be, Tomos," medde hi, "weles i 'rioed mo William Tomos y Saer gynt, yn edrych mor barchus â heddiw, mae o wedi altro trwyddo." Dene'r tro cynta yn 'i oes, mae'n debyg, i Wil gael ei alw'n William Tomos. Ond rywsut 'doedd y peth ddim yn edrych fel yn taro'n newydd i Nhad y nosweth honno.

O'r diwedd dyma ni at ddyletswydd, ac mi ddarllenodd Nhad hanes Dafydd a Goliath. Wedi darllen trodd at Mam. "Sarah," medde fo, "ydech chi'n cofio inni unweth feddwl galw Jac yn 'Dafydd'? Tomi," medde fo, gan droi ata i, "bedi maint y Chinamen ene dywed?"

"Pam?" medde fi.

"Y bobol ene mae rheinma'n ymladd â nhw," medde fo.

"O! y Germans ydech chi'n feddwl," medde fi.

"Ia, dene'r bobol," medde Nhad.

"Rhywbeth tebyg i bobol erill, gallswn feddwl," medde fi.

"Dywed ti hynny," medde Nhad, ac ar 'i linie â fo, ac mi soniodd lawer am y ffon dafl a thalcen y cawr ar y weddi honno. Pechod oedd y cawr ganddo, wrth gwrs, ond mi 'roedd yn ddigon hawdd gweld be oedd 'i feddwl o.

Drannoeth 'roedd Mam yn paratoi at ddyfodiad Jac, fel tase fo wedi bod i ffwrdd ddwy flynedd yn lle dau ddiwrnod. Wedi cael 'i de mi dynnodd Nhad lun ryw hen bregethwr o hen ffrâm, a rhoi llun Kitchener, oedd mewn almanac, yn 'i le, er mwyn rhoi croeso i Jac, a pharchu 'i deimlade mae'n debyg. Chlywsoch chi rotsiwn holi arno am y Germans a phopeth pan ddaeth o, fel tase fo wedi byw efo nhw 'rioed. "Welest ti Germans mewn gwirionedd Jac?" medde fi ar ôl inni fynd i'n gwelye. "Welest ti Jane?" medde Jac. "Wyt ti'n meddwl y gwna i gin smartied sowldiwr â Shôn Tu Draw?"

Cyfri bytyme Kitchener oedd y peth cynta ddaru Mam wedi i Jac fynd i ffwrdd i edrych faint mwy oedd ganddo na fo, ac mi ddeudodd wrth Nhad y nosweth honno mai chwe botwm oedd gan Jac eisio i fynd yn offisar.

Mae misoedd ers hynny bellach, ac mi ddaeth Jac adre'r mis dwaetha cyn mynd i'r trenshis, fel y maen nhw'n galw'r pethe hynny. Ac mi ddychrynes i'r noswaith ola 'roedd o adre yn ofnadsen.

'Roedd hi'n ganied ole leuad, a hwnnw'n twnnu'n syth ar fy ngwyneb, fel na fedrwn i ddim cysgu, ac mi gymeres ati i'w wylio'n symud yn ara nes mynd at wyneb Jac, ond 'roedd o'n cysgu'n rhy drwm iddo fo'i ddeffro fo. Toc dene sŵn gwich ysgafn wrth ddrws yn siambar ni: "Llygoden," medde fi, ond dene'r drws yn agor yn ysgafn ac ara, a phwy ddaeth i mewn yn 'i chrys nos ond Mam. Mi fu bron imi fferru wrth 'i gweld hi, ac mi es cyn stiffied fel na fedrwn i symud na bys na bawd. Ac 'roedd Nhad yn chwrnu fel injian ddyrnu yn y siambar arall. Mi ddoth ar flaene'i thraed fel cath, ac mi safodd yn syth uwchben Jac, a rhoi 'i llaw ar 'i dalcen o, a minne'n edrych arni trwy gil fy llygad, a chwyrnu rŵan ac yn y man i roi ar ddallt iddi mod i'n ddigon sâff. Mi arhosodd yno allan o bob hyd, ac mi ddaeth gole'r lleuad o'r diwedd arni hi. Welsoch chi rotsiwn olwg mor annaearol. 'Roedd 'i gwallt hi i lawr fel gwallt geneth, a weles i 'rioed wallt Mam i lawr o'r blaen, ac 'roedd o'n rhyw sgleinio'n wyn rywfodd fel cynffon y deryn gwydyr sydd yn y tŷ acw. 'Roedd 'i gwyneb hi yn rhyw las a gwyn, ac yn blêts ar 'i gilydd fel y gwelsoch chi hen wraig, hen, hen, hen, neu groen afal wedi gwsno. Wedi rhynnu yn yr oerfel 'roedd hi mae'n siŵr, a gole'r lleuad at hynny. Ac 'roedd 'i llygaid hi fel dau slecyn coch jyst â mynd allan yn y grât, a'r tân ynddyn nhw'n llwyd, llwyd. Weles i 'rioed mo Mam felly, ac mi feddylies unwaith mai breuddwydio 'roeddwn i. Ymhen yr hwyr a'r rhawg dyma hi'n plygu 'i phen i ymyl gwyneb Jac, ond wrth wneud hynny aeth o ole'r lleuad fel na welwn i ddim byd. Mi 'roedd 'i llaw ar 'i dalcen o wedyn, a ffwrdd â hi yn 'i hôl ar flaena 'i thraed, yn ddistaw bach wedi bod yno dros awr mae'n siŵr. Ymhen tipyn ar ôl iddi fynd i'w siambar nhw, mi clywn hi'n goleuo'r gannwyll.

"Helô!" medde Nhad, "Be sy ne?"

"Y blac bîtls yma sy'n bricsiwn ar y wal," medde Mam, ond er iddi redeg ar eu hole nhw efo cefn y brwsh gwallt, laddodd hi'r un. Ac mi aeth i'w gwely yn 'i hôl.

O'r diwedd mi aeth Jac i ffwrdd, ac y mae o yn y trenshis rŵan, a Nhad a Mam wedi cymryd at ddysgu *geography* yn arw. Maen nhw wedi taro ar gynllun llawer gwell i'w ddysgu o na'r un oedd gen i yn yr ysgol, o achos maen nhw'n 'i ddysgu heb wybod mai dyna ydio, fel cymryd pils mewn siwgwr.

Geography ydi popeth acw rŵan, maen nhw amdano fo fel cath am lefrith, ac y mae enwe'r trefi rhyfedd ene y mae rheinma'n ymladd yno ar flaene'u bysedd nhw.

Mae dau beth yn 'u blino nhw'n fawr. Dydi'r *geography* yma ddim yn help iddyn nhw wybod bedi'r 'ffrynt', a'r llall ydi maen nhw'n methu dallt bedi'r 'trenshis'. Ar y dechre deud 'roedden nhw wrth bawb fod John wedi mynd i'r ffrynt, o achos 'roedden nhw'n rhyw feddwl fod hwnnw'n dipyn o godiad iddo fo – ffrynt Mr Roberts, Bryn Hyfryd ydi'r lle smartia yn yr ardal. Ond am ryw reswm maen nhw wedi cymryd yn ddiweddar yn fwy at y gair 'trenshis', ac wedi dechre cymryd diddordeb mewn llygod mawr. Nhw, medde Nhad, ydi'r creaduriad calla mewn bod. Mi gafodd yr hen gath rêl cweir y diwrnod o'r blaen am ladd un, ac wrth gwrs, 'roedd hi wedi 'i syfrdanu, o achos llefrith a gaiff hi fel rheol am ladd llygod mawr. Doedd hi ddim yn syndod o ran hynny 'i bod hi'n edrych yn hurt wedi'r cweir, o achos dydi hi ddim wedi clywed am y rhyfel. John Jones yr Allt ddaru godi 'u barn nhw am lygod mawr. "John Jones," medde Nhad wrtho fo un pnawn Sul wrth ddwad o'r oedfa, ar ôl bod am tua mis yn methu dallt y gair 'ffrynt', "bedech chi'n ei ddeud ydi'r 'trenshis' yma?" "Welsoch chi dylle llygod mawr rywdro, Thomas Jones?" medde John Jones. "Do, lawer gwaith," medde Nhad. "Pethe 'run fath yn union â'r rheini," medde John Jones, "ond 'u bod nhw'n fwy wrth gwrs, yn ddigon 'u maint i ddynion, ac y mae'r bechgyn reit ddiogel ynddyn nhw felly mae'n hawdd gweled."

"Debyg iawn," medde Nhad dan grafu 'i ben, ac os na chrafodd 'i ben a deud "Debyg iawn" ddwsin o weithie ar y ffordd adre, wnaeth o ddim unwaith.

"Wyddoch chi be, Sarah," medde fo wrth y bwrdd te, "ddaru mi 'rioed feddwl fod ene gymint mewn llygoden fawr. Mi fûm i'n methu dallt yr hen ddyn hwnnw lawer gwaith, oedd yn diolch, ddiwrnod Diolchgarwch, i'r Arglwydd am lygod mawr, rhag i'r ffarmwyr stocio'u hŷd nes medru codi crocbris amdano, ond diaist i, mae ene rywbeth mwy mewn llygod mawr nag a feddylies i."

Mewn sbort y soniodd John Jones am lygod mawr, wyddoch, er mwyn blino tipyn ar Nhad. Hen lanc ydi o, ac 'roedd o'n cymharu Jac a'r bechgyn eraill i lygod mawr, ond cymharu'r llygod i'r bechgyn ddaru Nhad.

Mae'r blac bîtls wedi cynyddu'n fawr acw. Mae Mam wedi bod yn neidio i fyny ganol nos bob nos, ac wedi goleuo'r gannwyll, yn gweld cannoedd ohonyn nhw hyd wal y siambar, ond er iddi neud 'i gore 'dydi hi byth yn lladd yr un, ac weithie mae hi'n cymryd i redeg ar 'u hole liw dydd gole glân. Welodd Nhad yr un eto, medde fo, ond mae'n rhaid fod golwg Mam yn well na'i olwg o. Maen nhw'n deud mai peth da ydi gole am 'u cadw nhw draw, a byth ar ôl i Jac fynd i ffwrdd, mae'r lamp yn ole yn 'u siambar nhw drwy'r nos. Er hynny deffro ganol nos yn meddwl amdanyn nhw, a chwilio a chwalu rhag ofn 'u bod nhw wedi herio'r lamp y mae hi. Rhyfedd hefyd 'i bod hi'n meddwl amdanyn nhw yn 'i chwsg, o achos nid 'u henwe nhw ond enwe "John" a "Belgium" mae hi'n 'i weiddi yr adeg honno, nes deffro pawb. 'Dydw i ddim wedi'i chlywed hi felly'n ddiweddar chwaith, o achos mae'i chwsg hi wedi rhyw fynd. Yr wythnos dwaetha yr aeth o hefyd; 'roedd hi'n cysgu'n iawn o'r blaen – yr unig beth oedd 'i bod hi'n gweiddi "Belgium" a "John" yn 'i chwsg, ac yn deffro'n sydyn i redeg ar ôl blac bîtls, ond mi ddechreuodd golli 'i chysgu yr wythnos dwaetha, – y riwmatic, medde hi, sydd yn 'i thraed.

'Roedd rhywun yn deud y dylwn inne fod yn y fyddin yn ymladd dros fy ngwlad. Wel, dwy ar bymtheg oed ydw i. Wrth gwrs, mae Bob yr Halen Bras wedi mynd, a 'dydi ynte ddim ond dwy ar bymtheg. Deud ddaru o 'i fod o ddwy flynedd yn hŷn, ond cyn y gwna i hynny, rhaid imi gael ymgom â Jac, i edrych sut le sydd yno. Mae'n ymddangos 'i fod o'n lle da am neud i chi feddwl am enethod – yn 'i lythyre i mi mae'n hawdd gweld fod Jac yn meddwl mwy am Jane nag erioed. Mae hi'n edrych yn annwyl iawn, medde fo, yn un o'i lythyre, trwy fwg yr aberth a'r bedydd tân. Rhyw eirie mawr ydi'r rhein y mae Jac wedi dechre 'u harfer ar ôl mynd i'r trenshis. Rhywbeth tebyg ddeudodd Mam am Belgium hefyd, ond dim yn yr un geirie.

Saunders Lewis, 'Profiad Cymro yn y Fyddin: 1. Yn Lloegr', Y Cymro, 5 (30, 23 Gorffennaf 1919), 4–5.

Ymunais â'r fyddin fis Medi, 1914, ac wedi imi wasanaethu naw mis fel milwr cyffredin, penderfynais fyned yn swyddog. Canlyniad ychydig ymchwil a fu i'r Swyddfa Ryfel fy nanfon yn swyddog o'r radd isaf at gatrawd Gymreig newydd ei ffurfio mewn tref yn Sir Fynwy. Nid fy amcan yn awr yw olrhain hanes catrawd Gymreig nac ychwaith ramant bywyd milwrol, ond dangos a fedraf o ochr bersonol y bywyd hwnnw. Euthum yn syth o brifysgol i'r fyddin yn efrydydd heb wybod namyn nesaf peth i ddim am aml agweddau ar fyw. Rhestr o gamgymeriadau, gan hynny, yw llawer o'm profiad; eithr credaf nad anniddorol fyth, ond iddo fod yn ddiragfarn, yw hanes ymdrin dyn â'i gyd-ddynion.

Catrawd Gymreig oeddem, ac yn hynod nodweddiadol o lawer o fywyd Cymru. Sais oedd ein llyw, y cyrnol, heb nac unrhyw gydymdeimlad â Chymru nac ychwaith â dim y tu allan i'w gylch a'i gysur ei hun. Saeson oedd mwyafrif ein swyddogion, a Saesneg oedd yr unig iaith a glybûm yn ein plith. Ambell waith yn Ffrainc, ond yn anaml, cefais lythyr Cymraeg i'w wylio; a phwyswyd ar Gymry cwmnïau lle nad oedd swyddog o Gymro, i ysgrifennu eu llythyrau yn Saesneg er hwyluso'r wyliadwriaeth. Glowyr o Sir Fynwy a Deheudir Cymru oedd mwyafrif y dynion; ac yn eu mysg nifer hefyd o Wyddyl a gasglwyd oll yn un cwmni dan arweiniad uchgapten o Wyddel, un a fu'n is-swyddog (NCO [*non-commissioned officer*]) yn yr hen fyddin. Bûm yn gweithio dan awdurdod hwn fisoedd lawer yn Ffrainc, a hyfrydwch yw tystio i'r cyfeillgarwch a gefais ganddo, ac i fawredd naturiaeth un oedd yn blentyn yn ei ddiniweidrwydd a'i wallau, yn ofnus yn aml fel y cwbl ohonom, ond yn nydd angen yn gawr yn ein hymyl.

Rai dyddiau wedi imi ymuno â'r gatrawd, fe'm penodwyd yn swyddog mynegiad (*signalling officer*), a dewiswyd o bob cwmni ddeugain o'r deallusaf i feistroli'r gelfyddyd honno. Wedi arholiad arnynt rhaid oedd troi ymaith ugain o achos na fedrent nac ysgrifennu geiriau nac ychwaith eu darllen ond gydag anhawster blin. Gofynnwyd am eraill i'w lle, a buan y gwelais mai gwell oedd eu rhagredegyddion. Y gwir oedd i brif swyddfa'r gatrawd a swyddfeydd y cwmnïau ddewis gyntaf y goreugwyr o ran addysg, ac wedi eu diwallu ni adawyd namyn ugain yn y gatrawd a fedrai'n rhwydd ysgrifennu a darllen. Profwyd hyn eilwaith wedi myned ohonom i Ffrainc, a gorfod i'r swyddogion wylio llythyrau'r dynion dan eu gofal. Anfynych, er iddynt oll unwaith fod mewn ysgolion is-raddol, y caed glöwr o Sir Fynwy a fedrai sillafu'n gywir neu weu brawddeg.

I gyfarfod â'r sefyllfa euthum at fwrdd addysg y dref, a chefais ganddynt ystafell ysgol dair noson o'r wythnos yn ddi-dâl, ac yno y dechreuasom ymarfer ag ysgrifennu a darllen. Yno hefyd y darganfûm mai chwe wythnos sy'n angenrheidiol i ddyn dan ddeugain oed ailddysgu ysgrifennu'n weddol gyflym a sillafu'n uniawn y rhan fwyaf o eiriau sathredig y Saesneg. Yr oedd yn fy mryd tra bûm felly'n cynnal ysgol nos, ehangu maes yr efrydiau. Dechreuasom ddysgu elfennau'r Ffrangeg, hanes Ewrop a thyfiant cenhedloedd, a daeth i'r dosbarth amryw nad oeddynt dan fy ngofal milwrol. Yn y dref yr oedd peth felly'n hawdd. Ond chwalwyd fy nghynlluniau pan symudwyd ein catrawd o gysuron tai i anghyfaneddle Aldershot. Yno annichon oedd ceisio denu dynion, a weithiodd ddiwrnod maith yn y meysydd, i ymddiddori'r nos yn hanes cyfandir a fyddai'n ebrwydd yn fedd iddynt.

Yn Aldershot y dechreuodd anawsterau. Bu raid dewis is-swyddogion. Cefais mai'r dynion a ddeallai eu gwaith orau ac a'i dysgodd orau i eraill oedd yr ieuainc ystwyth eu meddwl a heb anghofio eu hysgol. Meistrolai'r rhain drefn *Morse* o hysbysiad a chyfrwystra'r cwmpawd a gwyriad yr ehedfaen, a chynorthwyent eu brodyr yn eu hymdrechion hwythau. Ac o weled eu llwyddiant gwneuthum hwy'n is-swyddogion. Ond nid hir y bu heddwch. Plant oeddynt a dynion yn eu gofal; a phan fwriadwn ddiraddio y cyflymaf ei feddwl ohonynt oll, daeth ei fam i'm cymorth, ac a'i cipiodd o ddwylaw'r fyddin gan brofi nad oedd o oed i fod yn filwr! Penderfynais wedi hynny na ddewiswn neb i safle o awdurdod os na byddai o oed aeddfed, a dysgais yn raddol mai'r is-swyddogion gorau oedd gwŷr priod a theuluoedd ganddynt. Ond hyd yn oed felly nid oedd popeth yn hawdd. Anodd, mi gredaf, yw i neb a gafodd brofiad o'r fyddin fod yn werinwr brwdfrydig. Gwendid enbyd ein catrawd oedd angen is-swyddogion o gymeriad cryf, cyfiawn, diormes, a chyfrifol. Yr oedd gennym ddigonedd o wrolion, digonedd o rai a feiddiai unrhyw berygl. Tra bûm gyda'r bataliwn ni welais erioed namyn gwirfoddolion mewn ymgyrch. Ond gwŷr o nerth moesol, na nwyfweinient i'r awydd am gymeradwyaeth eu cyd-filwyr, a gymerai gyfrifoldeb heb ddymuno elw, prin, rhaid cyfaddef, oeddynt. Yn nwy flynedd olaf y rhyfel aeth llawer o'r is-swyddogion hyn yn swyddogion: a ffaith nas gwad neb yw i'r balchder a'r dirmyg, oedd ar y cyntaf yn elfen yn agwedd swyddogion yr hen fyddin tuag at y newyddion, ymddangos hefyd yn agwedd swyddogion 1914–16 tuag at eu dilynwyr hwythau.

Nodwedd anhyfryd oedd yr agendor rhwng y swyddog a'r milwr cyffredin. Yr oedd hyn yn fwy annealladwy oblegid natur gymysg y fyddin newydd. Ychydig iawn o swyddogion a enillodd ffafr ac ymddiried y dynion. Cas gan y milwyr oedd ymgais unrhyw swyddog i ymyrryd â'u bywyd ar ôl amser gweithio. Diau y cyfrifai'r gwahaniaeth yn amgylchiadau'r ddau ddosbarth lawer am hyn. Fy mhrofiad yw bod gwell dealltwriaeth rhwng swyddogion a milwyr yn yr hen fyddin nag a ffynnai yn y newydd, ac os rhaid rhoi rheswm am hyn, onid dyma ef? Yn yr hen fyddin galwedigaeth oedd milwrio. Deellid yn burion sefyllfa'r sawdwr a'r swyddog. Ond yn y newydd aberth oedd yr ymuniad, ac aberthu nid yn unig ryddid personol, namyn hefyd yr hawl i ddyn ddangos yn ei agwedd nad oedd arno feistr yn y byd. Yr oedd y balchder sy'n elfen yn hunan-barch y werin yn rhwystr i addefiad a derbyniad siriol o'r sefyllfa, a'r swyddog gyda'i wisg amlwg oedd arwyddlun y caethiwed. Colled, mi gredaf, oedd hyn. Cefais is-gapteniaid ein catrawd, hwythau'n Saeson gan mwyaf, dynion ieuainc dan ddeg ar hugain oed, yn meddwl ac yn ymddiddan am dueddiadau y dynion dan eu gofal, fwy nag erioed a feddyliodd y rheiny. Bechgyn a fu ym mhrifysgolion Caerdydd ac Aberystwyth oedd y Cymry yn eu mysg, ac o brifysgolion Lloegr y deuai mwyafrif y lleill. Bu unwaith ymgom boeth yn ein plith ar fater sosialaeth. Fore drannoeth fe'n gwysiwyd ynghyd i swyddfa'r cyrnol. "Clywais," meddai hwnnw, "fod tuedd ymysg rhai ohonoch chwi, swyddogion ieuainc, at sosialaeth. Dymunaf eich hysbysu fod sosialaeth yn fy marn i yn beryglus i ddisgyblaeth filwrol, ac na fynnaf gadw swyddog yn y gatrawd a bregetho gredo o'r fath." Bu rhyw sôn am achwyn i'r cadfridog yn erbyn yr anghyfiawnder, ond barnwyd yn y diwedd i'r fath anwybodaeth a ffolineb haeddu dim ond gwawd neu dosturi dynion rhydd.

Trof o atgof felly at enghraifft o ddwyster ac anobaith natur Cymro. Ychydig ddyddiau wedi myned ohonom i Ffrainc bu farw tad Cymro a chyd-swyddog. Gwrthodwyd ei apêl am fyned adref i'r gladdedigaeth. Fisoedd wedi hynny, o hiraeth am ei gŵr ac o bryder am yr unig fab, bu farw'r fam. Yna cafodd y bachgen fyned adref. Dychwelodd wedi iddo drefnu popeth o'i feddiannau, a dywedodd wrthym ninnau ei gyfeillion, "Ni ddychwelaf fyth i Gymru. Nid oes gennyf ddim i ddychwelyd ato." Wythnos yn hwyrach, wedi ymosodiad nos ar y Somme a gadael ohonom ar y maes nifer o glwyfedigion, aeth yntau ei hun, wedi torri'r dydd, allan tua ffos y gelyn, a syrthiodd gyda'r fwled a ddymunai yn ei galon.

Saunders Lewis, 'Profiad Cymro yn y Fyddin: 2. Ar Ddaear Ffrainc', Y Cymro, 5 (32, 6 Awst 1919), 4–5.

Pan aethom allan i'r rhyfel a threulio pedwar diwrnod ychydig i'r cefn, yna drachefn i'r blaen, ac felly am wythnosau di-dor heb ddim i fritho'u llwydni namyn briw a choll a thranc, darganfuom un elfen oedd i'r mwyafrif ohonom yn ddieithr, ac na chymerasom gyfrif ohoni cyn hynny. Y ddaear oedd honno. Trodd y gweryd dan ein sodlau, y dŵr o gylch ein coesau, y tyweirch a adeiladwyd inni yn ymgeledd, y coed a godai eu boncyffiau diffaith yma ac acw yn ein mysg – troesant yn bersonau i'w hamau a'u hofni, gan gryfed eu dylanwad ar ein cyflwr a'n tynged. I un a fagwyd ar ddaear wâr a mwyn, daear barddoniaeth Islwyn, peth syn oedd cyfarfod â'r ddaear hon, yn giaidd ei hanian, yn wawdlyd a didrugaredd, a borthodd ei hadar a'i hanifeiliaid ar gyrff pydredig ein cyfeillion, a ymfalchïodd yng nghaniad yr uchedydd goruwch gwaed yr unig greaduriaid a roddai ystyr i'w bodolaeth. Hon oedd ein gelyn creulonaf. Aethom i'r rhyfel yn hyderus, gan wybod bod inni ddynion i'w lladd, eithr bod dan ein traed un a fu'n dyner erioed i'n ffolineb, a dderbyniodd ei phlant i'w mynwes i huno'n dawel wedi digwydd eu dydd blin. Oni ddywedasom, er holl ryfeloedd y cenedlaethau, nad oeddynt ond chwarae rhai bychain ar fronnau eu mam? Hithau a drodd dan watwar ac a atebodd na châi neb yn ddiddial ddifwyno tlysni ei glaswisg; ac megis puteinwraig galon garreg wedi siom, a'n rhwygodd ac a'n hanafodd ddeng gwaeth na'r gelyn ddyn. Pwy ohonom a anghofia nosweithiau'r gaeaf, a chwerwder yr oerfel a'r dŵr a'r rhew? Pwy ohonom a âd yn angof y glaw gwastad a syrthiodd drwy oriau teimladrwydd ar glwyf agored, oni foddwyd yr ymennydd yn nideimladrwydd angau, a sibrwd y diferion nad oedd dosturi i'r ffôl? Droeon yn fy machgendod gwelais dorri'r wawr. Gwelais hi'n wyryfol, gyfriniol, lân, ac yn glanhau fy meddwl. Breuddwydiais ei bod yn ddwyfol ac yn bur. Yn y rhyfel gwelais hi'n codi'n llwydach na'r byd llwyd a oleuodd, yn oerach ac yn fwy dihitio na'r esgyrn ar y meysydd. Aeth gwenwyn y drin drwy'r greadigaeth.

A dyna oedd y frwydr galetaf, y frwydr anobeithiol â'r ddaear. Bu'r gaeafau meithion yn arswyd i galonnau a wenai ar fygythion magnelau. Drylliodd y fagnel gyhyrau a chnawd, ond yr ysbryd yn ymlawenhau yn ei ryddid. Ymosododd y ddaear ar gorff ac ymennydd ac ysbryd, a rhwygodd yr ewyllys gref. Gwelais ddynion dewr a aeth i gloddiau'r Somme yn gynlluniau o nerth corff a balchder bryd, ac a ddychwelodd wedi dau ddiwrnod tawel o fis Chwefror yn droedfedd llai o faintioli, a'r fath lygaid yn eu pennau nas gwelais cyn hynny ond gan wningen mewn magl pan welo gi yn agosáu. A llwyrach na hynny oedd ei goruchafiaeth, canys eneiniodd y ddaear nyni â'i hanrhugarogrwydd ei hun. Aeth yr haearn yn ddwfn i natur dynion a oedd gynt yn llednais. Gwelais pan ddychwelem unwaith o'r llinell a'r dŵr yn cyrraedd at ein llwynau, fachgen yn syrthio, a'r nesaf a'i canlynodd a droediodd arno er ennill gwell sylfaen i'w gam. Y dyddiau hynny boddwyd cymaint ag a laddwyd, a neb yn ateb nac yn sylwi pan lefai un am gymorth.

Buddugoliaeth y ddaear a'n llethodd.

Diamau i chwi eistedd rywdro ar lan môr, ac yn ddifeddwl dynnu carreg o'r traeth a chyda hynny ddinoethi nythiad o fân greaduriaid megis morgrug, hwythau'n rhedeg, fel y tybiech, yma ac acw yn gwbl ddireswm a diddiben, yn ymgyfarfod, ac yn ymwahanu ac yn syrthio ar draws ei gilydd; a chwithau a ollyngasoch y garreg o'ch llaw oni laddwyd rhai, eraill a anafwyd, a chwychwi a aethoch adref mewn angof. Cofiaf i ninnau, yn gatrawd wych cyn codi'r haul ar fore bach o Ebrill, ymgynnull i ymosodiad, ac ar awr benodol cychwynasom yn erbyn y gelyn. Deffrodd y magnelau a'r peirianddrylliau, bu gweiddi croch a rhegfeydd a lleisiau nas clybu namyn milwr, a'r tir yn siglo, yr awyr yn gymysg o eirias fflach a thywyllwch du, dynion o'n blaen yn syrthio dan redeg, ambell i gorff yn cadw'i gyflymdra am ennyd, ninnau megis defaid o flaen tymestl yn symud i'r un ffordd, a rhai yn gwingo i dranc, eraill yn ymbalfalu a'u hwynebau yn y gwellt – ac uwch ein pennau, heb i neb ei weled, y dydd gwyn yn ymdaenu dros y ffurfafen, a'r wawr yn torri ar forgrug deillion y ddynoliaeth.

Yn y byd hwnnw aethom yn ddisymwth yn ôl i unigedd boreol y goedwig a'r anghyfannedd. Taflasom oddi arnom holl ganrifoedd gwareiddiad. Aeth ein cyd-ddynion yn rhyfedd ac annealladwy yn ein golwg. Ni chefais brofiad dieithrach na thramwy'r cloddiau liw nos, a chyffwrdd gwyliwr yma, un arall acw, pob un yn troi wyneb blin, hanner call tuag ataf ac yn curo'r llawr â'i draed er mwyn deffro'r gwaed ynddynt. "A oes rhywbeth yn digwydd?" gofynnwn. "Nagoes, ddim." Yntau'n troi ymaith. Teimlwn fy hun yn suddo mewn anobaith. Yr oedd yr ysbryd a'm hatebodd mor bell oddi wrthyf, a dim yn yr iaith a ddefnyddiem i bontio'r gwagle. Yno pob dyn ei hun a wynebai ddyrysni gwallgof ei fywyd. Cydymdeimlad a newynai o anallu i ddirnad gwelediad cymydog, a phan laddwyd dyn collwyd byd gydag ef na wybu neb arall sill amdano.

A marw, y sydd ddirgelwch bob amser, a fu yno'n gyffredinach a duach na byw. Collodd bob mymryn o'i barchedigaeth a dyblodd ddyfnder ei gyfrinach. Y cyhyrau nwyfus holliach, y llygaid a ganfu, y meddwl a gydiai ryw ddaear anhysbys ynghyd, a aeth mewn eiliad yn ddihitio pe difethid y bydysawd, yn fwy llipa na'r lludw a red drwy fysedd. Aeth pawb, byw a marw, yn afresymol i'n golwg.

Daeth terfyn trugarog i hyn. A mi'n gorwedd un bore rhwng y llinellau dan y glaw gwybûm fod imi ddihangfa. Yr oedd yn fy nghoes addewid na byddai'r helbul hwnnw imi mwy. Gwelwn eraill a orweddai o'm cwmpas a dirmyg dianadl yn agwedd flêr eu cyrff ar y llawr. Gydag egni greddf na ŵyr ond am ei dyhead ymwthiais am noddfa, a'r noson honno cysgais mewn gwely ymhell o sŵn y drin.

Kate Roberts, 'Y Tri: Stori Anorffenedig'; cyhoeddwyd gyntaf yn Thomas Parry (gol.), *Y Ddolen: Chweched Llyfr Anrheg, 1946* (Cyfres y 'Cofion', Rhif 6). Argraffwyd gan Wasg y Brython, Lerpwl a'i gyhoeddi dros Undeb Cymru Fydd.

Yr oedd y daith yn ddiddiwedd. Arhosai'r trên am hir ym mhob stesion. Symudai Martha'n anniddig. Ni allai weu, ni allai ddarllen. Siaradai'r ddwy wraig gyferbyn â hi geg-yn-geg fel melin. Hunai'r awyrennwr ieuanc yn ei gongl. Yr un sgwrs oedd gan ferched yn 1942 ag yn 1917 – canmol manteision rhyfel. Felly'r rhai hyn.

"Mae'r bechgyn yn cael y fath siawns i weld y byd," ebr y wraig dew fyr ei gwddf.

"Ydynt, a chael gweld tragwyddoldeb yn gyntaf," ebe'r awyrennwr gan ddeffro.

Ond yr oedd y wraig yn rhy ddwl i weld yr ergyd, ac aeth ymlaen i sôn am fywyd braf a gwrhydri rhyw Cecil ym mhoethder brwydr.

Yr oedd blynyddoedd o fethu deall pobl o deip y gwragedd hyn wedi dysgu i Martha ddal ei thafod. Gwnâi arafwch y trên hi'n fwy anniddig na'r sgwrs wirion. Rhyfedd y fath ddiddordeb a roddai'r ymweliad misol hwn â'i mam iddi er dechrau'r rhyfel. Yr oedd yn fwy na diddordeb erbyn hyn. Crefai ei henaid amdano. Ac eto, ni byddai gan ei hen fam fawr fwy na sgwrs ddeallus i'w gynnig iddi ar ben y daith. Ond yr oedd yn werth yr holl deithio araf.

Dechreuodd syllu ar yr awyrennwr. Rhyw ugain oed ydoedd, yn ddiniwed ei olwg, heb ddim o gyfrwystra a chaledwch canol oed yn ei wedd. Hedodd ei meddwl at ei brawd a fuasai farw yn y rhyfel diwethaf. Yr oedd yn rhyfedd meddwl iddo fod fwy o flynyddoedd yn ei fedd nag y buasai byw, a hithau a'i mam yn fyw o hyd. Ni fedrai gofio llinellau ei wyneb, ond bod yr un diniweidrwydd yno ag ar wyneb y bachgen hwn. Ond gallai glywed ei lais yn eglur dros y blynyddoedd, yr W-W a roddai cyn cyrraedd y tŷ bob amser. Yr oedd gan fechgyn ysgol 1942 yr un W-W. Aeth i feddwl am y gwahaniaeth yn ei phrofiadau hi yn y ddau ryfel. Y cyntaf oedd y tristaf er mai hwn oedd fwyaf barbaraidd. Ni wyddai paham. Ond felly y teimlai. Hi oedd yn ifanc efallai yn y cyntaf ac yn fwy synhwyrus i ddioddef. Pryder am fywyd yr ifanc oedd pryder yr un cyntaf iddi hi – pryderon am bethau llai pwysig na bywyd oedd pryderon yr ail, a bywyd wedi ei chaledu hithau i ddioddef pobl eraill. Meddyliai am yr un peth mawr a wnaed i'w theulu yn y rhyfel o'r blaen – torri'r bwlch cyntaf ynddo. Cofiai'r holl fisoedd o ddisgwyl ar ôl clwyfo ei brawd, y gobaith yn codi a gostwng, gostwng a chodi am bum mis, ac yna'r gnoc greulon, ei farw o glefyd ac yntau ar hanner ei ffordd adref. Wrth ddadelfennu ei phrofiad fel hyn, gwelai fod ei phoen y pryd hwnnw yn ddeublyg, ei hing hi ei hun, a'r cyd-ddioddef â'i rhieni, ei mam yn bennaf, gan mai ei mam oedd gliriaf ei mynegiant. Hiraeth gwydn oedd hiraeth ei mam. Ni 'phlygodd i'r drefn' yn ôl iaith ei hardal. Gwrthryfelodd yn hytrach yn erbyn y drefn. Ni pherthynai goddefgarwch iddi. Âi dros yr amhosibl o hyd ac o hyd. Gresynai na wnaethai fwy o ymdrech i'w gael yn rhydd o'r fyddin (fel y gallasai'n hawdd). Gresynai iddo fynd i'r fyddin cyn cael siawns i ennill. Ni chawsai erioed sofren i'w law. Un trywsus llaes a gawsai cyn cael trywsus y fyddin. Meddwl am y pethau na chawsai ei phlentyn y byddai ei mam am fisoedd, a gweld angau wedi mynd â blynyddoedd y cael oddi arno. Felly'n union y teimlai Martha y pryd hwnnw a chydymdeimlai. Heddiw, cofiai â phang o boen, mai tlodi oedd gwraidd pryder bywyd o hyd, bywyd ei rhieni, eu rhieni hwythau, a hi ei hun i raddau llai heddiw. Ond yr oedd yn sicr yn ei meddwl na phoenodd ei brawd erioed ynghylch tlodi. Pa blentyn a wnâi? Fel pob plentyn naturiol yr oedd yn hapus; chwaraeai bob dim yn ei dymor, âi i negesi, torrai goed tân, âi i hel cnau a mwyar duon yn eu hamser. Âi i'r Ysgol Sul heb ei gymell a mwynhâi ddiddordeb y capel yn fwy na'i dduwioldeb. Yr oedd yn hoff iawn o anifeiliaid, yn enwedig o gathod. Ei ffrind o oedd y gath yn y tŷ bob amser. Ond yn ei galar ni welsai'r fam iddo gael y pethau hyn – eu colli a wnaeth heb gael dim arall. Ac wrth geisio cyd-ddeall a chyd-ddioddef bron nad aeth Martha i weld yr un fath.

*　　*　　*

Yr oedd y bwyd ar y bwrdd a'i mam yn ei disgwyl yn awyddus pan gyrhaeddodd y tŷ. Yr oedd y barclod gwyn a'r siôl fach olau a wisgai, y lliain bwrdd gwyn fel heulwen yn y gegin. A gwên ei mam. Yr oedd sirioldeb a disgwyl plentyn yn ôl yn ei hwyneb eto, a gallai Martha ddychmygu mai fel yna'n union yr edrychai pan oedd yn blentyn ac yn cychwyn yn ei brat i weini am y tro cyntaf.

Yfed te a sgwrsio am helyntion y pentref y buont drwy'r prynhawn, a'r fam yn fawr ei diddordeb ym mhob dim. Cyn cychwyn yn ôl daeth syniad sydyn i ben Martha, yr hoffai gael y llythyrau a ddaeth o wahanol rannau o'r byd ar ôl i'w brawd farw, i fyned adref gyda hi. Y hi oedd biau'r rhan fwyaf ohonynt. Ac eto ofnai agor hen glwyf ei mam. Ond mentrodd. "Mam, 'rydw i am fynd â'r llythyrau a ddaeth ar ôl Gruffudd efo mi."

"Wel ia, dos â nhw, waeth iti fynd â nhw rŵan mwy nag eto ddim."

Dim arwydd o deimlad. Dim newid mynegiant yn ei hwyneb.

Edrychent wedyn drwy'r ffenestr. Gwelent hen ŵr Tyddyn Tafol yn y cae o flaen ei dŷ.

"Beth mae o'n wneud dwad?" ebr y fam.

"Hel yr ieir i'w cytiau."

"Yr hen greadur, mae o'n hen iawn ac yn gweithio'n galed."

"Henaint yn tosturio wrth henaint," meddai Martha wrthi hi ei hun.

Wrth edrych ar Dyddyn Tafol a'r coed yn cau am ei ffenestr daeth i'w chof y nos Sadwrn honno cyn i'r newydd ddyfod am Gruffudd, pan eisteddai hi a'i mam ar yr aelwyd, yn sôn am y gwledydd pell a salwch Gruffudd a'r gobaith am ei wellhad. Llongau bach yn hwylio ar Fenai a'r coed llonydd yn cau am y tŷ. Darganfuant wedyn mai dyna'r union adeg pan gleddid Gruffudd. Ond daeth y bws i roi terfyn ar ei myfyrion.

*　　*　　*

Hen ysbryd ymyrraeth gwirion a wnaeth iddi fynd i ddarllen y llythyrau yn y trên. Gwyddai y buasai'n well iddi beidio, a hithau wedi cael diwrnod mor hapus. Darllenodd ryw un llythyr yma ac acw, ac ni theimlai fawr ddim – nes dyfod at lythyr y nyrs a oedd gyda'i brawd yn ei awr olaf. Ymddangosai hwnnw fel petai'n newydd iddi rywsut, ac eto cofiai ef. Soniai'r nyrs am ei ddioddef mawr, a dywedai ei fod wedi gafael yn ei llaw ac wedi adrodd Gweddi'r Arglwydd yn Gymraeg drwyddi o'i dechrau i'w diwedd. Daeth poen i bwll calon Martha, tebyg i'r boen a ddaw pan dyr newydd drwg gyntaf ar yr ymwybyddiaeth. Ceisiodd ei roi i ffwrdd, drwy feddwl.

"O, rhyw nyrs yn sgwennu er creu effaith yw hon, eisiau gwneud drama o'r peth." Ond dyfod yn ôl a wnaeth yr ing, yr ing o feddwl am yr hogyn a hoffai gathod wedi ei wasgu i'r fath gongl gyfyng. Ceisiai ei hel i ffwrdd. Ond ni allai. Yno yr oedd ar ddiwedd y daith, ac yno yr oedd wedi cyrraedd ei thŷ a chroeso ei gŵr rhadlon.

Mynegai